高等职业教育高速铁路客运乘务专业“十三五”规划教材

铁路旅游地理

主　编　杨　艳
副主编　张晓彦

中国铁道出版社有限公司

2023年·北　京

内容简介

本书为高等职业教育高速铁路客运乘务专业"十三五"规划教材之一，主要介绍我国七个旅游大区的140余个旅游城市和380余处风景名胜。对每个旅游区的介绍都着眼于区域内的主要高铁线路，介绍沿线的旅游名城和名胜，以此突出旅游资源的地理分布特征及线路串联关系。教材引用了大量图片、热点新闻和补充阅读材料，图文并茂、通俗易懂、可读性强。

本书适合作为高等职业院校高速铁路客运乘务专业及相关专业教材，也可作为铁路客运服务、旅游服务等从业人员的培训教材，同时可供旅游爱好者参考。

图书在版编目(CIP)数据

铁路旅游地理/杨艳主编.—北京：中国铁道出版社有限公司，2021.1(2023.2重印)
高等职业教育高速铁路客运乘务专业"十三五"规划教材
ISBN 978-7-113-27337-8

Ⅰ.①铁… Ⅱ.①杨… Ⅲ.①旅游地理学-中国-高等职业教育-教材 Ⅳ.①F592.99

中国版本图书馆CIP数据核字(2020)第205086号

书　　名：铁路旅游地理
作　　者：杨　艳

责任编辑：悦　彩　　**编辑部电话：**(010)51873206　　**电子邮箱：**sxyuecai@163.com
封面设计：王镜夷　高博越
责任校对：苗　丹
责任印制：高春晓

出版发行：中国铁道出版社有限公司(100054，北京市西城区右安门西街8号)
网　　址：http://www.tdpress.com
印　　刷：国铁印务有限公司
版　　次：2021年1月第1版　2023年2月第4次印刷
开　　本：787 mm×1 092 mm 1/16　**印张：**18　**字数：**461千
书　　号：ISBN 978-7-113-27337-8
定　　价：49.00元

前言

旅游地理学主要研究旅游地理环境特征、旅游资源类型及分布状况、旅游区域布局及资源规划、旅游景观类型及特点等内容。旅游与交通密不可分,高速铁路线路里程的不断增加,改变了旅游者的出行方式,也为铁路运输带来更多的旅游客流。铁路客运服务人员熟悉铁路干线及沿线旅游资源分布特点,能够提升自身业务能力与文化素养,从而更好地服务旅客。

本书的内容分为旅游资源和旅游分区两部分。首先对我国旅游资源与地理环境的特征、主要自然资源和人文资源类型作基本介绍,然后按照七大地理分区,依次介绍区域旅游城市及风景名胜景区。对每个地理大区的介绍都着眼于区域内的主要高铁线路,介绍沿线的旅游名城和名胜,兼有对铁路线路布局与沿途旅游资源的学习。

本书内容的设计符合职业教育"工学结合"的特点,遵循"任务引入—知识学习—训练巩固"的三层次递进式学习模式,即每个学习任务由案例分析引入,之后是知识学习,最后有技能训练(实训任务)。全书内容结构严谨,具有时代创新特色和行业实践特色,不仅是职业教育铁路客运专业的教学用书,也可以作为铁路客运行业从业人员以及相关行业人员培养综合素质能力的培训教材,同时也为广大社会读者提供了兴趣读物。

本书由南京铁道职业技术学院杨艳任主编,河北轨道运输职业技术学院张晓彦任副主编。具体编写分工如下:南京铁道职业技术学院杨艳(绪论的第一、四部分,项目七,项目八),河北轨道运输职业技术学院张晓彦(项目一、项目二、项目三),南京铁道职业技术学院夏梦雪(项目四),南京铁道职业技术学院蒋越(绪论的第二、三部分,项目五),武汉铁路桥梁职业学院邵翀(项目六)。

本书的编写和出版得到了多方人士的支持和帮助，书中引用了诸多文献资料和图片，在此对提供帮助的人士及引用文献资料和图片的作者深表感谢！

尽管我们竭尽全力，但因水平有限，书中难免有错误与不当之处，恳请广大读者批评指正。

编　者

2020 年 3 月

目录

绪　论

我国广袤的土地造就了千差万别的地理景象、地质面貌及人文风情，因而产生出数量众多的风景名胜地和独具特色的自然景观、人文景观。学习中国旅游地理知识，可以帮助我们科学地、系统地认识各个地理区域的自然景观和人文风貌，从而更好地分析区域旅游特征和旅游消费市场的发展特点。掌握空间格局的地理分析方法，可以让旅游从业者、交通运输从业者在服务工作中，准确地分析旅游、交通运输与地理环境、社会经济发展之间的关系，从而科学地设计旅游线路、交通运输线路。

一、旅游业概述

（一）旅游与旅游业

世界旅游组织将“旅游”定义为：人们为了休闲、商务或其他目的离开他（她）们惯常环境，到某些地方并停留在那里，但连续不超过一年的活动。旅游活动的目的主要包括六大类，即休闲、娱乐、度假，探亲访友，商务、专业访问，健康医疗，宗教/朝拜，其他。旅游活动的六大要素是食、宿、行、游、购、娱。早在1979年9月，世界旅游组织第三次代表大会就已将9月27日定为世界旅游日。我国在2011年3月，国务院会议通过决议将5月19日定为中国旅游日。

随着社会经济的发展及生活条件的改善，旅游已经成为现代人的一种生活方式。世界旅游城市联合会（WTCF）与中国社会科学院旅游研究中心（TRC-CASS）共同发布《世界旅游经济趋势报告（2019）》显示，在全球经济疲弱的当下，旅游市场领跑超越经济总体增长。从人均国内旅游次数指标来看，中国的人均国内旅游次数已达到每年3次。

旅游业是凭借旅游资源和设施，专门或者主要从事招待、接待游客，为游客提供交通、游览、住宿、餐饮、购物、文娱等六项服务的综合性行业。观光旅游业、交通客运业和以饭店为代表的住宿业被称为旅游业的三大支柱。

21世纪以来，旅游业已经成为全球范围内创造就业和创业、出口创收，以及拉动基础设施建设的关键驱动力。在过去几十年中，旅游经历了持续扩张和多元变化，已经成为全球经济中最大和增长最快的行业。中国已经跻身全球旅游接待量排名前五的国家，同时也是全球第一大旅游客源市场，2015年旅游外汇创收位居世界第三（仅次于美国、西班牙）。旅游日益成为衡量现代生活水平的重要指标，也已成为国民休闲生活的刚性需求。

（二）旅游业的特点

1. 综合性

由于旅游活动涉及交通、游览、住宿、餐饮、购物、文娱等各个行业，因此旅游服务具有明显的综合性。

2. 联动性

旅游业不仅将交通、住宿、景区等行业紧密相连，随着互联网经济及全域旅游的发展，旅游产业与其他相关产业的联动性也日益增强。

3. 经济性

经济性是旅游业根本属性，是旅游业的核心和实质。同时，旅游业发展具有经济、环境、生态、社会等综合效益。

4. 脆弱性

旅游业受季节、灾害、政治、社会等因素的影响尤其明显，因而可以称之为一个较为敏感而且脆弱的产业。

(三)中国旅游业的发展趋势

2020 年我国全面建成小康社会后，将开启全面建设社会主义现代国家的新征程，中国旅游业将迎来重大发展机遇。中国经济持续快速增长，对旅游需求增长发挥着基础性支撑作用；国家扩大内需的经济发展方略和加快推动服务业的发展，为旅游业进一步发展创造新的机遇；“一带一路”倡议推动对外经济发展进一步扩大，为国际旅游市场繁荣创造更为有利的条件；国民物质和精神生活水平的不断提高，为旅游市场结构升级、产品创新注入了新的活力。

中国旅游业发展将呈现如下趋势：

1. 市场持续增长

我国已经成为世界第一大旅游客源地国家，与此同时，国内游市场保持高速增长，入境游增长也节节攀升。不论是出境游还是国内游，自由行市场比例都在逐年增加，个性化、自由化成为新的旅游趋势。90 后、00 后成为新的旅游消费群体，老年游、亲子游市场依然快速增长。旅游市场细分日益明显，康体游、研学游、网红地打卡游等各种内容丰富、形式新颖的旅游方式和旅游项目应运而生。

2. 产业结构升级

旅游产业正在由狭义旅游商业范畴扩展到广义的大旅游商业领域。“旅游＋”“大旅游”概念不断推进实践。开放式文化创意地、旅游综合体等更多新类别景区或非景区日益成为旅游热点。交通条件的改变、网络经济的带动、散客化出游的需求，催生出更多的旅游新业态，如民宿、研学、房车营地等。未来的旅游业将会在产品结构、消费结构、要素结构、产业结构等方面持续升级发展。

3. 区域联动发展

在乡村振兴、全域旅游等一系列政策引领之下，许多地方政府加大了对旅游业的引导，区域统筹、资源整合、优势集结、联合促销等多重动作，从区域整体着眼，让旅游业带动区域经济整体加速发展，充分发挥区域联动发展优势。区域热带动景区热，知名景区带热周边景区，联动发展不仅提高了区域整体效益，同时也增强了区域整体竞争力。随着西部旅游开发的深入，区域联动发展态势会越来越明显。

4. 文旅融合创新

文化是旅游消费的核心要素。旅游为文化传播开辟了新的渠道。文化与旅游的融合为文化产业提供了良好的推广渠道与消费市场，也为旅游产业注入了核心资源与开发动力。2018 年的《国家宝藏》综艺节目是一个典型案例，开启了景区文化挖掘、文化与市场对接、文化产品设计、文化社群营造等方面的新尝试。未来,文旅融合必将迎来更大的发展机遇与空间,也会出现更多优秀的文旅融合项目。

二、旅游交通概述

(一)旅游交通的概念及作用

旅游交通是指为旅游者离开及返回客源地,在各个旅游目的地之间及旅游目的地内停留期间进行游览活动的过程中提供的交通设施服务。

旅游是人们离开居住地,前往风景名胜地或其他区域开展活动的一种空间移动行为。空间移动是旅游行为的突出特点。鉴于此,旅游交通在旅游地开发及旅游活动开展过程中发挥着至关重要的作用。交通条件是旅游地开发的先决条件和必要条件。区域旅游路线的设计往往是将交通线路分布作为重要参考因素。旅游交通收入在旅游业总收入的比例也十分突出。通常,我国城镇居民国内旅游花费中,交通费所占比例为30%,出境旅游花费中,交通费占比还会更高。

(二)旅游交通的类型及特点

现代旅游交通方式主要包括铁路、航空、公路和水运等四种运输方式。除此之外,在旅游目的地内,或规模较大的旅游景区内(如山地、沙漠景区),为适应特殊的自然条件或特殊文化氛围,还会采用特种旅游交通方式,如索道、竹筏、骆驼、雪橇、人力车等。各种旅游交通工具及服务在旅游客源地与目的地之间、不同目的地之间、旅游目的地内、景区之间及景区内紧密连接,共同构成通达有序的旅游交通网络。

1. 铁路交通

铁路运输具有运量大、运费低、速度快、受气候和自然条件影响较小等特点。根据铁路客运列车车型与速度的不同,铁路运输主要分为高速铁路客运、城际铁路客运、客运专线、快速铁路客运、普速铁路客运等。旅游出行距离200 km以上时,铁路交通的优势相比公路交通更明显。随着我国高铁运营里程的不断增加,远距离运输方面,铁路交通运输的优势正在日益赶超航空运输。

2. 航空交通

航空交通具有运量小、运费高、速度快等特点,适合远距离长途出行和运输,尤其是跨境旅游出行。随着国内游,特别是境外游业务的大量增长,许多航空公司和旅游企业联合开展了包机旅游业务,一定程度降低了运费和旅游费用,促进了远距离旅游、出境旅游的快速发展。

3. 公路交通

公路运输具有运量小、运费高、速度快、灵活性好等特点,在短距离运输中优势明显。尤其是铁路与航空未能到达的地区,公路运输的作用尤其突出。公路根据路况分不同的等级,在我国公路可以分为乡道、县道、省道、国道和高速公路等。灵活性是公路交通最突出的特点。一定范围的地域内(如200 km或300 km),公路交通可以满足区域内多点之间的网状连接,各节点之间往返交通方便。

4. 水运交通

水运交通具有运量大、运费低、速度慢、受天气和气候条件影响大等特点。在旅游出行中,水运交通已经成为一种特殊的旅游方式，即邮轮旅游。通常在海域或江域旅游目的地之间，借助水运交通，可以更好地实现风景游览与交通出行同步进行。

三、中国高铁交通格局

（一）中国铁路发展概述

自世界上出现第一条铁路以来，铁路已经有近200年的历史了。作为重要的交通运输工具，铁路具有运输能力大、速度快、安全程度高、受天气条件影响小等优点。采用电力牵引的列车，可以节省石油等燃料的使用，保护了环境，减少对空气的污染。在国土幅员辽阔的国家，铁路往往作为陆地交通运输的主要工具，适合经常稳定的大宗货物运输，特别是中长途货物运输，同时也适合中长途、短途城际和现代高速旅客运输的需要。铁路的兴起和发展深刻影响着整个世界经济的发展，推动着人类社会文明的进步。

自1840年鸦片战争以后，各帝国主义列强相继侵略我国，强迫清政府签订了一系列丧权辱国的不平等条约。中国铁路的发展，其实就是和帝国主义列强对我国的侵略过程联系在一起的。通过修筑、控制铁路，帝国主义列强不仅可以从沿途运输中获得巨大的经济利润，还可以实行封锁掠夺和产品倾销，实现瓜分中国的野心。

中国铁路在艰难中起步，历经沧桑。1881年，中国自己修建的第一条铁路——唐胥铁路开始动工建设，这段全长仅9.67 km、但采用了国际通用1 435 mm标准轨距的铁路，成为中国铁路建筑史的正式开端。1905年，在我国杰出的爱国工程师詹天佑的主持下，京张铁路开始修建，这是中国第一条不使用外国资金及人员、自主设计和施工修建并投入营运的铁路。到1949年，我国共建设铁路2.2万km。

新中国成立以后，党和政府十分重视铁路建设，对全国铁路实行统一管理，集中力量改造旧线并建设新线，奋发图强，铁路的发展取得了长足的进步。截至1978年底，全国铁路营业里程达到5.2万km，中国铁路网骨架基本形成。

改革开放以来，我国铁路进入了快速发展的时期。在这期间，中国铁路实现了从普速到高速、从普载到重载技术的跨越。截至2007年底，全国铁路营业里程超过7万km，旅客列车最高运营速度达到了250 km/h。

高速铁路可以集中反映一个国家在建筑施工、设施设备等领域的技术水平，也是国家铁路发展的重要标志。截至2019年12月，我国高铁总营业里程达3.5万km，居世界第一。2017年6月26日11:05，我国具有完全自主知识产权，达到世界先进水平的“复兴号”列车，在京沪高铁两端的北京南站和上海虹桥站双向首发。高速动车组实现全面自主化和标准化，实现了从追赶到引领，总体技术水平世界领先。

（二）中国高铁干线格局

2016年7月，国家发展改革委、交通运输部、中国铁路总公司联合发布了《中长期铁路网规划》，勾画了新时期“八纵八横”高速铁路网的宏大蓝图。同时，在“八纵八横”主通道的基础上，国家将进一步规划布局高速铁路区域连接线，扩大高速铁路覆盖范围。在优先利用高速铁路、普速铁路开行城际列车的同时，规划建设支撑和引领新型城镇化发展、有效连接大中城市与中心城镇、服务通勤功能的城市群城际客运铁路。

“八纵八横”高速铁路网是以沿海、京沪等“八纵”通道和陆桥、沿江等“八横”通道为主干，城际铁路为补充的高速铁路网。“八纵八横”可实现相邻大中城市间1～4 h交通圈、城市群内0.5～2 h交通圈。

1.“八纵”通道

“八纵”通道主要包括沿海通道、京沪通道、京港(台)通道、京哈～京港澳通道、呼南通道、京昆通道、包(银)海通道、兰(西)广通道。

(1)沿海通道

沿海通道包括京哈高铁沈大段、秦沈客专、津秦客专、津烟高铁、青烟城际、青连铁路、连盐铁路、盐城至上海铁路、沪杭高铁、杭深客专、深茂铁路、茂湛铁路等。途经:大连(丹东)—秦皇岛—天津—东营—潍坊—青岛(烟台)连云港—盐城—南通—上海—宁波—福州—厦门—深圳—湛江—北海(防城港)。

(2)京沪通道

京沪通道主要包括京沪高铁、宁杭客专、合蚌客专、合福高铁。途经:北京—天津—济南—南京—上海(杭州)。

(3)京港(台)通道

途经:北京—衡水—菏泽—商丘—阜阳—合肥(黄冈)—九江—南昌—赣州—深圳—香港(九龙)。另一支线为合肥—福州—台北高速铁路,包括南昌—福州铁路。

(4)京哈～京港澳通道

途经:哈尔滨—长春—沈阳—北京—石家庄—郑州—武汉—长沙—广州—深圳—香港,包括广州—珠海—澳门高速铁路。

(5)呼南通道

途经:呼和浩特—大同—太原—郑州—襄阳—常德—益阳—邵阳—永州—桂林—南宁。

(6)京昆通道

途经:北京—石家庄—太原—西安—成都(重庆)—昆明,包括北京—张家口—大同—太原高速铁路。其中西安至成都的西成高铁线已于2017年建成通车,成昆高铁尚在规划阶段。

(7)包(银)海通道

途经:包头—延安—西安—重庆—贵阳—南宁—湛江—海口(三亚),包括银川—西安以及海南环岛高速铁路。

(8)兰(西)广通道

兰(西)广通道主要包括兰成段、成贵段、贵广段。途经:兰州(西宁)—成都—贵阳—广州。

2.“八横”通道

“八横”通道主要包括绥满通道、京兰通道、青银通道、陆桥通道、沿江通道、沪昆通道、厦渝通道、广昆通道。

(1)绥满通道

途经:绥芬河—牡丹江—哈尔滨—齐齐哈尔—海拉尔—满洲里。绥满通道连接黑龙江及蒙东地区。

(2)京兰通道

途经:北京—呼和浩特—银川—兰州。京兰通道连接华北、西北地区,贯通京津冀、呼包鄂、宁夏沿黄、兰西等城市群。

(3)青银通道

青银通道主要包括胶济客专、石济客专、石太客专、太中银铁路。途经:青岛—济南—石家庄—太原—银川。

(4)陆桥通道

陆桥通道是贯通东西的铁路交通大动脉。途经:连云港—徐州—郑州—西安—兰州—西宁—乌鲁木齐。徐州至兰州段已于 2017 年完工,连云港至徐州的高速铁路预计 2020 年 12 月建成通车。

(5)沿江通道

途经:上海—南京—合肥—武汉—重庆—成都,包括南京—安庆—九江—武汉—宜昌—重庆、万州—达州—遂宁—成都高速铁路(其中成都至遂宁段利用达成铁路),连接华东、华中、西南地区,贯通长三角、长江中游、成渝等城市群。

(6)沪昆通道

途经:上海—杭州—南昌—长沙—贵阳—昆明。沪昆通道连接华东、华中、西南地区,贯通长三角、长江中游、黔中、滇中等城市群。

(7)厦渝通道

途经:厦门—龙岩—赣州—长沙—常德—张家界—黔江—重庆(其中厦门至赣州段利用龙厦铁路、赣龙铁路,常德至黔江段利用黔张常铁路)。厦渝通道连接海峡西岸、中南、西南地区,贯通海峡西岸、长江中游、成渝等城市群。

(8)广昆通道

途经:广州—南宁—昆明。广昆通道连接华南、西南地区,贯通珠三角、北部湾、滇中等城市群。

四、旅游地理的研究内容与学习方法

(一)旅游地理的研究内容与学习方法

地理学是研究地球表层的地理现象或地貌空间分布、时间演变和相互作用规律的学科,同时也是一门研究人地关系的学科。自然地理和人文地理是地理学的两大分支。旅游地理学属于人文地理的一支,研究人类旅行游览与地理环境关系的学科。由于旅游不仅与地理紧密相关,而且与社会学、历史学、民俗学、考古学、建筑学、园林学、经济学等彼此交叉,因此,旅游地理学也是一门边缘学科。

旅游地理学的研究内容主要围绕旅游者、旅游资源(旅游地或景区)和旅游媒介等三要素与地理环境之间的关系而展开,具体包括以下几个方面:

(1)旅游者的地理研究。旅游者的地理研究主要包括旅游者的地域分布和移动规律,如旅游者的地理分布,旅游客流的流向、变化规律及其原因分析,旅游客源市场的变化及发展趋势等。

(2)旅游资源的地理研究。旅游资源的地理研究主要包括旅游资源的类型划分、地域分布、形成条件,旅游资源的评价与规划开发,旅游资源的保护与生态发展等。

(3)旅游业的地理研究。旅游业的地理研究主要包括旅游区(景点)的布局、建设规划,旅游地的区划和线路设计,区域旅游特色定位与营造,旅游业对地域经济、社会、环境的影响等。

(二)铁路旅游地理的学习内容与方法

1. 学习内容

(1)铁路旅游地理的学习内容

铁路旅游地理主要学习:铁路交通对我国旅游业发展的影响作用;铁路交通与旅游业的相互作用关系;铁路线路布局与旅游资源开发的关系等。特别是要学习铁路沿线地区的旅游城市分布及旅游景区分布,以及科学、合理地设计区域旅游线路,依据地理环境的特点寻找旅游资源特色,预测旅游发展趋势。

(2)本教材的内容安排

本教材的内容分为中国旅游资源和中国旅游分区两大部分。首先对旅游资源与地理环境的特征、中国的主要自然资源和人文资源类型做基本介绍。之后按照中国七大地理分区,依次介绍区域旅游城市及风景名胜景区。

根据地理分区特征,本教材把我国划分为七大旅游区,主要包括:东北旅游区、华北旅游区、华中旅游区、华东旅游区、华南旅游区、西南旅游区和西北旅游区等。介绍每一个旅游区的旅游资源时,先梳理出该区域的主要高铁线路布局特征,再根据高铁线分别介绍沿线著名旅游城市、风景名胜景区,之后再对区域内高铁线路未及地区的其他著名旅游城市及景区作补充介绍。

2. 学习目的

通过学习本教材,实现如下学习目标:

(1)掌握铁路旅游地理的基础知识、基本理论。

(2)熟悉我国主要高铁线路布局及沿线旅游资源分布。

(3)了解我国高铁客运干线与客源分布之间的关系,熟悉客流分布和客流流向的特征,掌握设计铁路旅游专线的方法。

(4)了解我国铁路交通的优势条件和铁路旅游的优势资源,充分积累铁路交通和旅游服务的行业知识与技能。

3. 学习方法

本课程的学习可以遵循"任务引入—知识学习—训练巩固"的三层次递进式学习方法。首先,"任务引入"通过案例和思考题引出学习的主题;之后,"知识准备"展开具体内容的学习;最后,通过任务训练锻炼运用所学知识的能力。具体的学习流程如图 0-1 所示。

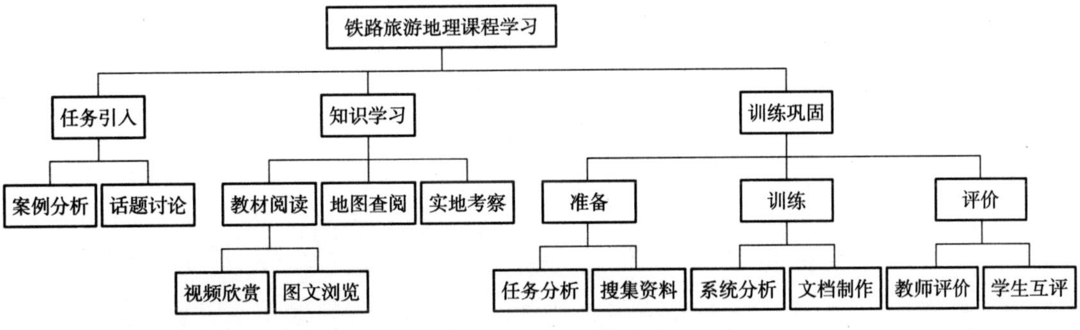

图 0-1　本课程学习流程图

旅游地理是一门知识性与实践性都很强的综合应用学科，在学习过程中可以运用以下学习方法：

(1)地图查阅

地理学需要对城市、景区的地理位置、地形地貌等有空间认识，地图查阅可以直观地观察地理位置、方位、距离，能够更好地帮助学习理解。

(2)比较分析

不同区域的旅游发展会受到地理环境、资源优势、交通条件、基础设施等多重因素的影响，从而出现不同的发展状况，比较分析可以帮助寻找发展存在差异的原因。

(3)系统分析

问题分析的过程，例如旅游资源开发或者旅游线路设计，需要用到系统分析的方法，将解决问题的多个因素综合分析和处理。

(4)实地考察

本课程涉及大量的地理区域、地貌特征、旅游城市、旅游景区的认识和了解，如有条件，开展实地考察可以更好地探索、分析和思考。

(5)扩展阅读

旅游地理学是一门多学科交叉研究的边缘学科，平时可以增加历史、地理、民俗、建筑、美学等学科知识的阅读和学习，可以丰富和提升学习能力。

复习思考题

1. 我国的“八纵八横”高铁干线分布主要包括哪些线路？
2. 旅游地理的主要研究内容是什么？
3. 旅游线路设计应当如何体现“顺序科学”原则？

项目一　旅游资源与地理

学习目标

1. 知识目标
- 了解中国旅游资源的含义、分类和特征
- 熟悉中国旅游资源的分布
- 掌握中国旅游资源的类别及主要代表性景点

2. 能力目标
- 熟知各旅游区的代表性的自然与人文旅游资源
- 熟知各民族风俗
- 熟知宗教文化旅游的内容与特点
- 熟知中国的世界遗产

3. 素质目标
- 具有区分旅游资源类型的能力
- 具有分析旅游资源特色的能力

热点引入

2018 年我国旅游市场总结及 2019 年发展趋势预测

近日，2019 年全国文化和旅游厅局长会议在北京召开，会上指出 2018 年我国旅游消费持续增长，全年国内旅游人数预计达 55.4 亿人次，中国公民出境旅游人数预计达 1.48 亿人次，预计实现旅游总收入 5.99 万亿元。2018 年各地积极挖掘文化和旅游资源，发展特色产业；全域旅游向纵深发展，全域旅游示范区创建全面展开。

国内旅游市场中旅游消费大众化与结构分化并存特征更加明显，冰雪旅游、避暑旅游、博物旅行、研学旅游、婚尚旅游、极地旅游等分众市场不断涌现。定制旅游快速增长并进入成熟期，个性化、品质化旅游消费需求稳步增加，美食、美宿成出游动机。旅游业发展的政策和市场环境继续优化，假日旅游消费成为新民俗，红色旅游实现较快发展。游客旅游过程中的文化参与性大幅增长。

（信息来源：中商产业研究院，2019-02-01）

请思考：

1. 现今旅游资源的开发有什么特点？
2. 如何提高区域旅游资源的竞争力？

中国有辽阔的国土、多样的自然地带、突出的地域差异、复杂的自然结构。这些条件使我国拥有类型多样、丰富多彩的自然旅游资源。中国还有悠久的历史、灿烂的文化、众多的民族、多彩的民俗风情，以及近代以来巨大的社会变革和日新月异的现代化建设成就。这些条件使我国拥有类型多样、品位极高的人文旅游资源。尤其是文物古迹旅游资源异常丰富，为世界上任何国家所不可比拟。

典型工作任务一　认识旅游资源与地理环境

任务引入

火烧沟"变身"记

洁净沙滩，潺潺流水，绿林倒影，花开遍地，飞鸟掠过。每到傍晚，位于古城西宁市城西区的白沙滩公园，前来散步的市民来往不断。周末时分，城区居民全家前来休闲，公园内充满欢声笑语。

很多人想不到，眼前青山碧水、繁花似锦的公园，曾是一条堆满垃圾、声名狼藉的火烧沟。

属于黄河二级支流的火烧沟曾是西宁市建筑垃圾、生活垃圾的消纳场。"眼前是一片白茫茫的垃圾，沟内污水横流，臭气熏天"。西宁市城西区生态环境局干部王文涛如此描述他一次来火烧沟的场景。

火烧沟原名"鸳鸯沟"，河沟两岸对称的山峦，犹如相互守望的两只鸳鸯，"鸳鸯沟"因此得名。清末时由于战乱失火，两岸树木全部被烧，由此改名火烧沟。

"后来两岸乱搭乱建，各类金属加工厂、混凝土搅拌站、养鸡场往沟里肆意排污"，村民郑明南说，原本植被稀少，加上满地垃圾，这条沟如同被火烧过后满目疮痍。常有外地亲戚开玩笑，火烧沟真奇怪，山上四季都开"花"，"这哪是花儿呀，都是被风刮上去的各色塑料袋"。

近年来，西宁市大力开展花园城市建设，提高城市绿化和公园面积。城西区多方筹集资金约12亿元，对火烧沟开展生态修复。除先期将火烧沟部分区域改造成白沙滩公园外，还规划将这条长5.5 km、面积585 hm^2的垃圾沟，改造成为青藏高原上面积最大的郊野公园之一。

近两百处违章搭建棚户全部拆除，污染企业全部关闭；一段1.5 km长的河沟段，清理出30多万立方米垃圾；运走垃圾，换填种植土，种上丁香、北美海棠、八宝景天，总共完成绿化面积50.8万 m^2，山体林草覆盖率从最初不到10%提升到70%。

如今走进火烧沟，成片的山桃、山杏、云杉和造型油松等树木，给原本沟壑纵横的两岸铺上了绿色；各种走禽、飞鸟陆续前来"安营扎寨"。阵雨过后，沿着清澈的河流，漫步在步行绿道，满眼是绿色的山林、开阔的草地、浪漫的花海，宛若走入一幅油画之中。

参与项目规划实施的中铁第一勘察设计院园林设计师李玉清介绍，过去火烧沟原有地表被各类垃圾覆盖，土壤污染严重，风沙四起，"现在风沙和水土流失得到有效治理，绿化区域不时有野兔出没，说明火烧沟生态系统已进入自我修复中"。

西宁市城西区火烧沟生态修复综合指挥部办公室负责人史之新说，火烧沟公园还将建设远足营地、特色乡村、体育公园等基础设施，使其变成市民休闲、健身、郊游的乐园。待火烧沟完成修复后，两岸披上绿装，各色花朵绽放，"那时的火烧沟又能变回'鸳鸯沟'啦！"

（资料来源：新华网，2020 年 6 月 2 日）

请思考：

旅游资源开发保护与地理环境的关系。

知识准备

一、旅游资源的概念及分类

（一）旅游资源的概念

旅游资源是指凡能对旅游者产生吸引力，能被旅游业开发利用，并可以产生经济效益、社会效益和环境效益的一切因素。作为旅游资源有两点需要强调：其一，是能激发旅游者的动机，这是旅游资源的必备条件；其二，还必须为旅游业所利用才行。在具备了上述两个条件的基础上，关键还在于能否获得良好的经济效益和社会效益。这里包括开发的难易程度和开发后经营成本的高低，以及给当地经济建设和社会发展带来的作用等问题。

无论天然的、人造的，有形的、无形的，具体的、抽象的，只要真实存在，不论何种形式，都可以成为旅游资源。旅游资源作为旅游客体，是一个国家或地区旅游业生存和发展的基本前提，也是旅游地理学的主要研究对象。

旅游资源是发展旅游业的基础和重要组成部分。一个国家或地区旅游事业的发展成功与否，从根本上说，是取决于这个地区旅游资源的特色和丰富程度，取决于能否妥善处理好开发旅游资源与保护环境的关系。

（二）旅游资源的分类

根据不同的分类标准，旅游资源有很多分类方法。目前最常见、应用最广泛的分类方法是按照旅游资源的属性划分，分为自然旅游资源和人文旅游资源两大类。自然旅游资源是指天然赋存的旅游资源，包括地质地貌、水体、气象气候、生物等；人文旅游资源是指由于人类活动而产生的旅游资源，包括历史古迹、古建筑、古陵墓园林、民风民俗、旅游文学、旅游商品等。

（三）旅游资源的特征

1. 综合性

旅游资源是由多种不同的地理要素形成的多要素互为影响的地域综合体，具有明显的综合性特征。一个地区的地理要素越多，旅游资源的综合性越强，地域的整体景观就越丰富，其旅游吸引力也越大。如山岳景观由高耸挺拔的山体与森林、生物等组成；峡谷景观由谷地、河水及林地组成；一些气象、天象景观，如海市蜃楼、夕阳、佛光等，更是多种因素共同作用的结果。

2. 地域性

旅游资源分布在一定的地域范围内，不同的地域存在着不同的地域差异，带有浓重的地域色彩，具有独特的地域性特征。如不同的民族具有风格各异的文化活动、风俗习惯、民居村落等。地域性是旅游资源最本质的特征，决定了旅游资源本身的存在，更是产生旅游活动的根本原因。

3. 观赏性和体验性

旅游资源与一般资源最主要的差别，就是它有美学特征，具有观赏价值，其作为资源所共有的经济性，在很大程度上也是通过观赏性来实现的。尽管旅游动机因人而异，旅游内容与形式多种多样，但观赏活动几乎是所有旅游过程都不可缺少的。没有观赏性，也就不构成旅游资源，旅游资源的观赏性越强，对旅游者的吸引力就越大。同时，体验性也是旅游资源区别于其他资源的又一特性，许多民俗旅游资源，如民族歌舞、民族婚庆等表现出的可参与性对异质文化区域的旅游者具有相当大的吸引力。

4. 永续性和不可再生性

永续性是指旅游资源具有可重复使用的特点。与矿产、森林等自然资源随着人类的不断开采会发生损耗不同，旅游者的参观游览所带走的只是印象和观感，而非旅游资源本身。因此，从理论上讲，旅游资源可以长期甚至永远地重复使用下去，但是，实践证明，旅游资源如果利用和保护不当也会遭到破坏。一种使用过度的有形旅游资源可能被毁坏，甚至不可再生；一种维护不当的无形旅游资源一旦遭到破坏，也是短期内难以修复的。这就要求旅游资源的开发工作必须与保护和管理相结合，必须以科学可行的旅游规划为依据，有序、有度地进行。

5. 变化和可创新性

众所周知，人们的兴趣、需要，以及社会时尚潮流都是随着时间的推移和社会的发展不断变化的，这为人造旅游资源的创新提供了必要和可能的空间，例如，观光农业旅游就是为了满足越来越多的人日益强烈的“回归田园”的愿望应运而生的。在那些传统旅游资源比较匮乏的地区，凭借经济实力，根据其特色人为地创造一些新的旅游资源不失为发展旅游业的一条康庄大道，新加坡就是这方面的典型例子之一。此外，无论是迪斯尼乐园为代表的各类主题公园，还是我国洛阳的牡丹花会和山东潍坊的风筝节等，都是这种创新旅游资源的例证。

二、地理环境与保护

(一)地理环境的概念

地理环境是指一定社会所处的地理位置以及与此相联系的各种自然条件的总和，包括气候、土地、河流、湖泊、山脉、矿藏，以及动植物资源等。地理环境是能量的交错带，位于地球表层，即岩石圈、水圈、土壤圈、大气圈和生物圈相互作用的交错带上，其厚度约 10～30 km。自然环境是由岩石、地貌、土壤、水、气候、生物等自然要素构成的自然综合体。地理环境是影响民族文化的重要因素，从人类总体历史发展来看，地理环境对于文明的形成及文化的传承都有关键性的作用。从世界各国的实际状况来看，地理环境差异大的国家与民族，他们的民族文化差异也非常巨大。

(二)地理环境的特征

1. 整体性

地理环境的整体性是指全球大小不同的自然综合体内部的各要素和各部分相互联系、相互制约，从而形成一个完整的、独立的、内部具有相对一致性、外部具有独特性的整体。地理环境中各要素和各部分之间的相互联系，相互作用具体表现在以下几个方面：

首先，地理环境中这一要素影响另外的要素，这一要素的变化影响到另外要素的变化。如副热带高气压带及信风带控制的大陆中心和大陆西岸，由于常年受到副高下沉气流及来自内陆的信风控制，因此，气候极其干燥。由于水分不足，地表径流浅或全无，物理风化强烈，风成作用盛行，形成大片沙漠、砾漠，植被稀疏，动物则因食物不足而相当贫乏。以上各要素之间是一环扣一环，一个要素影响另外的要素。当其中一个要素发生变化时，其他要素因受其影响，相应的也会发生变化。

其次，全球大小各级自然综合体内部，任何一个要素和部分的发展变化，都要受到整体的制约。自然综合体一经形成就具有稳定性，其内部各要素和各部分是不可分割的整体，要单独改变其中任一要素和部分是困难的。当然，在人类强有力的影响下，地理环境也会发生局部的变化，如由于人工灌溉，沙漠地区可以出现局部绿洲；由于人为滥伐，热带雨林可以局部出现草原及半荒漠景观。但一旦人类的影响停止，让其自然发展，只要大气环流形势不变，最终地理环境仍然要恢复它原来的面貌。这表明任何一个要素和部分的发展变化都要受到地理环境整体的制约。

2. 差异性

从总体上看，全球地理环境是一个统一的整体，但是在这个整体的不同地区，却经常表现出极为显著的地域差异，地域差异在地理环境中是普遍存在的。可以说，地球上不可能存在任何两个自然状况完全相同的区域，我们每个人却可以在日常生活中或是从旅行过程中获得对地域差异现象的感性认识。从炎热的华南到温凉的北方，从多雨的东南沿海到干旱的西北内陆，从高山的山麓攀登到山顶，都可以观察到地理环境及其组成要素的显著差异。

(三)旅游环境的保护

现今环境问题越来越受到人们的重视，环境与旅游的关系在旅游发展中也是如此。旅游的发展一方面依赖于良好的环境，另一方面也是一把双刃剑：既可能给环境带来破坏，又可能促进当地环境管理水平的提高。

因为旅游对环境有特殊影响和破坏，所以旅游环境保护显得尤为重要。旅游业的可持续发展是以环境保护为基础，以优美原生的自然风光为依托。旅游环境保护是一项系统长期的工程，只有把环境保护好，旅游资源才能得到更好的发展和保护，从而使旅游业永续发展。常用的一些限制客流、减少环境污染和环境损害的方法有：

(1)从一开始就对旅游采取严格的限制。如喜马拉雅山地区，特别是尼泊尔，只开发具有高附加值的特殊兴趣旅游。

(2)进行选择性市场营销，一些知名度较低的同类旅游地一般会更注重营销计划，而已经被过度使用的、知名度很高的景点在营销方面则应该保持低调。

(3)如果景点已经非常拥挤，而且已经影响到景点环境的时候，应该采取更严格的控制措施，如在某些时段关闭景点，甚至永久性地关闭景点。如澳大利亚的大堡礁海洋公园，园内共14个珊瑚礁，其中的4个每年10月到次年3月期间是不开放的，这是为了避免游客骚扰筑巢的鸟和龟。同期还禁止飞机超低空飞行。还有另外的岛是永久性关闭的，保护岛上的生态系统。

(4)在附近再建个“复制品”，关闭原有景点，原有景点只作为保护和研究。确定同一时间的接待上限。比如在2003年8月15日，布达拉宫管理处宣布将每天的游客限制在850人左右，后来增加到1 500人。2006年青藏铁路开通后，布达拉宫每天限制接待人数为不超过2 300人。

(5)通过门票限制客流也是个办法。海内外众多世界文化遗产景点都在实行门票浮动制。如针对布达拉宫冬季游客稀少、夏季人满为患的情况，有关部门将对布达拉宫实行冬夏季门票浮动制度。由于排队，游客往往会增加烦躁感和不舒适度，很多景点往往采取了一些方法让排队不那么枯燥，这些方法包括改变队形，增加排队区活动和娱乐项目，利用排队区做一些信息展示等。

任务训练

一、场景设计

(一)实训目的

了解旅游资源与地理环境之间的关系。

(二)实训内容

以你熟悉的某一旅游名胜景区(点)为例，介绍其旅游发展历史、主要景观特色、自然环境特征等，重点分析其环境变化状况及旅游业发展变化状况，撰写《××旅游资源开发与环境变化调查报告》。

二、训练步骤

(一)实训前准备

搜集相关信息，组内合理分工。

(二)实　训

1. 学生上交《××旅游资源开发与环境变化调查报告》。
2. 分组汇报。
3. 教师总结并评分、评价。

效果评价

××旅游资源开发与环境变化调查训练评分表

姓　名		地　点		时　间	
实训项目	实训考查要点	分　值	小组评分	教师评分	最终得分
××旅游资源开发与环境变化调查	1. 信息收集途径丰富、方法科学				
	2.《旅游资源与环境调查报告》内容完整、准确				
	3. 组员汇报语言表达熟练、清晰，文辞优美				
	4. 根据科学方法对景区发展及环境变化进行评价				
	5. 团队分工明确，合作有序				
合　计		100			

注：该表可根据实际设计的训练项目进行测评。

典型工作任务二　认识自然旅游资源

任务引入

冬奥后，我们充满信心——中国冰雪产业未来可期

北京冬奥会和冬残奥会的成功举办，给冰雪产业的发展提供了巨大的市场空间，无论是承办区域或非承办区域，都逆势崛起，托起了冰雪产业的朝阳。

位于燕山山脉的“雪国”崇礼怀抱万龙、太舞、云顶等 7 家大型滑雪场，雪道共 169 条、总长 162 km，其中 15 条雪道通过国际雪联认证，直接或间接从事冰雪产业和旅游服务人员达 3 万多人。

崇礼太子城区域交通等基础设施条件改善后，几大雪场通过路网连接在一起，整个核心旅游资源被有效整合、打造提升。高速铁路开通后当月客流增加了 30%，客源结构也从年轻发烧友为主，转变为全年龄段人口滑雪度假。冬奥会带来了更多样的客流，崇礼各大滑雪场都在努力适应新市场需求。

北京市体育局提供的数据显示，北京的冰雪场地设施供给也在几年间大幅攀升。冰雪场地由冬奥会申办前的 42 座冰场、44 块冰面、22 处雪场，发展为目前的 82 座冰场、97 块冰面、32 处雪场。全市冰雪运动特色学校和奥林匹克教育示范学校均达到 200 所。

河北张家口也已建成室内滑冰馆 20 座、冰雪运动培训基地 59 家，创建冰雪运动特色学校 100 所。建成大型滑雪场 9 家，拥有高、中、初级雪道 177 条、总长度 164 km，分别占全省的 65% 和 88%，全市参与冰雪运动人数突破 220 万人。

据中国旅游研究院发布的《中国冰雪旅游消费大数据报告(2022)》预测，京津冀地区蕴含着 2025 年“十四五”末期 1 亿冰雪旅游人次、2 500 亿元收入的冰雪旅游市场潜力。

（来源：新华社，2022-3-10）

请思考：

冰雪旅游市场需求旺盛，京津冀地区如何发挥当地冰雪旅游资源优势呢？

知识准备

中国地域广阔，自然地理环境复杂多样，所以自然旅游资源类型众多，如风格各异的名山大川、奇峰秀湖、碧海沙滩、珍禽异兽、奇花异草等。大自然赋予了壮观景象，为开展旅游活动提供了得天独厚的条件。

自然旅游资源又称自然风景旅游资源，指凡能使人们产生美感或兴趣的、由各种地理环境或生物构成的自然景观。它们通常是在某种主导因素的作用和其他因素的参与下，经长期的发育演变而形成。虽然在历史时期由于人类活动的影响，出现了一些人工构景物体，并带有特定时期历史文化的某些特征，但就构景的主体来看，依然具有自然景观的基本特点，所有人工构物仅起着衬托和点缀作用。

根据《中国旅游资源普查规范》，自然旅游资源分为四大类，即地貌景观类、水域风光类、天气气象类和生物景观类。

一、地貌景观旅游资源

我国地质历史复杂，历经大规模的地壳运动，尤其是新构造运动奠定了我国地貌的基本轮廓。各种地貌类型以其独特的形态和魅力构成了千姿百态的旅游资源，既有山地、平原、丘陵、盆地、高原等常态地貌，还有特殊自然条件下形成的山岳冰川地貌、风成地貌、黄土地貌、岩溶地貌、丹霞地貌、火山熔岩地貌、海岸地貌等特殊类型。它们以各自独特的形态特征，或与其他的自然要素（如气象、水体、生物等）有机结合，构成了一幅幅美妙的大自然风景画。

各类地貌类型都是在内力和外力共同作用下形成的。内力作用引起地壳运动，表现为褶皱、断层、火山、地震等。外力作用的表现形式也有很多，有风化作用、侵蚀作用、搬运作用、沉积作用和固结成岩作用等。

各类地貌类型中，具有较高旅游价值的地貌主要有：山地地貌、丹霞地貌、雅丹地貌、岩溶地貌、冰川地貌、海岸地貌、火山熔岩地貌等类型。

（一）名山景观

名山是指著名的山地，具有奇特的形态、优美的自然景观或具有一定的人文景观而被世人认识的山地空间综合体。

中国是多山国家，由于大自然鬼斧神工而形成的天然奇观和中国五千年人文历史的雕琢，形成了大量的名山奇峰。这是大自然留给我们的伟大遗产，极具游览价值、文化价值、休闲价值和登山考察价值，是人们争相观赏的旅游胜地。从全国来看，有西高东低、北雄南秀的特点。从成因来看，中国的名山主要有两大类，即以历史文化为主构成的名山和以自然风光为主构成的名山。

1. 五岳名山（见表 1-1）

表 1-1　五岳名山

名　称	位　置	著名景点	美感特征
东岳泰山	山东泰安市	岱庙、中天门、南天门、碧霞祠	雄
西岳华山	陕西华阴市	玉泉院、青柯坪、玉女祠、苍龙岭	险
北岳恒山	山西浑源县	天峰岭、悬空寺、翠屏山	幽
南岳衡山	湖南衡阳市	祝融峰、藏经阁、方广寺、水帘洞	秀
中岳嵩山	河南登封市	少林寺、中岳庙、嵩阳书院、观星台	峻

2. 佛教名山（见表 1-2）

表 1-2　佛教名山

名　称	位　置	佛教道场	主要寺庙
五台山	山西省	文殊菩萨道场	显通寺、塔院寺、殊像寺、黛螺寺等
普陀山	浙江省	观音菩萨道场	普济寺、法雨寺、慧济寺等
峨眉山	四川省	普贤菩萨道场	报国寺、伏虎寺、万年寺、雷音寺等
九华山	安徽省	地藏菩萨道场	化城寺、甘露寺、双溪寺等

3. 道教名山

道教崇尚修仙成道，认为虚无缥缈的高山胜岳、奇峰异洞是神仙出没之所，在这样的地方修行，更容易得道成仙，于是历史上逐渐形成很多道教的“洞天福地”，不仅风景秀美，而且还有很多动人的道教传说，是闻名中外的旅游胜地。

在众多的道教名山中，湖北武当山、四川青城山、江西龙虎山、安徽齐云山被称为道教四大名山。此外，江西三清山、山东崂山、江苏茅山、陕西终南山、甘肃崆峒山等也是道教名山。

4. 风景名山

在我国，风景名山数不胜数，既有传统的山水文化名山，也有当代的风景名山。传统的山水文化名山以突出的自然山水或具有世外桃源般的田园风光而著称，如安徽黄山、江西庐山、福建武夷山、浙江雁荡山等。当代的风景名山主要是指为了旅游业发展的需要，新发现、新开发的旅游名山，如具有突出自然特色的著名山地自然保护区，有湖南武陵源、云南玉龙雪山、四川海螺沟等。

5. 极高山

极高山是地表的专用词，指海拔超过 5 000 m 的山峰。全世界海拔超过 8 000 m 的极高山有 14 座，全分布在中国境内或边界上，其中世界第一高峰珠穆朗玛峰，海拔 8 844.43 m，位于中尼边界上；世界第二高峰乔戈里峰，海拔 8 611 m，位于中巴边界。

极高山是旅游爱好者和登山爱好者进行登山、探险、览胜的最好场所，也是科学家进行科学考察的重要研究基地。

（二）丹霞地貌景观

丹霞地貌可表述为“以陡崖坡为特征的红层地貌”，形成的时间是从侏罗纪到第三纪，很多地区发育了一套富含红色氧化铁，以砂砾岩及页岩交互成层的陆相红色岩系。在造山运动中整体上升，并经过风化、流水、重力崩塌等外力作用，沿断裂、垂直节理处侵蚀、切割作用，形成丹岩赤壁的形态。

丹霞地貌在我国广泛分布，已查明丹霞地貌 1 005 处，分布于全国 28 个省（自治区、直辖市、特别行政区）。在热带、亚热带湿润区，温带湿润—半湿润、半干旱—干旱区和青藏高原高寒区均有分布；最低海拔可以形成于东部的海岸带，最高海拔可以出现在 4 000 m 以上的青藏高原上，但相对集中分布在东南、西南和西北三个地区。

[阅读资料 1-1]

广东丹霞山

广东丹霞山是世界“丹霞地貌”命名地，由 680 多座顶平、身陡、麓缓的红色砂砾岩石构成，“色如渥丹，灿若明霞”，以赤壁丹崖为特色。地质学家研究表明，广东丹霞山是世界已发现 1 200 多处丹霞地貌中发育最典型、类型最齐全、造型最丰富的丹霞地貌集中分布区。丹霞山境内有大小石峰、石墙、石柱、天生桥共计 680 多座；丹霞山在地层、构造、地貌表现、发育过程、营力作用，以及自然环境、生态演化等方面的研究，在全国丹霞地貌区最为详细和深入，已经成为全国乃至世界丹霞地貌的研究基地，以及科普教育和教学实习基地。

（三）雅丹地貌景观

雅丹地貌是一种典型的风蚀地貌，又称风蚀垄槽，或者称为风蚀脊。“雅丹”原是我国维吾尔族语，意为陡峭的土丘。这种地貌通常发育在干旱地区的湖积平原上。形成原因是风的磨蚀作用，小山包的下部往往遭受较强的剥蚀作用，并逐渐形成向里凹的形态。如果小山包上部的岩层比较松散，在重力作用下就容易垮塌形成陡壁，形成雅丹地貌，有些地貌外观如同古城堡，俗称魔鬼城，主要由一系列平行的垄脊和沟槽构成，顺盛行风方向延长；高半米至几米，长数十米到数百米不等；沟宽 1～2 m，在中国新疆罗布泊东北发育很典型。

（四）岩溶地貌景观

岩溶地貌在国际上称为“喀斯特”（Karst）地貌。喀斯特是水对可溶性岩石（碳酸盐岩、石膏、岩盐等）进行以化学溶蚀作用为主，流水的冲蚀、潜蚀和崩塌等机械作用为辅的地质作用，以及由这些作用所产生的现象的总称。由喀斯特作用所造成的地貌，称喀斯特地貌（岩溶地貌）。喀斯特地貌最早发现于南斯拉夫西北部伊斯特拉半岛上的喀斯特高原而得名，意思是岩石裸露的地方。在岩溶地貌发育的地区，往往山石嶙峋、多奇峰异洞，其形态的多样性和奇异性为其他地貌类型所难以比拟。

中国喀斯特地貌分布之广泛，类型之多，为世界所罕见，主要集中在云贵高原和四川西南部。在中国，作为喀斯特地貌发育的物质基础——碳酸盐类岩石（如石灰石、白云岩、石膏和岩盐等）分布很广。据不完全统计，总面积达 200 万 km^2，其中裸露的碳酸盐类岩石面积约 130 万 km^2，约占全国总面积的 1/7；埋藏的碳酸盐岩石面积约 70 万 km^2。碳酸盐岩石在全国各省区均有分布，但以桂、黔和滇东部地区分布最广。号称“甲天下”的桂林山水就是岩溶地貌的典型代表之一。

（五）冰川地貌景观

冰川地貌，是由冰川作用塑造的地貌。地球陆地表面有 11% 的面积为现代冰川覆盖，主要分布在极地、中低纬的高山和高原地区。我国冰川主要集中于西部的喜马拉雅山、昆仑山、念青唐古拉山、横断山、祁连山、天山和阿尔泰山等高山区。我国的冰川面积占亚洲冰川面积的一半以上，是世界上山岳冰川面积最大的国家。

雄伟俊秀的雪峰、壮丽的山谷冰川和冰川前线消融过程中形成的冰桌、冰蘑菇、冰桥、冰洞穴、冰瀑布、冰塔林等都构成了诱人的观光、探险与科考旅游资源。我国四川的贡嘎山，是距离城市最近的多冰山极高山。一号冰川（海螺沟冰川）的冰舌伸展到海拔 2 850 m 的森林中，称为我国海拔最低的山岳冰川，在 1987 年建立国家冰川森林公园。

（六）海岸地貌景观

海岸风光是最富有吸引力的旅游资源之一，海岸地貌是海岸风光的重要构景内容和海滨旅游活动的重要物质基础。海岸地貌是指海岸在构造运动、海水动力、生物作用和气候因素等共同作用下所形成的各种地貌的总称。

根据海岸地貌的基本特征，可分为海岸侵蚀地貌和海岸堆积地貌两大类。侵蚀地貌是岩石海岸在波浪、潮流等不断侵蚀下所形成的各种地貌，主要有海蚀洞、海蚀崖、海蚀平台、海蚀柱等，多数具有很高的观赏价值，如我国的舟山普陀山的潮音洞、梵音洞，台湾的“清水断崖”、青岛的“石老人”、三亚的“天涯海角”等都是此类地貌。堆积地貌是近岸物质在波浪、潮流和风的搬运下，沉积形成的各种地貌，此类地貌是开辟海滨浴场，开展海滨度假旅游的最佳场所，如大连的金石滩、秦皇岛的北戴河和南戴河、广西的北海银滩、海南的亚龙湾等都是有名的海滨沙滩。

（七）火山与熔岩地貌景观

在地球漫长的演变历史进程中，岩浆侵入与火山活动频繁发生。岩浆喷出地表的地方常形成火山。火山爆发是世界上最宏伟壮观的自然现象之一。当今世界尚有大量火山在活动，其中 80%集中在环太平洋、喜马拉雅至地中海这一地震带上。火山喷发和熔岩形成的火山堆、火山口、火山堰塞湖、温泉及其丰富的象形岩体、熔岩洞穴、熔岩隧道等都是富有吸引力的旅游资源。

我国地处环太平洋构造活动带和地中海—喜马拉雅山构造活动带的交叉部位。黑龙江五大连池被称为我国近代火山景观中保存最完好的一座“火山地貌博物馆”。除此之外，还有著名的云南腾冲火山群、山西大同火山群、海南北部火山群等。

二、水域风光旅游资源

水是自然界分布最广、最活跃的因素之一，是生命存在的前提和条件，水体是最宝贵的旅游资源之一，是造景因素之一。我国水域宽广，水资源丰富，造就了丰富的水体旅游资源，主要类型有海洋、江河、湖泊、瀑布、泉水等。

(一)海洋旅游资源

海洋是世界上最大的水体，约占地球表面 71%的面积。海洋旅游主要在海滨和近海开展。我国海岸线总长约 1.8 万 km，海洋旅游资源丰富多彩。

1.“3S”景观

所谓“3S”景观，指阳光(sun)、海水(sea)、沙滩(sand)。在现代旅游中，3S 是最受人们欢迎的旅游资源之一，很多国家和地区就是因为拥有优良的 3S 景观而成为旅游者最喜欢的地方，如地中海沿岸的西班牙和意大利、我国的海南三亚等。

2. 海岛景观

海岛是周围环海的陆地，多成群或成带地分布于沿海或大洋中。在海岛上，可以欣赏到海天相连的美景，也可以观赏多姿多彩的海底美景。我国著名的海岛有台湾岛、海南岛、舟山群岛等。

(二)江河旅游资源

江河是地球的血脉，是重要的水资源，往往是人类文明的发源地，河流两岸风光秀丽，景象万千。我国江河数量众多，大小河流数以千计，总长度超过 42 万 km。我国河流按水系可分为内流水系和外流水系两类。内流河主要集中在西部和北部的内陆区域；外流河分属三大洋(太平洋、印度洋、北冰洋)水系。我国有许多世界著名的河流，如长江、黄河、珠江等。

1. 长江

长江全长 6 397 km，是我国第一长河，世界第三长河，发源于青藏高原的唐古拉山脉各拉丹东雪山，流经青、藏、川、滇、渝、鄂、湘、赣、皖、苏、沪 11 个省级行政区，最后在上海注入东海。长江分为上、中、下游三段，各段风光各异。上游从源头到湖北宜昌，地形复杂多样，多高山峡谷，水位落差大，著名的峡谷有虎跳峡、长江三峡等，此外还有伟大的现代化的水利工程——葛洲坝、三峡大坝；中游从宜昌到江西湖口，落差较小，河道渐宽，水流平缓，有众多的大小湖泊和支流，有洞庭湖、鄱阳湖、汉江、湘江、赣江等；下游从江西湖口到东海入海口，江面宽阔，河道密布，沿河有许多历史文化名城和现代化大都市，如南京、扬州、芜湖、上海等。

2. 黄河

黄河全长 5 464 km，是我国第二长河，发源于青藏高原巴颜喀拉山北麓，流经青、川、甘、宁、内蒙古、陕、晋、豫、鲁9个省级行政区，在山东省注入渤海。黄河是华夏民族的“母亲河”，黄河流域是中华文明的摇篮，留下了大量的文物古迹，如古城西安、咸阳、洛阳、开封；沿岸也有现代化的大都市，如兰州、银川、包头、济南等。

3. 漓江

漓江是中国锦绣河山的一颗明珠，是桂林山水风光的精华。它发源于桂林北部兴安县的猫儿山，流经桂林、阳朔、平乐，至梧州汇入西江，全长437 km。“桂林山水甲天下，阳朔山水甲桂林”，从阳朔到桂林河段，宛如一条青罗带，蜿蜒于奇峰之间。韩愈曾赞叹“江作青罗带，山如碧玉簪”。沿江风光旖旎，奇峰倒影，深潭、涌泉、瀑布，构成一幅绚丽多姿的画卷，著名景观有九马画山、穿山、斗鸡山、父子岩、冠岩等，被称为“百里漓江，百里画廊”，是我国十大风景名胜之一。

4. 珠江

珠江，又名粤江，年径流量3 300多亿 m^3，居全国江河水系的第二位，仅次于长江。珠江全长2 320 km，流域面积453 690 km^2（其中442 100 km^2在中国境内，11 590 km^2在越南境内），是中国南方最大河系，是中国境内第三长河流。珠江发源于云贵高原乌蒙山系马雄山，流经中国中西部六省区及越南北部，在下游从八个入海口注入南海。珠江原指广州到入海口96 km长的一段水道，因流经著名的海珠岛而得名。珠江下游的冲积平原是著名的珠江三角洲，河海交汇，河网交错，平畴绿野，美丽富饶，具有南国水乡的独特风貌。

[阅读材料1-2]

水上漂流

漂流是一种新兴的探险性水上娱乐活动，以全程参与、有惊无险、野趣无穷的魅力，吸引了越来越多的参与者。我国可以进行漂流探险的河流达上百条。

位于贵州兴义市的马岭河，有“神州第一漂”之誉，是我国最具代表性的漂流河段之一。在不到20 km的马岭河两岸，分布着常流瀑布60余条，最高落差达280 m，形成一片争奇斗艳的瀑布群。漂流途中，给人以“巨瀑压顶”“游龙吞舟”的惊险感。沿岸还可观赏峡、溶洞、天坑、万峰林、布依风情等串联在一起的景观。

位于湖南省永顺县境的猛洞河，也是我国最具代表性的漂流河段之一。由永顺县城至列夕口约30 km的河段，有近百个河曲、50多个峡关、300多个溶洞、500多种植物，古木参天。途经三角岩、鸡笼门、阎王滩、落水坑瀑布、梦思峡等景点，下游还有千年古镇芙蓉镇，景色美不胜收。

此外，湖北的神农溪、广东乐昌九曲十八滩、武夷山九曲溪、浙江楠溪江、重庆巫山的大宁河、广西资源的资江、浙江桐庐的天目溪等也可开展漂流活动；在黄河上游的宁夏和内蒙古河段，开展有独具特色的羊皮筏、牛皮筏漂流活动，新颖独特，极富趣味性。

(三)湖泊旅游资源

陆地表面洼地积水而成的宽广水域，称为湖泊。我国是世界上湖泊最多的国家，天然湖泊面积在1 km^2以上的湖泊就有2 800多个，总面积达8万 km^2，主要分布在东部平原和青藏高原、内蒙古、新疆和东北地区。

湖泊按其成因可分为以下八类：

1. 构造湖:是在地壳内力作用形成的构造盆地上经储水而形成的湖泊。其特点是湖形狭长、水深而清澈,如云南高原上的滇池、洱海和抚仙湖,青海湖,新疆喀纳斯湖等。构造湖一般具有十分鲜明的形态特征,即湖岸陡峭且沿构造线发育,湖水一般都很深。同时,还经常出现一串依构造线排列的构造湖群。

2. 火山口湖:系火山喷火口休眠以后积水而成,其形状是圆形或椭圆形,湖岸陡峭,湖水深不可测,如长白山天池深达 373 m,为中国第一深水湖泊。

3. 堰塞湖:由火山熔岩流,冰碛物或由地震活动使山体岩石崩塌下来等原因引起山崩滑坡体等堵截山谷、河谷或河床后储水而形成的湖泊。由火山熔岩流堵截而形成的湖泊又称为熔岩堰塞湖,如五大连池、镜泊湖等。

4. 岩溶湖:是由碳酸盐类地层经流水的长期溶蚀而形成岩溶洼地、岩溶漏斗或落水洞等被堵塞,经汇水而形成的湖泊,如贵州省威宁县的草海,威宁城郊建有观海楼,登楼眺望,湖中碧波万顷,秀色迷人;湖心岛上翠阁玲珑,花木扶疏,有"水上公园"之称。

5. 冰川湖:是由冰川挖蚀形成的坑洼和冰碛物堵塞冰川槽谷积水而成的湖泊,如新疆阜康天池,又称瑶池,相传是王母娘娘沐浴的地方;还有北美五大湖,芬兰、瑞典的许多湖泊等。

6. 风成湖:沙漠中低于潜水面的丘间洼地,经其四周沙丘渗流汇集而成的湖泊,如敦煌附近的月牙湖,四周被沙山环绕,水面酷似一弯新月,湖水清澈如翡翠。

7. 河成湖:由于河流摆动和改道而形成的湖泊。它又可分为三类:一是由于河流摆动,其天然堤堵塞支流而潴水成湖,如鄱阳湖、洞庭湖、江汉湖群(云梦泽一带)、太湖等;二是由于河流本身被外来泥沙淤塞,水流宣泄不畅,潴水成湖,如苏鲁边境的南四湖等;三是河流截湾取直后废弃的河段形成牛轭湖,如内蒙古的乌梁素海。

8. 海成湖:由于泥沙沉积使得部分海湾与海洋分割而成,通常称作潟湖,如里海、杭州西湖、宁波的东钱湖。约在数千年以前,西湖还是一片浅海海湾,以后由于海潮和钱塘江挟带的泥沙不断在湾口附近沉积,使湾内海水与海洋完全分离,海水经逐渐淡化才形成今日的西湖。

[阅读资料 1-3]

湖泊的"世界之最"

地球上湖泊总面积为 270 万 km^2,占陆地面积的 1.8%,面积大于 5 000 km^2 的湖泊有 35 个。芬兰的湖泊最多,被称为"万湖之国",拥有大小湖泊 6 万多个。世界最大的咸水湖为伊朗与俄罗斯、哈萨克斯坦、土库曼斯坦、阿塞拜疆等国边境的里海,面积 37.1 万 km^2,储水量 89.6 万亿 m^3;最大的淡水湖为美国与加拿大边境的苏必利尔湖,面积 8.21 万 km^2,储水量 11.6 万 m^3;最大的淡水湖群为北美五大湖,总面积 24.5 万 km^2,总储水量 22.8 万亿 m^3。俄罗斯的贝加尔湖最深,最大水深 1 620 m。最高的湖为中国西藏自治区的纳木错,湖面海拔 4 718 m。最低的湖为巴勒斯坦、以色列与约旦边境的死海,湖面高程在海平面以下 395 m。

(四)瀑布旅游资源

瀑布在地质学上叫跌水,即河水在流经断层、凹陷等地区时垂直地跌落。瀑布由裂点、瀑下深潭和潭前峡谷组成。瀑布以其"银色银链"从天而降,发出雷鸣巨响,飞溅的水珠雨雾蒙蒙,与蓝天白云、青山绿树形成动、静、声、色的画卷,令人叹为观止。

我国地形多变,河川众多,因此多瀑布。我国瀑布分布规律大致是南方多于北方,东部多于西部。其中旅游价值最高的，是我国的三大瀑布和南方的一些山岳瀑布。

“中国第一大瀑布”——贵州黄果树瀑布，宽 81 m，水从 74 m 高的断崖中跌下，最大洪峰可达每秒 2 000 m^3，发出轰隆巨响，浪花四溅，水珠飞扬，气势雄伟，可谓是“瀑布震天，十里相闻”。

“中国第二大瀑布”——壶口瀑布，位于黄河晋陕峡谷段，与龙门峡相依，两山峡峙，河床由 250 m 骤然收束为 30 m，汹涌、激越的黄河水夺路而下，落差近 50 m，倾入壶口，形如巨壶沸腾，涛声十里可闻，是黄河上最大的瀑布。

“中国第三大瀑布”——吊水楼瀑布，又称镜泊湖瀑布，位于黑龙江省宁安市牡丹江上。历史上由于长白山火山喷发，熔岩流堵塞了河道，形成一个火山堰塞湖——镜泊湖。湖水从裂口溢出，泻入牡丹江，因而形成一个大瀑布。当夏季洪水到来时，湖水水量增大，水位抬高，瀑布宽 200 多米，落差 20 多米。每到冬天，长白山成为林海雪原，吊水楼瀑布也凝结成冰瀑，别有一番景色。

享有“九寨归来不看水”美誉的是四川九寨沟瀑布群，其中树正瀑布、诺日朗瀑布和珍珠瀑布，不仅造型美，而且有无数碧潭，各种色彩俱全，被誉为天下最美的水景。此外，庐山开先瀑布、三叠泉瀑布，雁荡山大、小龙湫，黄山人字瀑、白丈瀑等，都成为风景名胜区中的重要旅游景点。

（五）泉水旅游资源

泉是地下水的天然露头。泉水清澈纯净，可饮可浴，具有一定的保健功能。泉水长流不息，是一种具有动态美、清纯美、声色美、味觉美的旅游资源，格外受青睐。

1. 泉的类型

(1)按泉水的温度分类

温度低于 20 ℃(或 25 ℃)的泉称为冷水泉；20(或 25)～33 ℃的泉称为微温泉；34～37 ℃的泉称为温泉；38～42 ℃的泉称为热泉；温度高于 42 ℃的泉称为高热泉；温度超过当地沸点的泉称为沸泉。

(2)按泉水的矿化度分类

矿化度＜1 g/L 的为淡水泉，矿化度≥1 g/L 的则为矿泉。矿化度是指地下水中各种元素离子、分子与化合物矿化度的含量。目前国际上比较通用的划分方法，是以泉水中 6 种主要离子(碳酸氢根、硫酸根、氯、钠、钙、镁)和 3 种气体(二氧化碳、氡、硫化氯)与某些活性元素(铁、砷、碘、溴)的含量为标准。

2. 泉的分布

我国是世界上涌泉最为丰富多彩的国家之一，全国有涌泉数万处，其中名泉不下百处。涌泉主要分布在山区，尤其是坡麓和沟谷地带。地表径流丰富的地区，涌泉更多。因此我国的涌泉，南方明显多于北方。

我国地处环太平洋地震带和地中海—喜马拉雅山地震带之间，地热资源非常丰富，全国遍布数万处温泉，以东南沿海的闽、粤、台三省和西南的滇、藏两省区为最多，合占全国温泉的一半以上，而且泉水温度普遍偏高。台湾是我国温泉平均密度最大的省份。滇、藏是我国温泉总数最多的两个省区，以云南腾冲和西藏羊八井为代表。

3. 我国名泉

(1)冷水泉

冷泉因为水质清纯甘洌，常供饮用或作为酿酒的水源。历史上，镇江的中泠泉、北京的玉泉、济南的趵突泉、庐山的谷帘泉、峨眉山的玉液泉、云南安宁的碧玉泉等，都曾经被评为天下第一泉。无锡的惠山泉曾被评为天下第二泉，并以一首古曲《二泉映月》名扬天下。杭州西湖附近的玉泉、龙井泉与虎跑泉，也都是著名的冷水泉。

山东济南号称“泉城”，有名泉72眼，趵突泉、珍珠泉、黑虎泉、五龙潭并称为济南“四大名泉”。清代刘鹗在《老残游记》中，赞美济南城是“家家泉水，户以户垂杨”。

山东崂山矿泉可以说是当今最有名的饮用矿泉，崂山矿泉水和用崂山矿泉水为原料制成的青岛啤酒，远销海内外。

(2)温泉

温泉具有洗浴功能和显著的医疗价值。我国温泉疗养胜地很多，最具代表性的有北京小汤山温泉，南京汤山温泉，黑龙江五大连池药泉，辽宁鞍山汤岗子温泉，陕西西安骊山温泉，广东从化温泉，云南安宁温泉，重庆南、北温泉，福州温泉等。

福州市有温泉上百处，以水质佳、温度高而著称海内，福州有中国的“温泉城”之誉。

台湾地区因其地处环太平洋火山地震带，地壳活跃，有温泉百余处，其中阳明山温泉、北投温泉、关子岭温泉和四重溪温泉是台湾地区著名的四大温泉。

(3)观赏泉

我国有一些奇特的泉，极具观赏价值，如云南大理的蝴蝶泉，每年农历四月二十五日前后，有幸可观赏到蝴蝶盛会；四川广元的含羞泉，像含羞草一样，当有震动时泉水就悄悄隐退，安静片刻又会欢快地涌出；还有湖南石门和河北野三坡的鱼泉，广西桂平西山的乳泉，西藏的水热爆炸泉，湖南大庸市的间歇泉，云南腾冲的毒气泉，台湾关子岭的水火泉，安徽寿县的喊泉和巢县、无为县的笑泉，河南睢县的香水泉，内蒙古锡林郭勒草原的啤酒泉等，都是较奇特的观赏性名泉。

三、天气气象旅游资源

气象是指地球的大气层中所产生的各种物理现象和物理过程，如阴、晴、冷、暖、干、湿、雨、雪、雾、风、雷等。天气和气候是互相联系的。天气是指一个地区较短时间的大气状况；而气候则是指一个地区多年的平均天气状况及其变化特征。云雾雨雪、日月天光等大气现象是自然界最基本而又富于变幻的构景因素。气候条件通过制约生物的生长、水体的状况，甚至地貌的特征，形成各地丰富多彩的气候与自然景观，同时还能影响到各地的民居建筑及民俗习惯，形成人文景观的差异。气象气候因素是人们进行旅游活动最大的自然背景条件。

主要气象与气候旅游资源有：

(一)云雾雨景观

1. 云雾

云雾是大气中的水汽凝结现象，是温暖湿润地区或温暖湿润季节常常出现的气象景观。在云雾笼罩下，自然景观变幻莫测、若隐若现、虚虚实实，令人捉摸不定，增加了大自然的朦胧美，给人以充分的遐想，仿若到了虚幻、玄妙、神秘的仙境。我国许多风景名山都可以观赏到云海奇观，为自然景观增色不少，如黄山四绝之一的云海，泰山四大奇观中的云海玉盘，峨眉十景中的“罗峰晴云”，阿里山三奇之一的云海，西湖十景中的双峰插云等。此外，庐山、衡山、九华山、武陵源等都是观赏云海的佳境。

2. 雨

雨有一种朦胧美，烟雨蒙蒙之中游客会产生无限的情思和朦胧的诗意。浙江嘉兴的南湖烟雨、峨眉山的洪椿晓雨、杭州西湖的满陇桂雨等，都是著名的雨景，令人回味无穷。

(二)冰雪雾凇景观

1. 冰雪

冰雪以其纯洁无瑕的特色令无数游人喜爱。“北国风光,千里冰封,万里雪飘……”,毛泽东的《沁园春·雪》赞美了壮观的冰雪美景。著名的雪景有川西海螺沟、长白山林海雪原、嵩山少室晴雪、黄山积雪、西湖断桥残雪、燕京八景之一的西山晴雪、陕西终南积雪、云南苍山雪、台湾玉山积雪等。除了观赏之外,冰雪还可以用于开展滑雪、雪橇等冰雪体育运动和冰灯冰雕等节庆旅游活动。哈尔滨是我国著名的冰城,每年冬季都会吸引大量游客前往。

2. 雾凇

雾凇又名树挂,是在潮湿低温条件下,雾气遇到寒冷的物体直接凝华形成的气象景观,分粒状、晶状两种。吉林雾凇是我国最著名的雾凇奇景,每年隆冬季节,松花江上游的丰满水电站发电,江面不冻,从水面蒸发的水汽使整个江面雾气蒸腾,附着在沿江的树木上凝结形成雾凇,真似“忽如一夜春风来,千树万树梨花开”。有的挂在细长柳条上,犹似白链银丝,有的簇生在松针上,似一朵朵怒放的菊花,千姿百态令人惊叹。每年12月下旬到次年2月底是观赏雾凇的最佳季节,每到这时吉林市都要举办雾凇节,吸引大量中外游客前来观赏。吉林雾凇以其诗情画意的美,与桂林山水、云南石林、长江三峡并誉为中国四大自然奇观。

(三)日月霞光景观

1. 日

日出和日落景观都会给人带来美的感受。日出气势磅礴,景色壮观;日落以其独特之处动人心魄。我国著名的观日出景点有泰山的日观峰、华山的朝阳峰、庐山的五老峰、蓬莱的丹崖山等。

2. 月

中国人往往对月情有独钟,月光可以使人产生诗意和无限遐想。“明月几时有,把酒问青天”,阴晴圆缺的月相变化,加之嫦娥奔月的古老传说,更使朦胧的月色平添了神秘与虚幻的感觉。在我国各地景观中,西湖十景的平湖秋月、三潭印月,燕京八景的卢沟晓月,无锡的二泉映月,峨眉山的象池夜月都是以月亮为主题的观赏活动景观。

3. 霞光

霞是日出日落时阳光透过云层,由于大气的散射作用,使云层呈现红、黄、橙等颜色的自然现象。霞光与周围其他景致交相辉映,常构成一幅幅“落霞与孤鹜齐飞,秋水共长天一色”的绚丽壮美画卷。泰山岱顶四大奇观中就有“旭日东升”和“晚霞夕照”。

(四)佛光蜃景景观

1. 佛光

佛光又称宝光,是中低纬度的高山之巅出现的一种特殊的自然现象。每当午后云静风轻之时,人站在岩顶,阳光从观察者背后照射过来至浩荡无际的云海上面,深层云层就把阳光反射回来,经浅层云层的云滴或雾粒的衍射分化,就形成了一个巨大的彩色光环,且可“光环随人动,人影在环中”,犹如佛祖显灵,故称作佛光。佛光的出现要具备三个条件:一是山顶晴朗无风,二是云海顶面平荡,三是太阳光斜射。峨眉山的金顶以其独特的地理环境,成为观测佛光最佳的地点。此外,黄山、泰山、庐山、五台山等地也都可见到佛光。

2. 海市蜃楼

海市蜃楼是光线在垂直方向密度不同的气层中,经过折射造成的景象,常分为上现和下现海市蜃楼。平静的海面、湖面、雪原、沙漠等偶尔会在空中出现高大楼台、城郭、树木等幻景。海面上常出现这种幻景，古人归因于蛟龙一类的蜃，吐气而成楼台城郭，因而得名，也称为海市。山东蓬莱的海市蜃楼最为常见，呈现出的空中楼阁虚无缥缈、若隐若现，被誉为“蓬莱仙境”。

四、生物旅游资源

生物是自然生态系统的主体，也是地球表面自然景观的标志物或指示物，生物景观成为人类旅游活动的主要对象之一。生物景观以其复杂的形态和由其自身生命节律所表现出的变化性构成了旅游景观的实体，是自然旅游资源中最具特色的类型。生物景观除了具有观赏价值，还可供人们进行科研、医疗健身、环境美化等多种活动。生物景观与生物多样性保护、生态环境建设密切相关，因此它是生态旅游、专题旅游的主要对象，也成为今后一定时期内旅游开发的热点。

（一）植物旅游资源

我国是世界植物宝库，蕴藏着丰富的植物资源，高等植物 3 万多种，居世界前三位，其中特有植物种类约 1.7 万余种，如银杉、珙桐、银杏、百山祖冷杉、香果树等，均为中国特有的珍稀濒危野生植物种类，其中银杏、水杉、鹅掌楸被列为世界“三大活化石植物”，这些珍稀濒危植物是人类保护的主要对象，同时，它们又具有极高的旅游价值。

1. 珍稀植物

(1)银杏

银杏又名白果，为我国特产，是现存种子植物中最古老的孑遗植物，有植物界的大熊猫之称。银杏具有良好的观赏价值，可以作为庭园、行道、园林绿化的重要树种。目前，我国境内发现最古老的银杏树在山东莒县浮来山定林寺内，树高 26.3 m，周长 15.7 m，树龄在 3 000 年以上，被誉为“天下银杏第一树”。

(2)珙桐

珙桐又名鸽子树，是世界著名的观赏树种。每年四五月间开花，花朵洁白，如满树群鸽栖息，是我国特有的珍贵树种，分布在我国湖北西部和四川、贵州等山区。

(3)水杉

水杉是我国古老的稀有树种，属落叶乔木，树形优美，是一种良好的绿化树种，已经在全国各地广泛栽植。

(4)银杉

银杉被誉为“活化石”，叶细长，呈线形，背面有两条银白色的气孔带，因此取名银杉。银杉的树姿优美，是一种很好的风景树，可供观赏，在世界上只分布在我国广西的龙胜和四川的金佛山等地。

2. 观赏植物

我国观赏植物资源丰富，是多种名贵园林植物的起源中心，被西方称为“世界园林之母”。在旅游景观中，花、树、草更是重要的构景素材和欣赏对象。

我国栽培花卉的历史悠久，观赏花卉品种多。花色、花姿、花香、花韵为观赏花卉的四大美学特征。我国最具观赏价值的十大传统名花为：梅花（花中君子）、牡丹（花中之王）、菊花（花中隐士）、兰花（空谷佳人）、月季（花中皇后）、杜鹃花（花中西施）、山茶花（花中珍品）、荷花（花中仙子）、桂花（十里飘香）、水仙花（凌波仙子）。

自古以来，许多珍贵的花木受到文人墨客的钟爱，被赋予深刻的文化意义，北宋周敦颐赞美莲花“出淤泥而不染，濯清涟而不妖，中通外直，不蔓不枝，香远益清，亭亭净植，可远观而不可亵玩焉”。苏轼爱竹:“宁可食无肉,不可居无竹。”林逋一生以“梅妻鹤子”为伴。东晋陶渊明有诗云:“采菊东篱下,悠然见南山。”有些文化内涵相近的花木,还形成一定的组合,如岁寒三友:松、竹、梅;四君子:梅、兰、竹、菊;园中三杰:玫瑰、月季、蔷薇;花草四雅:水仙、兰、菊、菖蒲。

我国的许多风景名胜区都是以各种植物而出名的,如北京香山红叶、洛阳牡丹、黄山奇松、昆明山茶花、杭州曲院风荷。我国著名的赏梅胜地有苏州邓尉香雪海、无锡梅园、杭州孤山和超山、武汉东湖梅园等。另外,陕西黄帝陵前的轩辕柏、陕西晋祠的周柏、河南嵩阳书院的大将军柏和二将军柏、台湾阿里山的神木等,也都享誉海内外。

[阅读资料 1-4]

市　花

我国人民历来爱花、养花,对花卉倾注了很多的感情。有许多城市选定了市花,成为现代城市的象征。我国部分城市的市花如下:月季(北京、天津、郑州、南昌、宜昌、蚌埠、商丘、焦作、平顶山、驻马店、淮阴、常州、大连、鹰潭、衡阳、威海、安庆、三门峡、西昌、德阳、淮南、邯郸、锦州、廊坊、新乡、安吉、恩施、济宁、沧州、辛集、沙市、信阳、泰州、开封、石家庄)、菊花(太原、湘潭、中山、开封)、玫瑰(沈阳、承德、佛山、拉萨、兰州、银川、乌鲁木齐)、梅花(南京、无锡、武汉、泰州)、石榴花(西安、新乡、合肥)、山茶花(衡阳、宁波、温州、重庆、武汉、景德镇、昆明)、桂花(杭州、桂林、苏州、信阳、老河口)、杜鹃(九江、韶关、无锡、余姚、长沙、大理、丹东、嘉兴)、丁香(呼和浩特、西宁)、荷花(济南、许昌、肇庆)、茉莉(福州、芜湖)、牡丹(洛阳、菏泽)、君子兰(长春)、红棉花(广州)、琼花(扬州)、木芙蓉(成都)、白玉兰(上海)、扶桑(南宁、安阳、咸阳、襄阳、徐州、自贡)。

(二)动物旅游资源

我国幅员辽阔,自然环境复杂多样,动物种类繁多,约占世界总数的10%。自然分布的野生动物中,有脊椎动物约7 300余种,已定名昆虫约13万种,其中大熊猫、朱鹮等400多种野生动物为中国特有。

1. 珍稀动物

珍稀动物是指野生动物中具有较高社会价值、现存数量又极为稀少的珍贵稀有动物,在此主要关注的是珍稀动物的科考旅游和观赏价值。我国有许多珍稀动物,如大熊猫、金丝猴、白鳍豚、白唇鹿、扭角羚、东北虎、华南虎、野骆驼、亚洲象、藏羚羊、扬子鳄、丹顶鹤、褐马鸡等,其中大熊猫、金丝猴、白鳍豚和白唇鹿被称为我国四大国宝动物。

(1)大熊猫

大熊猫是世界上最珍贵的动物之一,也是我国所特有的。据国家林业和草原局公布数据显示,截至2018年8月16日,我国大熊猫野生种群增长到1 864只,野外大熊猫濒危状况得到缓解,主要分布在我国四川、甘肃、陕西的部分山区,以箭竹为主要食物。截至2019年11月,圈养大熊猫种群数量再创新高,全球圈养数量达到600只。熊猫性情温顺,外形憨厚,非常惹人喜爱,具有极高的观赏价值,被称为我国的国宝,是国家一类保护动物,世界野生动物协会还把它定为会标。

(2)金丝猴

金丝猴属于仰鼻猴科,是灵长类中最漂亮的,也是我国所特有的国宝级珍稀动物,分为川金丝猴、滇金丝猴和黔金丝猴三个亚种,主要分布于四川、甘肃、陕西、湖北、云南、贵州等省。

其中唯一分布在贵州梵净山国家自然保护区内的黔金丝猴数量最为稀少。金丝猴擅长攀树，动作灵活，聪明过人，深受游客的喜爱。

(3)白鳍豚

白鳍豚是当今世界鲸类动物中最濒危的一种，也是最大的淡水鲸，至今已存活了 2 500 万年。国际自然保护联盟也将它列为世界十二种最濒危动物之一。白鳍豚性情温顺，以鱼类为食，其视觉、听觉、嗅觉均已退化。在水中联系同类，趋避敌害，识别物体和探测食物等，完全依靠发出的声呐信号。由于生态环境改变等原因，自 20 世纪中叶以来，白鳍豚种群数量锐减。专家估计，长江仅存白鳍豚约 50 头，极其珍贵。

(4)白唇鹿

白唇鹿是我国特有的，也是国家一类保护动物。它生活在海拔 3 500～5 000 m 的青藏高原上，因其唇的周围和下颌为白色，故名白唇鹿。白唇鹿性情温顺可爱，其鹿茸是名贵的中药材。

2. 观赏动物

动物是旅游环境中最活跃、最生动的因素，其造景特色比植物灵活、复杂，从而使风景情趣倍增，平添无限活力。它们有不同的形态外貌、生活习性、活动特点、鸣叫声音，既可供观赏娱乐，还可开发狩猎、垂钓等旅游活动。在我国，有许多以动物而著称的风景旅游区，如青海湖的鸟岛、鄱阳湖的鸟类自然保护区、峨眉山的猴群、昆明滇池的红嘴鸥、西双版纳的大象和孔雀、扎龙的丹顶鹤、台湾高雄的蝴蝶谷等。此外，我国各地还建有各种类型的动物园、水族馆、珍稀动物养殖场和繁殖中心。

(三)自然保护区

自然保护区是指对有代表性的自然生态系统、珍稀濒危野生动植物物种的天然集中分布、有特殊意义的自然遗迹等保护对象所在的陆地、陆地水域或海域，依法划出一定面积予以特殊保护和管理的区域。

自然保护区是一个泛称，实际上，由于建立的目的、要求和本身所具备的条件不同，而有多种类型。按照保护的主要对象来划分，自然保护区可以分为生态系统类型保护区、生物物种保护区和自然遗迹保护区三类；按照保护区的性质来划分，自然保护区可以分为科研保护区、国家公园(即风景名胜区)、管理区和资源管理保护区四类。

任务训练

一、场景设计

(一)实训目的

熟悉自然旅游资源的类型及分类方法。

(二)实训内容

以你生活的周围环境的自然资源为例，对它们进行旅游资源归类。

二、训练步骤

(一)实训前准备

组内合理分工，安排好每位同学的工作，尽可能全面地实地考察调查区域的旅游资源。

(二)实　训

1. 学生上交“自然旅游资源基本情况登记表”。

自然旅游资源基本情况登记表

类　型	景点名称	具体类型	位置分布	形态特征
地貌景观				
水域景观				
气象气候景观				
生物景观				

2. 分组汇报。

3. 教师总结并评分、评价。

效果评价

自然旅游资源调查训练评分表

姓　名		地　点		时　间	
实训项目	实训考查要点	分　值	小组评分	教师评分	最终得分
自然旅游资源调查训练	1. 信息收集途径丰富、方法科学				
	2.“自然旅游资源基本情况登记表”内容完整、详细				
	3. 组员汇报语言表达熟练、清晰,文辞优美				
	4. 资源分类科学合理,能够列举地貌、水体、气象、生物等资源				
	5. 团队分工明确,合作有序				
合　计		100			

注:该表可根据实际设计的训练项目进行测评。

典型工作任务三　认识人文旅游资源

任务引入

2019 年春节假期全国旅游接待总人数 4.15 亿人次

新华社北京 2 月 10 日电(记者胡浩),记者 10 日从文化和旅游部了解到,综合各地文化和旅游部门、通信运营商、线上旅行服务商的数据,经中国旅游研究院(文化和旅游部数据中心)综合测算,2019 年春节假期,全国旅游接待总人数 4.15 亿人次,同比增长 7.6%;实现旅游收入 5 139 亿元,同比增长 8.2%。

家庭游、敬老游、亲子游、文化休闲游成为节日期间主流的旅游休闲方式。春节期间，各地组织了丰富多彩的文旅惠民活动，营造春节气氛。北京、山西、内蒙古等12省区市开展“非遗过大年、文化进万家”系列文化活动；“博物馆里过大年”受到了广大游客和市民的广泛欢迎。

据中国旅游研究院（文化和旅游部数据中心）调查，春节期间参观博物馆、美术馆、图书馆和科技馆、历史文化街区的游客比例分别达40.5%、44.2%、40.6%和18.4%，观看各类文化演出的游客达到34.8%。

民俗活动、文化展览等极大丰富了节日生活。全国各地县、乡、村举办了丰富多彩的文旅活动，逛庙会、猜灯谜、旅游文化巡游等活动吸引广大游客到农村去闹新春。

（来源：新华网，2019-02-11）

请思考：

分析现今旅游的趋势是什么？你认为是什么原因？

知识准备

人文旅游资源是人类创造的反映各时代、各民族政治、经济、文化和社会风俗民情状况，具有旅游功能的事物和因素。中国有着悠久的历史和灿烂的文化，作为世界的文明古国，人文旅游资源数量之多，价值之高，更为世界所罕见。

一、遗址遗迹类旅游资源

遗址遗迹形成于不同的历史发展阶段，是人类活动的产物，真实地记录了人类各时期的历史，凝聚着人类智慧，昭示着特定的历史特征，是当地历史文化的反映，是历史文化的精华和综合体，具有丰富文化内涵，它们既是历史的见证、美的观赏对象，又是民族科学历程的展现。

（一）古人类遗址

古人类文化遗址是指从人类形成到有文字记载的历史时期的人类活动遗址，包括古人类化石、原始聚落遗址、生产工具和生活用品、原始艺术及劳动产品等。这些遗迹和遗物的古老以及反映人类起源的独特性质，对旅游者有一种奇妙而神秘的吸引力，所以成了人文旅游资源中年代最古老的景观。人们通过对古人类遗址的观览，可以获得许多关于人类起源、史前人类建筑、生存环境、生产和活动工具等方面的知识。

1. 云南元谋人遗址

云南元谋人遗址位于中国西南部云南省元谋县大那乌村，是我国发现的最早的人类化石之一，距今约170万年，后被正式定名为“直立人元谋新亚种”，简称“元谋人”。遗址中还出土了云南马、剑齿虎、剑齿象等早更新世动物化石，打制石器及炭屑。元谋人遗址的发现，证明了云南高原是人类早期活动的重要地区之一，对于研究猿人化石的地理分布、体质形态演变等具有重要意义。

2. 陕西蓝田人遗址

陕西蓝田人遗址位于中国西北部陕西省的蓝田县，包括陈家窝地点和公王岭地点两处。除蓝田人骨骼化石外，这两处地点还出土了200余件石器，以及蓝田剑齿虎、李氏野猪、三门马、葛氏梅花鹿等中更新世动物化石。在公王岭地点，与人类化石同一地层出土的以三棱大尖状器为特色的石器，被认为是蓝田人文化的特征之一，此外还发现了用火的遗迹。公王岭化石是亚洲北部迄今为止发现的最古老的直立人化石。陕西蓝田人遗址的发现为研究古人类进化提供了宝贵的实物资料。

3. 周口店"北京人"遗址

周口店"北京人"遗址位于北京市西南房山区周口店镇龙骨山北部。北京周口店充足的水源和天然洞穴，为远古人类的生存提供了优越的自然环境。遗址区域内共发现 23 处古人类、古动物、古文化遗物的化石地点，发现有生活在 70 万年前至 20 万年前的直立人，同时还发现数百种动物化石、近十万件石制工具和丰富的人类用火遗迹。周口店遗址是世界范围内更新世古人类遗址中内涵最丰富、材料最齐全和最有科研价值的遗址之一，1987 年被列入《世界文化遗产名录》。

4. 河姆渡文化遗址

河姆渡文化遗址位于浙江省余姚市河姆渡镇，是我国已发现的最早的新石器时代文化遗址之一，总面积达 4 万 m^2，叠压着四个文化层。经测定，最下层的年代为 7 000 年前。通过 1973 年和 1977 年的两次科学发掘，出土了骨器、陶器、玉器、木器等各类质料组成的生产工具、生活用品、装饰工艺品以及人工栽培稻遗物、干栏式建筑构件、动植物遗骸等文物近 7 000 件，全面反映了我国原始社会母系氏族时期的繁荣景象。河姆渡遗址的发掘为研究当时的农业、建筑、纺织、艺术等东方文明提供了极其珍贵的实物佐证，是新中国成立以来最重要的考古发现之一。

5. 半坡遗址

半坡遗址位于陕西省西安市东郊半坡村附近。它是黄河流域比较完整典型的母系氏族公社村落遗址，距今约 6 000 年，属新石器时代的仰韶文化类型。半坡遗址于 1953 年被发现，后经多次发掘，共发现房屋遗址 46 座，围栏 2 座，储藏物品的地窖 200 多个，成人墓葬 174 座，小孩瓮棺葬 73 座，烧陶窑址 6 座，以及大量的生产工具和生活用品。现存面积约 50 000 m^2，分居住区、制陶区和墓葬区三个部分。1958 年，在遗址考古发掘的基础上，建立了中国第一座遗址性的博物馆。

6. 三星堆遗址

位于四川省广汉市境内的三星堆经过 3 次发掘，现已发现总面积达 12 km^2 的遗址群，发掘出粮食容器、海贝、青铜雕像、玉石器等珍贵文物，是四川迄今为止发现的范围最大、出土文物最精美、文化内涵最丰富的古蜀文化遗址。专家考证认为，三星堆出土文物反映了约 5 000 年前的古蜀文明，表明长江流域同黄河流域一样，同是中华文明的发源地。

三星堆遗址是公元前 16 世纪至公元前 14 世纪世界青铜文明的重要代表，对研究早期国家的进程及宗教意识的发展有重要价值，在人类文明发展史上占有重要地位。它是中国西南地区一处具有区域中心地位的最大的都城遗址。它的发现，为已消逝的古蜀国提供了独特的物证，把四川地区的文明史向前推进了 2 000 多年。

(二)古代历史文化遗址

古代历史文化遗址，泛指人类社会有文字记载以来至近代以前所形成的历史遗址。在中国有文字记载的历史始于商代，至 1840 年鸦片战争，已有 3 000 多年的历史，遗址的遗存数量大，类型多，是旅游开发的主要对象。

1. 古城遗址

中国的漫长历史上，不仅各朝代均建有都城，而且在不同朝代还有众多的诸侯国、属国、边塞邦国和小王国等，也都建有自己的都城。经过千年风雨沧桑，除少数都城经历代修葺改建，仍保留至今外，大多数均只剩下遗址。如殷商王朝的都城殷墟遗址，周朝都城丰镐遗址，秦都咸阳遗址、汉代都城长安遗址，以及丝绸之路楼兰都城、高昌古城、交河古城等。这些方城遗址都曾经是当时的政治、交通、经济中心，如今虽已荒废或被埋没于地下，但遗留有不少的文物，有的还保留着当时城中的轮廓和部分建筑遗迹。

2. 古战场遗址

历史遗存的古战场遗址及有关历史事件的遗迹和历史传说故事，吸引众多的游人前往怀古、凭吊及观赏。如湖北省蒲圻县长江南岸就有著名的三国赤壁之战的古战场遗址，历代名人多来此攀登凭吊，咏诗抒怀。此外，汉楚鸿沟之战遗址汉霸二王城，楚汉相争的虎牢关古战场，以及陕西潼关、五丈原、大散关，湖北襄阳市襄阳城及“夫人城”等，都是著名的古战场遗址。

3. 古道路遗址

我国古代很早就已开始修筑和开凿道路。随着时代的发展，这些古代道路大多已被废弃，或湮灭，或改观，成为历史遗迹。但其沿途众多的历史古迹及有关历史故事、传说，仍吸引着不少旅游者沿古道探古、寻幽，如著名的西北丝绸之路，秦汉所凿沟通秦蜀咽喉的蜀道，都是颇具特色的旅游线路。古代在陡峭地形段所筑栈道，也在长江三峡、峨眉山、华山等地留下不少遗址。

二、古建筑旅游资源

古建筑被喻为“凝固的音乐”和“石头的史书”。中国古建筑是世界上灿烂的奇葩，其独特的风格和成就世所罕见。宫殿、坛庙因属皇家，其规模之大、建筑水平之高超等特点而具有很高的旅游价值。各地居民建筑在总体布局、建筑体形、空间构图等方面颇具艺术处理方法，呈现出多样化、艺术化的特点。

（一）宫殿建筑

宫殿建筑作为历朝历代最高级、最富丽的古建筑，体现了中国古建筑的最高成就。

考古发掘证明，早在商代就出现了宫殿。在河南偃师二里头发现两座规模宏大的宫殿建筑遗址，是已知中国最早的宫殿建筑。安阳殷墟的宫殿规模更大，分为三组，其建筑排列有序，左右对称，显示了建筑结构和布局的进一步发展。此后，历代帝王为了加强中央集权专制统治，都为自己修建了规模宏大、富丽豪华的宫殿建筑群。如秦朝阿房宫、汉朝未央宫、唐朝大明宫、宋朝大内、明清两代紫禁城。宫殿虽豪华壮丽，但大多数都在王朝更替或是争夺皇位时，毁于战火或被拆毁。现在保存完好的宫殿主要有两处：北京的故宫和沈阳的故宫。北京故宫是世界上现存最完整、最大的古代宫殿建筑群，与法国巴黎凡尔赛宫、俄罗斯莫斯科克里姆林宫、英国伦敦白金汉宫、美国华盛顿白宫，合称为世界五大宫殿建筑。沈阳故宫是我国现存的仅次于北京故宫的皇宫建筑群。

（二）礼制建筑

《礼记》中规定“天子祭天地，祭山川，祭五祀”，而诸侯只能“祭山川，祭五祀”。礼制建筑，也称坛庙建筑，是祭祀天、地、日、月及祖宗神灵的建筑。中国古代传统文化思想中包含着浓重的对祖先的崇敬，对天地、日月、土地、粮食以及各种神的崇拜，对文神、武神的尊敬，由此兴建了许多专供祭祀用的建筑，大多完好地保存下来，成为重要的人文旅游资源。

1. 坛

坛是皇帝的专利,根据祭祀的对象一般分为:天坛、地坛、日坛、月坛、社稷坛、先农坛等。历代帝王登基之后,都要去祭祀天、地、日、月等神。因为君权受命于天,皇帝必须亲自去天坛祭天,祭天在南郊,时间在冬至日;土地是国家的根本,皇帝必须亲自或派人前往地坛祭地,祭地在北郊,时间在夏至日;万物生长靠太阳,皇帝还须到日坛祭日,祭日在东郊;月亮是夜明之神,皇帝也须到月坛祭月,祭月在西郊。因为祭祀天、地、日、月都在郊外进行,统称为郊祭。

2. 庙

由于使用者和崇拜对象的不同,庙主要分为三类:一是祭祀祖宗的庙。天子、诸侯、官宦贵族,都有祖庙,但规格、品位不同。只有帝王的祖庙能称为太庙,官宦贵族祭奉祖先的建筑称家庙或宗祠。宗庙制度渗透了强烈的政治、伦理思想。二是祭奉圣贤的庙。圣贤是世人崇拜效仿的楷模,最著名的是祭祀孔子的孔庙,也称文庙;祭祀关羽的庙称关帝庙,又称武庙。此外,还有祭祀诸葛亮的武侯祠,祭祀岳飞的岳庙等。三是祭祀山川神灵的庙。中国从古代起就崇拜天、地、山、川等自然物并建庙祭祀。最著名的是祭祀五岳的神庙,以泰山的岱庙规模最大。此外,各地还建有众多后土庙,即土地庙。

(三)民居建筑

根据各地自然和人文环境的不同,中国民居的地方性、创造性,在世界建筑史中也是非常难得的。民居具有自然质朴的特点,都是利用当地出产的材料,用最经济的方法,密切结合当地气候和地形、环境等自然因素建造的。根据样式而区分且具有地域代表性的民居包括北方院落民居、南方天井民居、客家土楼民居、西北窑洞民居及干栏式民居、蒙古包民居、碉房民居等。

1. 北京四合院

我国汉族地区传统民居的主流是规整式住宅,以采取中轴对称方式布局的,北京四合院是其典型代表。北京四合院分前后两院,居中的正房最为尊崇,是举行家庭礼仪、接见尊贵宾客的地方,各幢房屋朝向院内,以游廊相连接。一般房屋在抬梁式木构架外围砌砖墙,屋顶式样以硬山居多。墙壁和屋顶都比较厚重,并在室内设炕床取暖。在色调上,一般以灰青色墙面和屋顶为主,在大门、二门、走廊与主要住房处施彩色,在大门、影壁、墀头、屋脊等砖面上加若干雕饰,获得良好的艺术效果。

2. 徽州民居

徽州民居主要分布在安徽皖南古徽州地区,受徽州文化传统和优美地理位置等因素的影响,形成独特建筑风格,其主要建筑特点是青砖灰瓦马头墙错落有致。多为三合院或四合院,天井较小。善用木雕、砖雕、石雕、彩绘等装饰,艺术造诣颇高。

3. 福建土楼

福建地区有数量众多造型独特、样式非凡的古堡式建筑,即土楼。其外观式样主要有圆形、方形、交椅形、三角形、曲尺形、扇形等。这种类型的民居已有千年的建造历史,楼内凿有水井,备有粮仓,具有防野兽、防盗匪的功能,并且冬暖夏凉,防震抗风。

4. 窑洞

我国北方黄河中上游地区的窑洞式住宅较多,在陕西、甘肃、河南、山西等黄土地区,当地居民在天然土壁内开凿横洞,并常将数洞相连,在洞内加砌砖石,建造窑洞。窑洞防火,防噪声,冬暖夏凉,节省土地,经济省工,将自然图景和生活图景有机结合,是因地制宜的完美建筑形式。

5. 干栏式民居

傣族、景颇族、壮族常见的住宅形式是干栏式住宅，分布在我国南岭以南。干栏是用竹、木等构成的楼房。底层架空，单栋独立楼体，有利于隔潮、通风、防盗、防虫、防蛇、防野兽的侵扰。

6. 蒙古包

蒙古族住的毡帐称蒙古包，是帐篷式民居中的一种。这是一种便于拆装、运输的可移动的民居形式。这是游牧民族长期形成的住房形式。

蒙古包平面呈圆形，用木枝条编成可开可合的木棚做壁体骨架，中间用细木椽组成木骨架，外铺羊皮或毛毡，顶部装圆形天窗，供通风采光之用。

7. 碉房

碉房是藏族地区的一种住宅形式，分布在藏、青、甘、川地区。外部用石墙，内部用密梁，构成楼层和屋顶，形似碉堡。一般2～3层，高的可达四五层。外墙上窄下宽，明显收缩。善于结合地形，房屋高低错落，富于变化。

三、古园林旅游资源

中国园林是人们模仿自然环境、利用山石、水体、生物、建筑等场景要素，按一定的艺术构思而建成的具有生活、游憩和观赏功能的富有诗情画意的综合性艺术品。中国园林艺术具有悠久的历史、独特的民族风格，在世界上享有盛名，被誉为“世界园林之母”，它在旅游资源中占有重要地位。元代以后，尤其是明清时期，我国古典园林的造园规模和水平走向鼎盛时代。由此形成了以皇家园林为主体的北方园林和以私家园林为代表的江南园林两大主流体系。

（一）我国古典园林的特点

1. 源于自然，高于自然

山水园林的最本质特征，就是源于自然，高于自然，对自然各要素的利用，做到精练、经典、典型，使之“虽由人作，宛自天开”，符合自然之理，获天然之趣。

2. 建筑美与自然美的高度统一

在山水园林中，以山水花木作为主体，体现一派自然风光，建筑则是画龙点睛之笔，二者融为一体，达到物我相契、情景交融的效果。园林建筑遵循“宜隐不宜显，宜散不宜聚，宜低不宜高，宜麓不宜顶”的布局原则，自然而灵活多变。

3. 诗画的情趣

园林布置在于成景，在于塑造具有诗情画意的综合性立体艺术。成功的园林作品，如凝固的音乐，无声的诗歌，有着抑扬顿挫的节奏美；组合起来，有前奏、起始、展开、转折、高潮和结尾的连续变化。可以说，中国园林是一幅把大自然概括和升华的山水画，并又以三度空间的形式复现到人们的现实生活中来。

4. 意境的蕴含

意境是中国艺术创作和鉴赏方面的一个极重要的美学范畴。中国山水园林借助于山、水、花木和建筑所构成的立体画面，来传达意境的信息；用园名、景题、刻石、匾额、楹联等文字方式，来表达、深化意境的内涵。这样，不仅可以满足视觉感观上的美感，而且能够获得不断的情思激发和理念的联想，即“寓情于景”，达到“见景生情”的效果。

(二)中国古典园林的分类

1. 按园林所有者的身份划分

(1)皇家园林

皇家园林是专供帝王休憩游乐的园林。在构筑特色上,具有以下特点:一是规模宏大,真山真水较多;二是园中建筑色彩富丽堂皇,装饰多以龙凤图案为主;三是建筑物体形高大:四是主体风格大多昂扬向上。现存著名的皇家园林有北京颐和园、北海,河北省承德市的避暑山庄等。

(2)私家园林

私家园林是供皇家的宗室外戚、王公官吏、富商大贾、文人雅士等休闲的园林。大多建在城内,与住宅结合,主要特点是占地面积小,建筑物小巧玲珑;色彩淡雅,园中多用假山假水模拟自然;通过精心种植花木,以达到"不出城郭而获山水之恰,身居闹市而有林泉之趣"的意境;以特色而取胜,在情感志趣上大多趋向于归隐等消极色彩。著名的私家园林有苏州的拙政园、狮子林,扬州个园,上海豫园等。

(3)寺观园林

寺观园林由寺观、名胜古迹和自然风景组成,具有宗教性质,多分布在远离城市的地方,其规模相差悬殊,小者仅有方寸之地,大者泛指整个宗教圣地。一般而言,寺观园林的实际范围包括寺观周围的自然环境,以及某些宗教活动的区域,如摩崖造像等。

寺观园林在中国分布非常广泛,遍及名山大川,其数量远远超过皇家园林和私家园林。如北京潭柘寺、扬州大明寺、镇江金山寺等。

(4)公共园林

公共园林是指在自然风景区内,经长期开发而逐步形成的具有公园性质的园林,如杭州西湖、济南趵突泉、北京什刹海等园林。唐代出现了我国第一座大型公共游览园林——长安的曲江池。白居易任杭州刺史时修建了西湖灵隐一带的公共园林。

2. 按园林的地域风格划分

(1)北方园林

因北方地域宽广,历代政治中心多在北方,故北方园林面积广大,建筑富丽堂皇。但河川、湖泊、园石及常绿树木的种类较少,整体风格粗犷浑厚,多山林野趣,不如江南园林秀美。人工建筑厚重有余而婉约不足。

代表性北方园林主要集中在北京、西安、洛阳、开封等古都,尤以北京为代表。北京颐和园是我国著名的皇家园林,是北京现存规模最大、最完整的古典园林。

(2)江南园林

江南园林多属于私家园林,以宅园为主,大多是达官巨富、文人骚客为颐养天年而筑,其艺术造诣颇高,常作为中国园林的代表。因南方人口较密集,加之私家财力与皇家相比十分有限,故江南园林面积较小,建筑小巧淡雅。又因南方温暖湿润,园林中多奇山秀水、奇花异木。园主人精心设计,能小中见大,使景色多变。园林富有田园情趣,舒适恬淡,但意境多趋于消沉。

江南园林大多集中于南京、上海、苏州、无锡、扬州、杭州等地,尤以苏州为代表,素有"苏州园林甲江南"之誉,拙政园、留园、沧浪亭、狮子林,称为"苏州四大名园"。

(3)岭南园林

岭南园林地处我国南岭以南，以珠江三角洲为中心。岭南园林自成一体，有比较鲜明的特色，一是体型轻盈、通透、朴实，体量较小；二是装修精美、华丽，大量运用木雕、砖雕、陶瓷、灰塑等民间工艺，门窗格扇、花罩漏窗等都精雕细刻；三是布局形式和局部构件受西方建筑文化的影响，反映出中西兼容的岭南文化特点。园中多榕树、木棉、藤本植物，终年常绿，具有明显的热带、亚热带自然景观特征。广州、潮州、番禺、佛山、顺德、东莞等地皆有名园，顺德的清晖园、东莞的可园、佛山十二石斋与番围的余荫山房，被称为“岭南四大名园”。

(4)少数民族园林

我国少数民族园林具有鲜明的民族特色。西藏自治区拉萨市的罗布林卡，是我国著名的藏式园林，其规模宏大，花木繁盛，宫殿建筑精美别致，具有浓郁的藏族特色和宗教氛围。

四、古陵墓旅游资源

丧葬是人类的重要民俗之一，源于灵魂不死的观念，陵墓便是为亡灵所建造的栖息之地。在我国传说的丧葬方式、方法也多种多样，有土葬、火葬、水葬、天葬、悬棺葬等形式，其中土葬的遗存最多。而历代帝王陵寝由于规模宏大、保存较好，成为最主要的陵墓旅游资源。

我国著名的帝陵有：

1. 秦始皇陵

位于陕西省西安市临潼区骊山北麓的秦始皇陵，是我国古代规模最大、结构最奇特、内涵最丰富的一座帝王陵墓，其陪葬坑兵马俑被誉为“世界第八大奇迹”。

2. 汉帝陵

西汉帝王及重臣陵墓多在咸阳市北塬及长安附近。

汉代帝陵中，以汉武帝刘彻的茂陵规模最大，位于陕西省兴平市境内。在茂陵东面是霍去病墓，作为茂陵的陪葬墓，墓冢有一组大型纪念性的雕刻，包括“马踏匈奴”、石人、卧马、卧牛、伏虎等 14 件，采用圆雕手法，雄浑古朴，是我国古代石刻艺术的珍品。

东汉帝陵，集中于河南省洛阳北面的邙山。自古有“生于苏杭，葬于北邙”之说。东汉帝陵规模较小，墓前立墓表，设石像生，墓室内墙壁多有画像或雕像。

3. 唐代帝陵

唐陵分布在陕西省礼泉县、三原县、乾县一带，采用“以山为陵”的方法，陵前神道两侧有众多的石像生，雕刻精美，还有众多碑石，成为我国唐朝书法艺术的荟萃之地。

唐陵中，以唐太宗李世民的昭陵规模最大，位于陕西省礼泉县境内。著名的“昭陵六骏”大型浮雕就曾陈列于此。

乾陵是唐高宗李治与武则天的合葬墓，位于陕西省乾县梁山北峰，是唐代关中十八陵中最有代表性和迄今为止保存最好的一座陵墓，是我国唯一的两皇合葬墓，有著名的无字碑呈现。

4. 宋代帝陵和西夏王陵

宋代包括北宋和南宋两个时期。北宋帝陵集中在河南巩义洛河南岸的台地上，葬有北宋七帝及太祖之父赵弘殷，故为七帝八陵。每座帝陵的周围，还有皇后陵和一些王公、大臣的陵墓。南宋陵则位于浙江绍兴。

与宋代约同时代的西夏王国也有帝陵遗存，在我国帝陵中别具一格。西夏王陵有 8 座帝王陵园和 70 余座陪葬墓，分布在今银川市西贺兰山东麓。这些陵墓的封土呈圆锥形，故有“中国金字塔”之称。

5. 元代帝陵

元代帝陵除成吉思汗陵外，其他帝陵均不知所在。

成吉思汗陵是一座纪念性陵墓，位于内蒙古鄂尔多斯高原上的伊金霍洛旗草原上，距离鄂尔多斯市区 40 km，由三座蒙古包式的大殿和廊庑相连而成，具有鲜明的蒙古民族风格。真正的成吉思汗陵墓原址，一直是历史疑案。现在的成吉思汗陵是 1954 年由青海的塔尔寺迁回伊金霍洛旗的。

6. 明代帝陵

明代帝陵分为四处：

一为明孝陵，为明代开国皇帝朱元璋的陵墓，位于南京市东郊紫金山南麓。

二为明十三陵，位于北京市昌平区天寿山南麓，是明成祖朱棣迁都北京后除代宗朱祁钰以外十三帝的陵墓，以明成祖长陵的地上宫殿建筑和明神宗定陵的地下宫殿最为著名。

三是景泰陵，明代朱祁钰的陵墓为景泰陵，在北京市西郊海淀区玉泉山北麓。

四是明显陵，位于湖北省钟祥市东北 7.5 km 的纯德山，是嘉靖皇帝朱厚熜的父亲恭睿献皇帝和母亲章圣皇太后的合葬墓。显陵的建造是明中叶重大事件“大礼仪”的产物，关联着嘉靖初年的社会思想、信仰和一些政坛首脑人物的命运，具有重大的历史意义。

7. 清代帝陵

清代帝陵主要有三处，即关外三陵、清东陵和清西陵。

关外三陵是清王朝入关之前的皇家陵寝，包括辽宁新宾的永陵、沈阳的福陵和昭陵。永陵是清太祖努尔哈赤父亲和祖辈的陵墓。福陵是努尔哈赤和皇后叶赫那拉氏的陵墓，因在沈阳东郊，故又称为东陵。昭陵是清太宗皇太极和孝端文皇后博尔济吉特氏的陵墓，因在沈阳北郊，故又称为北陵。清东陵在河北遵化马兰峪，因在北京以东，故名东陵。清西陵在河北易县，因在北京西南，故名西陵。

五、古代工程旅游资源

我国古代最著名的工程包括军事防御工程、大型水利工程、桥梁等。这些都是中华民族的物质文明和精神文明的体现，也是激发人们旅游动机的重要旅游资源。

1. 长城

长城这个名字，几乎无人不知、无人不晓。在世界人民的心中，长城是中华民族的勤劳、智慧、勇敢和坚强的象征，是中国的代表，是崇高、伟大的标志。长城悠久的历史、艰巨的工程、复杂而周密的设计，已被列入《世界文化和自然遗产名录》。

中国的长城最早大约出现于公元前 7 世纪的西周，筑有齐长城和楚长城。进入春秋时代列国纷争，为了防止游牧民族的南侵，也为了巩固边防和扩大势力，魏、燕、赵、韩、秦、郑、中山等诸国都修筑了长城。秦统一列国后，为防止北方少数民族的南侵，大举修筑长城，将原有的诸国建的长城连接起来，西起临姚，经宁夏、甘肃、内蒙古、陕西、河北，东至辽东，绵延万余里，这是修筑长城的第一个高峰期。汉代是历史上修筑长城最长的时期，这是修筑长城的第二个高峰期。明代是中国修筑长城的第三个高峰期，现在游览的长城主要是指号称“万里长城”的明长城。

昔日作为军事防御工程的中国长城，如今已成为国内外游人向往的旅游胜地。长城沿线的旅游景点主要有：北京的八达岭长城、居庸关长城、慕田峪长城，河北的山海关长城、老龙头、角山长城、金山岭长城，山西的雁门关长城，甘肃的嘉峪关长城，宁夏的秦、隋长城等。

2. 古代大型水利工程

我国古代的大型水利工程中最具代表性的有京杭大运河、都江堰、灵渠、坎儿井等。

京杭大运河是我国历史上开凿最早的人工运河，也是世界上最古老的运河之一。它北起北京通州，向南至天津、河北、山东、江苏、浙江等省、直辖市，止于杭州，沟通了海河、黄河、淮河、长江和钱塘江五大水系。京杭大运河是我国古代一条南北水上重要通道，是南北贸易、物资、文化、经济交流的重要通道。大运河最鼎盛时期，每天往来船只多达 1 万多只，船工有 12 万人之多。宋《清明上河图》中真实地表现了大运河的繁荣景象。沿大运河出现了几十座新兴城市，尤其江南运河沿岸物产丰富，风光秀美，形成了一条江南风光线。

都江堰位于四川省成都市都江堰市城西，坐落在成都平原西部的岷江上，始建于秦昭王末年（约公元前 256～公元前 251），是蜀郡太守李冰父子在前人鳖灵开凿的基础上组织修建的大型水利工程，由分水鱼嘴、飞沙堰、宝瓶口等部分组成，两千多年来一直发挥着防洪灌溉的作用，使成都平原成为水旱从人、沃野千里的“天府之国”，至今灌区已达 30 余县市、面积近千万亩，是全世界迄今为止，年代最久、唯一留存、仍在一直使用、以无坝引水为特征的宏大水利工程，凝聚着中国古代劳动人民勤劳、勇敢、智慧的结晶。

灵渠，古称秦凿渠、零渠、陡河、兴安运河、湘桂运河，是古代中国劳动人民创造的一项伟大工程，位于广西壮族自治区兴安县境内，于公元前 214 年凿成通航。灵渠流向由东向西，将兴安县东面的海洋河（湘江源头，流向由南向北）和兴安县西面的大溶江（漓江源头，流向由北向南）相连，是世界上最古老的运河之一，有着“世界古代水利建筑明珠”的美誉。2018 年 8 月 13 日，灵渠等 4 个项目入选 2018 年（第五批）世界灌溉工程遗产名录。

坎儿井，是“井穴”的意思，早在《史记》中便有记载，时称“井渠”，而新疆维吾尔语则称之为“坎儿孜”。坎儿井是荒漠地区的特殊灌溉系统，普遍于中国新疆吐鲁番市。坎儿井与万里长城、京杭大运河并称为中国古代三大工程。吐鲁番的坎儿井总数达 1 100 多条，全长约 5 000 km。坎儿井是开发利用地下水的一种很古老式的水平集水建筑物，适用于山麓、冲积扇缘地带，主要是用于截取地下潜水来进行农田灌溉和居民用水。

3. 古桥梁

我国的古桥梁多种多样，有梁桥、索桥、浮桥、廊屋桥、铁桥、吊桥、栈桥等，其历史悠久，工程独特，艺术价值高。我国代表性的古代桥梁见表 1-3。

表 1-3　著名古代桥梁列表

名　称	位　置	建造年代	概　况	特色及赞誉
赵州桥	河北石家庄赵县	建于隋代大业年间（605～618年）	单孔空腹式敞肩石拱桥。桥长 50.82 m，净跨 37.3 m，桥身中间薄，两端厚	在两端石拱上开辟两个券洞，是世界桥梁工程上的首创。“水从碧玉环中过，人在苍龙背上行”，是我国桥梁史上的一颗明珠
卢沟桥	北京西南 15 km 的永定河上	建于金代（1189 年）	联拱石桥。桥长 266.5 m，宽 7.5 m，桥身 11 孔。桥两边各有 140 根望柱及石雕栏板，石柱上雕刻着 501 个蹲伏的石狮	以石狮众多且惟妙惟肖而著称。桥东碑亭中立有乾隆题字“卢沟晓月”的汉白玉石碑，是著名的燕京八景之一。马可波罗赞之为“世界上最好、最独一无二的桥”

续上表

名称	位置	建造年代	概况	特色及赞誉
广济桥	广东省潮州古城东门外韩江之上	始建于南宋乾道七年（公元1171年），明朝嘉靖九年（公元1530年）形成现在的格局	集梁桥、浮桥、拱桥于一体。东边梁桥长283.35 m，有桥墩12个和桥台一座，桥孔12个；西边梁桥长137.3 m，有桥墩8个，桥孔7个，石梁宽5 m。中间浮桥长97.3 m，由18只木船连接而成	以其“十八梭船二十四洲”的独特风格闻名于世。被著名桥梁专家茅以升誉为“世界上最早的启闭式桥梁”
洛阳桥（万安桥）	福建省泉州市洛阳江入海处	北宋皇祐五年（1053年）	桥长1 251 m，宽5 m	为我国第一座跨海石桥，当年造桥工匠首创“筏形基础”式桥墩，并采取“养蛎固基”保护桥基
永济桥（程阳桥、风雨桥）	广西壮族自治区三江县程阳村林溪河上	建于1916年	长76 m，宽3.4 m，高10.6 m，有五孔四墩。桥上建有遮蔽风雨的长廊。在5个桥墩上各有楼亭一座，均有四重塔式重檐，上覆青瓦，层层翘起	为侗族地区桥梁建筑。整个建筑结构精密、造型优美、风格独特，为侗族民间建筑精品

六、宗教文化旅游资源

宗教作为一种社会历史现象，起源于原始社会，产生的根源和基础在于生产力发展水平低下，以及原始人对自然斗争力量的软弱。那时，宗教规范往往成为人们共同遵守的社会规范。人们对于束缚自身的自然现象、社会现象以及生理上的做梦等现象无法解释，于是把自然力人格化，产生了“万物有灵、灵辖万物”和“人类有魂、魂管自身”的观念，幻想以祈祷、祭献和巫术来感化神灵，以达到避祸就福、消灾免难的目的，从而形成最初的宗教意识。在不同社会形态和不同历史时期，宗教的内容、性质和形式都有不同程度的变化。

千百年来，宗教文化作为我国传统文化的重要组成部分，不仅在教徒的精神生活中发挥着作用，而且对社会的精神文化生活也产生了影响。浩如烟海的宗教典籍，丰富了传统历史文化宝库。宗教在漫长的发展历程中，形成了浩繁的书籍、绘画、建筑等宝贵财产。

（一）佛教旅游资源

世界三大宗教包括佛教、基督教和伊斯兰教，在这三大宗教中，佛教创立时间最早，约在公元前6世纪。佛教创始人为古印度迦毗罗卫国的太子乔达摩·悉达多，佛徒尊称其为“释迦牟尼”，也有称其为“佛”“佛陀”，意思是觉悟者。公元前2世纪，佛教开始向外传播，逐渐进入南亚、东南亚、东亚地区，根据传播路线的不同，佛教又分为北传佛教、南传佛教和藏传佛教。佛教于西汉哀帝元寿元年（公元前2年）传入中国内地。

佛教的基本教义有“四谛”“十二因缘”“无常”“无我”等。大乘佛教和小乘佛教的经典包括经藏、律藏、论藏，故称“三藏经”，或称“大藏经”。

佛教文化艺术包括文学、美术、音乐、建筑等，门类丰富，艺术成就高。佛寺、佛塔、石窟被称为“佛教三大建筑”。佛教的寺院、殿堂是供奉佛和菩萨的地方，也是出家僧人居住、修持的地方，历来是佛教活动的中心。南京栖霞寺、西安慈恩寺、扬州大明寺、镇江隆昌寺、嵩山少林寺、杭州灵隐寺等都是历史悠久的寺院，以成为各宗派的祖庭而闻名。山西五台山、浙江普陀山、四川峨眉山、安徽九华山合称为佛教四大名山。

(二)道　　教

道教是我国土生土长的传统宗教，保留着汉民族古代宗教文化意识的传统基因。殷周的鬼神崇拜，先秦的道家学派，战国后的神仙方术信仰，西汉初期的黄老学说等都是道教形成的思想渊源。东汉年间，张陵(亦称张道陵、张天师)倡导五斗米道，奉先秦道家学派创始人老子为教主，以《老子五千文》为主要经典，创立了最早的道教。之后张角创立太平道，道教大规模发展，至隋唐，道教达到鼎盛。金代王重阳在山东创立全真派，并在金、元盛极一时。此后，全国道教形成全真、正一两大教派。

道教宣扬“道”是“万物之母”，是宇宙万物的核心；讲究天道承负，善恶报应；强调以生为乐，重生恶死；注重修炼气功，服食丹药；追求长生不老、肉身成仙。《道藏》是道教经籍的总集，是中国古代文化遗产的重要组成部分。

道教建筑多以壁画、雕塑、书画、联额、题词、诗文、碑刻等装饰，具有较高的文化水平和多彩的艺术形象。道教雕塑艺术以殿堂塑像为主，诸如玉皇大帝、王母娘娘、道教三尊、老子、八仙、张天师、王重阳、丘处机等。一般雕塑主像与侍者错落排列，场面开阔，构图严谨，左顾右盼，栩栩如生，毫无杂乱堆积之感。道教壁画艺术亦独具特色，设色多以石青、石绿为主，淳朴浑厚。线条流畅而刚健，人形丰润，衣带飘扬，突出了浓重的“仙境”气息。山西芮城永乐宫的元代壁画，保留总面积达 1 000 m^2，题材丰富，如诸神朝拜元始天尊的《朝元图》、吕洞宾故事的《纯阳帝君仙游显化图》，笔法高超，连贯适中，为我国绘画史上的杰作。道教的仙境——洞天福地多以名山为主景，或兼有山水，因而许多景区成为今天人们的旅游胜地，著名的道教名山有青城山、武当山、齐云山、龙虎山等。

(三)伊斯兰教

伊斯兰教创建于 7 世纪初的阿拉伯半岛，创始人为穆罕默德。信奉的对象为安拉(即真主)。安拉是伊斯兰教信奉的独一无二的世界主宰，创造宇宙万物，无所不在，无形无象，永恒唯一。穆罕默德为安拉的使者。伊斯兰教主要分布在西亚、北非、南亚和东南亚等地区，唐永徽二年(651 年)传入中原。

清真寺是我国对伊斯兰教寺院的称呼，是传播宗教知识的寺院的通称。中国著名清真寺有北京牛街礼拜寺、西安化觉寺、新疆喀什艾提尕清真寺等。泉州圣友寺、广州怀圣寺、杭州凤凰寺、扬州仙鹤寺合称中国沿海伊斯兰教四大清真寺。

(四)基 督 教

基督是“基利斯督”的简称，意指上帝所差遣的救世主，为基督教对耶稣的专称。相传，基督教于公元 1 世纪由耶稣创立。

基督教主要包括罗马公教(我国称天主教)、东正教和新教三大派别，是世界上拥有信徒最多、影响最为广泛的宗教。基督教信奉上帝创世说、原罪救赎说和天堂地狱说。

教堂是基督教进行宗教活动的主要场所。在基督教发展过程中，教堂的建筑造型各具特色，主要形式有罗马式、哥特式、文艺复兴式。我国教堂的分布十分广泛，著名的有北京的南堂、北堂，广州的圣心大教堂，哈尔滨的圣索菲亚教堂等。

七、民风民俗旅游资源

民俗，就是民间的风俗，是指不同地域不同民族在特定的自然、社会环境下，在长期的生产、生活和社会活动中所表现的风俗习惯。民风民俗旅游资源就是指那些能够吸引旅游者前往旅游观光游览，并产生社会效益、经济效益的民族民俗风情资源。

我国地域辽阔，民族众多，56个民族在语言、居住、生活方式、生活习惯、社会风尚、岁时节会、宗教信仰、婚恋丧葬、戏曲文艺、服饰饮食、待客礼仪、文娱体育、喜尚禁忌等方面，表现出明显的差异，形成自己特有的风貌。因此，民俗风情堪称是人文旅游资源中最生动、最绚丽多彩的组成部分。

(一)民居风俗

民居是出现最早也是最基本的一种建筑类型，数量最多，分布最广，是民俗文化的物质表现形式之一。住宅建造的直接目的在于满足人们日常生活起居的实际需要，其次才是满足普遍的审美性和情感性，甚至还可能上升到表达某种思想倾向的高度，如体现尊卑之礼、长幼之序、男女之别、内外之分等宗法伦理思想。

(二)服饰民俗

在旅游活动中，服饰是民俗文化中最易被人觉察、最具有魅力的组成部分之一。服饰的发展与当地的自然环境、生产方式、生活方式及民族的历史和文化紧密相连。如维吾尔族的“朵帕”；回族男性戴白圆帽，女性戴盖头；彝族男子多用“英雄结”布包头；满族女子要带“旗头”；晋陕一带的汉族男子多用包头巾；赫哲族的鱼皮衣裤；傣族妇女的筒裙；苗族的银衣；纳西族妇女的黑羊皮七星披肩(意为披星戴月)；彝族男子的“查尔瓦”(披风)等，都具有鲜明的民族特色。

(三)饮食民俗

饮食习俗也是一种宝贵的人文旅游资源。我国各民族的饮食习俗的特点受到自然地理环境和人文环境等因素的综合影响。以种植业为主的汉族，北方以面食为主，南方以大米为主。以畜牧业和狩猎为主的各少数民族，则肉食比重大，但各民族风味不同，如蒙古族以牛羊肉、奶制品为主食；回族以米面为主食，喜吃牛羊肉，但忌食猪肉；藏族以青稞、小麦为主粮，日常主食糌粑、牛羊肉及奶制品，特色饮品是青稞酒和酥油茶；苗族喜欢用自制的酸汤作为煮菜作料；新疆维吾尔族以面食、大米饭为主食，肉食以羊肉为主。这些都表现出强烈的地域性和民族特征。

(四)节日民俗

我国有56个民族，约有1 700多个节日，其中少数民族民间节日就有1 200多个。我国节日多与我国悠久的历史、灿烂的文化和众多的民族有着密切的关系。各种节日在继承弘扬民族文化，满足群众物质和精神需要，增强民族自信心和凝聚力，进行民族文化教育，繁荣民族地区经济等方面都发挥着重大的作用。汉族的传统节日见表1-4，少数民族的代表性节日见表1-5。

表1-4　汉族传统节日列表

节日名称	日　期	主要活动
春节	农历正月初一	吃团圆饭，贴春联、年画，放鞭炮，守岁
清明	公历四月五日	扫墓，踏青，春游
端午	农历五月初五	吃粽子，划龙舟，饮雄黄酒，挂香袋等
中秋	农历八月十五	吃月饼，赏月，吃团圆饭等

表 1-5　少数民族代表性节日列表

民　族	节　日	日　期	主要活动
傣族	泼水节	农历清明节前后	浴佛,泼水,赛龙舟,放高升,歌舞等
苗族	芦笙节	农历正月十六至二十、九月二十七至二十九	跳芦笙舞,斗牛,赛马,对歌,文艺表演等
白族	三月街	农历三月十五	物资贸易,赛马,对歌跳舞等
彝族	火把节	农历六月二十四	燃火绕行,载歌载舞,饮酒,对歌,斗牛,赛马,摔跤等
蒙古族	那达慕大会	夏秋之际	赛马,摔跤,射箭,各种文艺表演等
藏族	①雪顿节 ②藏历新年	①藏历七月初一 ②藏历正月初一	①吃酸奶子,演藏戏等 ②做糍粑,跳舞,唱藏戏等
维吾尔族	①肉孜节 ②古尔邦节	①伊斯兰教历十月一日 ②伊斯兰教历十二月十日	①沐浴礼拜,相互祝贺 ②宰牲献祭
壮族	歌圩节	夏秋两季举行	对歌,以歌传情,抛绣球,踢毽子等

(五)礼仪风俗

中国自古享有“礼仪之邦”的美誉,在待人接物方面,各民族也形成了具有本民族特色的好客形式和内容,如壮族迎客设鸡宴,敬交臂酒;苗族迎客穿节日盛装,敬“牛角酒”,男女主人在宴席前跳民族舞蹈;傣族待客如亲戚,一声“宰弄”(大哥)或“写”(大姐),一盆洗澡水,一盒毛盒烟,使宾客倍感温馨;藏族接待客人最高贵的礼节是赠哈达,敬青稞酒和酥油茶,在向客人敬酒时还常唱劝酒歌;蒙古族牧民接待客人的见面礼是向客人敬鼻烟壶,客人必须嗅烟壶以回敬谢礼;新疆柯尔克孜族人招待贵宾时敬羊头肉;白族待客敬“三道茶”,一苦、二甜、三回味,蕴含着深厚的人生哲理;布依族人的杀鸡待客礼仪;佤族人用中指蘸酒以敬客的礼节;傈僳族人待客劝饮“柱酒”的礼节等。各种礼仪礼节都是热情洋溢的民族礼仪形式。

八、其他人文旅游资源

(一)特色小城镇

特色小城镇主要是指各地保存比较完整、特色鲜明的古城、古乡镇、古村镇等。因其具有“特色”,对游客具有很强的吸引力。特色小城镇的特色在于有丰富的历史文化遗迹、特殊的文化艺术,有独特的建筑,有传统的工艺品,有优美的自然环境等。

1. 江南水乡——周庄

周庄位于江苏省昆山市西南,“镇为泽国,四面环水”,被誉为“梦里水乡”,古称贞丰里,是江南六个著名古镇之一。周庄虽历经 900 多年沧桑,仍完整地保存着原有水乡古镇的风貌和格局。镇上有近百余幢古宅,六十余座砖雕门楼,半数以上是明清之际的建筑。窄直的河道上横卧着二十四座石桥,其中从元代至清代的古桥十余座,构成周庄一绝。桥的造型有拱形、梁式,桥洞有单孔、多孔,大小不一,风格各异,蔚然可观。全镇以河成街,桥街相连,依河筑屋,深宅大院,重脊高檐,河埠廊坊,过街骑楼,穿竹石栏,临河水阁,古色古香,水镇一体,呈现一派江南水乡“小桥、流水、人家”的古朴幽静景像。

2. 瓷都——景德镇

景德镇历史悠久,文化灿烂,以“瓷都”之名享誉海内外,制瓷历史久远,文化底蕴深厚。史籍记载，“新平治陶，始于汉世”，可见景德镇早在汉代就开始生产陶瓷，距今已有 2 000 多年的制瓷历史。唐代称景德镇为昌南镇，宋景德元年(公元 1004 年)，宫廷诏令此地烧制御瓷，底款皆署“景德年制”四字，景德镇因此而得名。自元代至明清，历代皇帝都派官员到景德镇监制宫廷用瓷，设瓷局、置御窑，创造出无数陶瓷精品，尤以青花、粉彩、玲珑、颜色釉四大名瓷著称于世。景德镇瓷器享有“白如玉、薄如纸、声如磬、明如镜”的美誉，举世无双，且造型优美、品种繁多、装饰丰富。

(二)文化艺术旅游资源

文化艺术是指以非物质形式表现为主的审美性文化产品。包括诗词、小说、散文、游记、传说、书法、绘画、音乐、舞蹈、戏曲、杂技、电影等，形式多种多样。其中能产生旅游吸引力的部分就是旅游资源。

1. 旅游文学

(1)诗歌

诗歌中的山水诗歌是诗人在欣赏了大好河山后，触景生情，有感而发，用短小精悍语言，来抒发诗人的内心世界。各朝各代，写山水诗歌的诗人很多，有很多佳作，如唐王维的《山居秋暝》中“明月松间照，清泉石上流”，李白的《望庐山瀑布》中“飞流直下三千尺，疑是银河落九天”等。读后令人心潮澎湃、心旷神怡。

(2)游记

游记以其清雅、逼真、轻盈飘逸赢得读者的喜爱，例如，陶渊明的《桃花源记》，给读者留下了丰富的想象空间，至今有很多地方还在争当“世外桃源”，而且开发了很多与桃花源有关的景点；范仲淹的《岳阳楼记》，不仅写出了洞庭湖的美丽风光，还抒发了“先天下之忧而忧，后天下之乐而乐”的博大胸怀，因而有“洞庭天下水，岳阳天下楼”的美誉；而《徐霞客游记》不同于一般游记，是具有重要地理学价值的一部著作，徐霞客和他的游记，被称为“奇人奇书”，这不仅是说他生平行踪非常人所能及，所写游记具有很高的文学价值，而且还在于它对地理学的贡献。

(3)楹联

楹联是古建筑景观中的构景要素之一，语言洗练、言简意赅，起着画龙点睛的作用。楹联鉴赏不仅能够提高游人的兴趣，增进对景观、人物、历史、文化的深刻理解，而且也是书法艺术的最佳展示。例如，山海关联“两京锁匙无双地，万里长城第一关”；云南大观楼的长联可谓是天下无双，全楹联长达 180 字。

2. 旅游艺术作品

(1)书法与绘画

汉字是世界上最古老的文字之一，其结构、书写方式与其他文字有显著的区别。在汉字的演变过程中，形成了甲骨文、金文、篆书、隶书、楷书、行书、草书等不同字体，产生了独特的书法与篆刻艺术。书画同源，书画一理，二者境界相同。所谓“立意为先”，形神兼备，讲求运笔。绘画还要求渲染皴法，散点透视，这些都独树一帜，成为重要的文化遗产。我国有些旅游景点(如西安碑林、杭州西泠印社、北京琉璃厂等)就是以书画艺术珍品丰富而闻名于世的。

(2)戏曲、杂技和武术

戏曲主要是由民间歌舞、说唱和滑稽戏三种不同艺术形式综合而成，起源于原始歌舞，是一种历史悠久的综合舞台艺术形式。经过汉、唐，到宋、金才形成比较完整的戏曲艺术，它由文学、音乐、舞蹈、美术、武术、杂技，以及表演艺术综合而成，约有 360 多个种类。它的特点是将众多艺术形式以一种标准聚合在一起，在共同具有的性质中体现其各自的个性。中国的戏曲与希腊悲剧和喜剧、印度梵剧并称为世界三大古老的戏剧文化，经过长期的发展演变，逐步形成了以“京剧、越剧、黄梅戏、评剧、豫剧”五大戏曲剧种为核心的中华戏曲百花苑。

杂技艺术在中国已经有 2 000 多年的历史。杂技在汉代称为“百戏”，隋唐时叫“散乐”，唐宋以后为了区别于其他歌舞、杂剧，才称为杂技。在我国古代文献中，很早就有关于杂技的文学记载了。《史记·李斯传》记载过秦二世曾经在甘泉宫看角抵戏的情形。新中国成立之后，杂技艺术焕然一新，许多省、市成立了专业剧团，创造了许多新节目，增添了灯光、布景、乐队。许多杂技艺术团先后出国访问，并屡获国际大奖，成为世界著名的杂技大国。河北吴桥是著名的“杂技之乡”，该地区的男女老幼大多身怀绝技，国内外许多杂技团体中都有吴桥艺人。

武术被视为“国术”。我国武术门类庞杂，有各种门派之分，如少林、武当、昆仑、峨眉等。河南开封少林寺现建有“少林寺武术馆”，每天可见来自全国各地的青少年在此演练，少林武术展示成为嵩山旅游必不可少的热门项目。河南温县是太极拳发源地，从 1993 年起，每年 9 月举行国际太极拳年会。

(三)特　　产

1. 茶

茶是世界三大饮料之一。我国是茶的起源地和主要生产国，也是最早制茶、饮茶的国家。在我国，按加工工艺的不同，茶叶可以分为绿茶、红茶、乌龙茶、白茶、黄茶和黑茶六类。绿茶是完全不经过发酵的茶，具有香高、味醇、形美、耐冲泡等特点，是我国产量最多的一类茶叶。我国绿茶的花色品种之多居世界之首，其中杭州龙井、太湖碧螺春、黄山毛峰等比较有名。红茶是经过全发酵的茶，红叶红汤，香甜味醇，持久耐泡。红茶多以产地命名，如安徽祁红、云南滇红、四川川红等，其中，安徽祁红与印度大吉岭茶、斯里兰卡乌伐茶并称为世界三大高山名茶。乌龙茶属半发酵茶，冲泡后既有绿茶的清香，又有红茶的醇厚，名品有武夷岩茶、闽北水仙、铁观音等，其中武夷岩茶中的大红袍被誉为“中国茶王”。白茶属轻微发酵茶，特点是汤色清淡，滋味鲜醇，著名的有白毫银针等。黄茶也属轻微发酵茶，工艺与绿茶相似，不过多了一道闷黄的程序，特点是叶黄汤黄，代表品种有君山银针、温州黄汤等。黑茶属后发酵茶，是我国特产茶类，久负盛名的有云南普洱茶、四川边茶等。

2. 酒

中国是酒的王国，也是世界上最早的酿酒国家之一。根据商业习惯，酒可以分为白酒、黄酒、果酒、啤酒、露酒和药酒等。其中黄酒是我国古老的酒种，也是中国特有的酿造酒，多以糯米为原料，蒸熟后加入专门的酒曲和酒药，糖化、发酵后压榨而成，含糖、氨基酸等多种成分。黄酒主要产于长江下游一带，著名的有绍兴老酒。白酒是以各种淀粉为原料，经过糖化发酵，用蒸馏法制成。白酒按香型可以分为酱香型、清香型、浓香型、米香型四种。我国白酒中的传统名酒有茅台、汾酒、五粮液、泸州老窖、古井贡酒、全兴大曲等。

3. 丝绸刺绣

中国被世人称为“东方丝国”，丝绸织造起源于中国，已有 4 000～5 000 年的历史，于汉代以后经由“丝绸之路”远销世界各地。丝绸品种繁多，形态千变万化，花纹复杂，美观曼妙，越罗、吴绫、蜀缎、宋锦等均为各代名产。

我国刺绣驰名中外，我国四大名绣是苏绣、湘绣、粤秀和蜀绣。苏绣的历史最长，有 3 000 多年，其代表作是双面绣《猫》。粤绣历史较短，仅有 1 000 多年，其代表作是《百鸟朝凤》。湘绣多以国画为题材，形态生动逼真，风格豪放，曾有“绣花花生香，绣鸟能听声，绣虎能奔跑，绣人能传神”的美誉，与苏绣并称“苏猫湘虎”。蜀绣与蜀锦一起被称为“蜀中之宝”，北京人民大会堂四川厅的巨幅“芙蓉鲤鱼”座屏是蜀绣的代表作。

我国织锦技艺与刺绣齐名。南京云锦、苏州宋锦、四川蜀锦为我国三大名锦。此外，壮锦、傣锦、土家锦、黎锦等，也各有特色。

4. 工艺品

(1)景泰蓝

景泰蓝又称为“铜胎掐丝珐琅”，是我国著名的钨工艺品。早在唐代已有此工艺制作，明代景泰年间得到较大发展，并以孔雀蓝釉最为出色，故称为“景泰蓝”。景泰蓝素以工艺精湛独特、色彩典雅富丽而备受中外旅游者喜爱。北京景泰蓝、江西景德镇瓷器、福建脱胎漆器，并称为中国传统工艺的“三绝”。

(2)陶瓷

我国的陶瓷技艺已有6 000～7 000年历史。仰韶文化的彩陶、大汶口文化的红陶、龙山文化的黑陶、秦汉的陶人陶马、唐三彩和宋代紫砂陶，均代表了我国的古代文明。江苏宜兴以生产紫砂陶而著名，其色调“红而不艳，紫而不姹，绿而不嫩，黄而不娇”，生产品种达2 000多个，有“陶都”的美称。江西景德镇湖南醴陵、河北唐山、山东淄博、广东枫溪等地的瓷器亦很有名。

(3)漆器

漆器是我国传统工艺品，用天然生漆制成，具有透明、发亮、防腐、耐酸、耐碱等特点。著名漆器有福建脱胎漆器、扬州漆器、大方漆器、四川漆器。福建脱胎漆器工艺精细，制品轻巧美观，在全国的影响力极大。

(4)雕刻工艺品

雕刻工艺品是工艺美术品中品种最多的一类，以各种动物、植物和矿物为材料，巧妙地雕刻出珍贵的艺术品。北京、扬州、苏州等地的玉雕，北京、广州、上海等地的牙雕，福建寿山石雕、浙江青田石雕、浙江东阳木雕等，都是雕刻名品。

(5)文房四宝

笔、墨、纸、砚是中国书画必备用品，素有“文房四宝”之称。浙江湖州的湖笔、安徽歙县的徽墨、安徽泾县的宣纸、广东肇庆的端砚，被称为文房四宝之首。广东端砚、安徽歙砚、甘肃洮砚、山西澄泥砚称为我国的四大名砚。

(6)其他工艺品

我国有数不胜数的民间工艺品，如山东潍坊风筝、天津泥人张彩塑、河北蔚县剪纸、无锡惠山泥人、河南洛阳麦秆画、浙江西湖绸伞、广东佛山剪纸、广西桂林象山壶和桂林折扇、湖南浏阳花炮、岳阳羽毛扇、贵州的蜡染、新疆和田地毯和民族小花帽、海南“琥珀”龙虾等，都是劳动人民勤劳智慧的杰作。

任务训练

一、场景设计

(一)实训目的

熟悉人文旅游资源的类型及分类方法。

(二)实训内容

以你生活的周围环境的人文资源为例,对它们进行旅游资源归类。

二、训练步骤

(一)实训前准备

组内合理分工,安排好每位同学的工作,尽可能全面地实地考察调查区域的旅游资源。

(二)实　训

1. 学生上交“人文旅游资源基本情况登记表”。

人文旅游资源基本情况登记表

类　型	景点名称	具体类型	位置分布	特征介绍
遗址遗迹				
古建筑				
古园林				
古陵墓				
伟大工程				
宗教文化				
民风民俗				
其他				

2. 分组汇报。
3. 教师总结并评分、评价。

效果评价

人文旅游资源调查训练评分表

姓　名		地　点		时　间	
实训项目	实训考查要点	分　值	小组评分	教师评分	最终得分
人文旅游资源调查训练	1. 信息收集途径丰富、方法科学				
	2.“人文旅游资源基本情况登记表”内容完整、详细				
	3. 组员汇报语言表达熟练、清晰,文辞优美				
	4. 资源分类科学合理,能够列举遗址遗迹、古建筑、园林、陵墓、宗教景观、民俗景观等资源				
	5. 团队分工明确,合作有序				
合　计		100			

注:该表可根据实际设计的训练项目进行测评。

复习思考题

1. 什么是旅游资源？旅游资源如何分类？
2. 旅游与环境保护有什么关系？你觉得应如何保护旅游环境？
3. 自然旅游资源包括哪些类型？
4. 常见的地质类旅游资源有哪些？举例说明。
5. 简要介绍主要的天气、气象旅游资源。
6. 人文旅游资源包括哪些类型？
7. 简要介绍民俗风情的内容。
8. 简要介绍我国的四种宗教。

项目二　东北旅游区

学习目标

1. 知识目标
- 了解东北大区的基本地理面貌
- 熟悉东北大区主要铁路干线
- 掌握东北旅游区的主要旅游资源

2. 能力目标
- 能设计东北旅游区的旅游线路
- 能讲解东北旅游区的主要景区
- 能预测东北旅游区的旅游发展趋势

3. 素质目标
- 具有洞悉冰雪旅游资源的能力
- 具有延展区域旅游特色线路的能力

热点引入

哈尔滨入围“2018 中国旅游影响力城市”TOP10
松北区入围“2018 中国旅游影响力县(区)”TOP10

在北京举行的 2019 中国旅游产业发展年会上,哈尔滨入围“2018 中国旅游影响力城市”TOP10,松北区入围“2018 中国旅游影响力县(区)”TOP10。

2019 中国旅游产业发展年会由中国报业协会指导、中国旅游报社主办。会上揭晓了 2018 年中国旅游产业影响力风云榜,评选出“2018 中国旅游影响力主题公园”TOP10、“2018 中国旅游影响力文化景区”TOP10、“2018 中国旅游影响力县(区)”TOP10、“2018 中国旅游影响力城市”TOP10。北京、杭州、成都、广州、苏州、西安、厦门、三亚、哈尔滨、长沙入围“2018 中国旅游影响力城市”TOP10。

哈尔滨作为我国首批优秀旅游城市,也是亚洲唯一被联合国授予殊荣的“音乐之城”,旅游资源富集,大冰雪、大湿地、大森林等自然景观特色鲜明、魅力独具,是全球 20 个避暑旅游胜地之一,哈尔滨冰雪游是国家推向世界的王牌旅游产品。

松北区拥有丰富的冰雪旅游、湿地旅游、欧陆风情游资源,共有 A 级景区 7 个,占哈尔滨市 3A 级以上景区的 13%,是哈尔滨知名的两大冰雪品牌哈尔滨冰雪大世界和太阳岛雪博会所在地。

(来源:哈尔滨日报)

请思考：

1. 哈尔滨有哪些特殊的旅游资源？

2. 东北三省如何推动他们的旅游业发展？

东北旅游区位于我国东北边陲，包括黑龙江、吉林、辽宁三省，东、北、西三面分别与朝鲜、俄罗斯、蒙古国接壤，隔日本海、黄海与日本、韩国相望，濒渤海与华北地区相接，是我国向东北亚地区对外开放的窗口。全区总面积 78.73 万 km^2，占全国的 8.2%。人口约 1 亿，其中少数民族占 10.7%，是我国少数民族相对较多的地区之一，主要包括满族、蒙古族、朝鲜族、鄂伦春族、赫哲族、锡伯族等。肥沃的黑土地、完备的工业体系、丰富的农林资源，一片极具潜力的富饶之地，使其旅游资源以茫茫林海、冰雪世界、高山湖泊、民俗风情为特色，成为全国重要的北国风光旅游区。

东北地区地形以山地、平原为主。大兴安岭、小兴安岭与长白山构成一个半环状向南开口的地形骨架；黑龙江、乌苏里江、图们江、鸭绿江四水环绕其外；肥沃的东北大平原蕴含于内，形成一个完整的马蹄形地域单元。东北平原南北长约 1 000 km，东西宽约 400 km，面积达 35 万 km^2，平原上大面积肥沃的黑土，土层深厚，耕地辽阔，成为我国重要的农业基地和商品粮基地之一，盛产玉米、春小麦、大豆、甜菜等农作物。

东北地区地处我国纬度较高的地区，属于温带大陆性季风气候，表现为夏季温暖而短促，7 月均温在 20～24 ℃之间，温差较大，降水多无酷暑，成为天然的避暑胜地。冬季寒冷而漫长，1 月均温在－30～－12 ℃之间，经常大雪纷飞，厚达数十厘米的降雪覆盖地面，大地银装素裹、玉树琼花，一片白茫茫的世界。

东北地区是我国重要的木材基地，有林地面积超过 30 万 km^2，蕴藏着丰富的野生动植物资源。截至 2019 年，东北地区的森林面积达 6.8 亿亩（1 m^2＝0.001 5 亩），占全国森林总面积的 37%。森林多为针叶林，也有部分阔叶林和针阔混交林，主要有红松、落叶松、水曲柳等优质树种。在浩瀚的森林海洋中，繁衍生息着寒温带驯鹿、驼鹿、梅花鹿、棕熊、紫貂、雪兔等各种珍禽异兽 400 余种，野生植物 1 000 余种，成为我国高纬度地区不可多得的野生动、植物乐园。长白山、大小兴安岭是东北生态系统的重要天然屏障；东北平原西部的防护林是我国最大的防护林，长达 800 km，被誉为“绿色长城”。

东北旅游区民族众多，是满族的发祥地，也是蒙古族的牧场，还是鄂伦春族纵马驰骋追逐野兽的猎场，以及是赫哲族轻舟荡漾的捕鱼场，各民族的生活方式独特，充满了浓郁的原始气息。

东北这片神奇的土地，特产也极为丰富。人参、鹿茸等珍贵药材的产量及质量居全国之首，灵芝、不老草名扬天下，松茸、猴头蘑、熊胆粉、田鸡油、红景天等深受国内外消费者的青睐。东北地区还盛产木耳、蕨菜、薇菜、元蘑、榛蘑、榆黄蘑、松子、山核桃等山珍野味，味道极其鲜美，是东北人招待宾客的必备佳肴。

东北旅游区共拥有 92 个国家级自然保护区，占全国总数的五分之一。截至 2019 年 12 月，东北旅游区已拥有 19 家 5A 景区。

典型工作任务一　京哈高铁沿线旅游

任务引入

京哈高铁线哈尔滨至承德10日开通

随着全国铁路暑运正式启动，京哈高铁也将增设新线，哈尔滨至承德高铁即将通车，届时从“冰城”至“避暑山庄”1 000多千米的行程，仅需4 h 42 min。

目前，哈尔滨开往北京的所有动车组和高铁列车，哈尔滨到沈阳北区间，走哈大高铁线；沈阳北到秦皇岛，走秦沈客运专线；秦皇岛到北京南走既有线路，秦皇岛到北京站走燕郊方向的普速线路。新建京哈高铁由哈尔滨出发后，途经长春西、沈阳北、阜新、承德等车站，进入北京区域后，路过密云西站、怀柔南站、顺义西站等站，最终到达位于北京朝阳区的星火站，全线最高时速可达350 km。

（资料来源：东北网，2019-07-05）

请思考：

京哈高铁开通前，旅客从哈尔滨前往北京，全程大约多少小时？京哈高铁开通后，此行程缩短了多少小时，会对旅游者出行产生怎样的影响呢？

知识准备

一、京哈高铁概况

京哈高铁是中国中长期铁路网规划的“八纵八横”中的“一纵”，由京沈高速铁路、哈大高速铁路沈阳至哈尔滨段构成。该线路由北京市出发，途经河北省、辽宁省、吉林省，终到黑龙江省哈尔滨市，并包括沈大高速线、朝凌联络线、赤峰支线和通辽支线，线路图如图2-1所示。

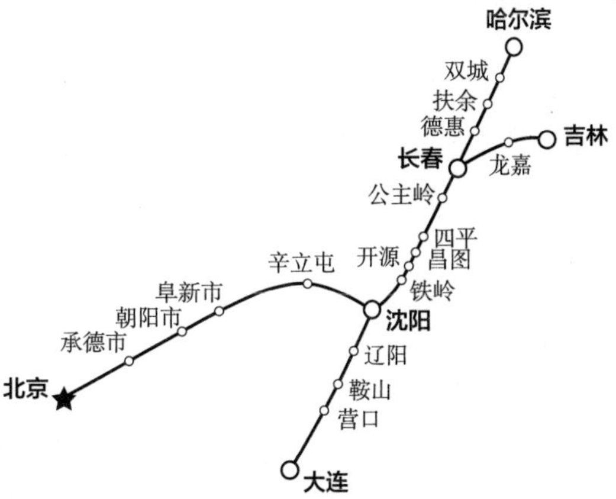

图2-1　京哈高铁线路图

修建京哈高铁，实现客货分线运输，将有效缓解京哈通道运输能力紧张状况，对于加强东北与关内广大地区的联系与交流，促进区域经济协调发展，具有重要意义。京哈高铁建成后，北京至哈尔滨的旅行时间由12 h左右缩短至6 h以内。京哈高铁全程共设置35座车站，途经北京、承德、朝阳、阜新、沈阳、铁岭、四平、长春、哈尔滨等城市。与其对接铁路为沈佳高速铁路、哈齐高速铁路、哈佳快速铁路、沈丹高速铁路、哈牡高速铁路、长珲城际铁路、长白快速铁路、哈绥城际铁路等。

京哈高铁沿线历史文化名城、国家级风景名胜区和著名旅游景点主要包括：哈尔滨、长春、沈阳,太阳岛风景区、镜泊湖风景区、伪满皇宫博物院、净月潭景区、长影世纪城,圣索菲亚教堂、中央大街、沈阳故宫博物院、皇家陵寝(福陵、昭陵)等。

二、沿线旅游名城

(一)哈 尔 滨

哈尔滨,是黑龙江省省会,是中国省辖市中陆地管辖面积最大、户籍人口居第三位的特大城市,地处东北平原的东北部地区、黑龙江省南部,国家重要的制造业基地。哈尔滨地处东北亚中心地带,被誉为欧亚大陆桥的明珠,是第一条欧亚大陆桥和空中走廊的重要枢纽,也是中国历史文化名城、热点旅游城市和国际冰雪文化名城,是国家战略定位的“沿边开发开放中心城市”“东北亚区域中心城市”及“对俄合作中心城市”。

哈尔滨是东北地区的铁路枢纽,现有哈尔滨站、哈尔滨西站、哈尔滨北站、哈尔滨东站等铁路客运站。从哈尔滨乘坐火车可以抵达北京、长春、沈阳、大连、天津、上海、广州、济南、青岛、南昌、武汉、石家庄、郑州、长沙、西安、重庆、德州、南京、杭州、温州、海口、福州、乌鲁木齐、包头等以及沿线城镇,也可以抵达黑龙江省内所有通客运铁路的大中小城镇。36 条干线贯穿黑龙江省全境和内蒙古部分地区,构成了欧亚大陆桥的重要通道。

哈尔滨太平国际机场是东北地区乃至东北亚的重要空中交通枢纽。哈尔滨地铁是哈尔滨市的城市轨道交通系统,是中国首个高寒地铁系统。地铁于 2008 年 3 月 31 日启动,规划有“九线一环”,总里程 340 km。

哈尔滨市居民以汉族为主,其中多为山东与河北省移民。旧时的哈尔滨,外国侨民比例较多,其中俄侨占多数。外侨生活方式与习俗对哈尔滨人的文化、饮食习俗有一定影响。哈尔滨人旧时多以大饼子(玉米面贴饼子)为主食。原当地居民喜食大馇子、小米饭和炖菜;哈尔滨人受少数民族饮食习俗影响,喜欢吃黏糕和黏豆包、“列巴”(一种大面包)、红肠等,喜欢喝“苏波汤”(俄式红汤)。

哈尔滨素来有“东方小巴黎”“东方莫斯科”的美名,市内建筑中西合璧,1998 年被原国家旅游局评选为首批中国优秀旅游城市。区内有太阳岛圣·索菲亚教堂、中央大街、尼古拉教堂、俄罗斯木屋、哥特式楼宇、哈尔滨极地馆、防洪纪念塔、文庙、极乐寺、萧红故居、苏联红军烈士纪念碑等文物古迹和东北林园、亚布力滑雪旅游度假区、原始森林等 500 余处人文自然景观。

1. 太阳岛

太阳岛是黑龙江省哈尔滨市松花江中的一个河岛,位于哈尔滨市新旧城区之间,总面积为 88 km^2,其中规划面积为 38 km^2,外围保护区面积为 50 km^2,分为东区、中区和西区。太阳岛是一处由冰雪文化、民俗文化等资源构成的多功能风景区,也是国内的沿江生态区。

太阳岛主要景观有太阳石、松鼠岛、天鹅湖、冰雪艺术馆等。2009 年,太阳岛冰雪艺术馆以占地 5 000 m^2、馆内净高 7 m 的规模入选中国世界纪录协会世界最大的室内冰雪艺术馆,创造了太阳岛世界之最。2007 年,太阳岛风景区被授予国家级风景名胜区、国家首批“5A 级旅游景区”。

2. 圣·索菲亚教堂

圣·索菲亚教堂(如图 2-2 所示)位于哈尔滨市内,是远东地区最大的东正教教堂,也是哈尔滨市的标志性建筑。教堂通高 53.35 m，占地面积 721 m^2，原是沙俄东西伯利亚第四步兵师的随军教堂，教堂平面设计为东西向拉丁十字，墙体全部采用清水红砖，上冠为巨大饱满的洋葱头穹顶，统率着四翼大小不同的帐篷顶，形成主从式的布局。四个楼层之间有楼梯相连，前后左右有四个门出入。圣·索菲亚教堂巍峨壮美，拜占庭式建筑风格、富丽堂皇、典雅超俗、宏伟壮观，具有浓郁的异国情调，是沙俄入侵东北的历史见证和重要遗迹。

图 2-2　圣·索菲亚教堂

3. 中央大街

中央大街始建于 1898 年，大街北起松花江防洪纪念塔，南至经纬街。全街建有欧式及仿欧式建筑 71 栋，并汇集了文艺复兴、巴洛克、折中主义及现代多种风格市级保护建筑 13 栋。1997 年 6 月 1 日成为全国第一条商业步行街。2005 年中央大街被原建设部授予“中国人居环境范例奖”。2008 年 3 月东方小巴黎——哈尔滨中央大街被联合国授予“联合国建筑成就奖”，同时，哈尔滨中央大街被国家授予“建筑艺术博物馆”称号。2009 年，中央大街被评为首批中国历史文化名街。

(二)长　　春

长春，简称“长”，别称“春城”，古称“喜都”“茶啊冲”“黄龙府”，是吉林省省会、国家历史文化名城，也是中国重要的工业基地和综合交通枢纽，位于中国东北地理中心。

长春有着深厚的近代城市底蕴，是著名的中国老工业基地，是新中国最早的汽车工业基地和电影制作基地，有“东方底特律”和“东方好莱坞”之称，同时还是新中国轨道客车、光电技术、应用化学、生物制品等产业发展的摇篮，诞生了著名的中国一汽、长春电影制片厂、长春客车厂、中科院长春光机所、中科院长春应化所、长春生物制品研究所等。

作为国家历史文化名城的长春，是近代东北亚政治军事冲突完整历程的集中见证地，具有众多历史古迹、工业遗产和文化遗存。

长春是全国的重要铁路枢纽城市、“一带一路”北线重要节点城市，现有长春站、长春西站、龙嘉站。2017 年 10 月 13 日，长春国际港暨中欧班列(长春—汉堡)正式开通。长春国际港依托长春铁路综合货场建设，是东北最大的一级铁路综合物流基地。长春龙嘉国际机场，是中国东北地区四大国际机场之一、东北亚区域重要的航空交通枢纽。长春是中国第一个有地铁规划的城市(1939 年)，是中国大陆地区第五个开通轨道交通的城市(2002 年 10 月 30 日)。包括长春地铁和长春轻轨。

长春是吉菜的发源地，长春自古就有汉、朝、蒙、满等民族在此繁衍生息，特有的民族食俗，客观上形成了独特多元的吉菜饮食文化。20 世纪 30 年代，长春成为伪满洲国统治中心，溥仪的宫中膳房聚集了一批北京清宫御厨和山东名厨，宫廷菜、鲁菜与长春民间菜相互交融，形成了吉菜的基本雏形。

长春是首批中国优秀旅游城市、中国十佳冰雪旅游城市，风景名胜众多，其中以伪满皇宫、伪满八大部、净月潭国家森林公园、长影世纪城、世界雕塑公园、长影旧址博物馆、长春国际汽车公园、莲花山滑雪场、长春文庙、南湖公园、长春东北虎园、庙香山风景区、关东文化园等景点最为盛名。

1. 伪满皇宫博物院

伪满皇宫博物院位于长春市东北角的光复路三号，占地面积 13 万 m^2，是伪满洲国傀儡皇帝爱新觉罗·溥仪的宫殿，也是中国清朝末代皇帝爱新觉罗·溥仪第三次"登基"时的宫殿，现为吉林省博物馆，如图 2-3 所示。从 1932 年到 1945 年间，溥仪曾在这里生活 14 年之久，人称"伪皇宫"。"伪皇宫"分为进行政治活动的外廷和日常生活的内廷两部分，现分别辟为伪满皇宫陈列馆和伪满帝宫陈列馆。

图 2-3　伪满皇宫博物院

外廷(皇宫)是溥仪处理政务的场所，主体建筑是一组黄色琉璃瓦覆顶的二层小楼，包括勤民楼、辑熙楼和同德殿。这三座小楼风格独特，是中西风格结合的格局。内廷(帝宫)是溥仪及其家属日常生活的区域，其中辑熙楼是溥仪和婉容的居所，为日常起居之处。同德殿是"福贵人"的居所。伪满皇宫主体建筑风格各异，既有中国传统的四合院砖木结构建筑，又有欧洲哥特式楼房，亦有东洋式殿阁，充分显示出伪满洲国的傀儡性。

[阅读资料 2-1]

伪满皇宫博物院的作用及价值

伪满皇宫博物院主要职能是通过举办陈列展览，揭露日本侵占中国东北、奴役残害东北人民，以及伪满洲国傀儡皇帝溥仪进行卖国求荣的罪恶行径，对广大人民群众特别是青少年开展爱国主义和近现代史教育，在开展对广大人民群众特别是青少年的爱国主义教育方面发挥了不可替代的作用。

《从皇帝到公民——爱新觉罗·溥仪的一生》展览展现了溥仪从清朝末代皇帝、伪满傀儡皇帝、战犯到被改造成为新中国公民的传奇经历；以小见大地用一个人的故事展示一段历史的变迁及其所折射出的时势造人的道理，批判了封建制度的腐朽没落；深刻地揭露了日本侵略者操纵以溥仪为首的伪满洲国傀儡政权，对东北人民进行血腥殖民统治的罪行；歌颂了中国共产党的博大胸襟和人道主义政策。该展览是中国国内唯一全面、客观反映溥仪生平的展览。

《同德殿原状陈列》展览再现了同德殿内包括有广间、叩拜间、便见室、中国间、钢琴间、台球间、电影厅、跑马廊、溥仪生活区、李玉琴生活区、长廊等房间和场景，其建筑本身和内部装饰布置体现出殖民特色。同德殿的复原将这种历史文化内涵昭显无遗，它集中代表和体现了伪满皇宫的独有特色，因而其复原的作用是无可替代的。

2. 长春电影城

长春电影城位于长春市南湖公园西侧，与第一汽车制造厂毗邻，是中国规模最大的综合性电影制片厂，也是新中国第一个电影制片厂，被誉为中国的“好莱坞”。现已建成电影城，成为一处以电影文化艺术为主要特色的旅游场所和影视拍摄基地。

长春电影制片厂自诞生以来，先后拍摄故事影片900多部，译制各国影片1 000多部。新中国电影史上的众多第一都在这里成就：第一部木偶剧、第一部科教片、第一部动画片、第一部长(短)故事片、第一部译制片等，如《白毛女》《刘三姐》《人到中年》《甲午风云》等影片，深得好评。长春电影制片厂已成为能生产故事片、戏曲片、科教片、美术片、译制片和电视剧制作的综合性电影厂。

3. 净月潭国家风景名胜区

净月潭景区位于长春市东南部长春净月经济开发区，距市中心人民广场仅18 km，景区面积为96.38 km^2，其中水域面积为5.3 km^2，森林覆盖率达到96%以上。净月潭因形似弯月状而得名，与台湾日月潭称为姊妹潭，是“吉林八景”之一，被誉为“净月神秀”“绿海明珠”“都市氧吧”，是长春市的生态绿核和城市名片。

净月潭景区处处皆景致，四季貌不同。亚洲最大的人工森林与山、水相依的生态景象构成了净月潭四季变换的风情画卷。净月潭已然成为春踏青、夏避暑、秋赏景、冬玩冰雪的理想去处。

净月潭不仅是生态休闲中心，更是体育健身的中心，作为长春市消夏节和长春冰雪节的主场地，相继开展了净月潭瓦萨国际滑雪节、净月潭森林马拉松、净月潭山地自行车马拉松、净月潭森林定向赛、净月潭龙舟赛等赛事和活动，致力于倡导健康、时尚、休闲的生活方式，打造国际知名旅游文化活动的聚集地。

(三)沈　阳

沈阳，因位于古沈水之北而得名，简称“沈”，别称盛京、奉天，是辽宁省省会，辽宁省政治、经济、文化、交通中心，国务院批复确定的东北地区重要的中心城市。

沈阳地处东北亚经济圈和环渤海经济圈的中心，是长三角、珠三角、京津冀地区通往关东地区的综合枢纽城市，“一带一路”向东北亚、东南亚延伸的重要节点。

沈阳是国家历史文化名城，素有“一朝发祥地，两代帝王都”之称，还是中国最重要的以装备制造业为主的重工业基地，有着“共和国长子”和“东方鲁尔”的美誉，先后获得“全国文明城市”“国家环境保护模范城市”“国家森林城市”“国家园林城市”称号。

沈阳地形以平原为主，山地、丘陵集中在东南部，辽河、浑河、秀水河等途经境内，属温带半湿润大陆性气候，平均气温6.2～9.7 ℃，降水集中、温差较大、四季分明。

沈阳在长期的历史发展中，逐渐形成了以汉族为主体的、由多民族组成的聚居区。汉族是自沈阳建城(侯城)以来就开始定居沈阳的世居民族，少数民族人数较多的是满族、朝鲜族、回族、锡伯族和蒙古族。

沈阳是中国东北地区的铁路枢纽之一，京哈铁路、沈大铁路、沈吉铁路、沈丹铁路、沈佳铁路、沈山铁路、苏抚支线和哈大高铁等多条铁路干线交会于此。沈阳站、沈阳北站、沈阳南站为沈阳的主要火车站。其中沈阳站、苏家屯站和沈阳西站为三个铁路特等站，沈阳站是东北客运规模最大的火车站。2015年投入使用的沈阳南站是哈大、京沈、沈丹高铁的交会点。沈阳桃仙国际机场是国家公共航空运输体系确定的全国八大区域性枢纽机场之一，是东北地区规模最大的复合型门户枢纽航空港。沈阳第一条地铁线路于2010年9月27日开通试运营，是全国第七个拥有地铁的城市。

沈阳特产有辉山牛奶、中街大果、德氏冷饮、小梁山西瓜、醉金香葡萄、东陵红树莓、寒富苹果、祝家大杏、清水大米、香雪面粉、辽中鲫鱼、八王寺汽水、雪花啤酒等。沈阳小吃有老边饺子、李连贵熏肉大饼、杨家吊炉饼、鸡蛋糕、协顺园回头、马家烧卖、西塔大冷面、老山记海城馅饼、那家馆白肉血肠、宋家馄饨、朝鲜族烤牛肉、打糕等。

沈阳是我国著名的历史文化名城，以名胜古迹最为突出，著名的有沈阳故宫、皇家陵寝（福陵、昭陵）、怪坡、"九一八"事变博物馆、张氏帅府、中街商业步行街、夏宫、新乐遗址、沈阳古陨石等旅游景观。

1. 沈阳故宫

沈阳故宫（如图2-4所示）位于沈阳市旧城中心，是除北京故宫外，中国现存的第二大完整的宫殿建筑群，是清太祖努尔哈赤和清太宗皇太极的皇宫。沈阳故宫又称为盛京皇宫，清朝入主中原后改为陪都宫殿和皇帝东巡行宫。皇宫建于1625—1636年，以满族特色而著称。宫内有10多个院落、300余间房屋，占地6万m^2，以崇政殿为中心，以大清门到清宁宫为中轴，将故宫分为东、中、西三路。中路为主体建筑，以崇政殿（金銮殿）为核心，是皇太极处理朝政之所，包括大清门、崇政殿、凤凰楼，以及清宁宫、关雎宫、衍庆宫、启福宫等。东路建筑以大政殿为中心，辅以左右翼王亭、八旗亭。这是八旗建制的象征。西部建筑以文溯阁为中心，配以仰熙斋和嘉荫堂等，是皇帝读书和储藏《四库全书》的地方。《四库全书》为乾隆时撰修，历时10载，共誊写7部，以文溯阁所藏的最为完整。

图2-4　沈阳故宫

大政殿是举行皇帝即位大典、颁布诏书、宣布军队出征，迎接将士凯旋的地方，一座八角重檐亭式建筑，正门有两根盘龙柱，以示庄严。崇政殿，即正殿，俗称"金銮殿"，是沈阳故宫的核心建筑，创建于后金天聪年间（1627—1636年），是一座全木结构的五间九檩硬山式大殿。此殿是皇太极日常处理军政要务和接见外国使臣、边疆少数民族代表的地方，天聪十年（1636年）后金改国号为大清的大典曾在此举行。

整座皇宫殿阁林立，雕梁画栋，光彩夺目。现已辟为沈阳故宫博物院，故宫内陈列了大量旧皇宫遗留下来的宫廷文物，有努尔哈赤用过的剑等。2004年7月1日，在中国苏州召开的第28届世界遗产委员会会议批准，中国的沈阳故宫作为明清皇宫文化遗产扩展项目列入《世界遗产名录》。

2. 福陵

福陵位于沈阳东郊的东陵公园内，是清太祖努尔哈赤及后妃叶赫那拉氏、博尔济吉特氏等人的陵墓，因地处沈阳东郊，故又称东陵。与清昭陵、清永陵并称为盛京三陵。始建于天聪三年（1629 年），寓意大清江山福运长久。陵墓到顺治八年（1651 年）基本建成，后来在康熙和乾隆年间又续有增建。

整个陵园背靠山峦，气势宏伟，风景优美。福陵的布局严谨，规模宏大，总面积约 19.48 万 m^2，形制为外城内郭，由前院、方城和宝城三部分构成，自南而北渐次升高。这既不同于明朝的陵墓，也不同于清朝入关后建造的陵寝。除方城明楼曾毁于雷火后又修复外，其余皆保存完好。陵园周边为青松古林环抱，称“天柱排青”，是盛京胜景之一。

1988 年，福陵被中华人民共和国国务院公布为第三批全国重点文物保护单位之一。2004 年，包括福陵在内的盛京三陵作为明清皇家陵寝的拓展项目被列入世界文化遗产。

3. 清昭陵

清昭陵位于沈阳（盛京）古城北约 5 km，因此也称“北陵”，是清朝第二代开国君主太宗皇太极以及孝端文皇后博尔济吉特氏的陵墓，占地面积 16 万 m^2，是清初“关外三陵”中规模最大、气势最宏伟的一座。

昭陵始建于清崇德八年（1643 年），顺治八年（1651 年）基本建成，后历经多次改建和增修而呈现现在的规模。陵寝建筑的平面布局遵循“前朝后寝”的陵寝原则自南向北由前、中、后三个部分组成，其主体建筑都建在中轴线上，两侧对称排列，系仿自明朝皇陵而又具有满族陵寝的特点。

清昭陵现为国家重点文物保护单位，是清代皇家陵寝和现代园林合一的游览胜地。园内古松参天，草木葱茏，湖水荡漾，楼殿威严，金瓦夺目，充分显示出皇家陵园的雄伟、壮丽和现代园林的清雅、秀美。

4. 沈阳怪坡

沈阳怪坡，是条长 80 余米，宽约 25 m，呈西高东低走势的斜坡。位于沈阳市沈北新区境内的帽山西麓，面对旷野，背依群山。距离沈阳 30 km。怪坡发现于 1990 年 4 月，当时，有一名青年交警驾驶一辆北京牌吉普车，顺着进山路驶向坡下，当摘挡熄火停车后，突然感到车自动向坡上滑行，他们感到惊愕，壮胆子试了几次，仍然如此，百思不得其解，带着迷惘惶然而走。

怪坡面世，神秘加身。专家、名人、学者纷至沓来，探秘揭谜，有的说是磁场作用，有的说是重力位移，还有的说是视觉差，但各种说法相互矛盾，不能自圆其说。怪坡发现后，经过连年开发建设，这里初具景区规模，形成总分一体，山水相间，动静结合，天工人造，各具情趣的群体景观，有各类景点 20 余处。继怪坡之谜的发现，人们又发现了“响山”“嗡顶”，连同怪坡一起被人们称为“三谜”。

任务训练

一、场景设计

（一）实训目的

了解满族风情以及东北地区的旅游资源。

（二）实训内容

1. 搜集满族文化景区相关信息，分析景区资源特色。
2. 设计“满族风情游”主题线路。

二、训练步骤

(一)实训前准备

熟悉课堂讲授的内容，通过多渠道查找所需资料。组内合理分工，充分发挥每一位组员的兴趣特长，从信息搜索、材料整理、文案制作、美工排版、讲解汇报等多方面开展训练任务。

(二)实　训

1. 学生上交“满族风情游”主题线路设计方案。
2. 分组汇报交流主题游线路设计方案。
3. 教师总结并评分、评价。

效果评价

“满族风情游”线路设计训练评分表

姓　名		地　点		时　间	
实训项目	实训考查要点	分　值	小组评分	教师评分	最终得分
“满族风情游”线路设计训练	1. 信息收集途径丰富、方法科学				
	2. 文案制作精良、图文并茂				
	3. 组员汇报语言表达熟练、清晰，文辞优美				
	4. 线路设计突出科学性、合理性、市场适宜性				
	5. 线路主题突出，景点景区选择符合线路主题				
	6. 团队分工明确，合作有序				
合　计		100			

注：该表可根据实际设计的训练项目进行测评。

典型工作任务二　哈牡高铁沿线旅游

任务引入

高铁“提速”东北地区冰雪旅游

春节前夕，来自浙江温州的王继一家刚刚结束了在黑龙江的旅行。他们乘坐往返于哈尔滨和牡丹江的D8517次、D8514次列车，游览了亚布力滑雪场、中国雪乡等景区。

“女儿今年6岁，坐车时间长了容易哭闹，还会打扰其他乘客。坐高铁才一个多小时，她自己唱会儿歌、玩会儿游戏就到站了，让我们省了不少心。”王继说。

每年冬天，到黑龙江滑雪、赏雪的游客纷至沓来。然而，由于以往一些景点交通不便、铁路运力不足，让不少游客感慨“人在囧途”。

“以前从哈尔滨到亚布力只有一趟普通火车，要三个多小时。自驾则需要五六个小时，不仅成本高，还受天气限制。”哈尔滨市滑雪爱好者李大磊说，“越下雪，越想滑雪，但一下大雪时公路就封路，别提多闹心了。”

去年12月25日，从哈尔滨到牡丹江的哈牡高铁正式通车，全程运行1 h 28 min，时速达250 km，途经亚布力西、横道河子东、海林北等站，可由此赴中国雪乡、横道河子虎林园、威虎山影视城、镜泊湖等知名旅游景区，成为一些游客的出行首选。

“原来这些景区就像散落的珍珠，高铁把它们串成了项链，集群效应开始显现。”黑龙江省大海林林业地区旅游局局长刘忠才说。

中国铁路哈尔滨局集团有限公司统计显示，哈牡高铁开通以来，每日乘高铁前往景区的游客数量明显增加，由开通初期的日均500余人上升至1 400余人，增幅达180%。

为缓解春运高峰期的客流压力，目前哈牡线共开行动车组29对，根据客流情况，还可通过开行高峰线动车组和动车组重联等措施增加运力。为了打通“最后一公里”，“一站购票、直进雪乡”的公铁联运服务也应运而生。

业内人士说，寒地高铁建设犹如“加速器”，为东北地区冰雪旅游产业发展注入了新的活力，沈阳、长春、哈尔滨等区域中心城市间高铁交通便捷，形成了“城际旅游圈”。

（信息来源：新华网）

请思考：

哈牡高铁的开行对东北旅游发展有何影响呢？

知识准备

一、哈牡高速铁路概况

哈牡高铁是黑龙江省境内一条连接哈尔滨市和牡丹江市的高速铁路，是中国“八横八纵”高速铁路网绥满通道的组成部分，也是黑龙江省“一轴两环一边”铁路网的组成部分。

哈牡高速铁路于2014年12月15日正式开工，于2018年12月25日全线正式通车，全长293.204 km，沿线设哈尔滨站、新香坊北站、阿城北站、帽儿山西站、尚志南站、一面坡北站、苇河西站、亚布力西站、横道河子东站、海林北站、牡丹江站，同时预留牡丹江西站。

哈牡高铁沿线国家级风景名胜区和著名旅游景点主要包括：亚布力滑雪旅游度假区、中车铁路建筑群、镜泊湖风景区、伏尔加庄园、哈尔滨普罗旺斯薰衣草庄园、金上京历史博物馆、帽儿山、中国雪乡国家森林公园等。

二、沿线旅游名胜

1. 亚布力滑雪场

亚布力滑雪旅游度假区位于尚志市境内，哈尔滨东南195 km处，属长白山脉的张广才岭地区。该区地势由东向西北倾斜，多丘陵，属温带大陆性气候，四季分明，温差大，是天然的避暑圣地。

亚布力雪山山高林密、雪质优良、硬度适中，是国内最大、条件最好的滑雪场地。高山雪道海拔 1 300 多米，滑雪道全长 3 080 m，宽 40 m，并设有全封闭式吊箱和半封闭式吊椅索道。滑雪道坡度为 22.6°，地形起伏。雪场内拥有高山跳台滑雪场地、花样滑雪场地、越野滑雪场地等。

亚布力旅游滑雪度假区又名"风车山庄"，地域宽广，景色宜人，风车别墅景色风格各异，再现了 14 世纪以来世界各国的风车经典。110 座新古典风车组成"大地之子"风车网阵，融建筑艺术、环境艺术为一体，被称为"世界风车博物馆"。

2. 中东铁路建筑群

中东铁路 1897 年 8 月开始动工兴建，1903 年 2 月全线竣工通车。这条铁路的干线西起满洲里，经哈尔滨，东至绥芬河，支线则从哈尔滨起向南，经长春、沈阳直达旅顺口，全长近 2 500 km。在进行铁路建设的同时，也建造了站舍、桥梁等大量公共和民用建筑，分布在沿线的内蒙古、黑龙江、吉林、辽宁各省份，其中大部分在黑龙江省境内。

中东铁路沿线保留下的历史建筑众多，这些建筑物多是俄国人设计、中国人修建的，被作为 20 世纪重要的线性文化遗产加以保护。2006 年 5 月 25 日，中东铁路海林站旧址 6 处 7 栋建筑，被国务院公布为第六批全国重点文物保护单位。

3. 镜泊湖风景区

镜泊湖是国家 5A 级旅游景区、世界地质公园、国家重点风景名胜区、国际生态旅游度假避暑胜地，中国最大、世界第二大高山堰塞湖。

镜泊湖位于宁安市西南部，距宁安城 50 km，海拔 351 m。远在 1 000 年前的唐代，居住在这里的满族先民——靺鞨人称镜泊湖为忽汗海，辽称扑鹘水，金称必尔腾湖，清初宁古塔流入以湖水照人如镜而命名为镜泊湖。

全湖东北流向，流至北湖头张家亮子北，再向东北泻出注入瀑布深潭，湖水从此处流入牡丹江中。湖的出口处，由玄武岩构成陡峻的峭壁，湖水由上冲泻而下，形成一个宽约 30 多米、落差 20 多米的镜泊湖瀑布，俗称"吊水楼"，是我国的第三大瀑布，如图 2-5 所示。

图 2-5　吊水楼瀑

任务训练

一、场景设计

(一)实训目的

了解东北的冰雪旅游资源。

(二)实训内容

1. 分组查阅信息、整理材料,设计“冰雪旅游”主题线路。
2. 线路主题可以自拟,如“冰雪世界”“滑雪圣地”等。

二、训练步骤

(一)实训前准备

熟知课堂讲授的内容,查阅相关资源。组内合理分工,充分发挥每一位组员的兴趣特长,从信息搜索、材料整理、文案制作、美工排版、讲解汇报等多方面开展训练任务。

(二)实　　训

1. 学生上交“冰雪旅游”等主题线路设计方案。
2. 分组汇报交流主题游线路设计方案。
3. 教师总结并评分、评价。

效果评价

“冰雪游”线路设计训练评分表

姓　　名		地　点		时　间	
实训项目	实训考查要点	分　值	小组评分	教师评分	最终得分
“冰雪游”线路设计训练	1. 信息收集途径丰富、方法科学				
	2. 文案制作精良、图文并茂				
	3. 组员汇报语言表达熟练、清晰,文辞优美				
	4. 线路设计突出科学性、合理性、市场适宜性				
	5. 线路主题突出,景点景区选择符合线路主题				
	6. 团队分工明确,合作有序				
合　　计		100			

注:该表可根据实际设计的训练项目进行测评。

典型工作任务三　长珲城际沿线旅游

任务引入

长珲城际铁路开通两周年，客流火爆

2015 年 9 月 20 日，被誉为“东北最美高铁”的长珲城际铁路正式开通运营，图定开行55 趟动车组，与哈大、盘营、沈丹和丹大快速铁路等共同构成东北地区铁路快速客运网，让延边这颗边疆明珠正式进入了“高铁时代”。两年来，延吉车务段通过融入民俗元素，打造了具有民俗特色的“最美高铁”精品线。开通至今，累计发送旅客近 2 000 万人，客运收入突破 16 亿元。

领略长白山壮丽美景，观赏海兰江稻浪飘香，体验中俄朝边境风光，品尝朝鲜族民俗饮食……长珲高铁串起沿线诸多风景名胜，也让游客体验到了“快旅漫游”的舒心与畅快。

自开通以来，以长珲为轴线，沈哈为两翼，京津冀为延伸的国内旅游合作联盟机制初步建立起来，延边旅游业也迎来了发展的春天。

延吉西站旋起民族风、珲春站大秀国际范、安图西站流露长白韵、图们北站打开江之门、蛟河西站舞动红叶情，一站一景、一地一景、一物一景，让出行旅客纷至沓来、流连忘返。

延吉车务段借势高铁开行，通过加开重联扩充运能、落地咨询扩展服务、对接政府扩大声势等一系列手段，将长珲沿线丰富的旅游资源串联起来，使延边地区“高铁游”持续升温、异常火爆，区域旅游进入同城时代，也让延边的旅游市场呈现出“旅快游慢、速来慢游”的新常态和新趋势，到蛟河、敦化、安图、延吉、图们、珲春旅游的散客数量不断刷新纪录。

同时，延吉车务段结合朝鲜族元日节、上元节、寒食节、端午节、秋夕节“五大节日”，宣传开行多趟“山水踏青”“端午祭”“坐高铁、赏花海”文化观光列车，积极围绕冰雪旅游节、梨花节、苹果梨节等 20 余个特色旅游节日，有针对性地推出特色服务项目，打造服务亮点，用热情周到的服务和地域文化的延伸，不断提升服务品质，让越来越多的游客爱上了延边。

（来源：延吉新闻网，2017-09-21）

请思考：

延边朝鲜族自治州特有的旅游资源有哪些?

知识准备

一、长珲城际铁路线概况

长珲城际铁路，是一条连接长春市到延边州珲春市的城际铁路，是东北地区城际铁路网重要组成部分，由长吉城际铁路和吉图珲高速铁路两段线路组成。2015 年9 月 20 日，长珲城际铁路正式运营，从长春到珲春最短只需 2 h 53 min。

长珲城际铁路全长 471 km，全线设长春站、龙嘉站、九台南站、双吉站、吉林站、蛟河西站、威虎岭北站、敦化站、大石头南站、安图西站、延吉西站、图们北站、珲春站等车站。

长珲城际铁路对完善东连朝鲜、西通蒙古、北跨俄罗斯、南接关内腹地的中国东北高速客运网，特别是由中国陆路进入日本海，构建成为新的欧亚大陆桥，形成吉林省十字形高速铁路网骨架，提升“一带一路”基础设施水平，有着重要的支撑作用。

长珲城际铁路沿线经过“关东第一山”长白山、“北国明珠”松花湖、“关东奇山”拉法山等众多风景名胜，自然风光雄奇壮丽，因此被誉为“东北最美高铁”。早上坐高铁去延吉吃一大碗冷面，品尝当地的泡菜，欣赏朝鲜族舞蹈，然后去珲春防川风景区一眼望三国，下午去吉林市游览松花湖，品尝当地的江水鱼，晚上再返回长春品味历史文化遗迹。

二、沿线旅游名城

(一)吉 林 市

吉林省因吉林市而得名，是吉林省原省会，吉林市满语名为“吉林乌拉”，意为“沿江的城池”，位于吉林省中部的松花江畔。因康熙皇帝东巡吉林城所作《松花江放船歌》有“连樯接舰屯江城”之句，故吉林市又被称为“江城”“北国江城”

吉林市属中温带亚湿润季风气候类型，四季分明，夏季温热多雨，冬季寒冷干燥。受地形影响气温由南向北逐渐降低，年平均气温 3.9 ℃。

吉林市是满族的发祥地之一，满族人口约 23 万，居全市少数民族之首，境内居住汉、满、蒙、回、朝鲜等 35 个民族。

吉林市主要客运车站有：吉林站、双吉站、蛟河西站、磐石站等，其中吉林站是东北地区及吉林省的铁路枢纽站和吉林省规模最大的火车站之一。

吉林市四面环山，三面环水，松花江呈倒“S”形穿城而过，整个城市由江而来，沿江而走，依江而展，为江而美，具有山水园林城市特有的魅力。吉林市的冬季格外引人注目。天下独秀，神奇造化的冰雪景观更令海内外宾客心驰神往。与云南石林、长江三峡和桂林山水并称为中国四大自然奇观的吉林雾凇，又被陈运和诗称“用柳枝松叶巧织春梦”。吉林市船营区松江中路和吉林市雾凇岛是观赏雾凇的最佳地点。2017 年 12 月，吉林市当选中国十佳冰雪旅游城市。连续举办 22 届吉林国际雾凇冰雪节。北大壶滑雪场也是一个冬季滑雪胜地。

1. 松花湖风景名胜区

松花湖(如图 2-6 所示)风景名胜区是吉林省著名旅游景区，国家 4A 级景区，位于吉林市丰满区南郊，距主城区 15 km。原是日本侵略者 1937 年筑坝拦截松花江水，建设丰满水电站后所形成的一个山间水库。松花湖水域辽阔，湖汊繁多，状如蛟龙，湖形呈狭长形，最宽处 10 km，湖区面积 554 km^2，平均水深 22 m，最深处达 77.5 m，最大蓄水量 108 亿 m^3，松花湖以得天独厚的地理位置，四季分明的气候条件，明媚秀丽的湖光山色吸引了大量国内外游客。

游松花湖最好是夏季，这时乘船上行，凉风习习，暑气全消。越往前，周围群山绿意越浓，环境更加宁静，空气更加新鲜，会使你感到特别舒畅。除了夏季以外，在其他季节游湖也可以欣赏到不同的风光。在冬季，四周群山银装素裹，湖水结冰，面平如镜，在这个时节，可以上山打猎或凿水捕鱼。春季，湖岸山崖，野花竞放，充满生机。秋季，层林尽染，火红的枫树，橘红的橡树，金黄的落叶松，米黄的白桦树，使你视线所及，处处彩色斑斓。在松花湖沿岸的森林面积有 21 亿 m^2，其中有水曲柳、桦等天然林的红松、白松等人工林。山林中盛产人参、五味子等药材，还有山葡萄、榛子、蘑菇等特产。松花湖的渔产也很丰富，有白鱼、鳊花、鲤子、白鲢等，其中白鱼鱼体扁长，肉质鲜美，被誉为松花湖的无上佳品。

图 2-6　松花湖

2. 北大壶滑雪场

吉林北大壶滑雪场有着得天独厚的自然优势。山坡平缓，少陡崖峭壁，主峰海拔 1 408.8 m，海拔高度超过 1 200 m 的山峰有 9 座。冬季平均气温－10.2 ℃，一度年份最初降雪日在 10 月下旬，最终降雪日在 4 月下旬，积雪日达 160 天左右。积雪深充山下约 0.5 m，中间约 1 m，海拔 1 000 m 以上的地段积雪可达 1.5 m 左右。由于整个区域三面环山，冬季风小，有时近似静风，气候较适宜，所以，北大壶滑雪场完全可以满足高山滑雪、越野滑雪、跳台滑雪、自由滑雪、现代两项及雪车、雪橇等雪上项目场地的建设要求，达到国际雪上竞赛场地的水平。

吉林北大壶滑雪场曾成功举办过多项国际国内重大体育赛事，包括国际雪联自由式滑雪世界杯、第六届亚洲冬季运动会、全国第八届、第九届及第十二届全国冬季运动会、全国户外拓展大赛等赛事。

(二)敦　化　市

敦化市隶属于延边朝鲜族自治州，是延边州的“西大门”，位于吉林省东部山区，长白山腹地，地处长吉图开发开放先导区的节点城市之一，是吉林省区域面积最大的县级市，吉林省重要的交通枢纽。敦化市属中温带冷凉气候区，山区气候特点明显，年平均气温 2.9 ℃，年平均降雨量 550～630 mm。敦化素有“千年古都百年县”之称，是唐朝渤海国都城，明清时期称作敖东城，是清朝皇室发祥地。

1. 六顶山渤海墓群

六顶山古墓群坐落于敦化城南 4 km 处的六顶山上，为国家级重点文物保护单位，是古渤海国早期王族和贵族的陵寝，古渤海国时期重要文化遗存之一。墓地共有两个墓区，一百余座墓葬，第一墓区在西侧，以贞惠公主墓为主；第二墓区在东侧，是个很规整的椅子形山坳。从贞惠公主墓中发掘出了珍贵的墓碑一方，雄雌石狮各一尊，鎏金圆帽铜钉等文物。墓碑的文体是唐代流行的骈体文字，字形清奇、笔法流畅、文采绮丽。六顶山古墓群在书法和文辞方面都堪称稀世之珍品，墓中石狮造型雄浑生动，一派唐风，反映了那段时期吸收汉民族文化后灿烂的渤海文明。

2. 六顶山风景区

六顶山风景名胜区位于敦化市区南 5 km 处的牡丹江南岸，是国家 5A 级旅游景区。这里四季分明，春季芳草如烟，夏季繁花似锦，秋季枫红柞黄，冬季玉洁冰清。六顶山山势东西走向，由北向南遥望，可见连绵起伏的六座山顶，景区由此而得名。六顶山属于闻名中外的长白山脉丘陵地带，依山傍水，群峰环绕，南部有国家级文物保护单位——渤海国古墓群，北部有牡丹江环绕而过，东部有东北亚地区最大的佛教尼众寺院——正觉寺。

六顶山风景名胜区是旅游度假、休闲避暑、访古探幽、纵情山水乃至宗教佛事活动的最佳场所。为了保护和弘扬渤海文化，旅游局对此进行了科学的规划，拟建立渤海文化博物馆和满族民俗村及休闲娱乐园，不远的将来，六顶山风景名胜区将更具魅力。

3. 老白山

老白山地处吉林省敦化市黄泥河自然保护区，西北与黑龙江五常市交界，属于长白山脉张广才岭，主峰海拔高度为 1 696 m，是东北第三高峰，山顶积雪时间长，故称老白山。高大的山体、冷湿的气候、茂密的森林、奔腾的溪流和飞流的石瀑构成保护区独具特色的自然景观，其主要特点是植被垂直带显著、生物多样性丰富、森林生态系统完整、湿地类型独特。云海、怪石、偃松、石瀑独具特色，因为海拔较高、地形复杂、山势险峻，所以人迹罕至，保留了大量的原始景观。

老白山神奇秀美，垂直植被景观带明显，具有长白山植被向大兴安岭植被过渡的特点，是我国温带山地植被垂直带谱的又一典型类型。海拔 800 m 以下为阔叶林带；海拔 800～1 050 m 为红松阔叶混交林带；海拔 1 050～1 350 m 为鱼鳞松云杉暗针叶林带；海拔 1 350～1 640 m 为岳桦矮曲林带；海拔 1 640 m 以上为偃松矮林和亚高山草甸带（有多种极地植物，如偃松、牛皮杜鹃、黑果天芦、越橘、高山桧等）。由于山地地形垂直变化的影响，老白山从山脚到山顶，随着高度增加形成了由温带到寒带的 4 个景观带，这种自然多彩的垂直景观带在世界上是罕见的，真是一山有四季，十里不同天。

（三）安 图 县

安图县是延边朝鲜族自治州下辖县，地处吉林省东部，延边朝鲜族自治州的西南部，南部与朝鲜民主主义人民共和国接壤，北处“东北亚旅游圈”的中心地带和“东北亚经济合作圈”的腹地。安图县素有“长白山下第一县”的美誉，是中国矿泉水之乡、吉林省“长白山大型天然矿泉水基地”、吉林省生态建设试点县、中药材良种繁育基地县、全国水利经济先进县、“绿色”中药材出口基地县、国家生态示范区。旅游业是安图的领航产业，县境内的长白山天池、瀑布、温泉群、美人松园、地下森林、药王谷、风蚀浮石林等自然景观星罗棋布；长白山神庙、古塔、古城、清祖降生地等人文景观众若繁星。

1. 长白山自然保护区

长白山因其主峰白头山（2 691 m）多白色浮石与积雪而得名，是东北最高的山地，也是松花江、鸭绿江、图们江的源头。

长白山国家级自然保护区位于吉林省东南部，东南部与朝鲜民主主义人民共和国相毗邻。南北最大长度为 80 km，东西最宽达 42 km，总面积 196 465 hm^2。其中林面积 16 081 hm^2；草地 5 683 hm^2；长白山天池（如图 2-7 所示）水面 402 hm^2；森林覆盖率 87.9%，堪称“五百里茫茫林海”。1980 年被联合国教科文组织纳入“人与生物圈”自然保护区网，属于自然生态系统类别中森林生态系统类型的自然保护区，是集资源保护、科研教学、绿色教育和生态旅游四大功能于一体的综合性自然保护区。

长白山国家级自然保护区区内植物属长白山植物区系，植物资源十分丰富，不仅保留了第

图 2-7　长白山天池

三纪孑遗植物和长白山特有植物种，而且还有亚热带、温带、亚寒带以及极地植物。区内植被类型主要由红松阔叶林、针叶林、岳桦林、草甸植被、高山苔原植被等组成，从下到上依次形成四个植被分布带，具有明显的垂直分布规律。

长白山国家级自然保护区区内野生动物种类繁多，资源丰富，已知有 1 578 种，分属于 52 目 258 科，属国家重点保护的动物有 58 种，其中，国家Ⅰ级保护动物有东北虎、金钱豹、梅花鹿、紫貂、白肩雕和中华秋沙鸭等 10 种；国家Ⅱ级保护动物有棕熊、黑熊、猞猁、马鹿、鹗、苍鹰、雀鹰、花尾榛鸡等 48 种。

[阅读资料 2-2]

长白山天池

长白山天池位于长白山主峰火山锥体的顶部，是松花江、图们江、鸭绿江三江之源，是中朝两国的界湖，是一座火山口，经过漫长的年代积水成湖，是中国最高最大的高山湖泊。长白山天池海拔 2 189.1 m，比新疆维吾尔自治区的天山天池高 209 m。长白山天池略呈椭圆形，南北长 4.4 km，东西宽 3.37 km，水面面积 9.82 km^2，水面周长 13.1 km，平均水深 204 m，最深处达 373 m，总蓄水量 20.4 亿 m^3。长白山天池水温为 0.7～11 ℃，年平均气温 7.3 ℃。

长白瀑布位于长白山天池北侧，乘槎河尽头，乘槎河流到 1 250 m 处便形成落差为 68 m 的瀑布，因系长白山名胜佳景，故名长白瀑布。

2. 雪山湖

雪山湖位于长白山下第一县——安图县两江镇，处于第二松花江的上游，它的源头就是长白山天池。雪山湖是因建两江电站而成，是一个人工湖泊，总库容为 2.1 亿 m^3。

雪山湖两江电站距长白山咫尺之遥，又是松花江上游最大的电站，其湖光山色美不胜收，特别是到了冬季，这里一片银装素裹，晶莹剔透，白雪皑皑，因此得名雪山湖。

雪山湖上最有名的是仰脸山城。仰脸山城是一座进可攻，退可守的古代山城，是古渤海国镇守松花江上的要塞。很久以前，陆路艰险难行，水路是极其便利的通道。长白山地区的人们沿松花江顺流而下，将长白山的奇珍异宝向渤海都城和中原王朝进贡，这条江成了长白山沟通中原的最便捷的朝贡道。而仰脸山城正是松花江源头的第一险隘。它之所以得名仰脸，是因为在山城与江水有七八十米的落差，旁边有一个非常壮观的瀑布，在江心行船的人们观看瀑布需要仰脸看，所以叫仰脸瀑布，这个山城也叫仰脸山城了。

(四)延 吉 市

延吉市是吉林省延边朝鲜族自治州的首府，是全州政治、经济、文化与对外交往的中心，位于吉林省东部、延边州中部、长白山脉北麓。延吉由于地处高纬度地带的山林盆地，呈大陆性气候特点。春季干燥多风，夏季温热多雨，秋季凉爽少雨，冬季漫长寒冷，属中温带半湿润气候区，年平均气温 5.5 ℃。

延吉市是一座具有朝鲜族民族特色的边疆开放城市，素有“歌舞之乡”之称，人人可起舞；延吉是美食、购物者的天堂，美味的狗肉火锅、“金达莱冷面”、炭火自助烧烤、打糕咸菜等美食让人胃口大开，日韩商品、民族物饰让人流连忘返；延吉市还是中国朝鲜族聚居的城市，优美淳厚、色彩斑斓、且源远流长的中国朝鲜族民俗文化和民俗饮食，更是构成一道别样的风景，享誉中外。

1. 帽儿山国家森林公园

帽儿山国家森林公园位于延吉市南 10 km，总面积为 1 100 hm^2，以山、水、林、田、城相依相融为特色。相传神仙的帽子掉落在此，便形成了帽儿山。奇特的山峰，漫山遍野的天然次生林，一年四季风景秀丽。早春：鲜花遍布，万紫千红，百花争艳，气味芳香；盛夏：蜂飞蝶舞，百鸟争鸣，流水飞泻，泉水潺潺；金秋：漫山红叶，朝相辉映，五花山色，景象万千；寒冬：千里冰峰，万里雪飘，山舞银蛇，晶莹剔透。

帽儿山还以登山健身、旅游滑雪、民俗风情、农业观光、漂流五大旅游品牌闻名于世，其中尤以登山健身深得游客喜爱。

2. 城子山山城遗址

城子山山城遗址位于西丰县凉泉镇南 7.5 km 的城子山上，始建于唐初。城子山山城规模宏大，沿山谷周边山脊而建的城墙，为不规则椭圆形。城内现存蓄水池、瞭望台、点将台、马道、黄酒馆、山庙等古遗址数处。城子山山城遗址与城子山风景区将文物古迹与自然风光有机结合在一起，以“奇松、怪石、林海、古迹”四绝而闻名，是人们旅游观光、探索历史、陶冶心性的好去处。

(五)图 们 市

图们市位于吉林省东部，长白山脉东麓，图们江下游，与朝鲜咸境北道稳城郡隔江相望。长白山余脉低山丘陵区南岗山南北方向纵贯全市，地势西北高，东南底。图们市区位于图们江与嘎呀河、布尔哈通河冲击形成的山间盆地之中，四周群山环抱。图们市具有明显的温带大陆性气候的特点，但距日本海较近，因此也受到海洋性气候的影响，年平均气温为 5.9 ℃，是一个以朝鲜族为主的多民族聚居城市。

图们市境内的公路、铁路、航运三线均处在“东北亚金三角”地带，是连接中国东北腹地、朝鲜、俄罗斯远东地区公、铁运输的国际交通枢纽。

1. 图们口岸

图们口岸包括公路口岸和铁路口岸两个部分，是我国对朝鲜的第二大陆路口岸，位于图们江下游左岸，有铁路、公路与朝鲜相连，是吉、黑两省通往朝鲜北部的重要门户，对面是朝鲜南阳国际口岸，距朝鲜清津 17 km，图们铁路口岸 1954 年开通了国际货物联运，我国列车经此口岸可通往朝鲜或经朝鲜铁路换装至俄罗斯，货物联运能力为 25 万 t/年，是延边州过货量较大的口岸之一。

2. 图们口岸国门

图们口岸国门长 22.45 m，宽 5.65 m，高 13.77 m，建于 1988 年。国门两侧刻有以反映中国人民投身于社会主义现代化建设和热爱和平、珍惜友谊为主题思想的浮雕。游人可登上国门眺望朝鲜南阳城市风貌，领略异国自然风光。国门附近有边防宾馆、图们江旅游观光纪念品商店和饮食业等旅游服务设施。国门右侧约 50 m 处，有 1991 年江泽民总书记视察图们时的题词景点。国内外游客，尤其是韩国游客到延边来，国门是必游景点之一。

(六)珲 春 市

珲春市隶属于延边朝鲜族自治州，是一座“水在城中，人在画中”的东北亚明珠城市。位于吉林省东部的图们江下游，是吉林省最东端的城市，是中国唯一地处中俄朝三国交界的边境窗口城市，与俄罗斯、朝鲜山水相连，与韩国、日本隔海相望。因为处于图们江区域国际合作开发的核心地带，也被称为“东北亚的金三角”。

珲春依山面海，气候宜人，植物繁茂，江河纵横，山川锦绣，自然风光秀美独特。珲春拥有朝鲜族文化、满族文化、贸易文化、非遗文化、红色文化等特色文化，以及渤海国八连城、裴优城、萨其城、清代土字牌等古代历史遗迹，出土了上千件历史文物；拥有朝鲜族洞箫音乐、满族剪纸等国家级、省级非物质文化遗产。

1. 防川景区

防川位于中朝和朝俄界河图们江的日本海入海口，人称“东方第一村”，即防川村，是中朝俄交界的鼎足地带。登高远眺，三国风光近在咫尺，是位于长吉图开发开放先导区最东端的景区。在这里，可以体验“鸡鸣闻三国，犬吠惊三疆，花开香四邻，笑语传三邦”的感受，领略欧亚交汇的异域风情。2002 年 5 月，防川风景名胜区经国务院批准列入第四批国家级风景名胜区名单。

防川国家级风景区，蕴藏着丰富的自然旅游资源和人文旅游资源，这里有一眼望三国景点，有金玉生辉、碧水环绕的绿洲沙漠，还有生长着具有一亿三千五百万年历史的图们江红莲等自然景观，也有清代勘立的中俄“土字”牌界碑，日苏张鼓峰战役遗址，防川朝鲜族民俗村等人文景观。

2. 望海阁

望海阁 1993 年建成，三层 14 m 高，建筑面积 650 m^2，矗立于防川哨所东侧。“望海阁”北几百米的地方，为俄罗斯滨海边疆区哈桑镇。西南隔图们江与朝鲜国的豆满江市相望。沿图们江而下约 15 km，即进入日本海。如果在晴朗的天气，海上的舰船都清晰可见。

任务训练

一、场景设计

(一)实训目的

熟知朝鲜族的民俗风情及旅游资源。

(二)实训内容

1. 搜集朝鲜族民俗风情及相关景区信息，分析旅游资源特色。

2. 设计“朝鲜族风情游”主题线路。

二、训练步骤

(一)实训前准备

熟知课堂讲授的内容，并课下查询相关资料。组内合理分工，充分发挥每一位组员的兴趣特长，从信息搜索、材料整理、文案制作、美工排版、讲解汇报等多方面开展训练任务。

(二)实　　训

1. 学生上交“朝鲜族风情游”主题线路设计方案。
2. 分组汇报交流主题游线路设计方案。
3. 教师总结并评分、评价。

效果评价

“朝鲜族风情游”线路设计训练评分表

姓　　名		地　点		时　间	
实训项目	实训考查要点	分　值	小组评分	教师评分	最终得分
“朝鲜族风情游”线路设计训练	1. 信息收集途径丰富、方法科学				
	2. 文案制作精良、图文并茂				
	3. 组员汇报语言表达熟练、清晰，文辞优美				
	4. 线路设计突出科学性、合理性、市场适宜性				
	5. 线路主题突出，景点景区选择符合线路主题				
	6. 团队分工明确，合作有序				
合　　计		100			

注：该表可根据实际设计的训练项目进行测评。

典型工作任务四　沈大高铁沿线旅游

任务引入

“赶海高铁”来了！

沈阳局集团公司从7月6日起，陆续在辽、吉、内蒙古地区的内陆城市与辽宁海滨城市间开行“赶海高铁”，以满足旅客暑期出行需要。

据介绍，这些新增的“赶海高铁”都以黄渤海沿线的大连、丹东、鲅鱼圈、庄河等重点旅游城市作为开行方向。通过精心的时刻安排,沈阳、长春、吉林、朝阳、赤峰等内陆城市的旅客,可以在早上六、七点出发,九、十点基本就能到达想去的海滨目的地。如果游玩后,想在当日返回,可在晚上六点左右从大连、鲅鱼圈、庄河等车站,乘坐分别开向沈阳、朝阳、吉林、通辽等地区的返程高铁。

(来源:大连晚报,2020-07-11)

请思考:

"赶海高铁"的开行会对2020年的旅游市场产生哪些影响?

知识准备

一、沈大高铁线概况

沈大高速铁路是哈大高速铁路沈大段,线路全长366 km,经过辽宁省沈阳市、辽阳市、鞍山市、营口市、大连市5个市级行政区,沿线设沈阳站、沈阳南站、辽阳站、鞍山西站、海城西站、营口东站、盖州西站、鲅鱼圈站、瓦房店西站、普湾站、大连北站共11个车站。与其对接线路有京哈高速铁路、沈丹高速铁路、沈佳高速铁路、盘营高速铁路、丹大快速铁路、沈大铁路、沈山铁路、京哈铁路、沈吉铁路等。

沈大高铁沿线历史文化名城、国家级风景名胜区和著名旅游景点主要包括:沈阳,沈阳植物园、千山风景区、大连金石滩景区、大连老虎滩海洋公园,沈阳怪坡、大连旅顺口风景区、赤山风景区、营口北海国家级海洋公园等。

二、沿线旅游名城

(一)鞍 山 市

鞍山,简称鞍,辽宁省省辖市,是辽宁省第三大城市,中国重要的钢铁工业基地,辽中南地区重要的中心城市。鞍山地处环渤海经济区腹地,是辽宁中部城市群与辽东半岛开放区的重要连接带。因盛产岫玉,故而又有"中国玉都"之称。

鞍山市地处中纬度的松辽平原的东南部边缘,属于温带季风性气候区。在鞍山生活有32个民族,是一个多民族聚居的城市。

1. 千山风景区

千山(如图2-10所示),古称积翠山,又名千华山、千顶山、千朵莲花山,距鞍山市东南17 km,总面积125 km^2。是国家5A级旅游景区,首批国家重点风景名胜区、全国文明风景旅游区示范点。

千山以峰秀、石峭、谷幽、庙古、佛高、松奇、花盛而著称,具有厚重的历史宗教文化和神奇瑰丽的自然风光,古往今来一直是吸引游人的最美的佛教圣山,有"释道同源、皇家仙山"之美誉。"峰海松涛郁葱蓉,灵秀神州百岳钟。"千山风光钟灵毓秀,旖旎多姿,奇峰、怪石、苍松和梨花是千山四大自然景观。千山的群峰突兀争奇,深幽秀丽,总而观之似一湖莲花,每座山峰又独具造型,著名的有仙人台、五佛顶、狮子、弥勒、净瓶、金刚等109座。

2. 汤岗子温泉

汤岗子温泉位于鞍山以南7.5 km。是中国四大的温泉康复中心之一,占地面积45万 m^2。

图 2-10　千山

温泉泉水无色无味，清澈透明，温度达 72 ℃，并含有钾、镁、氢、钠等 30 余种微量元素，还有一处长 110 m，宽约 100 m，全国最大的天然热矿泥区，矿泥为花岗石经过漫长的水文地质条件作用下的风化产物，受其下部 72 ℃温泉水的浸泡、滋养而获得，不受气温影响。用温泉水和热矿泥配合按摩、针灸、蜡疗及光电疗法，对风湿性关节炎、皮肤有较好的疗效，已成为康复和旅游的胜地。

（二）营 口 市

营口地处辽东半岛中枢，渤海东岸，大辽河入海口处，是中国东北近代史上第一个对外开埠的口岸，是中国民族金融业的起兴之地，是东北亚重要的出海通道，是“一带一路”倡议重要的交通节点之一，国际海铁联运大通道的重要枢纽和国际物流中心。

境内有哈大高铁、盘营高铁，设有营口东站、盖州西站、鲅鱼圈站。还建有营口港国际客运站，有通往韩国仁川港的国际客货班轮。营口兰旗机场已开通营口至上海（浦东）、西安、北京（南苑）、深圳、长沙、成都、海口、石家庄、哈尔滨、烟台、潍坊、济宁等城市的航班。

营口是中国优秀旅游城市，南部地区地热资源丰富，在熊岳、盖州双台镇分布很多温泉，最大的有熊岳温泉和双台温泉。营口市海滨风光带位于辽东半岛中部，东部为千山余脉，西部为渤海辽东湾，依山傍海，风光旖旎。

1. 赤山风景区

赤山风景区是国家 4A 级风景区，位于营口东南部中心万福镇东 7 km，距营口市区 75 km。景区占地 20 多平方千米，早在唐初就是辽东名山之一，清代时是辽南道教名山。赤山以峰奇、洞异、泉清、石怪、寺古而著名。有三清峰、五洞峰、旋门峰、天桥峰、天池峰，五座三峰，其中三清峰最高，海拔 891.1 m。景区内还有仙人洞、穿心洞、背阴洞、朝阳洞、月亮洞等岩洞，还有大连亭、珍珠亭、夹槽亭、旋门亭及三叠瀑、戏珠瀑、小心坡瀑布等景点。

2. 营口北海国家级海洋公园

营口北海国家级海洋公园位于北海新区，总占地面积 208 万 m^2，为国家 4A 级景区，经国家海洋局批准建立的国家级海洋类型特别保护区。主要包括历史文化长廊、红海滩、盆景园、九龙泉、北海禅寺、沙滩浴场、沙滩运动场、海蚀地貌景观、亚特兰蒂斯海上乐园和商业区、海滨酒店区等“一带、七区、二十九景”。

（三）大 连 市

大连是辽宁省下辖地级市，是中央确定的计划单列市、副省级市，是中国首批沿海开放城市，拥有国务院批准设立的第一个国家级经济技术开发区。大连是中国重要的水果和水产品生产基地，还是国家重要的工业基地，第一艘航空母舰、第一艘万吨轮船、第一辆大功率内燃机车、第一台海上钻井平台都在这里诞生。

大连市地处辽东半岛南端，东濒黄海，西临渤海，南与山东半岛隔海相望，北倚辽阔的东北平原，整个地形为北高南低、北宽南窄。大连市属于少数民族散居地区，55 个少数民族齐全，人口较多的少数民族有满族、蒙古族、朝鲜族、回族、锡伯族等。

大连市的火车站有大连站、大连北站、金州站、普兰店站、普湾站、瓦房店站、瓦房店西站、庄河北站，境内有哈大高铁、沈大铁路、丹大快铁等铁路线。

大连以蓝天、碧海、白沙、黑礁为旅游特色，构成了优雅明丽的海滨风光。一条海滨公路绵延贯通几十个游览景点，著名的有棒棰岛、老虎滩海洋公园、金石滩、星海公园、圣亚海洋世界、付家庄海滨等。

1. 老虎滩海洋公园

大连老虎滩海洋公园（如图 2-10 所示）坐落于国家级风景名胜区——大连南部海滨的中部，是中国最大的一座现代化海滨游乐场，所占地面积达到 118 万 m^2，有着 4 000 余米的曲折海岸线。大连老虎滩海洋公园是展示海洋文化，突出滨城特色，集观光、娱乐、科普、购物、文化于一体的现代化海洋主题公园。2007 年 5 月 8 日，大连老虎滩海洋公园经国家旅游局正式批准为国家 5A 级旅游景区。

图 2-10　大连老虎滩海洋公园

珊瑚馆是亚洲最大展示珊瑚礁生物群为主的海洋生物馆，展示了珊瑚礁生物群 200 余种、3 000 多个。位于虎滩湾的鸟语林占地 1.8 万 m^2，是中国最大的一处半自然状态的人工鸟笼，居住在这里的有孔雀、丹顶鹤、白天鹅等 80 多种鸟类、2 000 余只珍禽。极地馆主体三层、局部四层。360°的水中通道和水中观景大厅，可以观赏到北极环境中的白鲸、海象、北海狮、海狗、海獭、北极熊、潜水鸟、企鹅等珍稀动物，是展示极地动物最全的场所，已被列入吉尼斯世界纪录大全。

2. 金石滩国家旅游度假区

金石滩（如图 2-11 所示）度假区位于辽东半岛黄海之滨，距大连市中心 50 km，是国家 5A 级风景名胜区。全区主要由东部半岛、西部半岛和两个半岛之间的开阔腹地和海水浴场组成。陆地面积 62 km^2，海域面积 58 km^2，海岸线长 30 km。

金石滩三面环海，呈元宝状。沿海岸公路前行，可以欣赏 6.5 km 的海上奇石景区，如图 2-11 所示。这里浓缩了距今 3 亿～6 亿年的地质奇观，形成了被称为“东方神力雕塑”的海蚀岸、海蚀洞、海蚀柱等奇观，含玫瑰园、龙宫、南秀院、鳌滩四大景区，大鹏展翅、恐龙吞海等百余处景点，气势恢宏，栩栩如生，专家们称之为“凝固了的动物世界”，其中的龟裂石闻名中外，是6亿年前的震旦纪形成的沉积环境地质标本，亦是目前世界上发现的块体最大、断面结构最清晰的天下奇石。

图2-11　金石滩

金石滩还有金石世界名人蜡像馆、赏石馆、金石缘公园、万福鼎公园、中华武馆、金石发现王国主题公园、毛泽东像章陈列馆、模特影视艺术中心、金石狩猎俱乐部、金石马术基地、金石国际会议中心、金石高尔夫俱乐部、金湾高尔夫球场等项目。金石滩现已成为人们避暑消夏的首选之地。

3. 旅顺口风景区

旅顺口是我国历史上的海上门户，地形雄险壮阔，文物古迹众多，景区内有重点文物保护单位47处，其中有中国近代史上记载中日甲午战争和日俄战争以及日本侵华战争的各种工事、堡垒等战争遗迹多处，是进行爱国主义教育的课堂。

旅顺口风景名胜区位于辽宁省辽东半岛南端，东临黄海，西濒渤海，包括大连海滨与旅顺口两个景区，由海滨45 km公路联成一体，陆域岛屿面积105 km^2。

旅顺口外礁岛棋布，口内峰峦叠翠，自然风光绮丽。长海县海洋珍贵生物自然保护区和蛇岛、老铁山国家自然保护区，都是知识宝库。蛇岛距旅顺区20多海里，岛上盘踞五六万条蝮蛇，以候鸟为食。老铁山青山碧海，可观日出。在那陡崖上的洞穴里，栖息着成千上万的候鸟，被称为候鸟歇脚站。

任务训练

一、场景设计

（一）实训目的

熟知大连市的旅游资源。

（二）实训内容

1. 搜集大连的城市旅游资源信息，分析现有线路的特色。
2. 设计“最美大连游”主题线路。

二、训练步骤

（一）实训前准备

熟悉课堂学习的内容，课下搜集相关资料。组内合理分工，充分发挥每一位组员的兴趣特长，从信息搜索、材料整理、文案制作、美工排版、讲解汇报等多方面开展训练任务。

（二）实　训

1. 学生上交“最美大连游”主题线路设计方案。

2. 分组汇报交流主题游线路设计方案。

3. 教师总结并评分、评价。

效果评价

“最美大连游”线路设计训练评分表

姓　名		地　点		时　间	
实训项目	实训考查要点	分　值	小组评分	教师评分	最终得分
“最美大连游”线路设计训练	1. 信息收集途径丰富、方法科学				
	2. 文案制作精良、图文并茂				
	3. 组员汇报语言表达熟练、清晰，文辞优美				
	4. 线路设计突出科学性、合理性、市场适宜性				
	5. 线路主题突出，景点景区选择符合线路主题				
	6. 团队分工明确，合作有序				
合　计		100			

注：该表可根据实际设计的训练项目进行测评。

东北旅游区其他旅游名胜地

复习思考题

1. 东北地区有哪些独具特色的优势旅游资源？

2. 请简要介绍东北黑土文化，并说明其特点。

3. 简要介绍以下景区：镜泊湖、亚布力滑雪场、伪满皇宫、古渤海国遗址、长白山、松花湖、六顶山风景区、鸭绿江风景区等。

4. 从大连出发，为游客设计一条合理的旅游路线，游览下列旅游地：千山、沈阳故宫、大连海滨、鸭绿江、松花江、长白山风景区。

5. 简述大连海滨的位置及主要景观。

6. 简单介绍高句丽的历史及现存的相关旅游资源。

项目三 华北旅游区

学习目标

1. 知识目标
- 了解华北大区的基本地理面貌
- 熟悉华北大区主要铁路干线
- 掌握华北旅游区的主要旅游资源

2. 能力目标
- 能设计华北旅游区的旅游线路
- 能讲解华北旅游区的主要景区
- 能预测华北旅游区的旅游发展趋势

3. 素质目标
- 具有洞悉区域旅游特色的能力
- 具有延展区域旅游特色线路的能力

热点引入

文旅部：2019 年春节旅游收入 5 139 亿元，同比增长 8.2%

中新网 2 月 10 日电据文化和旅游部网站消息，经中国旅游研究院（文化和旅游部数据中心）综合测算，2019 年春节假期，全国旅游接待总人数 4.15 亿人次，同比增长 7.6%；实现旅游收入 5 139 亿元，同比增长 8.2%，文化和旅游市场繁荣有序。

传统民俗和民间文化吸引力凸显。旅游过年已成新民俗，家庭游、敬老游、亲子游、文化休闲游成为节日期间主流的旅游休闲方式。春节期间，各地组织了丰富多彩的文旅惠民活动，营造春节气氛。北京、山西、内蒙古等 12 个省（区、市）开展“非遗过大年、文化进万家”系列文化活动，安徽举办彩灯大会、舞龙舞狮、抖空竹等民俗体验活动，广东的广府庙会、迎春花市、醒狮贺岁、客家山歌、采茶戏等非遗项目让游客流连忘返。

“博物馆里过大年”受到了广大游客和市民的广泛欢迎。据中国旅游研究院（文化和旅游部数据中心）调查，春节期间参观博物馆、美术馆、图书馆和科技馆、历史文化街区的游客比例分别达 40.5%、44.2%、40.6%和 18.4%，观看各类文化演出的游客达到 34.8%。

（来源：中国经济网，2019-02-11）

请思考：

1. 近几年大众的旅游趋势有哪些变化？

2. 华北地区在"文化之旅"有什么优势?

华北地区，一般指秦岭-淮河线以北，长城以南的中国的广大区域，北与东北地区、蒙古国相接，西与陕西相邻，南连河南、山东省，包括北京市、天津市、河北省、山西省和内蒙古自治区。全区面积可达 155.68 万 km^2。华北地区跨地势的第二、第三阶梯，东部濒临渤海，主要包括华北平原、冀北山地、黄土高原、内蒙古高原等主要地貌，地貌形态齐全而复杂，自然景观独特多样。

华北地区河流众多，主要有黄河、海河、淮河、汾河等。奔腾的黄河切穿吕梁山脉，形成壮观的黄河峡谷景观，壶口瀑布气势磅礴，就是最突出的代表。东部的渤海海滨冬无严寒，夏无酷暑，是夏季消夏的理想之地。

华北地区主要为温带季风气候，四季分明，光照充足；夏季高温多雨，冬季寒冷干燥，春秋季较短。年平均气温在 8～13 ℃左右，年降水量在 400～1 000 mm 左右。但华北平原的热量和雨水明显多于黄土高原，内蒙古自治区降水量少于 400 mm，为半干旱区域。

华北地区人口密集，且民族众多，有 56 个民族在这居住生活，蒙古族自治区人数较多的民族有蒙古族、满族、朝鲜族、苗族等。

华北地区是中华文明的起源地之一，是华夏祖先最早繁衍生息的地区之一，现发现的古人类遗址以旧石器时代、新石器时代及夏、商、周等朝代的为多。五千年灿烂的文化源远流长，具有丰富的历史名胜和文物古迹，旅游资源丰富多彩。

华北地区城市繁荣，经济发达，物产富饶，各种资源、能源丰富，也是我国农业开发最早的地区，工农业生产历史悠久。发达的经济为华北地区旅游业的发展提供了坚实的基础。

华北地区有众多驰名的土特产品和手工艺品，有北京的景泰蓝、牙雕、玉雕、蜜饯果铺，天津的泥人，杨柳青年画，河北省的鸭梨、小枣，山西的汾酒、陈醋，内蒙古的马奶酒、牛肉干、奶酪等。

华北地区的交通是全国交通的中心枢纽，形成了以北京市为中心的全国陆空交通网络，公路、铁路交织成网，国际国内航线众多，各种交通通往全国各个城市和旅游区，也将本区的旅游资源推向了全国及世界。

截至 2019 年 12 月，华北地区共拥有 15 座国家历史文化名城、55 个国家级自然保护区和 34 家 5A 景区。

典型工作任务一　京津城际沿线旅游

任务引入

五一小长假天津站预计发送旅客 49.8 万人热门旅游线路车票基本售罄

为应对中短途客流出行需求，4 月 30 日至 5 月 5 日期间，京津城际实行 126 对满图运行图；4 月 29 日至 5 月 5 日期间，津蓟市郊列车按周末图 8 对列车满图开行，其中，天津站始发 2 对，天津北站始发 7 对，最大限度满足区域内人民群众假期到市郊周边景区景点休闲旅游、踏青郊游出行需求。

今年以来，天津站在南、北进站口共计增设了 41 台"自助实名制核验闸机"，旅客可凭有效的二代身份证原件通过三个步骤进行实名制查验，便可快速进站，三个步骤即"放证、抬头、通过”。“放证”就是将随身携带的二代身份证原件放在机器上；“抬头”就是将所戴的帽子眼镜等摘掉，抬头面对镜头进行票证人核对；“通过”就是闸机门打开后，迅速通过。

（信息来源：央广网，2019-4-19）

请思考：

天津站为支持民众的出行做了哪些贡献？

知识准备

一、京津城际铁路线概况

京津城际铁路是一条连接北京市与天津市的城际铁路，是中国《中长期铁路网规划》中环渤海地区城际轨道交通网的重要组成部分，是中国大陆第一条高标准、设计时速为 350 km 的高速铁路，也是《中长期铁路网规划》中的第一个开通运营的城际客运系统。

京津城际铁路于 2005 年 7 月 4 日正式动工；于 2008 年 8 月 1 日正式开通运营。京津城际铁路由北京南站经天津站至滨海站，全长约 166 km。截至 2018 年 7 月 1 日，京津城际铁路累计运送旅客 2.5 亿人次。2019 年 12 月 10 日起，京津城际铁路及延长线共涉及北京南、天津、天津西、武清、塘沽、滨海、军粮城北 7 个车站试点实施电子客票业务。

京津城际铁路拉近了北京、天津两个特大型城市的距离，放大了各类生产要素、资源配置的空间，对两大城市经济社会发展产生了重要影响，也深刻改变了两地人民的工作和生活观念，方便了百姓的出行。同时，作为中国首条设计时速 350 km 的高速铁路，京津城际铁路不仅培养出一批中国高速铁路发展和建设的探路人、先行者，还为中国高铁领跑世界提供了技术积累和宝贵经验；再者，京津城际铁路以运行安全平稳、乘坐舒适快捷、消耗节能环保等优势，推动了交通运输方式的巨大变革。

京津城际沿线的历史文化名城、国家级风景名胜区和著名旅游景点主要包括：北京市和天津市；故宫博物院、天坛公园、颐和园、奥林匹克公园、恭王府景区、明十三陵景区、八达岭—慕田峪长城旅游区、盘山风景名胜区、古文化街旅游区等；鸟巢—水立方、北海公园、香山、大沽口炮台遗址、独乐寺，海河风景区等。

二、沿线旅游名城

（一）北　京

北京，简称“京”，是我们伟大祖国的首都，四大直辖市之一。西部、北部和东北部三面环山，东南部是一片缓缓向渤海倾斜的平原。境内流经的主要河流有永定河、潮白河、北运河、拒马河等，多由西北部山地发源，穿过崇山峻岭，向东南蜿蜒流经平原地区，最后分别汇入渤海。北京的气候为典型的暖温带半湿润大陆性季风气候，夏季高温多雨，冬季寒冷干燥，春、秋短促。

北京是举世闻名的历史文化名城，我国七大古都之一，古称蓟。蓟城是北京最早的雏形，春秋战国时为燕国都城，故有“燕京”之称。公元 10 世纪初，成为辽的陪都、金的都城，称中都，后扩建为元大都。明时迁都于此，始称北京；清入关后一直以此为都。1928 年改名北平，1949 年 10 月 1 日中华人民共和国成立，定为首都，从此更名为北京。

北京古都按《周礼·考工记》中“前朝后市，左祖右社”的帝都营建原则建造，中轴线起于永定门，止于钟楼。中轴线的前部(即南部)为宫廷，“前朝以取义”，借以突出帝王之尊。中轴线的后部(即北部)为集市贸易区，“后市以取利”，表示商业兴旺，百姓安康。在宫廷的东侧建祖庙，以祭祀皇帝的列祖列宗，祖庙即太庙，现为劳动人民文化宫。在宫廷的西侧建社稷坛，以祭祀社神(土地神)和稷神(五谷神)，现为北京中山公园。

北京是中国铁路网的中心之一，拥有北京站、北京西站、北京南站、北京丰台站、北京北站等多个火车站。北京首都国际机场是全球规模最大的机场之一，距北京市中心 20 km。2018 年 3 月，全球最繁忙机场排行 TOP50 发布，北京首都机场 2017 年的旅客吞吐量 9 579 万人次，位居 TOP50 排行榜第二位。北京大兴国际机场，位于北京市大兴区和河北省廊坊市交界处，北距天安门 46 km，南距雄安新区 55 km，为 4F 级国际机场、大型国际枢纽机场、国家发展新动力源，于 2014 年 12 月 26 日开工建设，2018 年 9 月 14 日定名“北京大兴国际机场”，2019 年 9 月 25 日，北京大兴国际机场正式通航。

北京地铁始建于 1965 年 7 月 1 日，1969 年 10 月 1 日第一条地铁线路建成通车，使北京成为中国第一个拥有地铁的城市。截至 2019 年末，轨道交通运营线路 23 条。

历经千年的北京，有着光辉灿烂的物质文明和精神文明，其古迹之多、园林之美、山水之胜举世闻名。现在北京对外开放的旅游景点有 200 多处，其中国家级重点文物保护单位 40 多处。古代宫殿建筑群、皇家园林、坛庙寺观、帝王陵墓、古塔石刻、名人故居以及宏伟的古今建筑和各类博物馆等种类繁多，北京四合院、胡同、美味佳肴也独具魅力。

北京是世界第八大“美食之城”，居内地之首。北京的风味小吃历史悠久、品种繁多、用料讲究、制作精细，堪称有口皆碑。京味小吃的代表有豆汁儿、豆面酥糖、酸梅汤、茶汤、小窝头、茯苓夹饼、果脯蜜饯、冰糖葫芦、艾窝窝、豌豆黄、驴打滚、灌肠、爆肚、炒肝等。

1. 天安门广场

天安门(如图 3-1 所示)始建于明永乐十五年(1417 年)，原名“承天门”，取“承天启运”“受命于天”之意。清顺治八年(1651 年)，改建为“天安门”，取“安邦治民”之意。天安门原为明清皇城正门，城楼金碧辉煌，总高 33.7 m，城门三阙，重楼九楹，东西九间，南北五间，象征皇权的“九五之尊”。明清 500 年间，这里是新帝登基、皇后册封、颁诏天下的地方，也是皇帝金殿传胪、招贤取士的场所。

图 3-1　天安门

天安门广场位于北京城区中心，南北长 880 m，东西宽 500 m，总面积 44 万 m^2，可容纳 100 万人举行盛大集会，是当今世界最大的城市中心广场。广场中央耸立着人民英雄纪念碑和毛主席纪念堂，东边的中国革命博物馆、中国历史博物馆与西侧的人民大会堂遥遥相对。

在天安门广场，曾爆发过“五四运动”“一二·九运动”等重大事件。1949 年 10 月 1 日，举世瞩目的中华人民共和国开国大典在此隆重举行，天安门成了伟大祖国的象征。1987 年 11 月正式对外开放。

2. 故宫

北京故宫是明清两代的皇宫，是世界上规模最大、保存最完好的皇家宫殿建筑群。建于明永乐四年至十八年(1406—1420 年)，原称紫禁城，先后有 24 个皇帝相继在此登基执政，其中明朝 14 位、清朝 10 位。

故宫建于北京城的中央，前临金水河，后倚景山，东近王府井街市，西临中南海。坐北朝南，占地 72 万多平方米，建筑面积 15.5 万 m^2，为一个长方形城池，南北长 961 m，东西宽 753 m，城墙周长 3 428 m，高 10 m，四角各有一座 9 梁 18 柱的角楼，墙外环以 52 m 宽的筒子河，形成一个壁垒森严的城堡。现存建筑 980 余座，有房屋 8 700 余间。依“前朝后寝”的古制，分为前朝和内廷两部分。

前朝建筑高大森严，显示着皇权的至高无上。以太和殿、中和殿、保和殿三大殿为中心，两侧辅以武英殿和文华殿，是皇帝举行大典、接见群臣和行使权力的主要场所。太和殿俗称“金銮殿”，坐落在紫禁城对角线的中心，是皇帝举行大典、宣读即位诏书、册立皇后、命将出征的地方。大殿面阔 11 间，进深 5 间，重檐庑殿顶，耸立在三层汉白玉台基上。大殿通高 35 m，面积达 2 377 m^2，是我国最大的木结构宫殿建筑。乾清门是前朝和内廷的分界线。内廷以乾清宫、交泰殿、坤宁宫三大宫为中心，两侧有东西六宫，这是皇帝处理日常政务和后妃皇子居住游玩及奉神的地方。乾清宫是清康熙前皇帝居住和处理政务之处。御花园是帝后嫔妃的游玩赏花之处。

故宫建筑群金碧辉煌，庄严绚丽，与法国的凡尔赛宫、英国的白金汉宫、美国的白宫、俄罗斯的克里姆林宫并称为世界五大宫。故宫博物院内收藏有大量古代艺术珍品，为国内收藏文物最丰富的博物馆，也是世界著名的古代文化艺术博物馆。1987 年，被联合国教科文组织列入《世界遗产名录》。

3. 天坛

天坛(如图 3-2 所示)是明清两代皇帝祭天祈谷的地方，位于正阳门南，始建于明永乐十八年(1420 年)，是我国现存规模最大、建筑艺术最精美的一处庙坛建筑群，以严谨的建筑布局、巧妙的建筑构造和瑰丽的建筑装饰而著称于世。

天坛主要建筑有祈年殿、皇穹宇和圜丘坛，中轴由丹陛桥相连。祈年殿是祈祷五谷丰登的地方，按“敬天礼神”的规格建造，是一座三重攒尖顶的圆形木结构大殿。皇穹宇是供奉皇天上帝和祖宗牌位的地方。圜丘坛是举行祭天大典的地方。天坛有著名的回音壁、三音石等建筑，享有“人间私语，天若闻雷”之誉，给古老的天坛蒙上了神奇的色彩。

天坛从选址、规划、建筑的设计以及祭祀礼仪和祭祀乐舞，无不依据中国古代《周易》阴阳、五行等学说，主体建筑以圆形、蓝色为基调，成功地把古人对“天”的认识、“天人关系”以及对上苍的愿望表现得淋漓尽致。天坛不仅在中国建筑史上占有重要位置，也是世界建筑艺术的珍

图 3-2　天坛

贵遗产。天坛于 1998 年被联合国教科文组织列入《世界遗产名录》。

4. 颐和园

颐和园位于北京西北郊，原为元、明皇室的行宫花园，是我国现存最完整、规模最大的皇家园林。原称清漪园，光绪十四年(1888 年)，慈禧动用海军经费 3 000 万两白银，对清漪园进行复建，取"颐养冲和"之意，改名颐和园。

颐和园规模宏大，昆明湖约占全园的四分之三。园内建筑以佛香阁为中心，共有亭、台、楼、阁、廊等建筑 3 000 多间，划分为政治活动区、生活居住区和风景游览区三部分。园中精华集中在万寿山和昆明湖。万寿山上的佛香阁是颐和园的标志建筑，高 41 m，内供接引佛，当年朔望之时，慈禧便在此烧香礼佛。万寿山前，昆明湖畔，有长达 728 m、共 273 间的彩画长廊，这是我国古典园林中最长的游廊。廊内雕梁画栋，每根枋梁上都有精美绘画，共 14 000 多幅，素有"画廊"的美称。

万寿山东麓的谐趣园，仿无锡惠山寄畅园而建，碧水莲叶，具有浓重的江南园林特色，被誉为"园中之园"。德和园是专供慈禧看戏的地方，高 21 m，是清代三大戏台(故宫的畅音阁和避暑山庄的清音阁)中最大的一个。

颐和园是清朝北京三山五园中唯一保存完整的皇家园林。1998 年，被联合国教科文组织正式列入《世界遗产名录》。

5. 北海公园

北海公园，位于北京市中心区，城内景山西侧，在故宫的西北面，与中海、南海合称三海。属于中国古代皇家园林。全园以北海为中心，面积约 69 hm^2(其中水面 39 hm^2)。这里原是辽、金、元建离宫，明、清辟为帝王御苑，是中国现存最古老、最完整、最具综合性和代表性的皇家园林之一，1925 年开放为公园，是中国保留下来的最悠久最完整的皇家园林，为全国重点文物保护单位，是国家 4A 级旅游景区。

北海的名胜古迹众多，著名的有琼华岛、永安寺、白塔、阅古楼、画舫斋、五龙亭、九龙壁等。全园以神话中"一池三山"(太液池、蓬莱、方丈、瀛洲)的构思布局，形式独特，富有浓厚的幻想意境色彩。白塔位于琼华岛之巅，是北海公园最突出的建筑，高 35.9 m，为一座喇嘛塔，这是北海公园的标志性建筑。

北岸精美的九龙壁，原是大圆镜智宝殿前的影壁，建于乾隆二十一年(1756 年)，壁高 5.96 m，厚 1.60 m，长 25.52 m。壁的两面用七色琉璃砖瓦镶砌而成。两面各有九条彩色大蟠龙，飞腾戏珠于波涛云际之中。壁上共有大小蟠龙 635 条。中国现存三座古代九龙壁，唯独这座是双面壁，由 424 块七色琉璃砖拼砌而成。阅古楼壁间嵌有《三希堂法帖》石刻，堪称墨宝，为清乾隆年间原物，共 495 方，是我国现存最完整的古代书法集成石刻。所谓“三希”是指乾隆时期收藏于此的三大晋朝书法家的手迹，即王羲之的《快雪时晴帖》、王献之的《中秋帖》、王珣的《伯远帖》。

北海公园继承了中国历代的造园艺术，既有北方园林的宏阔气势，又有江南园林的婉约风韵，兼有帝王宫苑的富丽堂皇及宗教寺院的庄严肃穆，湖光山色浑然一体，是中国园林艺术的瑰宝。

6. 八达岭长城

八达岭长城位于北京市延庆区军都山关沟古道北口，建于明朝弘治十八年(1505 年)，修建时间长达 80 余年，共 650 多千米，是中国古代伟大的防御工程万里长城的重要组成部分，是明长城的一个隘口。八达岭长城为居庸关的重要前哨，古称“居庸之险不在关而在八达岭”。明长城的八达岭段被称作“玉关天堑”，为明代居庸关八景之一。

八达岭长城是明长城向游人开放最早的地段，八达岭景区以八达岭长城为主，兴建了八达岭饭店和由江泽民主席亲笔题名的中国长城博物馆等功能齐全的现代化旅游服务设施。八达岭景区是全国文明风景旅游区示范点，以其宏伟的景观、完善的设施和深厚的文化历史内涵而著称于世，是举世闻名的旅游胜地。

7. 明十三陵

明十三陵位于北京市昌平区天寿山麓，建于 1409—1644 年，是明成祖朱棣等 13 个明代皇帝的陵墓群，即长陵、献陵、景陵、裕陵、茂陵、泰陵、康陵、永陵、昭陵、定陵、庆陵、德陵和思陵，统称明十三陵，总面积 120 余平方千米，是我国乃至世界现存规模最大、帝后陵寝最多的处皇陵墓葬群。

十三个陵寝各依山面水，其建筑风格、整体布局基本相同，均为前方后圆。建筑最为雄伟的是长陵，结构最为精美的是永陵，规模最小的是思陵。长陵是明成祖朱棣的陵墓，是十陵中修建最早、规模最大、保存较完整的一座陵墓。定陵是明神宗朱翊钧和他的孝端、孝靖两位皇后之陵，其地下宫殿中，发掘出大量珍贵文物，有金凤冠、织锦、百子衣、金壶、玉器等 3 000 多种随葬文物，为绝世珍品。

1961 年，十三陵被公布为全国重点文物保护单位。2003 年 7 月，在联合国教科文组织第 27 届世界遗产大会上，明十三陵作为明清皇家陵寝扩展项目列入《世界遗产名录》。

(二)天　津

天津，简称津，是我国四大直辖市之一，也是国家中心城市、首批沿海开放城市，地理区位优势显著，战略地位十分重要，是连接华北、东北、西北地区的交通枢纽。

天津不仅处于京沪铁路、津山铁路两大传统铁路干线的交汇处，还是京沪高速铁路、京津城际铁路、津秦高速铁路、津保高速铁路等高速铁路的交汇处，是北京通往东北和上海方向的重要铁路枢纽。天津有天津站、天津西站、天津南站、天津北站、滨海西站、滨海站等主要铁路车站。天津是我国北方最大的港口城市，有 30 多条海上航线通往 300 多个国际港口。天津滨海国际机场位于天津市东丽区，是国内干线机场、国际定期航班机场、国家一类航空口岸，主要的航空货运中心之一。

天津地处华北平原东北部，地跨海河两岸，北依燕山，东临渤海，西靠首都北京，是海上通往北京的咽喉要道，自古就是京都门户。明永乐二年(1404年)天津开始筑城设卫，称天津卫，意思是“天子经过的渡口”。境内以冲积平原为主，境内有海河、子牙新河、永定新河、潮白新河等穿流入海。气候为暖温带半湿润大陆性季风气候，四季变化明显。

天津是一座历史文化名城，也是中国北方文化艺术的发祥地之一，素有“戏剧摇篮”“曲艺之乡”的美称，有京剧、评剧、京东大鼓、天津快板等形式。天津的五大民间艺术杨柳青年画、泥人张彩塑、魏记风筝、“刻砖刘”砖雕和天津地毯、挂毯，堪称民间工艺的精粹。天津传统风味食品多种多样，最有名的是“津门三绝”，即狗不理包子、十八街麻花和耳朵眼炸糕。

天津融近代人文景观和山河湖海自然景观为一体，古墓群、古长城、古刹、名人旧址等名胜众多，市内商业街、古文化街等独具特色，水上公园、海河风景线、海滨浴场、盘山等极具旅游价值。

1. 天津古文化街旅游区(津门故里)

古文化街位于天津市南开区东北角东门外，海河西岸，北起老铁桥大街(宫北大街)，南至水阁大街(宫南大街)。南北街口各有牌坊一座，上书“津门故里”和“沽上艺苑”，长687 m，宽5 m，系商业步行街，国家5A级旅游景区。作为津门十景之一，天津古文化街一直坚持“中国味，天津味，文化味，古味”经营特色，以经营文化用品为主。

古文化街内有近百家店堂，是天津老字号店民间手工艺品店的集中地，有地道美食：狗不理包子、耳朵眼炸糕、煎饼果子、老翟药糖、张家水铺、天津麻花等。旅游景点有天后宫、喜马拉雅、大清邮币、泥人张彩塑等。

天后宫俗称娘娘宫，位于天津南开区古文化街中段，坐西朝东，面向海河，建于元泰定三年(1326年)，明清两代多次重修，它是中国三大天后宫之一，也是天津市区最古老的建筑。宫内供奉着天后娘娘，人称妈祖“海神”，相传她是福建莆田人，名为林默，因能预知天气，被奉为海上渔民的保护神。每年农历三月二十三日是天后娘娘的生日，船工们云集于此庆贺。现已辟为天津民俗博物馆，介绍天津的历史变革，陈列着各种民俗风情实物。

2. 盘山

盘山(如图3-3所示)位于天津市蓟州区以西12 km，雄踞北京之东，山势雄伟、峰奇林密，被誉为“京东第一山”。盘山是北京周边为数不多的国务院批准的5A景区之一，该景区始记于汉，兴于唐，极盛于清，是自然山水与名胜古迹并著，佛家文化与皇家文化共融的旅游休闲胜地，历史上众多帝王将相，文人墨客竞游于此，乾隆对盘山可谓情有独钟，自乾隆四年(1739年)始，一生中有28年共32次登临盘山，最多时一年来了三次，并发出了“早知有盘山，何必下江南”的慨叹。直到当上太上皇以后，已87岁高龄时，乾隆还最后一次到盘山。以帝王登临次数之多来算，全国名山中恐怕无出盘山之右者。

三盘暮雨是津门十景之一。盘山的“三盘”——以松取胜的上盘，以石取胜的中盘和以水取胜的下盘，在黄昏暮霭、烟雾朦胧之时皆被云气笼罩，身处山中可见“似晴非晴、不雨是雨”之象。此时“山中云气郁勃弥漫，浩浩如雪海峰峦，出没其中，如烟樯乘风”，盘山的这一景观被文人墨客称为“三盘暮雨”。

图 3-3　盘山

3. 独乐寺

独乐寺在天津市蓟州区内，因安禄山在此起兵叛唐，“思独乐而不与民同乐”，故称“独乐寺”。此寺始建于唐，扩建于辽，距今已逾千年。

山门为辽代建筑，坐北朝南，面阔三间，进深两间，屋顶为四坡五脊，出檐深远曲缓，檐角飞翼，是我国现存最早的庑殿顶山门。正脊两端的鸱吻，是我国古建筑中年代最早的。

主体建筑为观音阁，通高 23 m，用 24 种不同的斗拱连接而成，没用一根铁钉，美观挺拔，抗震力强，历经 28 次大地震，至今仍巍然屹立，这是我国现存的最古老的木结构高层楼阁，内供辽代观音菩萨塑像，高 16 m，面容慈祥，是我国最大的泥塑之一，头部直抵三层楼顶。因其头部共塑有 11 个观音头像，故称为“十一面观音”。

4. 大沽口炮台遗址

天津是北京的海上门户，大沽口是“津门之屏”，明代，大沽口开始设防，炮台初建于明代嘉靖年间，鸦片战争前后更加大规模扩建，咸丰八年(1858 年)，为加强海防，确保京城安全，清朝政府在南、北两岸修筑“威”“镇”“海”“门”“高”5 座大炮台和 20 多座小炮台，防务不断加强。近代随着国外列强对华侵略，大沽地区更成为北方战略要地。1901 年“辛丑条约”签订后，帝国主义列强为确保他们在中国横行，强行拆去了大多数炮台，后来只残留有南岸的“威”字和“海”字炮台以及北岸的“方”炮台。新中国成立后，大沽口炮台遗址被国务院正式确定为全国重点文物保护单位，又以“海门古塞”之誉评为“津门十景”之一，并确定为全国爱国主义教育基地，它是帝国主义侵略中国的铁证，教育后人“勿忘国耻”，牢记“落后挨打，科技兴国”的信条。

5. 海河风景区

海河是天津的象征。海河起于天津市西部的金刚桥，东至大沽口入海，全长 74 km，横贯津闹市区。河面游船穿梭，桥梁风格各异，两岸高楼林立，成为天津市最精华的风景线，如图 3-4 所示。海河将天津市区分成两半，海河沿岸有近 20 km 长的带状公园。园内“文物园林”“广场园林”“中心园林”“文化园林”等逐一延展；自海河南岸的北安桥头到刘庄浮桥依次辟有“青年园”“草花园”“夏花园”“蔷薇园”“秋景园”等各具特色的园中之园。

位于中心广场的草坪面积达 1.8 万 m^2，是天津市中心区最大的绿地，广场对岸的灯光瀑

图 3-4　海河风景

布是全国最大的人工瀑布。赤峰桥下开设了海河水上俱乐部，有多种水上游乐活动，还有“迎赛号”“海河号”等豪华游轮载客观光。两岸有望海楼教堂、古文化街、天后宫、玉皇阁等古迹，以及保留下来的 9 国租界建筑，充满异国情调，更有海河岸边的天津火车站和高耸的饭店、写字楼、居民楼等新型高层建筑，展示天津风采。

任务训练

一、场景设计

(一)实训目的

熟知北京和天津的旅游资源。

(二)实训内容

1. 搜集北京、天津的城市旅游信息，分析现有旅游线路的特色。
2. 设计“北京游”“天津游”主题线路。

二、训练步骤

(一)实训前准备

复习课堂讲授的内容，课下查找相关资料。组内合理分工，充分发挥每一位组员的兴趣特长，从信息搜索、材料整理、文案制作、美工排版、讲解汇报等多方面开展训练任务。

(二)实　训

1. 学生上交“北京游”“天津游”等主题线路设计方案。
2. 分组汇报交流主题游线路设计方案。
3. 教师总结并评分、评价。

效果评价

"北京、天津游"线路设计训练评分表

姓　　名		地　点		时　间	
实训项目	实训考查要点	分　值	小组评分	教师评分	最终得分
"北京、天津游"线路设计训练	1. 信息收集途径丰富、方法科学				
	2. 文案制作精良、图文并茂				
	3. 组员汇报语言表达熟练、清晰,文辞优美				
	4. 线路设计突出科学性、合理性、市场适宜性				
	5. 线路主题突出,景点景区选择符合线路主题				
	6. 团队分工明确,合作有序				
合　　计					

典型工作任务二　石太高铁线沿线旅游

任务引入

中国首条山区高铁线路——石太高铁开通十年送客五千余万人次

2019年4月1日7:21,一列"庆生专列"从北京西站出发,经石家庄站驶向太原南站。这列车次为G601的复兴号高铁列车,满载运营十年记忆,奔驰在十周岁的石太高铁上。

4月1日,石家庄至太原高速铁路运营已满10周年。

2009年4月1日,石太高铁作为全国首条山区高速铁路正式开通运营。当日7:10,由石家庄开往太原方向的首趟时速250 km的CRH5型和谐号动车组,从冀中平原飞驰进入太行山脉,途经鹿泉市、井陉县、盂县、寿阳县、阳曲县,石家庄到太原的运行时间由原来的5 h缩短到1 h。

据介绍,开通运营十年来,石太高铁不仅大大缩短了石家庄与太原间的旅程,更拉近了山西等西部省市与京津冀地区、山东等东部省市的时空距离。石太高铁的开通,也成为推动当地经济转型发展的利器。

"十年来,山西和北京、河北,包括天津等渤海地区的旅游协作发展得到进一步加强,石太高铁也变成了一条文化旅游合作之路。"北京局集团有限公司相关负责人告诉记者,统计数据显示,近两年仅北京、天津两地到山西旅游的人数就占到山西省每年总接待旅游人数的8%左右。

记者了解到,石太高铁开通运营十年来,旅客发送量也在逐年递增,据不完全统计,石太高铁仅北京局集团有限公司管内车站发送旅客累计就达 5 714.38 万人次，开通当年运送旅客仅为 258.08 万人次，2014 年运送旅客达 592.77 万人次，而 2018 年运送人数已达 787.69 万人次，是开通当年的 3 倍多。

（信息来源：央广网，2019-04-01）

请思考：

石太高铁的开行对华北地区的旅游有哪些影响？

知识准备

一、石太高铁线路概况

石太（石家庄—太原）高速铁路，是中国开工最早的高速铁路，是《中长期铁路网规划》的“八纵八横”高速铁路的“一横”——“青银通道”（青岛—太原—银川高速铁路）的重要组成部分，是一条沟通了华东和华北的交通动脉。沿线共设石家庄北站、石家庄西站、获鹿站、井陉北站、阳泉北站、东凌井站、太原东站、太原站八座车站，另设获鹿线路所，设计时速为 250 km，运行时速为 200 km。

石太高铁线沿线历史文化名城、国家级风景名胜区和著名旅游景点主要包括：正定县，太原市；苍岩山风景名胜区、嶂石岩风景名胜区、西柏坡-天桂山风景名胜区；正定古城、荣国府、隆兴寺、赵州桥、驼梁、娘子关、狮脑山、榆次老城、常家庄园、晋祠、双塔寺等等。

二、沿线旅游名城

（一）石 家 庄

石家庄，简称“石”，旧称石门，河北省省会，特大城市，地处河北省中南部，距首都北京 273 km，是京津冀地区重要的中心城市之一。因毛泽东主席在石家庄市平山县西柏坡指挥了三大战役，又被誉为“新中国的摇篮”。

石家庄是中国铁路运输的主要枢纽之一，京广、石太、石德、朔黄四条铁路干线交汇于此。石家庄新客站（又称石家庄站、石家庄新火车站、石家庄南站）于 2012 年 12 月 21 日启用，是中国华北地区乃至北方地区以客货运为主的综合性重要的铁路交通枢纽，衔接京广、石德和石太三条铁路主干线，为中国九个省会巨型车站之一。石家庄正定国际机场是冀中南城市群的中心、首都经济圈的重要一环，是北京首都国际机场的主要分流、备降机场。2017 年 6 月 26 日，石家庄市轨道交通 1 号线、3 号线首开段开通运营，标志着石家庄市迈入“地铁时代”。

石家庄跨华北平原和太行山地两大地貌单元，西部地处太行山中段，面积约占石家庄市总面积的 50%。东部为滹沱河冲积平原，地势东南低西北高，差距大，地貌复杂。石家庄地处中低纬度亚欧大陆东缘，临近太平洋所属渤海海域，属于温带季风气候。干湿期明显，夏冬季长，春秋季短。石家庄特产丰富，有正定牛头宴、赵州雪花梨、金凤扒鸡、藁城宫面、藁城宫灯、行唐大枣等。

1. 西柏坡

西柏坡（如图 3-5 所示）位于石家庄市平山县中部，距离石家庄 80 km，总面积为 16 440 m^2，曾是中共中央所在地，党中央和毛主席在此指挥了震惊中外的辽沈、淮海、平津三大战役，召开了具有伟大历史意义的七届二中全会和全国土地会议，解放了全中国，故有“新中国从这里走来”“新中国的摇篮”的美誉。西柏坡为我国革命圣地之一，是全国重点文物保护单位、国家5A级旅游景区，主要景点有：西柏坡中共中央旧址、西柏坡陈列馆、西柏坡石刻园、五位领导人铜铸像、西柏坡纪念碑、西柏坡湖等。

图 3-5　西柏坡

［阅读资料 3-1］

中共中央为什么选址西柏坡？

对于中央为什么选址西柏坡，目前在党史界已形成基本共识：第一，平山战略位置重要，交通便利，环境优越，能进能退，能守能攻，是理想的战争指挥部；第二，平山物产丰富，可保障机关部队有充足给养，曾被聂荣臻元帅赞为“晋察冀边区的乌克兰”；第三，也是最重要的因素，就是党和群众基础好。对于这一点，党中央和毛主席在延安时就通过报纸和来自晋察冀的同志，通过驻扎在平山的晋察冀边区首脑机关，通过保卫陕甘宁边区的“平山团”，有了初步的了解，平山党组织坚强有力，党员数量多，政治素质高，模范带头作用发挥得好，对敌斗争坚决；平山人民热爱祖国、热爱共产党，热爱子弟兵，勤劳朴实，忠诚可靠，不畏强暴，勇于牺牲，为抗日战争的胜利做出过重大贡献。

抗日战争期间，仅有25万人口的平山县，就有7万人参军，10万人参战。十四年抗战，聂荣臻、彭真率领边区党政军首脑机关，就有三年半的时间在平山战斗生活。这片浸透烈士鲜血的土地，这些可歌可泣的英雄模范，这些忠厚老实的父老乡亲，都给中央留下了深刻的印象。

2. 苍岩山风景名胜区

苍岩山风景名胜区位于河北省石家庄市西南50 km，地处井陉县境内，总面积180 km^2，为中国历史文化名山、国家重点风景名胜区、国家4A级旅游区。

苍岩山不仅自然风光优美，享有“五岳奇秀揽一山，太行群峰唯苍岩”的盛誉，而且又以宗教文化著称，相传早在1 300年前隋炀帝的长女南阳公主就到此出家修行，山峦中至今还有不少古刹名殿留存，因此1988年被国务院公布为第二批国家重点风景名胜区之一。

苍岩山景区的核心是“苍岩三绝”，一绝“桥楼殿”，二绝“白檀树”，三绝“古柏朝圣”，还有著名的苍岩山十六景——岩关锁翠、风泉漱玉、书院午荫、碧涧灵檀、悬登梯云、桥殿飞虹、峭壁嵌珠、绝献回栏、空谷鸟鸣、悬崖奇柏、说法危台、虚阁藏幽、尚书古碣、阴崖石乳、窍开别天、炉峰夕照，景景入胜，步步宜人。

苍岩山庙会历史悠久，距今已有 1 300 多年历史，为每年阴历三月和十月。三月庙会尤为盛大，每逢此节香客云集，热闹非凡。

3. 嶂石岩风景名胜区

嶂石岩，位于石家庄赞皇县境内，距省会石家庄市区约 110 km，是太行山森林公园精华所在。其特色景点为大型天然回音壁，被誉为“天下最大的回音壁”入选吉尼斯世界纪录。景区面积约 120 km^2，站在景区最高点黄庵垴(海拔 1 774 m)可看到两省五县。嶂石岩旅游区的地貌经由国家旅游、地质部门鉴定为“嶂石岩地貌”。以嶂石岩命名的嶂石岩地貌，和丹霞地貌、张家界地貌并称为中国三大旅游砂岩地貌。

嶂石岩景观主要为“丹崖、碧岭、奇峰、幽谷”，大致可概括为“三栈牵九套，四屏藏八景”，九套是指连接三栈的九条山谷，内含石人寨沟、肩膀台沟、西三套、大北掌沟、嶂石岩沟、槐泉峪、大西沟、回音谷、冻凌背峪，四屏是指嶂石岩景区内四处相对独立的分景区，内含九女峰景区、圆通寺景区、纸糊套景区和冻凌背景区。

4. 赵州桥

赵州桥又称安济桥，坐落在河北省赵县的洨河上，横跨在 37 m 多宽的河面上，因桥体全部用石料建成，当地称作“大石桥”，如图 3-6 所示。赵州桥建于隋朝开皇十一年至开皇十九年(公元 591—599 年)之间，由著名匠师李春设计建造，距今已有 1 400 多年的历史，是当今世界上现存最早保存最完整的古代单孔敞肩石拱桥。赵州桥是古代劳动人民智慧的结晶，开创了中国桥梁建造的崭新局面。

图 3-6 赵州桥

赵州桥是中国第一石拱桥，在漫长的岁月中，虽然经过无数次洪水冲击、风吹雨打、冰雪风霜的侵蚀和 8 次地震的考验，却安然无恙，巍然挺立在洨河之上。

(二)阳 泉 市

阳泉市，是山西省下辖的地级市，古称“漾泉”，位于山西省东部，是一座新兴工业城市。阳泉市北与忻州市毗邻，东隔太行山与石家庄市相望，西接太原市，南邻晋中市；地处黄土高原东缘，属于山西东部山地，境内地貌以山地为主，其余为丘陵和平原；属暖温带半湿润大陆性季风气候区。

阳泉是三晋门户，晋冀要衡，地处太原、石家庄两个省会城市的中间位置，相距均为 100 km。阳泉又处于东部发达地区与中西部的结合地带，还位于环渤海与长江三角洲的两大经济区的合理运输扇区内，经天津、青岛、黄骅港可东出渤海。境内有万里长城第九关——娘子关，藏山旅游景区，冠山书院，石评梅故居，梁家寨温泉，还有以百团大战纪念建筑群体为主的狮脑山森林公园。

1. 娘子关

娘子关为中国万里长城著名关隘，位于山西阳泉市平定县东北的绵山山麓。娘子关原名"苇泽关"，因唐平阳公主曾率兵驻守于此，平阳公主的部队当时人称"娘子军"，故得今名。

娘子关现存关城建于明嘉靖二十年(1542 年)，有万里长城第九关之称，为历代兵家必争之地。古城堡依山傍水，居高临下，建有关门两座。东门为一般砖券城门，额题"直隶娘子关"，上有平台城堡，似为检阅兵士和瞭望敌情之用。另有承天寨、老君洞、妒女祠、烽火台、点将台、洗脸盆、避暑楼等十多处景点，传说为唐代平阳公主驻防时所建。

娘子关还以山明水秀的宜人景色闻名遐迩，"娘子关瀑布"悬流百尺，顺悬崖峭壁而下，形成了一幅绚丽的"水帘瀑布"，如喷珠散玉直泻谷底。瀑布旁又有水帘洞、趵突泉等景点，景色极为优美。这里家家流水，处处涌泉，组成一幅"小桥，流水，人家"的天然画卷。古往今来，不知有多少文人墨客纷至沓来，留下了许多脍炙人口的诗篇。有联曰："雄关百二谁为最，要路三千此并名。""楼头古戍楼边寨，城外青山城下河。"充分描绘出这座古关名隘的独特风貌和秀丽天成的优美景物。

2. 狮脑山公园

狮脑山公园位于阳泉市西南的狮脑山主峰，距市中心 10 km，占地面积 1 984 亩($1\ m^2=0.001\ 5$ 亩)，海拔1 160 m，为阳泉市最高峰，曾是闻名中外的百团大战主战场之一。

狮脑山公园修建于 1986 年 4 月，1987 年落成，占地面积 1 322 534.4 m^2(其中百团大战纪念碑群占地 166 m^2)。整个公园由山顶平台、北风垅、刀刃梁、将军堖四部分组成。狮脑山森林公园系以纪念参加百团大战的八路军英雄业绩为主要内容的纪念性森林公园，碑群周围和景观布置得庄严肃穆，其余大部分区域则利用自然地形分区设置，每区景观各具特色，中南部依势挖山建湖筑榭。各景区皆以古朴、典雅的园林建筑及小品点缀之。为纪念抗日战争胜利 50 周年，公园于 1995 年 8 月 15 日建成"百团大战纪念碑"，展厅面积 301.4 m^2，总展线 173.27 m。开馆以来，接待了中央、省、市领导，国外友人和八方游客 2 万余人次。"百团大战纪念馆"已被省委和省政府命名为省级爱国主义教育基地。

3. 藏山

藏山古名盂山，国家级 4A 风景区，坐落在太行山西麓，山西省东大门的阳泉市盂县城北 18 km 处苌池镇藏山村东的重峦叠嶂中，东临石家庄，西接太原市，南望娘子关，北倚五台山和西柏坡，造化神奇，独钟灵秀。

相传春秋时晋国大夫赵朔被晋国公杀害，赵朔死前将遗腹孤儿托付给门客程婴，程婴舍去己子，携赵朔的孤儿赵武潜入盂山藏匿 15 年之久，后人就把盂山改名为藏山，并立祠祭祀，距今已有 2 600 多年的历史，为山西省第三批文物保护单位。

藏山山光水色瑰丽，风景四季宜人；古刹建筑，格局绝妙，疏密得体；所有楼、台、殿、堂、亭均依山傍壁而筑，同自然景观珠联璧合，相映成趣，使人如在画中，似入仙境，故有晋东第一名山之称誉。藏山祠规模宏大，由文子祠、寝宫、藏孤洞、梳洗楼、八义祠、报恩祠、启忠祠组成，是一个气势壮观的建筑群体。其主体建筑文子祠，为市级文物保护单位。

(三)太 原 市

太原，山西省省会，简称“并(bīng)”，别称并州，古称晋阳，也称龙城，具有 4 700 多年历史，2 500 年的建城史，自古就有“锦绣太原城”的美誉。太原西、北、东三面环山，中、南部为河谷平原，整个地形北高南低呈簸箕形。平均海拔约 800 m，市区坐落于海拔 800 m 的汾河河谷平原上。太原市属北温带大陆性气候，夏季炎热多雨，冬季寒冷干燥。

太原局集团有限公司管辖大西高铁、张大高铁、石太高铁、南北同蒲铁路、大秦铁路、侯月铁路、太焦铁路、石太铁路、太中铁路、瓦日铁路、朔准铁路等干线和支线，总营业里程 4 949 km。即将建成及正在规划的郑太高铁、呼太高铁、京昆高铁等多条高速铁路干线汇集于此，使太原成为名副其实的铁路交通枢纽城市。太原站、太原南站为主要的客运火车站，其中太原南站为华北第二大综合交通枢纽。太原北站是华北最大编组站，汾河站、晋祠站、太原西站等为市内环城铁路枢纽。太原武宿国际机场是华北第三大国际机场，通往世界主要国家地区和国内大部分城市。

太原小吃的代表有清和元头脑、羊杂割、过油肉、五寨烩菜、杨记灌肠、面皮、六味斋酱肉、双合成糕点、孟封饼、醪糟、小米粥、老豆腐、认一力清真蒸饺、老鼠窟元宵、鱼羊包、徐沟灌肠等。

1. 晋祠

晋祠位于太原市西南 25 km 的悬瓮山下，创建于西周(公元前 11 世纪)时期，是为纪念晋国开国诸侯唐叔虞(后被追封为晋王)及母后邑姜后而建，故又称唐叔虞祠，北魏时改称晋王祠，简称晋祠，是中国现存最早的皇家园林，为晋国宗祠，如图 3-7 所示。这里依山傍水，古树参天，殿台楼阁，相互映衬，是一处风景优美的大型祠堂式古代园林，被誉为“山西小江南”。难老泉、侍女像、圣母像被称为晋祠三绝；圣母殿、鱼沼飞梁和献殿被称为三大国宝建筑。

图 3-7　晋祠

晋祠景观分为三部分，中部是晋祠的主体建筑，主要有献殿、鱼沼飞梁、圣母殿等，以艺术价值高、雄伟壮丽著称。北部有东岳庙、关帝庙、唐叔虞祠等，建筑倚自然地形错综排列，以崇楼高阁、起伏别致取胜。南部有三圣祠、难老泉、水母楼等，亭台点缀，泉水环绕，有江南园林之秀雅。此外，鱼沼飞梁是我国现存古桥中唯一的十字形桥梁；贞观碑是唐太宗李世民亲自撰书的《晋祠之铭并序》；还有金人台、舍利生生塔、台骀庙等。1961 年，晋祠成为国家重点文物保护单位。

2. 双塔寺

双塔寺坐落在太原市东南郊，原名永祚寺，因寺内双塔高耸而得名。双塔耸立如笔，有“文笔双塔”之誉。双塔为太原市的标志，双塔南北对峙，又称“凌霄双塔”。双塔寺建于 1612 年，高 54.7 m，八角 13 级，东南塔为素砖砌体，塔上雕刻清素，塔身收分很小，直径相同，故而挺拔壮美；西北塔为琉璃剪边，雕刻精细华丽，塔身收分明显，外形秀丽俊朗。

双塔寺始建于万历二十七年（1599 年），总占地面积 12 万 m^2，依山而建，坐南向北，三进院落。整个寺院为砖券无梁式建筑，檐下斗拱，额柱，砖饰均为仿木结构，其雕工细腻，造型精致，特别是大雄宝殿的砖饰与三圣阁的砖砌藻井，极为华丽，是明代砖仿木结构的代表作。寺内还有各色牡丹 6 000 余株，尤以牡丹名品紫霞仙为贵，是中国唯一现存的明代牡丹，也是国内现存最古老的寺院牡丹。2006 年 5 月 25 日被国务院公布为第六批全国重点文物保护单位。

3. 龙山石窟

龙山石窟属全国重点文物保护单位，是中国现存规模最大的元代（公元 1271—1368 年）道教石窟群，位于太原市西南 20 km 的龙山山顶，主窟开凿于元代太宗六年至十一年（公元 1234—1239 年），共 8 窟，分别为虚皇龛、三清龛、卧如龛、玄真龛、三大法师龛、七真龛及两座辩道龛。石雕像 66 尊、浮雕云龙 8 条以及双凤藻井、仙鹤等诸多石雕。雕像风格朴实、凝练、庄重，衣饰简洁、褶皱分明，与佛教石窟雕像风格迥异。有的龛内的两侧及前壁还留有元代的题记。

龙山石窟规模虽不大，但雕琢技术奇特，面形方圆，衣饰沉厚，线条简练，风格粗犷，生活气息浓郁。我国石窟造像多为佛教题材，此窟甚异，内容全为道府诸神和立门列祖，属海内孤例，亦可称之为元代道教雕像的代表作。

任务训练

一、场景设计

（一）实训目的

熟知河北省和山西省的旅游资源。

（二）实训内容

1. 搜集晋冀地区的旅游资源信息，分析区域旅游资源特色。
2. 设计“最美晋冀游”主题线路。

二、训练步骤

（一）实训前准备

复习课堂讲授的内容，课下积极查询相关资料。组内合理分工，充分发挥每一位组员的兴趣特长，从信息搜索、材料整理、文案制作、美工排版、讲解汇报等多方面开展训练任务。

(二)实　训

1. 学生上交“最美晋冀游”主题线路设计方案。
2. 分组汇报交流主题游线路设计方案。
3. 教师总结并评分、评价。

效果评价

“最美晋冀游”线路设计训练评分表

姓　名		地　点		时　间	
实训项目	实训考查要点	分　值	小组评分	教师评分	最终得分
“最美晋冀游”线路设计训练	1. 信息收集途径丰富、方法科学				
	2. 文案制作精良、图文并茂				
	3. 组员汇报语言表达熟练、清晰，文辞优美				
	4. 线路设计突出科学性、合理性、市场适宜性				
	5. 线路主题突出，景点景区选择符合线路主题				
	6. 团队分工明确，合作有序				
合　计		100			

注：该表可根据实际设计的训练项目进行测评。

典型工作任务三　大西高铁沿线旅游

任务引入

大西高铁开通3周年客运量相当于全山西人出游一次

2014年7月1日，大西高铁（太原南至西安北）开通后，沿线城市同城化效应开始凸显。太原到西安全长567 km，动车组时速250 km，旅行时间从10 h变为3 h后，秦晋两地的时空距离被前所未有地拉近，加速了人流、物流、信息流和资金流的快速流转，串起了“大西高铁经济走廊”。大西高铁与石太高铁、郑西高铁等连为一体，构成连接北京、河北、山西、陕西，以及华北、华中、西北、西南的高标准铁路客运网络，极大地促进了区域经济发展。这条黄金线路盘活了沿线省市的旅游市场、释放出巨大的市场潜力，晋祠、乔家大院、平遥古城、王家大院、大槐树、尧庙、鹳雀楼、华山、大雁塔、兵马俑等名胜古迹，每年都吸引了无数游客。

大西高铁全程贯穿了山西省的太原大都市区南部，及介休—孝义—汾阳—平遥、临汾—洪洞—霍州、侯马—翼城—闻喜、运城—永济等5大城镇群，和陕西省的渭南—西安—宝鸡、关中城镇群。所经地区是晋陕两地城镇最密集、经济最发达的地区，涵盖了从太原“晋商故里”到平遥“中国第一票号”，从洪洞大槐树“华人老家”到运城河东文化发祥地，再到千年古都西安这些中华文化最集中、璀璨的旅游热门城市。

这条大西线将一个个声名海内外的旅游胜地、名胜古迹串了起来。这些名字和地方，不仅是每一个中国人都耳熟能详的，而且几乎涵盖涉及了中国历史上的每一个朝代，既有堪称中国象征的自然山水，也有历史古迹、建筑经典、人文故事等。因此，大西线被誉为“为晋陕旅游插上了腾飞的翅膀”。

（信息来源：山西新闻网—山西晚报，2017-07-04）

请思考：

大西高铁沿线的特色旅游是什么？

知识准备

一、大西高铁概况

大西高铁是我国《中长期铁路网规划》“八纵八横”的其中“两纵”——呼南通道（大同—太原段）和京昆通道的重要组成部分。线路北起山西省大同市，自北向南贯穿山西省中部，向南经山西省朔州市、忻州市、太原市、晋中市、临汾市、运城市，在山西永济市跨黄河进入陕西省渭南市，终点至西安市，线路如图 3-8 所示。

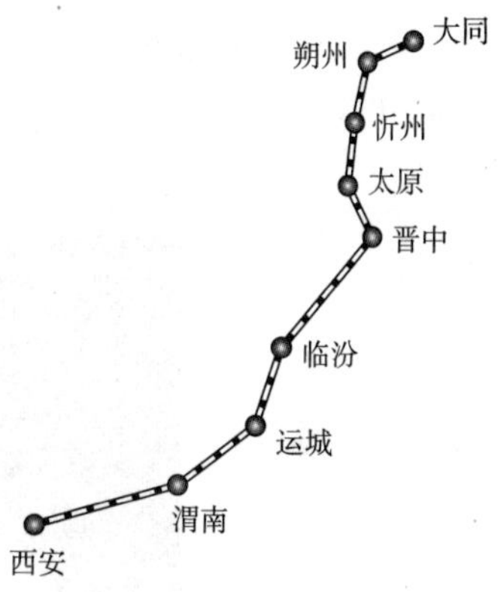

图 3-8　大西高铁线路图

该线建成后，大同至西安旅客列车运行时间由普通列车的 16 h 压缩至 5 个半小时左右。通过与京张城际铁路，大张高铁、集大高铁、石太高铁、徐兰高铁、西成高铁有效衔接，进一步拓展快速客运网覆盖面，形成山西通往全国各地高效便捷的快速客运网，大大缩短区域内主要城市间以及与全国各区域间的时空距离，满足日趋增长的旅客运输需求，对促进地方区域经济可持续发展将产生重要作用。

大西高铁（山西省）沿线历史文化名城、国家级风景名胜区和著名旅游景点主要包括：大同市、太原市、代县、祁县、新绛县；云冈石窟、五台山风景名胜区、雁门关景区、恒山风景名胜区、绵山风景名胜区、平遥古城、洪洞大板树、壶口瀑布风景名胜区；九龙壁、应县木塔、乔家大院、王家大院等。

二、沿线旅游名城

（一）大　同　市

大同，古称云中、平城，山西省省辖市，是中国首批 24 个国家历史文化名城之一、中国九大古都之一，是山西省第二大城市，位于山西省北部大同盆地的中心、晋冀蒙三省区交界处、黄土高原东北边缘，扼晋、冀、内蒙古之咽喉要道，是历代兵家必争之地，有“北方锁钥”之称。

大同市西北高、东南低，地形由西北向东南倾斜，山地、丘陵主要集中于西、北及东北部地区，而平川区位于东南部。大同地处温带大陆性季风气候区，受季风影响，四季鲜明。

京包铁路、同蒲铁路、大秦铁路、大准铁路等线路以及云冈支线、口泉支线等均在大同交汇。大同火车站位于京包线中段，是贯通华北、西北物资交流和晋煤外运的枢纽站，为特等站。大同南站为大西高速铁路和大张高速铁路的始发站，是山西省第二大高铁站，同时也是国家批复的山西省两大高铁枢纽站之一。

大同地方名吃有大同刀削面、羊杂、油炸糕、大同铜火锅、凤临阁烧卖、莜面、广灵豆腐干、浑源凉粉、阳高杏脯等；食材药材有大同黄花、恒山黄芪等；工艺品有大同煤雕、云冈绢人等。

1. 云冈石窟

云冈石窟（如图 3-9 所示）位于大同市西武周山南麓。依山开凿，东西绵延 1 km 左右，现存洞窟 45 个大小窟龛 252 个，石雕造像 5.1 万余尊，最大的高达 17 m，最小的仅 2 cm，它与敦煌莫高窟、洛阳龙门石窟并称为中国三大石窟艺术宝库。石窟始凿于北魏兴安二年（453 年），大部分完成于 495 年北魏迁都洛阳之前。距今已有 1 500 多年的历史，由著名的昙曜大师奉旨开凿。石窟开凿分为早、中、晚三期，早期的“昙曜五窟”气势磅礴，具有浑厚、淳朴的西域情调。中期石窟则以精雕细琢，装饰华丽著称于世，显示出复杂多变、富丽堂皇的北魏时期艺术风格。晚期窟室规模虽小，但人物形象清瘦俊美，比例适中，是中国北方石窟艺术的榜样和“瘦骨清像”的源起。此外，石窟中留下的乐舞和百戏杂技雕刻，也是当时佛教思想流行的体现和北魏社会生活的反映。

图 3-9　云冈石窟

根据武周山势的自然起伏，云冈石窟自然分成东区、中区和西区三部分，昙曜五窟是云冈石窟中开凿最早的五窟，主佛形体高大，两肩宽厚，面相方圆，高鼻深目，相传这是模仿北魏太祖以下的五位皇帝的形象而建造的。第 20 窟是云冈石窟的象征，露天大佛高达 13.7 m，结跏趺坐，双肩平直右袒袈裟，面容丰润端庄，颇具印度犍陀罗艺术风格，成为中国佛教艺术的经典杰作。

石窟造像气势宏伟，内容丰富多彩，堪称公元 5 世纪中国石刻艺术之冠，被誉为“中国古代雕刻艺术的宝库”。2001 年被联合国教科文组织列入《世界遗产名录》。

2. 北岳恒山

北岳恒山位于大同市浑源县境内，曾名太恒山，又名元岳、常山。主峰天峰岭，海拔 2 016.1 m。恒山与东岳泰山、西岳华山、南岳衡山、中岳嵩山并称为中华五岳。五岳中恒山高度仅次于华山，被誉为“人天北柱”“绝塞名山”“北国万山之宗主”。

恒山双峰对峙，东为天峰岭，西为翠屏山，浑水中流，断崖绿带，构成一道绝塞天险，是塞外高原通向冀中平原之咽喉要冲，向来为兵家必争之地。

恒山是历史上帝王祭山之所，又是道教圣地，相传张果老就曾在此隐居修仙。山上松柏参天，以“幽”而著称。恒山十八胜景，景景有千秋，如磁峡烟雨、云阁虹桥、果老仙迹、龙泉甘苦、幽室飞窟等，还有世界奇绝的悬空寺。1982 年被国务院首批公布为“国家级重点风景名胜区”。

[阅读资料 3-2]

世界奇景——悬空寺

悬空寺坐落在恒山金龙峡口翠屏峰的半崖绝壁上，始建于北魏太和十五年(491 年)。整个寺院，上载危崖，下临深谷，最高处离地 58 m。悬空寺将平地寺庙立体化，贴壁朝东，寺门南开，整体布局为“一院二楼”。“一院”是一座较为标准的寺院，主殿为大雄宝殿，左右有配殿和钟鼓楼。“二楼”则是两座三檐歇山顶高楼，南北相望，离地百余尺，附于绝壁之上。

“悬空寺，半天高，三根马尾空中吊”，南北两楼仅靠十几根碗口粗的木柱子支撑，半插飞梁为基，巧借岩石暗托，梁柱上下一体，廊栏左右紧连，形成似虚而实的框架式结构。其选址之奇、建筑之全、结构之巧、内涵之奥，堪称世界一绝，是一座集美学、力学、建筑学、宗教学于体的寺庙。

3. 九龙壁

九龙壁(如图 3-10 所示)位于大同市东大街南侧，建成于明洪武二十五年(1392 年)，是中国年代最早、规模最大的九龙壁。原为朱元璋第十三子朱桂的王府照壁，为一单面琉璃照壁。此壁体积高大，长 45.5 m，高 8 m，厚 2.02 m。壁面用黄、绿、蓝、紫、黑、白各色，共 426 块琉璃砖拼砌而成，九条高浮雕大龙，姿态生动。它与北京故宫和北海公园的九龙壁并称为中国三大九龙壁。

图 3-10　九龙壁

(二)忻 州 市

忻州，山西省地级市，古称“秀容”，简称“忻”，别称“欣”，位于山西省中北部，总面积 2.515 万 km^2，山岳纵横，地貌多样。山区、高原约占全市面积的 87%，川地占 13%；属于温带大陆性季风气候，冬无严寒、夏无酷暑，四季分明。

忻州市有世界文化景观 1 处，国家历史文化名城 1 座，国家级森林公园 4 处，国家地质公园 2 处，国家水利风景名胜区 1 处，国家自然保护区 1 处。

1. 五台山

五台山位于山西省北部五台县，其五峰环抱、峰顶平阔，“有如垒土之台”，故名五台山。盛夏气候凉爽，平均气温 17.8 ℃，又称清凉山。五座山峰分别为东台望海峰、西台挂月峰、南台锦绣峰、北台叶斗峰、中台翠岩峰。其中北台叶斗峰最高，海拔 3 061.1 m，因此有“华北屋脊”之称。

五台山与四川峨眉山、浙江普陀山、安徽九华山为中国四大佛教名山，与尼泊尔蓝毗尼花园、印度鹿野苑、燕提伽耶、拘尸那迦并称为世界五大佛教圣地。山中佛寺林立，殿宇相望，寺庙大多集中在五峰中心——台怀镇，现存 58 处寺庙，其中显通寺是青庙的首领庙，塔院寺是黄庙的首领庙。塔院寺、显通寺、殊像寺、罗睺寺和菩萨顶，被称作五台山的五大禅处。还有历史悠久的南禅寺、佛光寺等，成为我国古建筑精英荟萃之地。五台山是文殊菩萨的道场。五座台顶分别建寺供奉文殊菩萨的化身。所谓“大朝台”，就是到五座台顶分别朝拜五方文殊。

显通寺是五台山历史最古老、规模最大的寺庙，和洛阳的白马寺同为中国最早的寺庙。寺内有一铜殿，明朝建造，殿高 5 m，长宽各约 3 m，殿内四壁铸有上万尊铜铸小佛像，正中台座上有铜铸文殊菩萨的坐狮像，造型优美，铸工精致，是罕见的铜制文物。塔院寺内的藏式大白塔，是五台山的标志。塔高 563 m，比北京北海的白塔还高 20 m。通体洁白，状如藻瓶，被誉为“清凉第一圣境”。菩萨顶是五台山最大、最完整的一座喇嘛教寺院，也是历代帝王朝台时的行宫院所在地，康熙帝曾御题“五台圣境”。南禅寺是我国现存最早的唐代木结构建筑，殿内佛像大都为唐代原塑。佛光寺距今已有 1 100 多年历史，寺内的唐塑、壁画、墨迹与建筑合称“四绝”，都具有唐代风格，是唐代佛教艺术的精华。

五台山以多样的殿堂建筑、厚重的历史文化、神秘的佛国氛围、奇异的自然风光，驰誉古今中外。2009 年，五台山以独特而富有生命力的组合型文化景观，被列入《世界遗产名录》。

2. 雁门关

雁门关，始建于秦，位于忻州市代县县城以北约 20 km 处的雁门山中，是长城上的重要关隘，以“险”著称，被誉为“中华第一关”，有“天下九塞，雁门为首”之说。与宁武关、偏关合称为“外三关”。2001 年，雁门关作为明朝古建筑，被国务院批准列入第五批全国重点文物保护单位名单。

雁门关长城，为明万历三十三年(1605 年)巡抚都御史李景元在古长城基址上复筑而成。西起白草口，东至新广武，高 8～10 m，上阔 4.6 m，全长 5 033 m，每 120 m 建敌楼 1 座。现存完整敌楼有“针扃”“控陇”“壮橹”“天山”等，此外还置烽火台、壕堑，是中国明代长城的代表作。

3. 芦芽山

芦芽山风景名胜区位于吕梁山北端、晋西北腹地，是汾河、桑干河、阳武河、岚漪河、朱家川五条河流的源头区；景区平均海拔 2 000 m 以上，先后被命名为国家级地质公园、国家级森林公园、国家级自然保护区、国家级水利旅游风景区。

景区内约有 82 万亩($1\ m^2=0.001\ 5$ 亩)原始次森林、66 万亩($1\ m^2=0.001\ 5$ 亩)草原、100 多个景点，是一处集山、石、林、草、洞、湖、泉、谷、庙、关十大景观于一体的“北方原始高原型山水形态旅游景区”。现已开发并对外开放的旅游景点包括万年冰洞、芦芽山、悬崖栈道、石门悬棺、马仑草原、情人谷、天池湖泊群、汾河源头、九重瀑布等 9 个著名景点。

芦芽山因形似“芦芽”而得名，海拔 2 788 m，主峰绝顶约 10 m^2 的石坪上，巍然托起一座石砌建筑——太子殿。据考证，芦芽山是中国唯一的毗卢佛道场，太子殿即为佛顶。

芦芽山峰峦重叠，山峰尖峭，森林广袤，区内有700多种植物、240多种动物，100多种名贵中草药，是世界罕见的生态基因库，不仅拥有珍贵树种落叶松、云杉，而且是世界珍禽、国家一类保护动物、山西省鸟——褐马鸡的主要保护地。这里峰峦重叠，簇拥大小200多座山峰，沟壑纵横，崖沟跌宕，溪水淙淙，有大小瀑布30余处。山峰尖峭，怪石嶙峋，林木茂密。每有云雾萦绕，雄峰突兀，如同青翠的芦芽破土而出，生机勃勃，鲜嫩欲滴，引人入胜。

(三)晋 中 市

晋中，山西省下辖地级市，位于山西省中部，东依太行山，西临汾河，北与省会太原市毗邻，南与长治市、临汾市相交，东北与阳泉市相连，西南与吕梁市接壤；境内山、川、丘陵皆备，气候四季分明，自然条件比较优越。东部山地岭高坡广、林木丰茂。

晋中是华夏文明重要组成部分——晋文化的发祥地之一，是晋商文化的摇篮；承载着晋商文化丰富内涵的“四大城”(太谷城、平遥古城、祁县历史文化名城和榆次老城)“六院”(榆次常家庄园、祁县乔家大院、渠家大院、灵石王家大院、太谷曹家大院、太谷孔祥熙宅院)。1824年在这里诞生了中国历史上第一家金融机构“日升昌”票号。

晋中也是民间文化和非物质文化的集散地：“寒食节”发源于介休，牛郎织女的传说发源于和顺，寿阳传说是寿星的故乡，还有左权小花戏、祁太秧歌、榆社霸王鞭等民间文化。

晋中特产丰富，有介休贯馅糖、介休鹿茸、介休五灵脂、猫耳朵、荞面凉粉、平遥碗托、灌馅糖、太谷饼、平遥牛肉、寿阳茶食等。

1. 平遥古城

平遥古城位于山西省中部平遥县，距太原市90 km。古城始建于公元前827年—公元前782年的周宣王时期，明洪武三年(1370年)扩建，明清两代500余年间，先后修葺26次，才建成现在的规模，距今已有2 700多年的历史。平遥古城是由完整的古城墙、古街道、古店铺、古寺庙、古民居(如图3-11所示)等组成的一组庞大古建筑群。

古城墙高12 m，周长6.4 km，四城角各有角楼一座。城门六座，呈瓮形，称为瓮城。瓮城上筑城楼；四面墙体每隔60 m筑观敌楼一座，共筑72座敌楼、3 000个垛口，象征着孔子的3 000弟子、72贤人。平遥古城有“龟城”之称，古城内四大街、八小街、72条蚰蜒巷，纵横交错、主次分明，基本保持了明清风貌。城内有400多处价值较高的古民居，地方风貌独特。日升昌票号开设于清道光四年(1824年)，占地1 400 m^2，整修于晚清咸丰年间，号称“天下第一号”。1824年，平遥商人雷履泰在城内首创日升昌票号，汇通天下。19世纪末，古城内有20多家票号总部，占全国票号总数的一半以上，成为中国近代金融业的控制中心。

镇国寺位居平遥城东北12 km的郝洞村，寺内万佛殿建于天会七年(1129年)，是我国三大古木结构建筑之一，距今已有近千年的历史。殿内的11尊五代时期彩塑，是不可多得的雕塑艺术珍品。双林寺位于平遥古城西南6 km的桥头村，该寺修建于北齐武平二年(571年)，寺内11座大殿内保存有元代至明代(13—17世纪)的彩塑造像2 000余尊，被人们誉为“东方彩塑艺术的宝库”。

平遥古城是中国境内保存最为完整的一座古代县城，基本保存了明清时期完整的社会状况。1997年，平遥古城、镇国寺与双林寺被联合国教科文组织一同列入《世界遗产名录》。

2. 晋商大院

晋中地区，在漫长的历史进程中，大批儒商创造了光辉灿烂的晋商文化“汇江南河北之大成”的晋商古建民宅，构成独具特色的大院文化。其民居特色鲜明，堪称绝，颇能反映出晋中地

图 3-11　平遥古民居

上文物的面貌。无论其造型设计、布局结构，还是金木石刻、砖雕绘画等，都堪称我国明清宅居建筑之典范。

大院各具特色，文化品位各有千秋。太谷曹家大院从空中俯瞰，是一个巨大的“寿”字，取“多子、多福、多寿”，又名“三多堂”；祁县渠家大院以“晋商文化博物馆”著称，人称“渠半城”；灵石王家大院以砖雕、木雕、石雕的“三雕”建筑最富特色，成为北方民居的奇葩；榆次常家大院以“乔家一座院，常家两条街”的宏大规模而著称。但最有影响力的是让晋商大院为世人所知的乔家大院，它因拍摄电影《大红灯笼高高挂》而出名。

乔家大院（如图 3-12 所示）位于晋中市祁县东北的乔家堡村，距省会太原市 64 km，是乔家“在中堂”的宅院，即乔家第三代乔致庸的宅院。大院始建于清乾隆年间，后来又经过几代人不断地增修，形成俯视为双喜结构的建筑群。大院占地 8 725 m^2，由 6 个大院、19 个小院、313 间房屋组成，形成了院与院相接，屋与屋相通的结构。大院院墙封闭，高 10 m，墙外三面邻街，不与周围民居相连。1986 年，大院辟为祁县民俗博物馆，以岁时节令、衣食住行、婚丧礼仪、农商活动为主题的 42 个展室，2 000 余件展品，较系统地反映了明清时期山西晋中一带的民间风俗。

图 3-12　乔家大院

3. 绵山

绵山风景名胜区是国家5A级旅游景区，山西省重点风景名胜区，中国清明节(寒食节)发源地，中国寒食清明文化研究中心，中国寒食清明文化博物馆。绵山风景名胜区跨介休、灵石、沁源三市县地界，最高海拔2 560 m，是太岳山的一条支脉。

绵山因春秋晋国介子推携母隐居被焚在山上而又名介山。绵山早在北魏之时就有寺庙建筑，唐初时已具有相当规模的佛教禅林。绵山风景名胜区的仿古建筑群风格多样，既取先代建筑之长，又加上设计者和建设者的现代创意，集华夏古今之精华，构成了现代仿古建筑物的独特风格。

在绵山风景名胜区建筑群体中，宗教建筑有殿庙、宫观；园林建筑有亭、台、楼、阁、轩、廊、榭、牌楼；古遗迹建筑有古营门、城池、营寨等，可谓古建筑博物院(园)。绵山风景名胜区有14个大景点，360余个小景点。人文景观有龙头寺、龙脊岭、李姑岩、蜂房泉、大罗宫、天桥、一斗泉、朱家凹、云峰寺、正果寺、介公岭；自然景观有栖贤谷、古藤谷、水涛沟。

[阅读资料3-3]

寒 食 节

据史籍记载，春秋时期，晋国公子重耳为躲避祸乱而流亡他国长达19年，大臣介子推始终追随左右、不离不弃，甚至“割股啖君”。重耳励精图治，成为一代名君晋文公。但介子推不求利禄，与母亲归隐绵山，晋文公为了迫其出山相见而下令放火烧山，介子推坚决不出山，最终被火焚而死。晋文公感念忠臣之志，将其葬于绵山，修祠立庙，并下令在介子推死难之日禁火寒食，以寄哀思，这就是“寒食节”的由来。

(四)临 汾 市

临汾是山西省下辖地级市，位于山西省西南部，东倚太岳，与长治、晋城为邻；西临黄河，与陕西省隔河相望，因地处汾水之滨而得名。地处半干旱、半湿润季风气候区，属温带大陆性气候，四季分明，雨热同期。

临汾市历史悠久，是华夏民族的重要发祥地之一和黄河文明的摇篮，有“华夏第一都”之称；该市是华北地区重要的粮棉生产基地，盛产小麦、棉花等，素有“棉麦之乡”和“膏腴之地”美誉；该市非物质文化种类繁多，有蒲州梆子、威风锣鼓等多种民间艺术形式，被誉为“梅花之乡”“剪纸之乡”和“锣鼓之乡”。

1. 黄河壶口瀑布

黄河壶口瀑布位于山西省吉县和陕西省宜川县之间，在山西吉县城西25 km、距临汾165 km的黄河河床上，是世界上最大的黄色瀑布，如图3-13所示。由于落差大、水势猛，形成特有的四大景观：水里冒烟、彩桥通天、群龙戏浪、谷涧起雷。

“黄河之水天上来，奔流到海不复回”。黄河穿行在西北高原的晋陕大峡谷之中。上游数百米的浩瀚水面，至此由于受河床走势的影响，河水由250 m骤然束入仅50 m宽的峡谷中，又陡然坠入落差50多米的石槽中，形成一个巨大的瀑布，犹如茶壶注水，故名“壶口瀑布”。壶口瀑布以其雄、秀、奇、壮的景观加上黄河在炎黄子孙心中的母亲情结，成为举世闻名的自然景观。

2. 洪洞大槐树

洪洞大槐树位于洪洞县城，南距临汾市30 km。“问我祖先在何处，山西洪洞大槐树。”大

图 3-13　壶口瀑布

槐树是华夏民族寻根祭祖的圣地，每年 4 月 1—10 日举行大型的寻根祭祖节。

此处有大槐树 3 株，并在原古大槐树处建有碑亭，上刻“古大槐树处”。碑文简述移朝民事略。祭祖小屋里贴有“古槐后裔姓氏表”，表上共有四百五十姓，供奉着姓氏牌位，以满足中外同胞千里迢迢寻根祭祖。

3. 尧庙

尧庙是纪念尧、舜、禹三位先祖的庙宇，是一座集纳丰富历史文化和 5 000 年文明史的国祖庙，俗称三圣庙。尧庙位于临汾市内，主要建筑有五凤楼、尧井亭、广运殿、寝宫等。广运殿即尧宫，是召见众臣共商国是的地方，始建于唐显庆三年，殿内供奉高 28 m 的唐塑尧王像，两边分列 2 位宰相和 2 位阁老。

4. 广胜寺

广胜寺位于山西南部霍山南麓，始建于东汉建和元年(147 年)，由上寺、下寺和水神庙三部分组成。寺中飞虹塔是我国明代琉璃建筑的代表作，与河南登封的嵩岳寺塔、山西应县的释迦塔、云南大理的千寻塔，并称为中国四大名塔。此塔重建于明嘉靖六年(1527 年)，八角十三层楼阁式佛塔，全高 47.6 m，塔身用黄、绿、蓝、紫琉璃装饰，如雨后彩虹，故称“飞虹塔”。1961 年广胜寺被国务院列为全国重点文物保护单位。

(六)运 城 市

运城市，山西省地级市，古称河东，因“盐运之城”得名，位于山西省西南部，北依吕梁山与临汾市接壤，东峙中条山和晋城市毗邻，西、南与陕西省渭南市、河南省三门峡市隔黄河相望，总面积 13 968 km^2。

运城市是中华文明的重要发祥地之一。华夏民族的始祖黄帝、炎帝、蚩尤，尧、舜、禹，都相继活动在河东大地上。尧初都蒲坂，后迁平阳，舜都蒲坂，禹都安邑，中国第一个奴隶制社会——夏也是在这里诞生。

运城市垣曲县的“中华世纪曙猿”化石把人类起源向前推进了 1 000 多万年。芮城县的西侯渡文化遗址，是考古界发现的人类最早用火的实证。这里诞生了春秋商人猗顿、三国名将关羽、初唐诗人王勃、中唐文人柳宗元、史学大家司马光、戏曲名家关汉卿等文武俊秀，闻喜裴氏家族曾出过 59 位宰相、59 位大将军，史称“将相接武、公侯一门”，形成了关公文化、根祖文化、盐文化、德孝文化等具有鲜明特色的地域文化。

运城市地方特产有闻喜花馍、临猗苹果、垣曲猕猴桃、绛县山楂等，风味小吃有北相羊肉胡卜、稷山麻花、芮城麻片、万荣凉粉、闻喜煮饼等。

1. 解州关帝庙

解州关帝庙，位于运城市解州镇西关，因关羽生于解州东南 10 km 的常平村，故解州关帝庙被尊为“武庙之祖”。

关庙始建于隋开皇九年(589 年)，全庙共有殿宇百余间，主次分明，布局严谨。建筑以春秋楼和崇宁殿最为精致。崇宁殿内塑帝王装关羽坐像，神态端庄肃穆，一副英雄气概。“万世人极”匾下有青龙偃月刀 3 把，重 300 斤。春秋楼内塑关羽夜读《春秋》像。这是全庙的最高建筑，而最奇特的是吊柱悬梁结构，上下两层皆施回廊，四周勾栏相依，给人一种空中楼阁的感觉。

2. 运城盐池

运城盐湖位于山西晋南盆地，中条山下，涑水河畔，形成于新生纪第四代，亦称盐湖、银湖，湖内万顷银泊，广阔浩渺，芦苇湿地环绕，水禽候鸟族聚，是一处康体养生的旅游胜地。它可与以色列死海相媲美，被誉为“中国死海”。湖中的黑泥含有 7 种常量和 16 种微量元素。湖水中可以随心所欲地漂浮，以达康体养生；还可以遍涂黑泥，进而美肌活肤。

3. 芮城永乐宫

永乐宫，原名“大纯阳万寿宫”，是我国现存最大的元代道教宫观，位于芮城县北郊的古魏城遗址上，以建筑艺术及壁画艺术而闻名。

永乐宫始建于元代(1247—1358 年)，历时 111 年，整个建筑规模宏大、气势壮观、中轴线上主要建筑有宫门、无极门、三清殿、纯阳殿、重阳殿，除宫门为清代建筑外其余均为元代建筑。宫内现存元代壁画 1 005 m^2，其壁画精品为三清殿的《朝元图》，描绘道教神仙朝元的盛况，共绘有朝元神 286 位，其中 8 位 3 m 以上的主像，围绕主神组成 4 层浩大的朝拜阵容。

永乐宫壁画内容丰富，技巧精湛，富有个性，在中国绘画史上占有一席之地。1961 年永乐宫成为全国重点文物保护单位。

4. 鹳雀楼

鹳雀楼(如图 3-14 所示)，又名鹳鹊楼，因时有鹳雀栖其上而得名，占地面积 2.064 km^2，位于山西省永济市蒲州古城西面的黄河东岸，始建于北周(约 557—580 年间)，由于楼体壮观，结构奇巧，加之周围风景秀丽，唐宋之际文人学士登楼赏景留下许多不朽诗篇，以王之涣《登鹳雀楼》最负盛名。

1222 年金元光元年，金兵与元兵争夺蒲州，“焚楼、橹，火照城中。”从此，鹳雀楼毁于战火，仅存故基。1997 年 12 月，该楼的复建工程开始，2002 年 9 月 26 日，新鹳雀楼落成并开始接待游人。新建的鹳雀楼为仿唐形制，四檐三层。

图 3-14　鹳雀楼

任务训练

一、场景设计

(一)实训目的

熟知山西省的旅游资源。

(二)实训内容

1. 搜集山西省文化旅游资源的相关信息,分析资源特色。
2. 设计"山西文化游"主题线路。

二、训练步骤

(一)实训前准备

复习课堂讲授的内容,课下积极查询相关资料。组内合理分工,充分发挥每一位组员的兴趣特长,从信息搜索、材料整理、文案制作、美工排版、讲解汇报等多方面开展训练任务。

(二)实　训

1. 学生上交"山西文化游"主题线路设计方案。
2. 分组汇报交流主题游线路设计方案。
3. 教师总结并评分、评价。

效果评价

"山西文化游"线路设计训练评分表

姓　名		地　点		时　间	
实训项目	实训考查要点	分　值	小组评分	教师评分	最终得分
"山西文化游"线路设计训练	1. 信息收集途径丰富、方法科学				
	2. 文案制作精良、图文并茂				
	3. 组员汇报语言表达熟练、清晰,文辞优美				
	4. 线路设计突出科学性、合理性、市场适宜性				
	5. 线路主题突出,景点景区选择符合线路主题				
	6. 团队分工明确,合作有序				
合　计		100			

注:该表可根据实际设计的训练项目进行测评。

典型工作任务四　京张—张呼高铁沿线旅游

任务引入

2018 年呼和浩特市实现旅游业高质量发展

4 月 16 日记者从市旅游发展委员会了解到,2018 年呼和浩特市旅游工作按照"全域布局、全景覆盖、全局联动、全业融合、全民参与"的要求,实现我市旅游业高质量发展,力争接待国内外游客 4 500 万人次以上，实现旅游综合收入 950 亿元以上。

据了解，为实现这一目标，呼市重点抓以下 8 个工作。即突出规划的引领作用，完成全市旅游资源普查工作，高标准、高起点编制系列旅游规划；突出品牌创建的示范作用，持续加大创建 5A 级景区各项工作力度，整合资源，改变景区单一化发展进程；突出重点项目建设的拉动作用，打造独具特色的精品景区，支持旗县区打造一批乡村旅游发展示范村，组织举办特色节庆、文化旅游活动，提升景区文化内涵和品质，提档升级；突出基础设施建设的支撑作用，持续用力抓好旅游厕所建设，加快 A 级景区到市区、高速路口连接道路建设，大力实施风景道建设体系，打造旅游综合服务体系建设，打造智慧旅游营销体系，发展旅游电子商务；突出旅游宣传促销的市场拓展作用，做好旅游宣传工作；突出旅游市场建设的保障作用，建立良好旅游市场秩序；突出政策执行落实的促进作用；突出推进“旅游＋”的融合发展作用。

采访中了解到，今年首府将连续举办“奥威首届马文化嘉年华”“第五届内蒙古国际马术节”“百万学生上马背”“马房盛宴”“永远的成吉思汗”“千古马颂”，以及“2018 奔跑中国”“内蒙古哈素海环湖马拉松比赛”等。

（信息来源：呼和浩特新闻，2018-04-19）

请思考：

内蒙古的旅游特色及旅游趋势是什么？

知识准备

一、京张—张呼高铁线概况

京张高速铁路是连接北京市和河北省张家口市的城际铁路，又名京张高铁，京兰高铁京张段，是我国“八纵八横”高铁网的重要组成部分，也是 2022 年北京冬奥会重要交通保障设施；是我国第一条首次采用我国自主研发的北斗卫星导航系统、设计时速为 350 km 的智能化高速铁路，也是世界上第一条最高设计时速 350 km 的高寒、大风沙高速铁路。

京张高速铁路于 2016 年 4 月 29 日正式动工，于 2019 年 12 月 30 日开通运营。京张高速铁路全长 174 km，设 10 个车站：北京北站、清河站、沙河站（不办理客运）、昌平站、八达岭长城站、东花园北站、怀来站、下花园北站、宣化北站、张家口站，线路如图 3-15 所示。

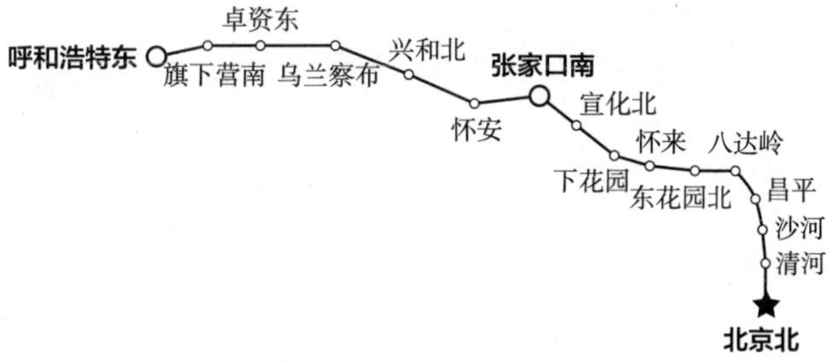

图 3-15　京张—张呼线线路图

张呼高铁线路全长 286.8 km，共设 6 个车站（不含张家口南站），分别为怀安站、兴和北站、乌兰察布站、卓资东站、旗下营南站、呼和浩特东站。

京张—张呼高铁的建设对于加快构建西北、内蒙古西部、山西北部地区快速进京客运通道具有重要意义，对增进西北地区与京津冀地区人员的交流往来，促进西北地区与京津冀地区协同发展，成功举办 2022 年冬季奥运会发挥了重要作用。

京张—张呼高铁沿线历史文化名城、国家级风景名胜区和著名旅游景点主要包括：北京市、呼和浩特市；张北草原、桥西大境门、万龙滑雪场、葛根塔拉草原旅游区、辉腾锡勒草原、大昭寺、昭君墓、哈素海国家公园等等。

二、沿线旅游名城

(一)张 家 口

张家口市是河北省下辖地级市，又称“张垣”“武城”，位于河北省西北部，是冀西北地区的中心城市，连接京津、沟通晋蒙的交通枢纽。

张家口市地势西北高、东南低，阴山山脉横贯中部，将张家口市划分为坝上、坝下两大部分。境内洋河、桑干河横贯张家口市东西，汇入官厅水库。张家口属温带大陆性季风气候，四季分明。

张家口市是现行长城最多的地区，素有“长城博物馆”的美称。崇礼、赤城是华北地区最大的天然滑雪场，被誉为东方达沃斯。2015 年 7 月 31 日，国际奥委会主席巴赫宣布北京携手河北省张家口获得 2022 年第二十四届冬奥会举办权。2017 年 12 月，张家口当选“中国十佳冰雪旅游城市”。

张家口的特产有怀安豆腐皮、柴沟堡熏肉、龙眼葡萄、坝上莜麦、口蘑、宣化鹦哥绿豆等。

1. 张北草原

张北草原(如图 3-16 所示)是位于张家口西北 70 km 的张北县境内的草原，由中都和安固里两大草原组成。在张北草原可以骑马射箭，也可以观看马术、摔跤、草原歌舞等草原传统娱乐项目。

图 3-16　张北草原

中都原始草原度假村是距北京最近(250 km)的草原度假村，拥有世界上最大的蒙古包和高档蒙古别墅群，可同时容纳 1 000 多人就餐住宿，是集避暑观光、商务会议、休闲娱乐于一体的国家 4A 级景区。这里夏季温凉无暑，清爽宜人，天高地阔，草高数尺，百鸟齐鸣，繁花遍地，令游客心旷神怡。

安固里，蒙语“鸿雁”之意。安固里草原总面积23万亩（1 m^2＝0.001 5亩），是全国草原旅游中规模最大、档次最高的景区之一。安固里水草丰美，碧野万里。夏季鲜花盛开，有马兰花、干枝梅、苦菜花、水红花、野菊花等；鸟类众多，有白天鹅、鸿雁、鸳鸯、百灵鸟、画眉鸟、布谷鸟等20多种名鸟。景区内的安固里淖，水域面积10万亩（1 m^2＝0.001 5亩），是华北最大的高原内陆湖。

2. 桥西大境门

大境门位于张家口市区北端，建于清顺治元年（公元1644年）具有350多年历史。它是一座条石基础的砖砌拱门，门墙高12 m，底长13 m，宽9 m，有木质铁皮大门两扇。顶部为一平台，长12 m，宽7.5 m，外有1.7 m高的垛口，内有0.8 m高的女儿墙。门楣有察哈尔都统高维岳——当时的地方军政首脑于1927年书写的“大好河山”四个大字，苍劲壮观。大境门造型朴实厚重，它所体现的粗犷苍劲、限而不拘的气势，在整个长城文化中是绝无仅有的。

大境门是中国万里长城中四大关口之一，自古作为扼守京都的北大门，连接边塞与内地的交通要道，素为兵家必争之地，同时也是蒙汉两族人民交通和贸易边口，为发展蒙汉两族人民的友好关系，沟通内地与边塞贸易，发挥了重要作用。

大境门不仅有宏伟的建筑和秀丽景致，而且有着光荣的历史。1931年“九一八”事变后，爱国将领吉鸿昌率领数万抗日同盟军宣誓出征，北出大境门，抗击日寇，收复失地。1945年8月，中国共产党领导的八路军部队就是从大境门攻入张家口，从日寇手中解放了这座塞外古城。1948年12月，中国人民解放军将国民党五万人马全歼于大境门之外，张家口获得第二次解放。

3. 万龙滑雪场

万龙滑雪场位于河北省张家口市崇礼区红花梁，占地面积30余平方千米，最高处海拔2 110.3 m，垂直落差550 m，距北京市249 km，距张家口市50 km。万龙滑雪场一、二、三期开发共建成初、中、高级滑雪道14条，总面积47余万平方米，其中高级金龙道1 800 m、银龙道2 000 m；中级玉龙道2 500 m、飞龙道1 314 m、卧龙道540 m。与滑雪道相匹配，设置了2条双人吊椅式索道，单位时间总运力为1 950人/h、2条4人吊椅式索道，运速为2.25 m/s，单位时间总运力为3 100人/h以及1条专门为初级滑雪者配备的魔毯，免去了初级滑雪者初次滑雪时对缆车的恐惧。庞大的人工造雪系统覆盖了每条雪道，再配以得天独厚的天然降雪，使万龙滑雪场成为中国开放最早、雪期最长、雪质最佳的滑雪场万龙滑雪场是国内首家开放式滑雪场，初、中、高级雪道均得到国际雪联FIS认证，休闲配套设施完善，特色雪场服务齐全，是滑雪爱好者和专业滑雪队员心中的专业训练基地和滑雪胜地。

2019年2月26至2月28日，亚洲杯滑雪登山赛暨“搜狐杯”全国滑雪登山挑战赛在万龙滑雪场举行。这次赛事吸引了全国各地100余名高水平运动员参加。

（二）乌兰察布市

乌兰察布是内蒙古自治区下辖市，地处中国正北方，内蒙古自治区中部，东西长458 km，南北宽442 km，总面积5.4万km^2。东部与河北省接壤，东北部与锡林郭勒盟相邻，南部与山西省相连，西南部与首府呼和浩特毗连，西北部与包头相接，北部与蒙古国交界，国境线长100多千米。乌兰察布系蒙古语，译为“红山口”。

乌兰察布地理位置优越，内蒙古自治区所辖12个盟市中，乌兰察布是距首都北京最近的城市，是内蒙古自治区东进西出的“桥头堡”，北开南联的交汇点，是进入东北、华北、西北三大经济圈的交通枢纽，也是中国通往蒙古国、俄罗斯和东欧的重要国际通道。

乌兰察布境内有京包、集二、集通、集张、大准等铁路。通往法兰克福的国际货运列车“如意”号始发乌兰察布。中欧班列 X9053 次(乌兰察布—阿拉木图)的开通,标志着乌兰察布成为“一带一路”主要铁路枢纽节点城市。张呼高铁开通后,乌兰察布融入首都一小时经济圈。乌兰察布机场距乌兰察布高铁站、乌兰察布汽车客运总站直线距离 20 km,开通航线 13 条,通航北京、天津、深圳、杭州、成都、西安、重庆、郑州、哈尔滨、大连、海口、银川、鄂尔多斯等 13 个城市。

乌兰察布市特色的饮食有荞面、豆面、莜面、卓资山熏鸡等。

乌兰察布市以草原植被为主,从西北向东南方向水平分布有草原化荒漠带、荒漠草原带、典型草原带,中间分布有小面积的山地草甸草原类。

乌兰察布是大窑文化、仰韶文化、岱海文化的重要发祥地,被考古学家苏秉琦先生赞誉为“太阳升起的地方”。

1. 葛根塔拉草原

葛根塔拉草原,蒙古语意为“明亮的草原”,位于内蒙古自治区乌兰察布市四子王旗境内,距呼和浩特市 128 km,是国家首批 4A 级旅游区和全国首批农业旅游示范点,是原国家旅游局和自治区投资兴建的草原旅游景点。

在这里,游人可以观赏到美丽的草原风光,领略大自然之美,到牧民家做客,了解塞北草原的民俗风情;在一望无际的草原上策马奔驰或骑乘高大的骆驼缓缓漫游,还可观赏到蒙古式摔跤和赛马表演。每到夜晚游人还可围着篝火欣赏民族歌舞晚会,欢歌共舞。葛根塔拉草原接待条件上乘,是海内外知名的草原旅游景点,也是“神州飞船”的降落地。

2. 辉腾锡勒草原

辉腾锡勒草原(如图 3-17 所示)被当地人称之为“黄花沟”,位于内蒙古自治区乌兰察布市察哈尔右翼中旗中南部,阴山北麓,南距首都北京 430 km,西距呼和浩特 135 km,东距乌兰察布 75 km。辉腾锡勒系蒙古语,意为“寒冷的山梁”。

图 3-17　辉腾锡勒草原

辉腾锡勒草原是世界上保持最完好的典型的高山草甸草原之一,平均海拔 2 100 m,面积 600 km^2,植被覆盖率 80%～95%,长满了适合海拔 2 000 m 以上高山草甸生长的植物,如蒿草、狐茅、脉苔等多达 300 多种植物,其中属于世界珍稀植物的有 18 种之多。

辉腾锡勒草原上天然湖泊星罗棋布,素有“九十九泉”之称。这里天气多变,一山之间、一沟之隔都有天壤之别。往往是这边浓云密布,大雨滂沱,而那边却晴空朗朗、阳光闪耀。一到夏季就特别凉爽，平均最高温度为 18 ℃，被人们称为“草原避暑胜地”。

（三）呼和浩特市

呼和浩特，通称呼市，旧称归绥，是内蒙古自治区首府和政治、经济、文化中心，国家历史文化名城，我国北方沿边地区重要的中心城市。地处中国北部边疆，欧亚大陆内部。

呼和浩特境内主要分为两大地貌单元，即北部大青山和东南部蛮汉山为山地地形，南部及西南部为土默川平原地形，地势由北东向南西逐渐倾斜，属典型的蒙古高原大陆性气候，四季气候变化明显，年温差大，日温差也大。

呼和浩特有着悠久的历史和光辉灿烂的文化，是华夏文明的发祥地之一。先秦时期，赵武灵王在此设云中郡。民国时期为绥远省省会，蒙绥合并后，呼和浩特成为内蒙古自治区首府。呼和浩特文化是一种典型的游牧文化与农耕文化的结合体，再加上现代文明的影响，文化历史遗迹无一不体现北方民族特有的朴实、豪放、大气的特征。

呼和浩特市是呼和浩特局集团有限公司所在地，京包铁路、集包第二双线途经呼和浩特市。有两大客运站，呼和浩特站、呼和浩特东站。呼和浩特白塔国际机场是内蒙古第一大航空枢纽，航线基本覆盖全国各大省会城市及中小城市。

呼和浩特地区的特色饮食主要有烤全羊、涮羊肉、手把羊肉、烤羊腿、炸羊尾、血肠、肉肠、羊杂碎、烧卖、焙子、莜面、马奶酒、奶茶、奶皮子、奶豆腐、奶酪、油香、馓子、牛肉干等，还有地方特色与传统风味完美结合的托县炖鱼、和林炖羊肉等。由于呼和浩特市也是走西口的目的地，所以也同样吸收了山西、陕西的一些特色，在大召附近有美味的刀削面、饸饹面、剔鱼子、煮鱼等。

［阅读资料 3-4］

内蒙古草原旅游节

内蒙古草原旅游节是在那达慕大会的基础上融经贸洽谈、物资交流和竞技比赛、文娱活动于一体的民间传统节日，有摩托车队、骆驼队、马术队、武术队、安代舞、摔跤等表演节目，除了这些，还有敖包祭祀、成吉思汗陵祭祀等蒙古传统祭祀活动。内蒙古乌兰牧骑艺术节每两年在呼和浩特市举办一次，有时与内蒙古草原旅游节、内蒙古那达慕大会同时举行，是内蒙古人民最喜爱的节日之一。昭君文化节源于民间的昭君庙会，举办昭君文化节的创意始于 1998 年。昭君文化节的举办已成为树立和展示地方形象的重要手段，成为城市的形象名片，促进了与国内外的交流与合作。

1. 昭君博物院

昭君博物院地处呼和浩特市南郊，由王昭君墓及其一系列纪念建筑设施组成，包括匈奴文化博物馆、单于大帐、和亲宫、昭君宅、“藏墨苑”书画展厅等，占地面积 590 亩（1 m^2＝0.001 5 亩），如图 3-18 所示。王昭君墓，蒙古语称为特木尔乌儿虎，意为“铁垒”，文献记载亦称“青冢”，从唐代开始有明确记载。据考证，它由汉代人工积土夯筑而成，高达 33 m，底面积 13 000 m^2，是中国最大的汉墓之一，国家重点文物保护单位，全国民族团结进步教育基地，是一座象征民族团结、各民族相互融合、共同发展的历史丰碑。

公元前 37 年，王昭君被选入后宫，为汉元帝待诏。公元前 33 年，在汉匈两族人民迫切要求民族和平的形势下，王昭君自愿请行出嫁匈奴，做了单于的阏氏，促使汉匈两族之间保持了近半

图 3-18　昭君博物院

个世纪的和平相处。匈奴境内的经济文化得到发展，王昭君得到各族人民的爱戴。在中国历史上，王昭君是一个献身中华民族友好事业的伟大女性。在民间百姓中，昭君是美的化身。

两千年来，她的传说、故事在中国民间广为流传，家喻户晓。自唐、宋以来，历代文人咏唱昭君、抒发情感的诗文、歌词、绘画、戏曲更是多不胜数，形成了千古流传的“昭君文化”。现代著名史学家翦伯赞赞美：“王昭君已经不是一个人物，而是一个象征，一个民族友好的象征；昭君墓也不是一个坟墓，而是一座民族友好的历史纪念塔。”今天的昭君墓，宛如北方草原上一颗璀璨的明珠，成为名扬世界的旅游胜地。

2. 大召寺

大召寺位于呼和浩特旧城内，蒙古语为“伊克召”，意为“大庙”，是呼和浩特市最大的寺庙之一，始建于明万历七年（1579 年），明廷曾赐名“弘慈寺”。因寺内供奉银佛像，故俗称银佛寺。清康熙年间扩建，大殿改覆黄琉璃瓦，充作“帝庙”。大殿为藏汉式藏传佛教寺庙形式，其他殿宇皆为汉式。

3. 五塔寺

五塔寺位于内蒙古呼和浩特市旧城东南部，原名金刚座舍利宝塔，因塔座上有五座方形舍利塔，故名为五塔寺。五塔寺是一座砖石结构的喇嘛教塔。塔始建于清雍正年间，高约 16 m，塔身均以琉璃砖砌成，塔身下层是用三种文字刻写的金刚经经文，上层则为数以千计的鎏金小佛，刻工精巧，玲珑秀丽。五塔寺中最有价值的当属紧靠北墙的蒙古文字天文图石刻，天文图直径 144.5 cm，天球圆面以北天极为圆心，画出二十八宿赤经位置的经线，还有五个同心圆，由里向外为天北极圈、夏至圈、天赤道圈、冬至圈、天南极圈。它是世界上唯一用蒙古文字标注的一幅天文图，具有很高的科研价值。

任务训练

一、场景设计

（一）实训目的

熟悉内蒙古的旅游资源。

(二)实训内容

1. 搜集蒙古族民俗及文化景区相关信息,分析景区资源特色。
2. 设计“蒙古族风情游”主题线路。

二、训练步骤

(一)实训前准备

复习课堂讲授的内容,课下积极查找相关资料。组内合理分工,充分发挥每一位组员的兴趣特长,从信息搜索、材料整理、文案制作、美工排版、讲解汇报等多方面开展训练任务。

(二)实　训

1. 学生上交“蒙古族风俗游”主题线路设计方案。
2. 分组汇报交流主题游线路设计方案。
3. 教师总结并评分、评价。

效果评价

“蒙古族风俗游”线路设计训练评分表

姓　名		地　点		时　间	
实训项目	实训考查要点	分　值	小组评分	教师评分	最终得分
“蒙古族风俗游”线路设计训练	1. 信息收集途径丰富、方法科学				
	2. 文案制作精良、图文并茂				
	3. 组员汇报语言表达熟练、清晰,文辞优美				
	4. 线路设计突出科学性、合理性、市场适宜性				
	5. 线路主题突出,景点景区选择符合线路主题				
	6. 团队分工明确,合作有序				
合　计		100			

注:该表可根据实际设计的训练项目进行测评。

典型工作任务五　包银高铁沿线旅游

任务引入

宁夏开建高铁,被誉为银川最美高铁

包银高铁旅游资源丰富,沿途可欣赏到大漠风情、草原风情以及奇特的岩画风情,沿途小吃众多，简直就是对味蕾的挑战。

包头被誉为草原钢城，也是我国的优秀旅游城市，这里的美景可真不少，想要看草原的话可以去希拉穆仁草原旅游区和赛汗塔拉，对藏传教感兴趣的可以去五当召和美岱召，而对古迹感兴趣的不妨去秦长城和赵长城。

巴彦淖尔，曾获得过国家旅游文化目的地，虽然旅游资源不如包头出名，但这里的阴山岩画，黄河河套旅游区以及纳林湖都非常值得一看。而被誉为“黄河明珠”的乌海，最出名的莫过于乌海湖和金沙湾。

银川的旅游资源更是丰富，水洞沟、西夏王陵、贺兰山岩画、镇北堡华夏西部影视城、拜寺口双塔、三关口明长城都是很有名气的地方。

（信息来源：新浪网，2018-08-01）

请思考：

包银高铁线为何能成为银川最美高铁线呢？

知识准备

一、包银高铁线概况

包银高铁是包头至银川高速铁路项目，东起内蒙古自治区包头市、巴彦淖尔市、鄂尔多斯市和乌海市，西至宁夏回族自治区银川市，线路如图 3-19 所示。包银高铁是国家规划的“八纵八横”高速铁路网中京兰大通道的一部分，是西北连接东北、华北的交通大动脉和经济大通道，全长 519 km，目前正在施工建设阶段。

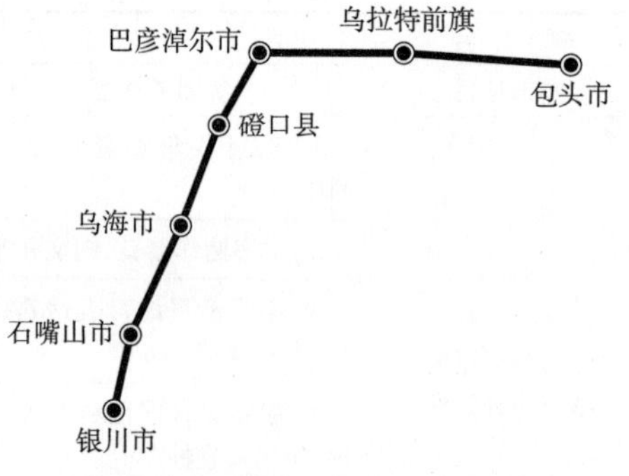

图 3-19　包银高铁线路图

包银高铁的建成将拉近西北与全国的距离，更好地促进少数民族与全国人民的交往交流交融，更好地推动西部大开发和丝绸之路经济带建设，更好地解决区域发展不平衡不充分问题，进一步铸牢中华民族共同体意识。

包银高铁沿线的历史文化名城、国家级风景名胜区和著名旅游景点主要包括：银川市；水洞沟、沙湖生态旅游区；五当召、南海湿地、纳林湖、黄河河套文化旅游区、阴山岩画、金沙湾、马堡店生态旅游区、乌海湖、西夏王陵等。

二、沿线旅游名城

（一）包　头　市

包头是内蒙古自治区下辖地级市，是内蒙古的制造业、工业中心及最大城市，呼包银经济带、呼包鄂城市群的中心城市，是中国重要的基础工业基地和全球轻稀土产业中心，被誉称“草原钢城”“稀土之都”。包头是连接华北和西北的重要枢纽，我国大陆铁路交通枢纽城市之一。包头是沟通北方草原游牧文化与中原农耕文化之间的交通要冲，公元前 307 年，赵武灵王在包头地区设九原郡。包头是蒙古语“包克图”的谐音，意为“有鹿的地方”，所以又有鹿城之称。

包头地处位于蒙古高原的南端，华北地区北部、内蒙古中部，南濒黄河，阴山山脉横贯该市中部，形成北部高原、中部山地、南部平原三个地形区域，呈中间高，南北低，西高东低的地势。黄河流经包头市境内，公路、铁路两桥并行飞架黄河南北。包头属半干旱中温带大陆性季风气候。这里景色宜人，气温适度，全年平均气温为 7.2 ℃。

包头为中国重要的交通枢纽，京包铁路、包兰铁路、包西铁路、包环铁路、包满铁路、包神铁路、甘泉铁路等在此交汇。计划修建经满都拉口岸到蒙古国赛音山达的跨境铁路。包头市有多个火车站，最主要的是包头站和包头东站。包头机场距市区 23 km，为 4D 级机场，从北京、上海、杭州、广州、成都、西安、沈阳、深圳、厦门等大城市都有到包头的往返航班。

包头有名的饮食有小肥羊火锅、莜面、稍美、手扒肉、羊杂碎、烤全羊等。

包头是一座典型的移民城市，从古至今经历了数次大规模人口迁徙，从而造就了丰富多彩、各具特色的移民文化。中原文化与北边文化，农耕文化与游牧文化，晋陕文化与草原文化在这里交融、交错、交流，形成了包头丰富多彩、特色鲜明的移民文化、阴山文化。

1. 五当召

五当召，蒙古语“五当”意为“柳树”，原名巴达嘎尔召，藏语“巴达嘎尔”意为“白莲花”，“召”为“庙宇”之意。五当召位于内蒙古自治区包头市石拐区东北约 45 km 的吉忽伦图苏木五当沟内的大青山深处，始建于清康熙年间(公元 1662—1722 年)，乾隆十四年(公元 1749 年)重修，赐汉名广觉寺。第一世活佛罗布桑加拉错以西藏扎什伦布寺为蓝本兴建，经过康熙、乾隆、嘉庆、道光、光绪年间的多次扩建，逐步扩大始具今日规模。因召庙建在五当沟的一座叫作敖包山的山坡上，所以通称其名五当召。五当召依地势面南而建，有大小殿宇、经堂、僧舍 2 500 余间，占地 300 多亩($1\ m^2=0.001\ 5$ 亩)，分布在 1.5 km 长的山坡上。它是一幢层层依山垒砌的白色建筑，群山环绕，为苍松翠柏掩映，雄浑壮观。

五当召是国家重点文物保护单位、4A 级旅游景区。它与西藏的布达拉宫、青海的塔尔寺和甘肃的拉卜楞寺齐名，是中国藏传佛教的四大名寺之一，是内蒙古自治区最大藏传佛教寺院。

2. 南海湿地景区

南海湿地景区位于内蒙古包头城区东南侧，黄河之滨，曾是九曲黄河的一段故道，河水改道南移后形成水面和滩头草地占地面积 2 000 hm^2，其中水域面积 580 hm^2，湿生草地面积 1 000 余公顷。北有青山朦胧辉映，南有黄河玉带环绕，风景独秀，集旅游观光、生态休闲、科普宣传于一体，素有“塞外西湖”之美誉，是国家 4A 级旅游风景区和自治区级湿地自然保护区。

南海湿地紧靠着市区，对改善当地生态环境、调节气候、净化空气、美化和改良区域环境及维护生态环境安全具有十分重要的作用。

(二)巴彦淖尔市

巴彦淖尔，意为“富饶的湖泊”，因境内有著名的淡水湖乌梁素海以及众多的湖泊而得名，位于内蒙古西部，东接包头，西连阿拉善盟、乌海市，南隔黄河与鄂尔多斯市相望，北与蒙古国接壤，总面积 6.4 万 km^2。

巴彦淖尔市北部为乌拉特草原，中部为阴山山地，南部为河套平原，属典型的中温带大陆性季风气候。境内矿产资源、风能资源、日照资源丰富，硫铁矿储量居全国第一位，是中国国内风能资源最富集的地区之一。巴彦淖尔境内的河套灌区是亚洲最大的一首制自流灌区，境内的河套平原有“塞上江南”的美誉，全市有机奶产量占全国一半以上，农畜产品出口位居内蒙古第一，为全国最大的无毛绒生产基地。

包兰铁路横贯巴彦淖尔全境，临哈（临河—哈密）铁路临策段（临河—策克）、国铁西甘（西小召—甘其毛都）铁路建成通车，已形成完整的铁路运输格局。巴彦淖尔天吉泰机场 2011 年建成运营。临河区东距呼和浩特机场 383 km，包头机场 240 km，西距银川机场 270 km，乌海机场 150 km，均有高速公路连接。

巴彦淖尔市的特色饮食有硬四盘、河套酿皮等；特产有肉苁蓉、甘草、枸杞等。

1. 纳林湖

纳林湖位于内蒙古乌兰布和沙漠东北部的巴彦淖尔农垦纳林套海农场，是巴彦淖尔市著名景区，烟波浩渺，鸥鸟盘旋，快艇飞驰，翠苇摆荡，青山绿水，交相辉映，让人仿佛置身于大自然的美轮美奂之境，素有“大漠明珠”之称。

纳林湖是巴彦淖尔农垦继乌梁素海之后又一个极具有旅游开发价值的内蒙古西部第二大淡水湖和重要的湿地，湖泊呈不规则半月形，总面积 2 万亩（1 m^2＝0.001 5 亩），净水面积 60%，平均水深 3.5 m，最深处可达 6 m，是主要的鸟类繁殖地和迁徙地。湖中有大小岛屿十余处，其中最大的面积约 150 亩（1 m^2＝0.001 5 亩）；八个游乐湾风光亮丽，景色诱人，百余种候鸟在这里生长繁殖，其中国家一、二级保护鸟有白天鹅、黑天鹅、灰鹤、白鹭、灰鹭、鸿雁、雉鸡、野鸭等数十种。

2. 黄河河套文化旅游区

黄河河套文化旅游区位于巴彦淖尔市临河区，总面积 35.2 km^2，是全市最大的开放性湿地旅游区、国家级龙舟赛赛点、国家级水利风景区。2014 年被评为国家 4A 级旅游景区，是自治区重点创建的 15 个品牌景区之一。

景区按照“三带五区”的总体布局，打造集观光休闲、文化体验、湿地度假等于一体的综合性旅游景区。景区包括文博中心、蒙古大营、塞上明珠广场、黄河广场、黄河水利文化博物馆、万丰村、水韵阁、黄河观凌塔等主要景点，全方位、多角度展示了几千年来黄河文化、草原文化、农耕文化和移民文化在河套地区聚集、融合、传承、积淀的历程，充分展现了河套文化兼容并蓄的独特魅力。近年来，景区成功举办了多次全国性的龙舟赛、公路自行车赛等大型赛事，吸引了全国各地的游客，已成为巴彦淖尔旅游业的一张亮丽名片。

3. 阴山岩画

阴山岩画（如图 3-20 所示）是雕琢在阴山山脉岩石上的图像，分布地域广泛，主要集中在内蒙古乌拉特中旗、乌拉特后旗、磴口县等旗县的境内，阴山岩画题材极为丰富，包括有动物、人物、飞禽图案及人类的狩猎、乘骑、放牧、舞蹈、征战、巫师作法以及日月星辰、圆穴等大量的符号、标记等。专家表示，岩画的创作历经旧石器时代晚期、新石器时代、青铜时代、战国时期、秦汉时期、南北朝时期、隋唐时期、西夏时期、蒙元时期、明清时期共 10 个阶段。

阴山岩画是迄今为止我国已发现的岩画中分布最为广泛，内容最为多样，艺术最为精湛的岩画，不仅是世界上最早发现的岩画，同时也是世界上最丰富的岩画之一，是我国最大的岩画宝库，现存阴山岩画的绝大部分分布在巴市地区，最大的面积达 400 m^2，真实地记录了在此生活的古代北方匈奴、敕勒、柔然、鲜卑、蒙古等游牧民族的生产、生活历史。五虎图是阴山岩画的代表作。

（三）乌 海 市

乌海市是内蒙古自治区西部的新兴工业城市，地处黄河上游，东、北隔甘德尔山与鄂尔多斯

图 3-20　阴山岩画

搭界，南与宁夏石嘴山市隔河相望，西接阿拉善盟；地处大陆深处，属于典型的大陆性气候。乌海市有两个客运火车站——乌海站(位于海勃湾区新华西街西首)、乌海西站(位于乌达区)。乌海机场位于乌海市海勃湾区城北 15 km 处。

乌海市的风景名胜类型丰富，有黄河风光、沙漠风光、山岳奇观、绿色景观、古城旅游、历史遗迹、宗教文化、生物化石等。

1. 金沙湾

金沙湾生态旅游区距乌海市政府所在地海勃湾区北 14 km，西濒黄河东枕桌子山脉，北拥草原浩特，南接乌海市区。此处沙丘连绵，植被珍稀，酷似海湾大漠之地，因其沙色金黄而被人们称为"金沙湾"。景区占地面积 2 000 hm^2，与 110 国道、京藏高速公路紧紧相连，与乌海飞机场仅一路之隔。

旅游区不仅能和黄河、桌子山岩画、滨河区等旅游景点、景区连为一体，而且能同周边阿盟的原始森林、宁夏的沙湖、影视城、贺兰山风景区、鄂尔多斯市的成吉思汗陵等景区形成旅游网、线，是内蒙古西部连接宁、甘、陕、包头等旅游景区的中心地带，已获得全国青少年生态教育基地、文明景区等称号。

2. 马堡店生态旅游区

马堡店生态旅游区位于乌海市乌达区北部乌兰乡境内，又称乌兰淖尔生态旅游区、天府生态旅游区。旅游区总面积约 6 000 亩($1\ m^2=0.001\ 5$ 亩)，北面是乌兰布和沙漠，南面是万亩治沙林场，黄河沿旅游区东侧北上。旅游区内遍野沙生植物，在梭梭折白刺下生长着两种珍贵的植物——肉苁蓉和锁阳，有滋肾壮阳、润肠通便的作用，牧民称之为沙人参。这里也是动物乐园，林中鸟儿欢唱，野兔成群，狐狸、野鸡出没其中，天空中不时有野鸭飞过。走进蒙古大营，登上十几米高的瞭望塔，放眼远眺，只见浩瀚的乌兰布和沙漠苍苍茫茫，黄河宛若一条金色的巨龙。距大营 500 m 处，是马堡店遗址，据说在清朝年间，有一个姓马的人首先在此开店，故人称马堡店，遗留的店台沿有 1 m 高，五六百平方米，规模硕大厚重。站在店台上，回眸苍凉寂静的沙野，别有一番感天念地咀嚼岁月人生的滋味。

3. 乌海湖

乌海湖，位于内蒙古乌海市，属于黄河水域的一部分。乌海湖是黄河海勃湾水利枢纽建成后，于2013年12月底蓄水形成，总面积达118 km^2的人工湖，面积是杭州西湖的18.5倍、宁夏沙湖的2.6倍，因在乌海市境内，海勃湾区和乌达区之间而得名。乌海湖地处风景区的核心位置，北接水利枢纽大坝，西接乌兰布和沙漠，南接黄河乌海段上段河道，东临乌海市滨河景观带，远处还有甘德尔山脉，丰富的景观与平静如镜的湖水融为一体。

乌海湖生态旅游区横贯乌海市南北，涵盖乌兰布和沙漠、乌兰淖尔湖、乌海湖、胡杨岛、兔岛等风景区，与甘德尔山生态文明景区遥相呼应，共同呈现出一片水沙相应，山水相连的壮观景象。生态旅游区内群山错落，河湖密布，自然资源丰富，在黄河两岸形成了集湖泊、岛屿、沙漠、湿地为一体的独具特色的自然景观。这里蓝天白云、飞鸟游鱼、碧水金沙、芦荡水漾，展现出一幅融江南水乡之秀色与塞北大漠之雄浑为一体的瑰丽画卷。

(四)银 川 市①

银川市，简称“银”，是宁夏回族自治区的首府，国家历史文化名城，西北地区重要的中心城市之一，位于宁夏平原中部，东踞鄂尔多斯西缘，西依贺兰山，黄河从市境穿过，是中国历史文化名城，是宁蒙陕甘毗邻地区中心城市，是丝绸之路的节点城市，是深入实施西部大开发战略的重点经济区。

银川是历史悠久的塞上古城，早在3万年前就有人类在水洞沟遗址繁衍生息，是史上西夏王朝的首都，国家历史文化名城，民间传说中又称“凤凰城”，古称“兴庆府”“宁夏城”，素有“塞上江南、鱼米之乡”的美誉。银川历史积淀丰厚，文化多元鲜明，中原文化、边塞文化、河套文化、丝路文化、西夏文化、伊斯兰文化等多种文化激荡交融。

银川地形分为山地和平原两大部分。西部、南部较高，北部、东部较低，略呈西南—东北方向倾斜，海拔在1 010～1 150 m之间。地处温带大陆性气候，主要气候特点是四季分明，春迟夏短，秋早冬长，昼夜温差大，雨雪稀少，蒸发强烈，气候干燥，风大沙多等。

途径银川市的铁路有包兰铁路、太中银铁路。客运站有银川火车站。银川河东国际机场已开通多条航线，可起降波音、空客等大中型客机。

独特的自然地理条件，使宁夏银川拥有许多独具特色的农副畜产品，其中最主要的是被誉为“红、黄、蓝、白、黑”宁夏“五宝”的枸杞、甘草、贺兰石、滩羊皮、发菜。银川的饮食以汉族和回族的饮食习惯为主，汉族饮食以西北菜为主；银川的回族饮食，兼具中原传统和穆斯林的双重风味，是回族和中华文明融合的结果，这里有着正宗的清真食品和清真菜肴，同时还许多独特回族风味小吃。清真菜肴有清蒸羊羔肉、牛羊肉酥、手抓羊肉等，也有非常地道的回族风味小吃，如羊杂碎、羊肉泡馍、清真奶油糕点、马三白水鸡等。

1. 水洞沟

水洞沟遗址旅游区位于宁夏灵武市临河镇，西距银川市19 km，占地面积14.4 km^2。水洞沟旅游景区是中国最早发掘的旧石器时代文化遗址，1923年，法国古生物学家德日进、桑志华在这里发现了史前文化遗址，通过发掘，出土了大量石器和动物化石，因此而成为我国最早发现旧石器时代的古人类文化遗址。被誉为“中国史前考古的发祥地”，被国家列为“最具中华文明意义的百项考古发现”之一。

水洞沟地区又是中国北方明代古长城、烽燧、城堡、沟堑、墩台等军事防御建筑大观园。保

① 银川市为西北地区重要城市，因其是包银高铁的重要枢纽城市，所以在华北旅游区包银高铁沿线城市中介绍。石嘴山市一同在华北旅游区介绍。

护区内，蜿蜒东去的长城、高台耸立的墩堠、古朴神秘的城堡、曲折幽深的沟堑令人目不暇接，是中国唯一保存最完整的万里长城立体军事防御体系。

水洞沟地处鄂尔多斯台地南缘，大自然造就的雅丹地貌，使这里充满了雄浑、奇特的荒谷神韵，经历了千万年的风沙雕蚀，这里集中了魔鬼城、卧驼岭、摩天崖、断云谷、柽柳沟等二十多处土林奇绝景观。水洞沟旅游区已经成为一个集旅游观光、科学考察、休闲娱乐、军事探秘为一体的旅游区。

2. 西夏王陵景区

西夏王陵景区位于银川市西约 30 km 的贺兰山东麓，东临银川平原，是西夏王朝的皇家陵寝。陵墓建于 11—13 世纪，面积约 53 km^2，现存裕陵、嘉陵、泰陵、安陵、献陵、显陵、寿陵、庄陵、康陵 9 座西夏帝陵以及 253 座陪葬墓。西夏王陵是中国现存规模最大、地面遗址最完整的帝王陵园之一，也是我国最大的西夏文化遗址和宁夏最重要的一处历史遗产和最具神秘色彩的文化景观。

西夏王陵不仅吸收了秦汉以来，特别是唐宋皇陵之所长，同时又受到佛教建筑的影响，使汉族文化、佛教文化与西夏文化有机地结合在一起，构成了我国陵园建筑中别具格的形式。陵墓规模宏伟，布局严整，每座帝陵由阙台、神墙、碑亭、角楼、月城、内城、献殿、灵台等部分组成。

座座黄色的陵台，高大得像一座座小山丘，在贺兰山下连绵展开，在阳光照映下金光灿烂，十分壮观。西夏王陵被世人誉为“神秘的奇迹”“东方金字塔”。神秘的西夏王陵是银川西部贺兰山下的一颗璀璨的文化明珠，是人们领略西夏文化、寻古探幽的旅游胜地。

3. 贺兰山岩画

贺兰山岩画(如图 3-21 所示)属全国重点文物保护单位，国家 4A 级旅游景区、全国研学旅游示范基地(2016 年国家首批 20 家之一)，是中国游牧民族的艺术画廊。

图 3-21　贺兰山岩画

贺兰山岩画是自远古以来活跃在这一地区的少数民族的杰作，时间大致从春秋战国一直延续到西夏时期。他们把生产生活的场景，凿刻在贺兰山的岩石上，来表现对美好生活的向往与追求，再现了他们当时的审美观、社会习俗和生活情趣。在南北长 200 多千米的贺兰山腹地，就有 20 多处遗存岩画。其中最具有代表性的是贺兰口岩画。画面艺术造型粗犷浑厚，构图朴实，姿态自然，写实性较强。以人首像为主的占总数的一半以上，其次为牛、马、驴、鹿、鸟、狼等动物图形。贺兰山岩画多方面、多层次地反映了当地古代先民的生活和信仰，是研究中国古代北方民族迁徙史、文化史、艺术史等方面的珍贵形象资料。

（五）石嘴山市

石嘴山市，宁夏回族自治区辖地级市，位居黄河中游上段，宁夏最北端，为典型的温带大陆性气候，全年日照充足，降水量集中，蒸发强烈，空气干燥，温差较大，无霜期短。夏热而短促，春暖而多风，秋凉而短早，冬寒而漫长。

石嘴山俗称石嘴子，因贺兰山至此，山石突出似嘴而得名。石嘴山地理位置优越，地处宁东、蒙西两个国家千亿吨级煤田之间，是呼包银兰经济带、宁夏沿黄经济区、宁蒙陕乌金三角经济区的重要节点城市；黄河穿东过，西依贺兰山。石嘴山市号称“塞上煤城”，因生产无烟煤而闻名。

包银高铁、包兰铁路途径石嘴山市，市区拥有石嘴山站、平罗站、惠农站、大武口等站；市区距银川机场 100 km。

石嘴山市的特产众多，有太西煤、大武口小公鸡、李岗西甜瓜等；特色小吃有黄渠桥羊羔肉、沙湖大鱼头、大武口凉皮、麦芽糖、盖碗茶等。

1. 沙湖生态旅游区

沙湖（如图 3-22 所示）地处石嘴山市与平罗县之间，距石嘴山市区 26 km，距银川 56 km。国道与包兰铁路傍湖而过，京藏高速公路直达沙湖。沙湖生态旅游区以其独具特色的湖水、沙山、芦苇、飞鸟、游鱼的有机结合，成为中国绝无仅有的旅游胜地。景区总面积为 80.10 km^2，其中水域面积 45 km^2，沙漠面积 2.52 km^2。沙湖以自然景观为主体，沙、水、苇、鸟、山五大景源有机结合，构成了独具特色的秀丽景观，是一处融江南秀色与塞外壮景于一体的“塞上明珠”。沙湖先后被评为全国 35 个王牌景点之一和国家首批 5A 级旅游景区。

图 3-22　沙湖

沙湖是鸟的天堂，这里有鸟类 198 种，100 多万只，占宁夏鸟类总数的 36.14%。这里鸟的种类主要有白鹤、黑鹤、天鹅、灰鹳、大鸭、丹顶鹤、中华野鸭等。春季，鸟儿产下形形色色的蛋，毛茸茸的雏鸟随处可见。春秋两季是最佳观鸟时节，轻微的响动也会惊起上万只飞鸟，黑压压一片在空中盘旋，遮天蔽日，飞鸣不已。沙湖鸟岛是我国最好的观鸟地之一。沙湖生态旅游区以其独特的旅游资源和优越的接待条件，已成为西北地区集风景游览、观光娱乐、体育竞技、疗养避暑、休闲度假、旅游购物、生物观赏、养殖生产为一体的生态旅游区。

2. 玉皇阁

平罗玉皇阁，是宁夏回族自治区规模最大的古建筑群体，是西北地区最大的道教寺庙之一，位于平罗县城关镇北，占地面积 36 000 m^2，由南门、山门、三官殿、城隍殿、观音殿、娘娘殿、三清殿、斗毋宫、文昌阁、关帝阁、无量殿、洞宾殿、三宝殿、三毋殿、玉皇大殿等部分组成，最高建筑 29 m。玉皇阁始建于清光绪元年(1875 年)，1939 年续修。整个建筑群形式独特、规模宏大、结构严谨、工艺精美。高楼气势宏伟，小阁玲珑剔透，陪衬有致，竞相媲美；楼阁山檐深远，檐角翘指苍穹，似雄鹰展翅欲飞；阁内所有殿宇尽为雕梁画栋，或雕刻花卉兽禽，或彩绘山水人物，刀笔洗练，功底深厚，是宁夏回族自治区规模最大的古建筑群体，是西北地区最大的道教寺庙之一。

3. 北武当庙寿佛寺

北武当庙寿佛寺，位于石嘴山市贺兰山东麓武当山，占地二十多亩，是一座佛道合一的古寺院。寺北依贺兰山而建，为四进院落，布局自然和谐、严整紧凑，殿塔亭阁集于一体，蔚为壮观。从最南端的前山门楼向北，依中轴线建有灵官殿、观音楼、无量殿、多宝塔和大佛殿等。中轴线两旁有钟鼓楼、厢房、配殿。寿佛寺最突出的特色是，在同一幢寺中，既供奉菩萨，又供奉玄武大帝。道教将此与湖北武当山共名“武当山”。如今，北武当庙寿佛寺每逢农历二月二、三月三、七月十五的小庙会和四月初八、七月七、八月十五和九月九的大庙会期间，朝山拜佛的人络绎不绝。

任务训练

一、场景设计

(一)实训目的

熟知宁夏的旅游资源。

(二)实训内容

1. 搜集西夏文化相关信息，查找西夏文明地域范围。
2. 设计“寻西夏文明”主题线路。

二、训练步骤

(一)实训前准备

复习课堂讲授的内容，课下积极查找相关资料。组内合理分工，充分发挥每一位组员的兴趣特长，从信息搜索、材料整理、文案制作、美工排版、讲解汇报等多方面开展训练任务。

(二)实　训

1. 学生上交“寻西夏文明”主题线路设计方案。

2. 分组汇报交流主题游线路设计方案。
3. 教师总结并评分、评价。

效果评价

“寻西夏文明”线路设计训练评分表

姓　名		地　点		时　间	
实训项目	实训考查要点	分值	小组评分	教师评分	最终得分
“寻西夏文明”线路设计训练	1. 信息收集途径丰富、方法科学				
	2. 文案制作精良、图文并茂				
	3. 组员汇报语言表达熟练、清晰，文辞优美				
	4. 线路设计突出科学性、合理性、市场适宜性				
	5. 线路主题突出，景点景区选择符合线路主题				
	6. 团队分工明确，合作有序				
	合计	100			

注：该表可根据实际设计的训练项目进行测评。

华北旅游区其他旅游名胜地

复习思考题

1. 华北地区有哪些独具特色的优势旅游资源？
2. 请简要介绍华北旅游区的“明清古迹”。
3. 简要介绍“晋文化”，并说明其特点。
4. 请简要介绍蒙古族的民俗风情。
5. 请简要介绍回族的民俗风情。
6. 简要介绍伊斯兰教，华北地区有哪些著名的清真寺？

项目四　华中旅游区

学习目标

1. 知识目标
- 了解华中大区的基本地理面貌
- 熟悉华中大区主要铁路干线
- 掌握华中旅游区的主要旅游资源

2. 能力目标
- 能设计华中旅游区的旅游线路
- 能讲解华中旅游区的主要景区
- 能预测华中旅游区的旅游发展趋势

3. 素质目标
- 具有洞悉旅游历史文化的能力
- 具有延展区域旅游特色线路的能力

热点引入

洛阳牡丹节

河南省洛阳市于1983年开始每年4月5日前后至5月5日前后举办“中国洛阳牡丹文化节”，目前已入选国家非物质文化遗产名录。牡丹被称为“国色天香”，在中国传统文化中代表着雍容华贵，端庄富丽，有着“焦骨牡丹”的称号。这来源于唐朝时期的一个故事。传说唐后武则天在一个隆冬大雪纷飞的日子饮酒作诗。她乘酒兴醉笔写下诏书“明朝游上苑，火急报春知，花须连夜发，莫待晓风吹”。百花慑于此命，一夜之间绽开齐放，唯有牡丹抗旨不开。武则天勃然大怒，遂将牡丹贬至洛阳。刚强不屈的牡丹一到洛阳就昂首怒放，这更激怒了武后，便又下令烧死牡丹。枝干虽被烧焦，但到第二年春，牡丹反而开得更盛。因为这种牡丹在烈火中骨焦心刚，矢志不移，人们赞它为“焦骨牡丹”。

（信息来源：百度百科“洛阳牡丹节”词条）

请思考：

1. 有哪些帮助牡丹花节成功举办的旅游宣传策略？
2. 谈谈如何保护国家非物质文化遗产。

华中地区包括我国的河南、湖北、湖南三省，华中地区位于我国中部、黄河中下游和长江中游地区，地处华北、华东、西北、西南与华南之间，京九铁路、京广铁路、焦枝铁路、枝柳铁路纵贯南北，陇海铁路、万里长江与浙赣铁路横贯东西，具有全国东西、南北四境过渡的要冲和水陆交通枢纽的优势，起着承东启西、沟通南北的重要作用。随着中部崛起的号召，华中地区也迈入了新的快速发展进程。

华中地区主要包括黄淮平原、鄱阳湖平原、洞庭湖平原、豫西山地、江汉平原、湘西山地等地形单元，其中山脉资源中包括了我国“五岳”之二的嵩山和衡山。嵩山位于河南省西部，被称为“中岳”，地处登封市西北部，西邻古都洛阳，东临古都郑州。衡山被称为“南岳”，位于湖南省中部偏东南部，绵亘于衡阳、湘潭两盆地间。

本区水资源极其丰富，河湖众多，自北向南拥有海河、黄河、淮河、长江四大水系，在我国南水北调工程中起到重要作用。河南省是国家重特大工程南水北调中线工程核心水源地和工程渠首所在地湖北省素有“千湖之省”之称。河南省境内湖泊主要分布在江汉平原上。拥有水资源总量为 825.28 亿 m^3，面积百亩以上的湖泊 800 余个。湖南省内有洞庭湖，为中国第二大淡水湖，并有湘江、资水、沅水和澧水等四大水系，分别从西南向东北流入洞庭湖，经岳阳城陵矶注入长江。

本区气候主要以秦岭-淮河为分界线。秦岭-淮河线是中国地理分区北方地区和南方地区的地理分界线。淮河以北为温带季风气候，以南为亚热带季风气候，雨量集中于夏季，冬季北部常有大雪，通常集中在河南省境内。河南省属于温带季风气候和亚热带季风气候，湖北省、湖南省属于亚热带季风气候。

华中地区具有历史文化厚重、文物古迹众多、旅游资源丰富、旅游种类多样等特点。截至 2019 年 12 月，华中旅游区已拥有 17 座国家历史文化名城、58 个国家级自然保护区和 35 家 5A 景区。

典型工作任务一　郑西高铁沿线旅游

任务引入

郑西高铁集中国高速铁路技术之大成

郑西高铁集我国高速铁路技术之大成，世界最先进的 CTCS-3 列车运行控制系统，确保了时速 350 km 高速动车组列车的快速、安全、平稳运行。2009 年 12 月 11 日，国产“和谐号”高速动车组列车在郑西高铁试运行时创造了 394.2 km 的最高试验时速。试运行期间的检测表明，郑西高铁轨道结构、通信信号、弓网关系和安全平稳性等主要测试指标均达到世界领先水平。同时，郑西高铁接触网关键设备的设计、制造、安装、调试均实现了 100%国产化，对进一步完善我国高速铁路自主创新体系具有重大意义。

（信息来源：高铁网，2019）

请思考：

中国高铁技术的自主创新发展给我们哪些启示？

知识准备

一、郑西线概况

郑西高铁是“八纵八横”高速铁路主要通道之一“陆桥通道”的重要组成部分，与郑徐高速铁路、西宝高速铁路、宝兰高速铁路共同构成徐兰高速铁路。郑西高速铁路于2005年9月25日开工建设，2010年2月6日正式运营。线路全长523 km，自郑州东站出发，途径巩义南站、洛阳龙门站、渑池南站、三门峡南站、灵宝西站、华山北站、渭南北站，至西安北站，线路如图4-1所示。郑西高铁是世界上首条修建在大面积湿陷性黄土地区的高速铁路，也是我国中西部地区第一条投入运营的时速350 km的高速铁路。

图4-1　郑西高铁线路图

郑西高铁沿线历史文化名城、国家级风景名胜区和著名旅游景点主要包括郑州、洛阳；嵩山—少林寺、龙门石窟，嵩岳寺塔、嵩阳书院、白马寺、函谷关历史文化旅游区、三门峡大坝仰韶村文化遗址等。

二、沿线旅游名城

(一)郑　州

郑州，简称“郑”，古称商都，是河南省省会、中国中部地区重要的中心城市、国家重要的综合交通枢纽、商贸物流中心，位居河南省中部偏北，北临黄河，西依嵩山，东南为广阔的黄淮平原，东面是开封市，西面为古都洛阳市，南面是许昌市，北面为焦作市和新乡市。

郑州被称作“火车拉来的城市”，是全国重要的铁路、航空、高速公路、电力主枢纽城市，是全国普通铁路和高速铁路网中唯一的“双十字”中心。陇海铁路、京广铁路两大干线十字交汇，让郑州一直处于全国铁路交通枢纽地位，素有中国铁路心脏之称。郑州“米”字形高铁网加快成型，境内有京广高铁、郑西高铁、郑徐高铁、郑渝高铁、郑合高铁、郑济高铁、郑太高铁等“米”字形高铁干线交汇，拥有郑开城际铁路、郑焦城际铁路、郑机城际铁路、郑洛城际铁路、郑登洛城际铁路、郑许城际铁路、郑平城际铁路、郑新城际铁路等城际铁路网。郑州还建有亚洲最大的列车编组站郑州北站和中国最大的零担货物转运站圃田西站。

郑州市位于秦岭东段余脉、中国第二级地貌台阶与第三级地貌台阶的交接过渡地带。总的地势为西南高、东北低，呈阶梯状下降。郑州市属暖温带—北亚热带过渡型大陆性季风气候。

郑州人的饮食以面食为主，常见的面做食品有馍(馒头)、菜馍(又叫菜蟒或菜龙)、油卷、包子、烙馍、油饼、菜盒、烧饼、油条、炸菜角等。郑州人特别喜欢吃面条，面条的种类很多，有汤面条、捞面条、炸酱面条、卤面条、炒面条、牛羊肉烩面条等。郑州人的副食即佐餐菜肴主要有五大类：肉菜类、青菜类、食用菌类、豆制品及蛋类。郑州当地特产包括新郑莲藕、小相菊花、大隗牛肉、中牟西瓜、中牟大白蒜、黄河鲤鱼、荥阳柿子、郑州樱桃沟樱桃、重阳花糕、新郑大枣等。

悠久的历史给郑州留下了丰富的文化遗迹，全市有各类文物古迹 1 400 多处，其中被国务院列为国家级文物保护单位的有 34 处。这里有嵩山风景名胜区，"天下第一名刹"少林寺，我国最早的天文建筑周公测景台和元代观星台，宋代四大书院之一——嵩阳书院，我国现存最大的道教建筑群中岳庙，黄河游览区，有"七帝八陵"之称的北宋皇陵群，有大唐诗圣杜甫故里，以及石刻画像与墓室壁画共美的打虎亭汉墓等。散落在郑州周围的很多古城、古文化、古遗迹，也是郑州旅游资源的重要组成部分。

1. 嵩山少林寺

嵩山位于河南省西部，地处登封市西北部，西邻古都洛阳，东临古都郑州，属伏牛山系，是"五岳"中的中岳。嵩山总面积约为 450 平方公里，由太室山与少室山组成，共 72 峰，海拔最低为 350 m，最高处为 1 512 m，主峰峻极峰位于太室山，高 1 491.7 m；最高峰连天峰位于少室山，高 1 512 m。嵩山北瞰黄河、洛水，南临颍水、箕山，东通郑汴，西连十三朝古都洛阳，是古京师洛阳东方的重要屏障，素为京畿之地，具有深厚文化底蕴。

嵩山被誉为我国历史发展的博物馆，儒、释、道三教汇集，拥有众多的历史遗迹。其中有中国六最：禅宗祖庭——少林寺，现存规模最大的塔林——少林寺塔林，现存最古老的塔——北魏嵩岳寺塔，现存最古老的阙——汉三阙，树龄最高的柏树——汉封"将军柏"，现存最古老的观星台——告城元代观星台。此外，太室山黄峰盖下的中岳庙始建于秦，唐宋时极盛，是河南现存规模最大的寺庙建筑群；嵩阳书院气宇恢宏、古朴高雅，宋时与睢阳、岳麓和白鹿洞书院称四大书院；加上苍翠清幽的法王寺，回环险绝的轩辕关、慧可断臂求法的立雪亭等，皆为中国人文风物的瑰宝。

少林寺位于郑州市登封市嵩山五乳峰下，因坐落于嵩山腹地少室山茂密丛林之中，故名"少林寺"。少林寺是中国佛教禅宗祖庭和中国功夫的发源地，现为世界文化遗产、全国重点文物保护单位、国家 5A 级旅游景区，始建于北魏太和十九年(495 年)，是孝文帝为了安置他所敬仰的印度高僧跋陀尊者，在与都城洛阳相望的嵩山少室山北麓敕建而成。

少林寺是世界著名的佛教寺院，是汉传佛教的禅宗祖庭，在中国佛教史上占有重要地位，被誉为"天下第一名刹"。因其历代少林武僧潜心研创和不断发展的少林功夫而名扬天下，素有"天下功夫出少林，少林功夫甲天下"之说。寺院从山门到千佛殿，共七进院落，总面积约 57 600 平方米。主要包括常住院、塔林和初祖庵等。常住院的建筑沿中轴线自南向北依次是山门、天王殿、大雄宝殿、藏经阁(法堂)、方丈院、立雪亭、千佛殿。另外，寺西有塔林，北有初祖庵、达摩洞、甘露台，西南有二祖庵，东北有广慧庵。

少林寺寺内外碑铭繁多，其中元代碑铭不仅数量可观，且大都具有珍贵的文化价值，是研究元代宗教、政治、历史、书法艺术、中外交流的不可多得的实物文献。在少林寺甬道右侧"慈云堂"碑廊里，奇碑珍铭琳琅满目，其中有两通面南而居、巍然屹立的大碑，西边的一通就是"大元赠大司空开府仪同三司追封晋国公少林开山光宗正法大禅师裕公之碑"(注：裕公，即福裕法师)。这座碑，翻开了元代大少林禅寺历史的第一页。

2. 嵩岳寺塔

嵩岳寺塔，位于嵩山南麓峻极峰下嵩岳寺内，建于北魏宣武帝永平二年，现塔院内大雄殿及两侧的伽蓝殿、白衣殿均为清时所建，唯此塔为北魏时物，是我国古建筑中的瑰宝。嵩岳寺塔历经 1 400 多年风雨侵蚀，仍巍然屹立，是中国现存最早的砖塔，也是全国古塔中的孤例。嵩岳寺塔是中国唯一的一座十二边形塔，其近于圆形的平面，分为上下两段的塔身，是青砖、黄泥砌筑的 15 层密檐式砖塔，平面呈十二边形。总高 37.045 m，底层直径 10.6 m，内径 5 m 余，壁体厚 2.5 m。

嵩岳寺塔通高 39.8 m，由台基、塔身、塔檐和塔刹组成，如图 4-2 所示。外观由于层层向内收进的叠涩塔檐，形成了抛物线状的轮廓，轻快秀丽中不乏庄重雄伟。塔身内有塔室，塔室下有地宫。塔檐共有 15 层，塔刹内有 2 座天宫。

图 4-2 嵩岳寺塔

3. 嵩阳书院

嵩阳书院是中国古代著名的高等学府，中国古代四大书院之一，书院建制古朴雅致，中轴线上的主要建筑有五进，廊庑俱全。嵩阳书院因其独特的儒学教育建筑性质，被称为研究中国古代书院建筑、教育制度的“标本”。

嵩阳书院始建于北魏太和八年(公元 484 年)，当时是佛教活动场所，名为嵩阳寺。隋唐年间成为道教活动场所，唐高宗和武则天曾两次以这里为行宫。北宋时期成为著名的教育场所，名儒范仲淹、程颐、程颢、司马光等人都曾在此讲学，司马光的历史巨著《资治通鉴》有一部分就是在书院完成的。这些名儒的讲学活动，不仅使嵩阳书院成为北宋四大书院之首，而且也使嵩阳书院成为宋代理学的发源地之一。

嵩阳书院建筑为清代规制，建筑保留完整，保存了传统书院的建筑格调，建筑选址、布局和形式兼备公共建筑和民居建筑特色，如图 4-3 所示。书院现存面积 9 000 多平方米，中轴线建筑共有五进院落，古建筑共有 106 间。书院院内现存的碑刻、经幢、古树很多都是历代精品，与众多著名历史人物的重要活动密切相关。书院教育制度于清朝末年被废止，嵩阳书院作为这种已经消失的制度的文化载体，对研究我国古代书院建筑、教育制度以及儒家文化都有重要作用，对于现代教育文化的意义也是重大而深远的。

图 4-3　嵩阳书院

(二)洛　　阳

洛阳市，简称“洛”，别称洛邑、洛京，横跨黄河中下游南北两岸，东邻郑州市，西接三门峡市，北跨黄河与焦作市接壤，南与平顶山市、南阳市相连。洛阳有“天下之中”之称，地跨江、淮、黄三大水系，是北方少有的富水城市，自古为“九州腹地、十省通衢”，具有承东启西、纵贯南北的区位优势，是我国中西部地区重要的交通枢纽。陇海、焦枝等两大铁路干线，郑西高铁，连霍、二广、郑少洛、郑卢、洛栾、西南环城等高速公路与 207、310、311、312 等国道交织成网。

洛阳是河南小麦重要产区，偃师的小麦栽培技术驰名全国，亩产高达千斤以上。经济作物主要有棉花、烟叶、油料等。土特产品远近闻名，主要有偃师的泡桐，孟津的梨和黄河鲤鱼，新安的柿子和樱桃，洛宁绿竹和猕猴桃等。孟津的奶山羊和伊川的大尾牛享誉海内，分别被国家确定为山羊和大尾牛生产基地县。

洛阳是一座风光秀美、独具魅力的优秀旅游名城，现有 5A 级景区 5 家、4A 级景区 12 家、3A 级景区 16 家。洛阳牡丹始植于隋，盛于唐，甲天下于宋，雍容华贵，国色天香，已有 1 500 多年的栽培史，形成 9 大色系、10 种花型、1 200 多个品种。一年一度的牡丹文化节已经成为蜚声中外的国家级文化盛会，跻身全国四大名会之一，入选国家非物质文化遗产名录，成为洛阳扩大对外开放、展示城市形象的重要平台。洛阳市被命名为“中国牡丹花都”。

1. 白马寺

白马寺(如图 4-4 所示)位于洛阳市老城以东 12 km 洛龙区白马寺镇内。创建于东汉永平十一年(公元 68 年)，是中国第一古刹，世界著名伽蓝，佛教传入中国后兴建的第一座官办寺院，有中国佛教的“祖庭”和“释源”之称，距今已有 1900 多年的历史，现存的遗址古迹为元、明、清时所留，寺内保存了大量元代夹纻干漆造像(如三世佛、二天将、十八罗汉等)，弥足珍贵。

相传东汉永平七年，汉明帝刘庄因夜梦金人，遣使西域拜求佛法。公元六十七年，汉使及印度两高僧迦叶摩腾、竺法兰以白马驮载佛经、佛像抵洛，汉明帝躬亲迎奉。公元六十八年，汉明帝敕令在洛阳雍门外建僧院，为铭记白马驮经之功，故名该僧院为白马寺。

白马寺整个寺庙坐北朝南，为一长形院落，总面积约 4 万平方米，主要建筑有天王殿、大佛殿、大雄宝殿、接引殿、毗卢阁等，均列于南北向的中轴线上。虽不是创建时的“悉依天竺旧式”,但寺址都从未迁动过,因而汉时的台、井仍依稀可见。白马寺有五重大殿和四个大院以及东西厢房,整个寺庙布局规整,风格古朴。寺大门之外,广场南有近些年新建石牌坊、放生池、石拱桥,其左右两侧为绿地,左右相对有两匹石马,大小和真马相当,形象温和驯良,这是两匹宋代的石雕马,身高 1.75 m,长 2.20 m,作低头负重状。

图 4-4 白马寺

[阅读资料 4-1]

龙门石窟荣获 2018 中国“互联网+”智慧旅游创新奖

2015 年 7 月 15 日,腾讯与龙门石窟合力,共同推出全国首家“互联网+智慧景区”,通过“互联网+”的智慧旅游解决方案对景区购票、游园、管理以及宣传等方面进行了整体升级。龙门石窟负责人在分享龙门经验时说道,截至目前,龙门石窟智慧旅游已经实现了微信支付、4G 和 Wifi 全覆盖、中英文免费语音讲解、3D 展示、测佛缘、上心香等智慧旅游体验项目,建成了以“5 大平台、7 大板块、28 个产品”为基础的“互联网+龙门”智慧旅游景区架构,开启了“景区无现金”的全新旅游模式,让游客真正能够“一部手机畅游龙门”。

(信息来源:腾讯大豫网,2018-04-13)

2. 龙门石窟

龙门石窟是中国石刻艺术宝库之一,现为世界文化遗产、全国重点文物保护单位、国家 5A 级旅游景区,位于洛阳市洛龙区伊河两岸的龙门山与香山上。龙门石窟与莫高窟、云冈石窟、麦积山石窟并称中国四大石窟。

龙门石窟开凿于北魏孝文帝年间,之后历经东魏、西魏、北齐、隋、唐、五代、宋等朝代连续大规模营造达 400 余年之久,南北长达 1 km,今存有窟龛 2 345 个,造像 10 万余尊,碑刻题记 2 800 余品。其中“龙门二十品”是书法魏碑精华,褚遂良所书的“伊阙佛龛之碑”则是初唐楷书艺术的典范。龙门石窟延续时间长,跨越朝代多,以大量的实物形象和文字资料从不同侧面反映了中国古代政治、经济、宗教、文化等许多领域的发展变化,对中国石窟艺术的创新与发展做出了重大贡献。

龙门石窟是北魏、唐代皇家贵族发愿造像最集中的地方,是皇家意志和行为的体现,具有浓厚的国家宗教色彩。在北魏时期雕琢的众多洞窟中,以古阳洞、宾阳中洞和莲花洞、石窟寺这几个洞窟最有代表价值，其中古阳洞集中了北魏迁都洛阳初期的一批皇室贵族和宫廷大臣的造像，典型地反映出北魏王朝举国崇佛的历史情态。这些形制瑰异、琳琅满目的石刻艺术品，是中国传统文化与域外文明交汇融合的珍贵记录。

唐代龙门石窟的重点洞窟中，以规模宏伟、气势磅礴的大卢舍那像龛群雕最为著名，如图 4-5所示。这座依据《华严经》雕琢的摩崖式佛龛，以雍容大度、气宇非凡的卢舍那佛为中心，用一周极富情态质感的美术群体形象，将佛国世界那种充满了祥和色彩的理想意境表达得淋漓尽致。这组雕像体现了大唐帝国强大的物质力量和精神力量，显示了唐代雕刻艺术的最高成就。

图 4-5　龙门石窟

任务训练

一、场景设计

(一)实训目的

熟悉河南“中原历史文化”和旅游资源。

(二)实训内容

1. 分析地域资源特色，设计“中原寻古游”主题线路。
2. 线路主题可以自拟，如“佛教之旅”“书院之旅”“武术之旅”等。

二、训练步骤

(一)实训前准备

组内合理分工，充分发挥每一位组员的兴趣特长，从信息搜索、材料整理、文案制作、美工排版、讲解汇报等多方面开展训练任务。学生复习课堂讲授的内容，提前预习训练项目。

(二)实　训

1. 学生上交“中原寻古游”主题线路设计方案。

2. 分组汇报交流主题游线路设计方案。
3. 教师总结并评分、评价。

效果评价

“中原寻古游”线路设计训练评分表

姓　名		地　点		时　间	
实训项目	实训考查要点	分值	小组评分	教师评分	最终得分
“中原寻古游”线路设计训练	1. 信息收集途径丰富、方法科学				
	2. 文案制作精良、图文并茂				
	3. 组员汇报语言表达熟练、清晰，文辞优美				
	4. 线路设计突出科学性、合理性、市场适宜性				
	5. 线路主题突出，景点景区选择符合线路主题				
	6. 团队分工明确，合作有序				
	合计	100			

注：该表可根据实际设计的训练项目进行测评。

典型工作任务二　武广高铁沿线旅游

任务引入

武广高铁沿线环境整治提升

此次重点整治的街道辖区内有武广高铁段总长 2.49 km，主要分布在蔡王村和檀树岭村。街道专门成立了军运会铁路沿线环境整治领导小组，今年 4 月起，开始整治武广高铁沿线环境，截至 7 月底已基本完成辖区内的铁路边环境提升。据了解，滨湖街在整治铁路沿线过程中，投入近千人次，共清理铁路桥下的建筑垃圾 1 800 余吨、生活垃圾 400 余吨，还包括清理被人乱弃漂浮在池塘水面的沙发、床垫等废旧家具。拆除违建、清理垃圾后，开始对周边复绿。铁路周边草坪覆盖面积约 8 000 m^2。为了建立长效管理机制，城管中队每周会到武广高铁沿线巡逻一至两次。

（信息来源：武汉晚报，2018-9-2）

请思考：

高铁的快速发展对当地的自然环境造成了怎样的影响？

知识准备

一、武广线概况

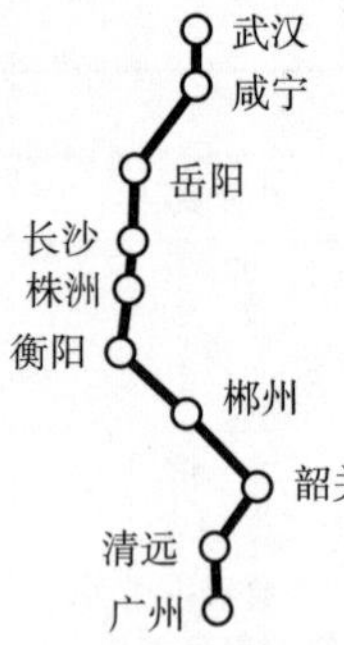

图 4-6　武广线线路图

武广高速铁路是“八纵八横”高速铁路中“京港澳通道”的重要组成部分，线路全长1 069 km，北起武汉新火车站，南至广州南站，会经咸宁、岳阳、长沙、株洲、衡阳、郴州、韶关、清远等站点，线路如图 4-6 所示。线路于 2009 年 12 月开通运营，最高运营速度达到394 km/h。武广高速铁路开通后，武汉至广州间旅行时间由原来的约 11 h 缩短到3 h 左右，武汉到长沙直达仅需 1 h，长沙到广州直达仅需 2 h。武广高铁成为世界上运营速度最快、密度最大的高速铁路，而且还是继京津城际之后，中国第一条时速 350 km 的高铁。武广高铁完善了武汉至周边中心城市的放射状、大能力、高标准通路，推动“米”字形状武汉高铁网的形成。

武广高铁沿线的历史文化名城、国家级风景名胜区和著名旅游景点主要包括：武汉、长沙、岳阳；黄鹤楼公园、东湖风景区、黄陂木兰文化生态旅游区、岳麓山名胜区、岳阳楼；岳麓书院、马王堆汉墓、洞庭湖风景区等。

二、沿线旅游名城

(一)武　　汉

武汉自古有“九省通衢”之称，是中国内陆最大的水陆空交通枢纽、长江中游航运中心，其高铁网辐射大半个中国，是华中地区唯一可直航全球五大洲的城市。因其位居中国经济地理中心，具有承东启西、接南转北，吸引四面、辐射八方的区位优势。武汉位于长江、汉水的交汇处，是全国四大铁路主枢纽之一，有京广线、襄渝线、汉丹线、焦枝线、枝柳线及武大线等组成的铁路交通网络，在武汉主要有两个火车客运站，分别是武昌南站和汉口火车站。

武汉市区由隔江鼎立的武昌、汉口、汉阳三部分组成，通称武汉三镇。唐代大诗人李白的一句“黄鹤楼中吹玉笛，江城五月落梅花”，使这座中国腹地的特大中心城市自古有着“江城”的美誉。

武汉属亚热带季风气候，四季分明，雨量充沛，夏季炎热，七八月气温可达 40 ℃以上，是我国的四大火炉之一，也是我国东南多雨到西北少雨的过渡带，具有伏旱和梅雨的特点。武汉饮食，可谓一早一晚，过早和宵夜最为经典，有“早尝户部巷，夜吃吉庆街”之美谈。武汉菜秉承湖北菜系风格，汇聚东西南北精华，菜品丰富多样，又自成特色，是著名的“美食之都”。武汉特色小吃有热干面、三鲜豆皮、面窝、米粑、豆丝、欢喜坨、鸭脖子、武昌鱼、排骨藕汤、洪山菜薹炒腊肉、糍粑等。

1. 黄鹤楼公园

巍峨耸立于武昌蛇山的黄鹤楼，与湖南岳阳楼，江西滕王阁并称为“江南三大名楼”，有“天下绝景”之称。黄鹤楼公园东起大东门，西至武汉长江大桥桥头堡，北临京广线，南靠武珞路和武汉长江大桥引桥。龟蛇两山隔江相对，武昌长江大桥一桥飞架南北。蛇山西半段为黄鹤楼公园的收费区域，东半段为免费开放区域。整个蛇山面积为40.3 hm^2，绿化面积35.6 hm^2，全园绿化率为88.34%。

黄鹤楼始建于三国时代东吴黄武二年(223年)。三国时期黄鹤楼只是夏口城一角瞭望守戍的"军事楼"，晋灭东吴以后，该楼逐步演变成为官商行旅"游必于是""宴必于是"的观赏楼。清光绪十年(1884年)，黄鹤楼为一场大火焚毁。直到1981年10月，黄鹤楼重修工程破土开工，1985年6月落成，主楼运用现代建筑技术施工，钢筋混凝土框架仿木结构。飞檐五层，攒尖楼顶，金色琉璃瓦屋面，通高51.4 m，底层边宽30 m，顶层边宽18 m，如图4-7所示。全楼各层布置有大型壁画、楹联、文物等。楼外铸铜黄鹤造型、胜像宝塔、牌坊、轩廊、亭阁等一批辅助建筑，将主楼烘托得更加壮丽。登楼远眺，"极目楚天舒"，不尽长江滚滚来，三镇风光尽收眼底。

图4-7 黄鹤楼

历代文人墨客到此游览，留下不少脍炙人口的诗篇。唐代诗人崔颢一首"昔人已乘黄鹤去，此地空余黄鹤楼。黄鹤一去不复返，白云千载空悠悠。晴川历历汉阳树，芳草萋萋鹦鹉洲。日暮乡关何处是，烟波江上使人愁。"已成为千古绝唱，更使黄鹤楼名声大噪。

2. 东湖风景区

东湖生态旅游风景区位于武汉市城区的内环与中环之间，景区面积82 km^2，现为中国水域面积最为广阔的城中湖之一，水域面积达33 km^2，是杭州西湖的六倍。这里也是毛泽东同志新中国成立后除中南海外居住时间最长的地方，将其称为"白云黄鹤的地方"。东湖景区是国家5A级旅游景区、全国文明风景旅游区示范点、首批国家重点风景名胜区。

东湖山水秀美，景观别致，风光迷人。武汉东湖风景区由听涛景区、渔光景区、白马景区、落雁景区、后湖景区、吹笛景区、磨山景区、喻家山景区组成，这里湖水镜映，山体如屏，山色如画。一年四季景色诱人：春季山青水绿、鸟语花香；夏季水上泛舟，清爽宜人；秋季红叶满山，丹桂飘香；冬季踏雪赏梅，候鸟竞翔。

这里也是我国最大的楚文化游览地，楚风浓郁，楚韵精妙，行吟阁名播遐迩，离骚碑誉为"三绝"，楚天台气势磅礴，楚才园名人荟萃，楚市、屈原塑像、屈原纪念馆，内涵丰富，美名远扬。武汉大学、华中科技大学和中国地质大学(武汉)、武汉体育学院等全国重点大学坐落在东湖湖畔，成为一道绝佳的风景线。其中武汉大学每年的三四月份樱花盛开之时，来自全国各地的游人旅客如织如潮，有百万以上的游客慕名而来。樱花大道旁摩肩接踵，樱花纷飞，好不美丽！

东湖还建有全国第一座寓言雕塑园，湖北最大的盆景园，全国四大梅园之一的磨山梅园，以及杜鹃园、蔷薇园、水生花卉园等十三个植物观赏园，这些处于景区之内的“园中园”，在造园手法上借鉴于苏州园林，亭台馆榭、小桥流水、曲径通幽等传统工艺水平，在环境布置上则以植物见长，自然流畅，给游客留下更大的活动空间。

3. 黄陂木兰文化生态旅游区

武汉市黄陂区是武汉市版图最大、人口最多、生态最好的新城区。为促进黄陂旅游跨越式发展，由木兰山、木兰天池、木兰草原和木兰云雾山 4 个景区的共同组成国家 5A 级旅游景区。黄陂的历史文脉也十分悠久，最著名的当属木兰代父从军的传奇故事。

在黄陂，为纪念木兰、以“木兰”命名了许多地方，它们的名称已延续成百上千年，有木兰碑楼、木兰坡、木兰溪、木兰殿、木兰庙、木兰坊、木兰县、木兰将军坟等，都是木兰曾存在于此的佐证。最著名的黄陂木兰景群，将众多以木兰文化为基调的美丽景致，推向世人，如图 4-8 所示。木兰山是木兰的文化之源，也是佛教、道教的活动中心之一。木兰天池是木兰的外婆家、也是她成长的地方；木兰草原是木兰骑马射箭、演兵练武的地方，木兰凯旋时，将这片草原赠给了景仰她的将士。木兰云雾山则是木兰将军的归隐之地，她在这里度过了宁静的余生，伴随她的是华中最大面积的杜鹃花群落。

图 4-8　黄陂木兰文化园

(二)长　沙

长沙是湖南省省会，别名星城、潭州，位于湖南省东部偏北，湘江下游和长浏盆地西缘。长沙是一座具有三千年历史的楚汉名城，有“屈贾之乡”“楚汉名城”“潇湘洙泗”之称。长沙是全国交通枢纽，京广铁路贯穿南北，沪昆铁路连接东西；京广高铁、沪昆高铁、渝厦高铁在此交汇。长沙火车站是京广线上的一个现代化大车站，每天发出或途经有近百列客车，通达全国各大、中城市。长沙有长沙黄花国际机场、大托铺机场 2 个机场，长沙磁浮快线路是中国首条拥有完全自主知识产权的中低速磁浮铁路。

长沙地势南高北低，湘江由南向北流经中部，贯穿市区，江中的橘子洲长 5 km，在全国城市中绝无仅有。长沙市的河流大都属湘江水系，水系完整，河网密布，水量较多，水能资源丰富，冬不结冰，含沙量少。长沙地下矿藏种类繁多，尤以非金属矿独具特色，有全国独一无二的菊花石。长沙境内主要以湘菜为主，品味上注重香辣、香鲜、软嫩；制法上以煨、炖、腊、蒸、炒诸法见称，代表美食有油炸臭豆腐、长沙米粉、口味虾、德园包子、长沙石锅鱼、长沙年糕、浏阳蒸菜等。长沙历史文化悠久，孕育了以湘绣、浏阳花炮、湘剧、浏阳菊花石雕、长沙弹词、火宫殿火神庙会、长沙花鼓戏、长沙窑铜官陶瓷技艺等为代表的丰富的非物质文化遗产。

1. 岳麓山风景名胜区

岳麓山风景名胜区位于国家首批历史文化名城长沙湘江之滨，依江面市，现有麓山景区、橘子洲景区、岳麓书院、新民学会四个核心景区、景点，为世界罕见的集“山、水、洲、城”于一体的国家 5A 级旅游景区、全国重点岳麓山四季风景宜人、秀美多姿，而“万山红遍、层林尽染”的独特红枫秋景使得岳麓山成了中国四大赏枫地之一，如图 4-9 所示。位于湘江中心的橘子洲，介于名山城市间，浮袅袅凌波上，四面环水，绵延数十里风景名胜区，是湖湘文化传播基地和爱国主义教育的示范基地。

图 4-9 岳麓山风景区

岳麓山北门有新民成立会旧址暨蔡和森故居，是著名的爱国主义教育基地。山上的著名景点爱晚亭始建于清乾隆年间，与安徽滁县的醉翁亭、杭州西湖的湖心亭、北京陶然亭公园的陶然亭并称中国四大名亭。爱晚亭原名红叶亭，又名爱枫亭。后来由湖广总督毕沅，根据杜牧“远上寒山石径斜，白云深处有人家。停车坐爱枫林晚，霜叶红于二月花”的诗句，更名为爱晚亭。山上还有麓山寺系晋初古寺，是佛教入湘最早的一所大寺。岳麓峰顶有云麓宫，是道家第二十三洞虚福地。

岳麓山上有浓厚的历史文化气息，云麓峰左侧峰峦上著名的“禹王碑”是岳麓山古老文化的象征，是宋代摹刻至此的。这块碑石刻有奇特的古篆字，字分 9 行，共 77 字。岳麓山还有一块著名的碑刻——麓山寺碑，其规模宏伟，碑高近 3 m，宽 1 米多，由唐代著名文学家、书法家李邕撰文和书写，黄仙鹤刻石。

[阅读资料 4-2]

“惟楚有材，于斯为盛”背后的故事

暮春的岳麓山，林木苍翠，岳麓书院现在的主体建筑有头门、大门、二门、讲堂、教学斋、半学斋、湘水校经堂、明伦堂、百泉轩、御书楼、文昌阁、明伦堂、大成殿等。大门始建于宋代，现存大门建于明代正德四年(1509 年)，正上方悬挂宋真宗“岳麓书院”御匾，大门旁悬挂对联：惟楚有材，于斯为盛。岳麓书院院长介绍，这是一个流水对。相传清嘉庆年间，书院大修，完工后，学生们请山长袁名曜撰写对联。袁出了上联“惟楚有材”，出自《左传·襄公二十六年》，意思是楚国(特指湖南)人才众多;众人苦思下联时，贡生张中阶脱口而出“于斯为盛”，语出《论语·泰伯》，意思是在书院尤其兴盛。这副对联正反映了岳麓书院千年以来人才辈出的盛况。宋朝的岳麓山曾流传民谣“道林三千众，书院一千徒”;南宋时，这里成为湖湘学派的学术基地，全国理学重镇;明末，把中国古典哲学推向高峰的王夫之曾在这里求学;清中期后，魏源、曾国藩、左宗棠、杨昌济等，也都从岳麓书院的大门走出。

(信息来源:中国青年报中青在线，2018-05-18)

2. 岳麓书院

岳麓书院坐落于长沙湘江西岸的岳麓山脚下，作为世界上最古老的学府之一，它早在宋代已蜚声宇内，北宋时期被称为“天下四大书院”之一。书院现存建筑群多为明清遗构，主体建筑有讲堂、御书楼和文庙，体现了书院讲学、藏书和祭祀三大功能，如图4-10所示。

图4-10　岳麓书院

南宋朱熹曾于岳麓山顶筑“赫曦台”，意指日出光明炎盛之意。如今此台屏风上留下了朱熹，明代著名理学家、心学创始人王守仁以及毛泽东等人的诗句。大门始建于宋代，门额“岳麓书院”为宋真宗字迹。讲堂位于书院的中心位置，是书院的教学重地和举行重大活动的场所。讲堂后有御书楼，藏书数量已逾五万册。同时书院左侧还有文庙，由照壁、门楼、大成门、大成殿、两庑、崇圣祠、明伦堂等部分组成。

岳麓书院自古以来人才辈出，清代学人所撰至今仍悬挂在书院大门的“惟楚有材，于斯为盛”楹联，正是对岳麓书院千年以来人才辈出的真实写照。如今，岳麓书院是全国唯一一所培养博士、硕士生的书院，被誉为“千年学府”，也是全国修复最好、保存最完整、规模最大的一所古代书院。

3. 马王堆汉墓遗址

马王堆汉墓位于浏阳河旁的马王堆乡，是西汉初期长沙王丞相利苍及其家属的墓葬。20世纪70年代，考古工作者先后发掘了3座西汉时期墓葬。与此同时随墓葬出土无数珍贵文物古迹，其中一号墓出土的历两千年不腐的神奇女尸、薄如蝉翼的素纱蝉衣及三号墓出土的大量帛书文献，为西汉初期历史考证提供了翔实的资料，震惊了世界。2016年6月，马王堆汉墓被评为世界十大古墓稀世珍宝之一。

(三)岳　　阳

岳阳市在湖南东北部，古称“巴陵”，建城始于公元前505年，是一座有着2 500多年悠久历史的文化名城。因其位于江南洞庭湖之滨，依长江、纳三湘四水，是中国南北东西交通要道，被称为“湘北门户”。境内铁路干线网发达，有京广铁路、京广高速铁路、荆岳铁路、岳常铁路、岳九铁路等。

岳阳市自古因“洞庭天下水、岳阳天下楼”著称于世，旅游资源丰富。岳阳楼的忧乐文化、汨罗江的求索文化、张谷英的民俗文化等闻名遐迩。境内有岳阳楼、君山岛、灵雾山、屈子祠、铁山水库、大云山国家森林公园、张谷英古建筑群等风景名胜。

1. 岳阳楼

岳阳楼屹立于岳阳市西北的巴丘山下，东倚巴陵山，西临洞庭湖，雄踞岳阳城西门之上，气势非常雄伟，与武昌黄鹤楼，南昌滕王阁并称为中国江南三大名楼，历代文人墨客多会于此，留下了不少千古名篇。宋庆历四年，滕子京谪守巴陵郡，重修岳阳楼，并请著名文学家范仲淹作《岳阳楼记》，其中“先天下之忧而忧，后天下之乐而乐”的名句更是名扬天下。

岳阳楼的建筑艺术，真可谓巧夺天工。该楼主楼高 19 m，为“四柱、三层、飞檐、纯木”建筑，如图 4-11 所示。中间以四根楠木大柱从地到顶，承荷大部分重力，再用 12 根金柱作为内围，支撑二楼，外围绕以 20 根檐柱，彼此牵制，结为整体，飞檐与屋顶用伞型架传载负荷。位于岳阳楼北侧的三醉亭因传说中吕洞宾三醉岳阳楼而闻名。在岳阳楼北面，有小乔墓，墓园内照壁，正面刻有宋苏东坡手迹：“遥想公瑾当年，小乔初嫁了，雄姿英发”。

图 4-11　岳阳楼远眺

2. 洞庭湖

洞庭湖风景名胜区，位于湖南省岳阳市区西北部，为国家级风景名胜区。洞庭湖是远古时代云梦泽的遗迹，是中国第二大淡水湖，包括君山、南湖、芭蕉湖、汨罗江、铁山水库、福寿山、黄盖湖等 9 个景区。

君山在岳阳市西南 15 km 的洞庭湖中，是洞庭湖中最大岛屿。因舜帝的两个妃子娥皇、女英葬于此，屈原在《九歌》中称之为湘君和湘夫人，故后人将此山改名为君山。景区还有慈氏塔、襟代文庙、鲁录墓、黄盖湖、三国古战场等名胜古迹。

汨罗江在洞庭湖东侧，出名主要是因屈原的关系。战国末期，楚国著名的政治家、诗人屈原被流放时，曾在汨罗江畔的住过。公元前 278 年，楚国都城被秦军攻破，屈原感到救国无望，投汨罗江而死。

南湖是由洞庭湖派生出来的自然湖泊，有远古的天灯，有建于宋代的三眼桥、明代的“五里三尚书”墓址、南津古渡等十大古迹。

任务训练

一、场景设计

(一)实训目的

熟悉湖北、湖南的旅游资源类型与文化特色。

(二)实训内容

1. 搜集武汉的城市历史、自然、人文、经济等信息,分析现有旅游线路的特色。
2. 设计"最美武汉游"主题线路。
3. 线路主题可以自拟,如"美食游""访古游""长江风光游"等。

二、训练步骤

(一)实训前准备

组内合理分工,充分发挥每一位组员的兴趣特长,从信息搜索、材料整理、文案制作、美工排版、讲解汇报等多方面开展训练任务。学生复习课堂讲授的内容,提前预习训练项目。

(二)实 训

1. 学生上交"最美武汉游"主题线路设计方案。
2. 分组汇报交流主题游线路设计方案。
3. 教师总结并评分、评价。

效果评价

"最美武汉游"线路设计训练评分表

姓 名		地 点		时 间	
实训项目	实训考查要点	分值	小组评分	教师评分	最终得分
"最美武汉游"线路设计训练	1. 信息收集途径丰富、方法科学				
	2. 文案制作精良、图文并茂				
	3. 组员汇报语言表达熟练、清晰,文辞优美				
	4. 线路设计突出科学性、合理性、市场适宜性				
	5. 线路主题突出,景点景区选择符合线路主题				
	6. 团队分工明确,合作有序。				
	合计	100			

注:该表可根据实际设计的训练项目进行测评。

典型工作任务三 长株潭城际沿线旅游

任务引入

“铁路 e 卡通”在长株潭城际铁路入使用，手机扫码即可乘车

10 月 30 号，“铁路 e 卡通”在长株潭城际铁路正式投入使用，这大大简化了旅客进出站流程。旅客通过 12306 手机客户端进行注册，并点击“铁路 e 卡通”完成开户手续后，在长株潭城际铁路进站乘车就无须预先购票，仅需在进站闸机处通过手机扫码和人脸识别系统，即可完成实名制验证和进站乘车手续，到站后再通过手机扫码即可出站。出站闸机会根据乘车信息扣除相应的票款，完成当次乘车费用支付。

（信息来源：搜狐新闻，2018-10-31）

请思考：

“铁路 e 卡通”的使用对旅游景区有何借鉴作用？

知识准备

一、长株潭城际概况

长株潭城际铁路是湖南省内的一条城际铁路，主要连接着长沙、株洲和湘潭三个城市。呈南北走向，为长株潭城际轨道交通网的主干线路。该线路全长约 105 km，设计时速为200 km，沿线共设 20 余个停靠站点，线路如图 4-12 所示。

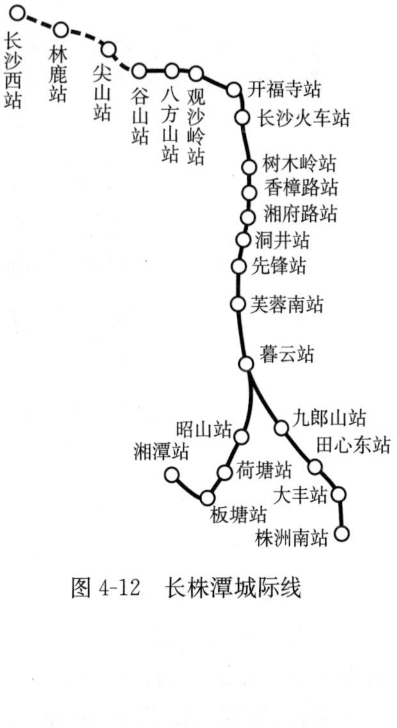

图 4-12 长株潭城际线

长株潭城际铁路呈现“人”字轮廓，以京广铁路现有长沙站为中心，连通长沙、株洲、湘潭三地，这里是湖南省经济核心区。长株潭城际铁路的开通，把三个城市的运行时间缩短至30 min之内，提高了长株潭综合交通枢纽地位，除方便市民出行外，也进一步推进了湖南省地区间经济发展。

长株潭城际铁路沿线的旅游名城、国家级风景名胜区和著名旅游景点主要包括：株洲、湘潭；株洲的炎帝陵景区、湘潭的韶山毛泽东故居；神农谷国家森林公园东山书院等。

二、沿线旅游名城

（一）株 洲

株洲地处湖南省东部、湘江下游，是湖南第二大城市，综合实力第二强市，中部地区重要的区域中心城市。株洲有“火车拖来的城市”之称，是“十字形”国家级铁路枢纽，和郑州并称“北郑南株”，是中国华中南部、华东、华南、西南地区之间最大的铁路枢纽。京广、湘黔、浙赣铁路在这里交汇，沪昆高速铁路在株洲醴陵境内设醴陵北站（为引入湖南的第一站），株洲形成了武广沪昆两条高速铁路的十字枢纽中心。

株洲地处亚热带地区，全年气候分明，风景秀丽，环境整洁。因而拥有“国家卫生城市”“国家园林城市”“国家环保模范城市”“中国优秀旅游城市”等称号。株洲旅游资源丰富，文化底蕴深厚，形成了以“古、红、绿”为特色的旅游品牌。位于炎陵县鹿原陂的炎帝陵被称为“神州第一陵”，是华夏儿女寻根祭祖的圣地。株洲是井冈山革命根据地的重要组成部分，炎陵县、茶陵县是6个革命老县之一。

1. 炎帝陵

炎帝陵坐落于株洲市炎陵县城西17 km处的鹿原陂，是中华民族始祖炎帝神农氏的安寝福地，现为全国重点文物保护单位、全国爱国主义教育示范基地、国家首批非物质文化遗产、国家级风景名胜区、新潇湘人文八景。

据史料记载，炎帝神农氏是上古时代姜姓部落的首领，产生于新石器时期。炎帝神农氏是中华农耕文化的创始者，传说中他始作耒耜，教民耕种；遍尝百草，发明医药；织麻为布，制作衣裳；日中为市，首倡交易；耕而作陶，始造明堂；削桐为琴，始作蜡祭；弦木为弧，剡木为矢，以威天下。炎帝晚年为民治病，采药来到湖南，日遇七十毒而不缀，最终因误尝“断肠草”而崩葬“长沙茶乡之尾”，即今湖南省株洲市炎陵县鹿原镇鹿原陂。

炎帝陵殿是炎帝陵景区的主体景点，沿陵墓南北纵轴线均衡对称布局，坐北朝南，南临洣水，陵园保持了浓郁的清式建筑风格，红墙黄瓦，古木参天，庄严肃穆，气势恢宏，如图4-13所示。按清皇宫建筑格局布置，陵殿共分四进，一进为午门，二进为行礼亭，三进为主殿，四进为墓碑亭，亭后为墓冢。神农大殿以南依次有祭祀广场、朝觐大道、龙珠桥、朝觐广场、咏丰台、龙珠大道、圣德广场等建筑。

图4-13　炎帝陵

2. 神农谷国家森林公园

神农谷国家森林公园位于株洲市炎陵县东北部十都镇，西北距株洲市区180 km，西距衡阳市区150 km，罗霄山脉中段，东连井冈山，南接桂东八面山，北抵武功山。

神农谷，原名桃源洞，是湘赣两大水系的分界线和发源地，山体呈南北走向，地势较低，但山峦重叠，地势险峻，沟谷纵横。区内最高海拔2 115.4 m，为湖南省第一高峰。园内分6个景区:甲水景区、桃花溪景区、横泥山景区、田心里景区、九曲水景区、平坑景区;山、水、石、林具备,雅、趣、奇、险兼有,自然景观多样,是国家4A级景区。

(二)湘 潭

湘潭因盛产湘莲而被称为"莲城",地处湖南省中部偏东地区,湘江中下游。与长沙互成"品"字状,构成湖南省政治、经济、文化最发达的"金三角"地区。北接长沙市,南连衡阳市,西抵娄底市,东与株洲市相邻。湘潭市交通发达,湘黔线横贯市境,京广线在市区经过,洛湛线在市境西北经过。境内设有湘潭站、湘潭东站(货运站)、湘乡站和韶山站四个站。107、320国道,京珠、沪昆、长潭西线、长衡等高速公路均在湘潭交汇。

湘潭名人荟萃,历史悠久,是一代伟人毛泽东的故乡,是彭德怀、陈赓、谭政等老一辈无产阶级革命家的故乡,也是齐白石、杨度、张天翼等名人志士的家乡,也由于是湖湘学派及湘军的发源地而蕴含着独特的文化传统。

湘潭旅游资源十分丰富,尤其是人文资源。有很多知名人士的故居,如毛泽东故居、齐白石纪念馆、曾国藩纪念馆等。湘潭的红色旅游在全国是首屈一指的,旅游业整体上形成了三大板块:以韶山为代表,以毛泽东故居、彭德怀故居为主要组成部分的红色旅游;以湖南水府旅游区为代表,以湘潭农博园和昭山风景名胜区为主要组成部分的绿色山水旅游;以齐白石为代表的历史文化旅游。

[阅读资料4-3]

到 韶 山

——毛泽东

别梦依稀咒逝川,故园三十二年前。红旗卷起农奴戟,黑手高悬霸主鞭。

为有牺牲多壮志,敢教日月换新天。喜看稻菽千重浪,遍地英雄下夕烟。

(信息来源:人民日报,2016-10-21)

1. 韶山风景区

韶山位于长沙、娄底、湘潭三市交界点处,面积里115.3 km^2,距长沙市108 km。是中国人民的伟大领袖毛泽东同志的故乡,全国爱国主义教育基地。韶山旅游业因伟人遗迹众多而迅速发展,是中国四大革命纪念地之一,5A级景区。

韶山风景区群山起伏,连绵不绝,西有韶峰、黑石寨、峰子山、十八罗汉,山势极为雄伟磅礴。旧时韶山有著名"四绝":六朝松、飞来船、四方竹、白石泉;"八景":韶峰耸翠、塔岭晴霞、仙女茅庵、凤仪亭址、胭脂古井、石壁流泉、顿石成门、石屋清风。

韶山的人文景点主要有毛泽东故居、毛泽东铜像、毛泽东纪念馆、毛泽东遗物馆、毛泽东诗词碑林、毛泽东纪念园等。毛泽东故居位于韶山市韶山乡韶山村土地冲上屋场,坐南朝北,系土木结构的"凹"字形建筑,东边是毛泽东家,西边是邻居,中间堂屋两家共用,如图4-14所示,总建筑面积472.92 m^2。1893年毛泽东诞生在这里,并在此度过了童年和少年时代。1927年,毛泽东考察湖南农民运动,在故居召开过调查会。1959年,毛泽东回故乡,探视考察了韶山人民的生产生活情况,也拜祭了父母的坟墓,并写下了《七律·到韶山》的著名诗篇。1966年,毛泽东再次到故乡,住在故居西面4 km处的滴水洞,这是他最后一次回韶山。

图 4-14　毛泽东故居

2. 东山书院

湘乡市的东山书院，历史悠久，始建于 1895 年（光绪二十一年），毛泽东、谭政、陈赓等杰出校友辈出，具有光荣的革命传统。东山书院当年办学的特点就是设立算学、格致、方言、商务四斋等四科。格致是声、光、电、化等自然科学的总称，方言指语言文字，目的是造就翻译人才。

书院初建时名为东山精舍，1900 年改称东山书院。书院如今基本上保留了一百多年前的原貌，为清代光绪年间的建筑群。书院建筑主体具有典型的湖湘书院文化特色，采取中轴对称多重院落空间布局，由围墙、阙屋，环河、石桥、正堂三进（头门、讲堂、礼殿）及东、西各五斋及藏书楼组成。书院建筑同时融入了地方祠庙建筑特点和西式建筑风格。

1898 年戊戌变法失败，清政复古，东山书院自行解散。它存在的时间不长，但是它开湖南新式教育之先河，意义重大。同时，它把社会需要作为办教育的出发点，“培养实用人才，以济当时之急”的办学方向，值得现代教育继承和发扬。

任务训练

一、场景设计

（一）实训目的

熟悉湖南省株洲市、湘潭市的旅游资源。

（二）实训内容

1. 搜集韶山名人文化的相关信息，分析景区资源特色。
2. 查阅信息、整理材料，设计“名人故居游”主题线路。

二、训练步骤

（一）实训前准备

组内合理分工，充分发挥每一位组员的兴趣特长，从信息搜索、材料整理、文案制作、美工排版、讲解汇报等多方面开展训练任务。学生复习课堂讲授的内容，提前预习训练项目。

(二)实　训

1. 学生上交“名人故居游”主题线路设计方案。
2. 分组汇报交流主题游线路设计方案。
3. 教师总结并评分、评价。

效果评价

“名人故居游”线路设计训练评分表

姓　名		地　点		时　间	
实训项目	实训考查要点	分值	小组评分	教师评分	最终得分
“名人故居游”线路设计训练	1. 信息收集途径丰富、方法科学				
	2. 文案制作精良、图文并茂				
	3. 组员汇报语言表达熟练、清晰，文辞优美				
	4. 线路设计突出科学性、合理性、市场适宜性				
	5. 线路主题突出，景点景区选择符合线路主题				
	6. 团队分工明确，合作有序				
合　计		100			

注：该表可根据实际设计的训练项目进行测评。

典型工作任务四　汉宜高铁沿线旅游

任务引入

三峡库区六区县联手打造“大三峡”旅游品牌

第一届长江三峡旅游一体化(巫山)旅游宣传营销大会于2019年12月7日举行，三峡库区万州、忠县、云阳、奉节、巫山、巫溪等六区县组成长江三峡旅游一体化旅游宣传营销联盟，并签订合作协议，整合区域特色旅游资源，形成精品旅游线路，共同打造“大三峡”旅游品牌。

六区县将发挥各自优势，共同开展市场营销推广活动。每年选取2至3个重点客源地市场进行形象宣传、渠道建设、产品推广等活动，建立完整的市场销售体系，并针对自驾游群体、户外运动群体、亲子游、研学游等群体，制定专项旅游产品并予以推广。

(信息来源：新华社，2019-12-7)

请思考：

“大三峡”旅游品牌对当地旅游的推广有何影响呢？

知识准备

一、汉宜线概况

汉宜快速铁路，是“八纵八横”高速铁路网络中“沿江通道”的重要组成部分。线路起自武汉汉口站，经汉川、天门南、仙桃西、潜江、荆州、枝江北，到达宜昌东站，线路如图 4-15 所示。线路全长 292 km，运营时速 200 km，东连合武铁路，西接宜万铁路。线路于 2012 年 7 月 1 日正式运营，汉口到宜昌最快 99 min 达到。汉宜铁路实现了武汉至宜昌公交化运营，是湖北省内最忙碌的铁路线。

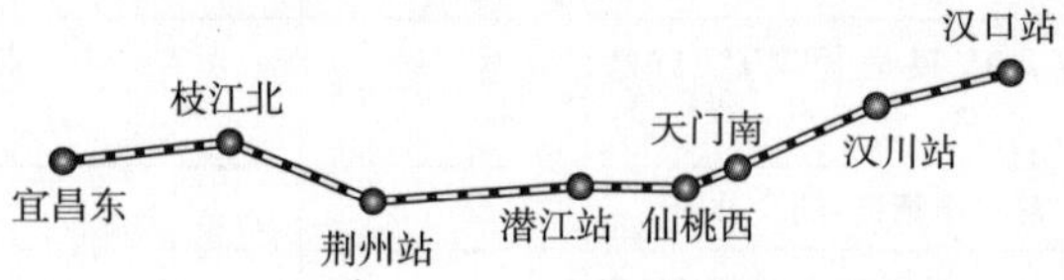

图 4-15　汉宜线线路图

汉宜高铁沿线历史文化名城和著名旅游景点主要包括：武汉、荆州；荆州古城；三峡大坝旅游区、三峡人家风景区、清江画廊度假风景区、屈原故里文化旅游区等。

二、沿线旅游名城

(一)荆　　州

荆州市古称“江陵”，位于江汉平原腹地，湖北省的中南部，长江中下游，长江流经荆州地域约 470 km，接近全省长江干线长度的一半。荆州东连武汉，西接宜昌，南望湖南常德，北毗荆门、襄阳，是连东西、跨南北的交通要道和物资集散地，是川湘鄂经济纽带和长江沿岸重要的港口城市。荆沙地方铁路与焦枝铁路接转，货运联通全国；沪汉蓉高速铁路穿越荆州，荆州成为全国铁路交通网上的重要结点。

荆州市河流交错、湖泊密布。全市有大小河流近百条，均属长江水系。荆州食俗重鱼，无鱼不成席，无鱼不成礼仪。荆州人食鱼历史悠久，汉代已有“饭稻羹鱼”，鱼在荆州人的手中神奇地变化出各种美味佳肴，如皮条鳝鱼(以大黄鳝和凤关鸡为原料)。

荆州是中国历史文化名城，楚文化的发祥地之一，是著名的三国古战场。灿烂的楚文化还为荆州留下一座熊家冢楚墓，位于楚故都纪南城遗址西北，是全国所见规模最大、保存最好、陵园分布最完善的楚国高等级贵族墓地，也是春秋战国时期楚文化最高水平的杰出代表。

1. 荆州古城

荆州古城，又名江陵城，有保存较完好的荆州古城墙，城内东西 3.75 km，南北 1.2 km，面积 4.5 km²，城墙周长 10.5 km，高 8.83 m。荆州古城墙的修造史，可以追溯到 2 800 多年前的周厉王时期。荆州古城墙是我国延续时代最长、跨越朝代最多、由土城发展演变而来的唯一古城垣。

荆州古城墙四周原有 6 座城门，现只有东门和大北门两处有城楼，如图 4-16 所示。东门是迎接来使和宾客的城门,因此门楼壮观,瓮城也最大。大北门又称拱极门,是通向中原和京城的古驿道出口,人们在这里送亲友远行,习惯折柳相赠,祝福平安,故大北门又称柳门。

图 4-16　荆州古城

荆州古城墙作为古时的一项大型军事防御工事,除高大坚固的墙体和瓮城等建筑外,城墙之上还有众多配套的军事设施。如今尚存且最具作战防御功能、最有特色的要数暗设的四座藏兵洞,东西南北各一座,分上下两层,可容 100 多人,每层又有小藏兵洞,每个小洞可容 2 人,洞中均有射孔。藏兵洞所在的墙体向外呈长方形突出,对攻城之敌可从三面射孔暗箭齐发,使其猝不及防。藏兵洞构建精巧、别致,是防守反击的重要军事据点。万一城池攻破,藏兵洞的兵力可以据此反击,各自为战,以求反转战局,即所谓负隅顽抗者也,试图达到城池破而不陷的目的。

2. 荆州博物馆

荆州博物馆是一座融陈列展览、宣传教育、文物收藏与保护、考古发掘与研究等多种功能于一体的地方性综合博物馆,馆舍占地面积 5 万余平方米,建筑面积 2.3 万 m^2。作为一家地方性博物馆,荆州博物馆的馆藏不仅丰富,而且具有鲜明的地方特色。在荆州博物馆中,能够观赏到史前巧夺天工的各种玉饰,堪称国内之最的战国丝绸,寒光闪烁、成色如新的越王剑、吴王夫差矛,色彩斑斓、工艺精湛的战国秦汉漆器。博物馆还藏有世界上最早的数学专著《算数书》和萧何的《二年律令》等汉初简牍;镇馆之宝是迄今为止保存年代最久远、最为完好的"西汉男尸"。

荆州博物馆的文物陈列分前院、后院两大展区。前院展区的陈列楼为基本陈列,即按历史发展顺序选择有代表性的文物,展示了荆州地区从新旧石器时代到秦、汉期间的文明发展史,共设 2 个专题展览:"江汉平原原始文化展"和"江汉平原楚汉文化展"。后院展区的珍品馆,内设 3 个专题展。"荆州凤凰山 168 号汉墓"专题陈列展出的是镇馆之宝——1975 年在楚故都纪南城内出土的一具西汉男尸及其棺椁、随葬物品。据墓中出土文字记载,死者下葬于汉文帝十三年(公元前 167 年),早于长沙马王堆汉墓女尸。该男尸在地下埋葬 2 000 多年而不腐,世所罕见。装殓男尸的"一椁二棺"都保存完好,大型椁室及二套棺表明了主人的高贵身份。陈列还展出的数百件随葬物品,其中有两件式样别致、保存年代最久至今仍完整无损的物品——麻裙和麻鞋,异常珍贵。

(二)宜　昌

宜昌,古称夷陵,因"水至此而夷．山至此而陵"得名,位于湖北西南部,地处长江上游与中游的结合部,鄂西山区向江汉平原的过渡地带。宜昌东邻荆州市和荆门市,南抵湖南省石门县,西接恩施土家族苗族自治州,北靠神农架林区和襄阳市。宜昌是全国重要的区域性铁路枢纽之一,境内拥有焦柳铁路、宜万铁路、汉宜铁路,形成南北畅连、东西贯通的铁路枢纽格局。汉宜高铁、紫云铁路、翻坝铁路,使宜昌成为纵横铁路大动脉上的交通节点。作为鄂西川东的物资集散地和交通枢纽,"上控巴蜀,下引荆襄",宜昌自古素有"三峡门户""峡口明珠"之美誉。

下辖5个城区、3个县级市和5个县,市域面积2.1万km^2,2019年末常住人口宜昌自然资源丰富,因这里江河纵横,葛洲坝电厂密布成网,水量丰富,水质条件好,河流落差大,因而蕴藏着丰富的水能资源。宜昌菜"原汁、咸鲜、偏辣","老九碗"宴极具本地特色,由杂烩头子、炸相蝶子、炸春卷子、鱼糕丸子、鱿鱼笋子、锤碗莲子、白肉肚子、香菌鸡子、珍珠丸子等九道组成,都是用大碗盛着端上桌。在宜昌有许多本地和三峡的特产可买,水果有脐橙、柑橘、猕猴桃、柿子,茶叶有采花毛尖、邓村绿茶春眉茶、峡州翠绿茶、宜红工夫茶、仙人掌茶等。

宜昌历史悠久,是三国时期夷陵之战的古战场,是楚文化发祥地之一,是伟大的爱国诗人屈原、民族和睦使者王昭君的故乡,留有屈原祠、昭君村等名胜古迹。

1. 三峡大坝旅游区

三峡大坝旅游区位于西陵峡中段、湖北省宜昌市境内的三斗坪,距下游葛洲坝水利枢纽工程38 km;全长约2 309 m;坝高185 m,蓄水高度可达175 m,工程总投资954.6亿元人民币,于2006年5月20日全线建成,是世界上规模最大的混凝土重力坝。三峡大坝是三峡水电站的主体工程,三峡工程是迄今世界上综合效益最大的水利枢纽,包括主体建筑物及导流工程两部分,大坝兼具防洪、发电、蓄水北调和促进航运等多重功能。

三峡大坝旅游区是国家5A级景点,占地12.8 km^2,对游客开放的有三个观景点:坛子岭、185平台、截流纪念园。坛子岭是三峡坝区最早开放的景区,于1997年正式开始接待中外游人,因其顶端观景台形似一个倒扣的坛子而得名,该景区所在地为大坝建设勘测点,海拔262.48 m,是观赏三峡工程全景的最佳位置,不仅仅能欣赏到三峡大坝的雄浑壮伟,还能观看壁立千仞的"长江第四峡"双向五级船闸。185平台观景点位于三峡大坝坝顶公路的左岸端口处,因与三峡坝顶齐高,同为海拔185 m而得名,站在平台上向下俯瞰,就如同身临坝顶,可以近距离感受大坝雄姿,同时领略高峡出平湖的壮丽景观。截流纪念园背倚青山,面朝大坝,这里也是与三峡大坝全景留念的绝佳场所。

2. 三峡人家旅游区

三峡人家风景区(如图4-17所示)位于三峡之一的西陵峡腹地,地处三峡大坝和葛洲坝之间,是"两坝一峡"旅游线上的中心地段。三峡人家风景区总面积约14 km^2,以"湾急、石奇、谷幽、洞绝、泉甘"闻名于世,共分为三峡人家、龙进溪、天下第四泉、灯影洞、石令牌、石牌古镇、抗战纪念馆等七大景区,其中的三峡人家又由山上人家、水上人家、溪边人家、今日人家组成。景区内,传统的峡江吊脚楼掩映于青山之中,别致的古帆船、乌篷船静泊于绿水之上,峡江妹子悠扬的歌声飘荡于幽谷之间,整个风景区内都透露着历史的厚重和风俗的古朴。

图 4-17　三峡人家风景区

三峡人家风景区水绕山环、林木苍翠、谷幽崖峭、烟雾萦绕，景区内有著名的“中华第一神牌”“万里长江第一石”“三峡第一湾”“西陵第一洞”等众多奇异景观；还有著名的“抗战第一馆”以及富有军事色彩的“三峡宜昌第一漂”，即“杨家溪漂流”，游人可以激流、强涉险滩，挑战自己的人生极限。

3. 清江画廊度假风景区

清江画廊位于宜昌的长阳土家族自治县，景区东起清江隔河岩大坝倒影峡，西至清江水布垭大坝盐池温泉，涵盖沿线所有旅游资源，高峡平湖东西纵深长达 100 km。景区内山清水秀，风光满眼，青山绿如缎带，江水蓝如宝石。景区主要有巴人发祥地武落钟离山、仙人寨、倒影峡等景点。

武落钟离山（如图 4-18 所示）是土家族的发祥地。每年都有来自湘、鄂、川、黔、渝等地的土家儿女前来寻根祭祖。武落钟离山四面环水，最高海拔 384.8 m。从远处看，通向山顶的 376 级青石台阶，又蕴涵有步步高升之意。仙人寨堪称动植物王国，有近 200 种珍稀植物，尤其以仙香草、四季杏、田三七、岩白菜、岩松、芦荟、鸽子树等最为惹人。倒影峡是进入清江画廊风景区的第一个主要景点，位于隔河岩大坝北侧，其峡长 5 km，以鱼游枝头鸟宿水的倒影著称，水静谷幽，山峰陡峭，处处皆画。这里有世界最大的天然弥勒佛、孔雀开屏山等景点。

图 4-18　钟离山

景区所在的长阳土家族自治县历史悠久，文化璀璨，被誉为中国民间艺术之乡。山歌、南曲、巴山舞是长阳“文化三件宝”，还有哭嫁等众多的奇异风俗，则成为古代巴人遗存在清江画廊的活化石。

4. 屈原故里

屈原故里文化旅游区位于宜昌市秭归县凤凰山，北枕高峡平湖，西和南依秭归新县城，东连三峡大坝，景区总面积 33.3 hm^2，是国家 5A 级旅游景区。屈原故里与三峡大坝连为一体，是正面观三峡大坝、副坝、高峡平湖的最佳位置。

景区主要包括以屈原祠、屈原衣冠冢为代表的屈原文化旅游园区，以青滩仁村、崆岭纤夫雕塑、战国铜马车、牛肝马肺原物复建、兵书宝剑复制、峡江石刻、峡江古索桥、龙舟博物馆、端午习俗馆、高峡平湖观景平台等为代表的峡江文化园区，以屈原传说、峡江皮影、巫术表演、船工号子为代表的非物质文化展示园区，如今已是全国一流的非遗保护传承基地。

屈原祠是景区最有名的景点，其原址在秭归归州城东 5 km 的“屈原沱”处，现因三峡工程建设迁址于此，面向东南，与三峡大坝正面相对，由山门、两厢配房、碑廊、前殿、乐舞楼、正殿、享堂、屈原墓等建筑组成，正殿为仿古木构建筑，两层重檐歇山屋顶。

“路漫漫其修远兮，吾将上下而求索。”屈原的一生，是自觉追求真理的一生。“亦余心之所善兮，虽九死而其犹未悔”，屈原这种为了梦想敢于探索的勇气，在历史的演进中得到永生，成为中华民族不断进步与发展的精神内核。

任务训练

一、场景设计

(一)实训目的

熟悉湖北省荆州市、宜昌市的旅游资源。

(二)实训内容

1. 搜集长江三峡的自然、文化旅游信息，分析景区资源特色。
2. 设计“长江三峡游”主题线路。游览方式可以自拟，如“三峡邮轮游”“三峡访古游”等。

二、训练步骤

(一)实训前准备

组内合理分工，充分发挥每一位组员的兴趣特长，从信息搜索、材料整理、文案制作、美工排版、讲解汇报等多方面开展训练任务。学生复习课堂讲授的内容，提前预习训练项目。

(二)实　　训

1. 学生上交“长江三峡游”主题线路设计方案。
2. 分组汇报交流主题游线路设计方案。
3. 教师总结并评分、评价。

效果评价

“长江三峡游”线路设计训练评分表

姓　　名		地　点		时　间	
实训项目	实训考查要点	分值	小组评分	教师评分	最终得分
“长江三峡游”线路设计训练	1. 信息收集途径丰富、方法科学				
	2. 文案制作精良、图文并茂				
	3. 组员汇报语言表达熟练、清晰，文辞优美				
	4. 线路设计突出科学性、合理性、市场适宜性				
	5. 线路主题突出，景点景区选择符合线路主题				
	6. 团队分工明确，合作有序				
合　　计		100			

注：该表可根据实际设计的训练项目进行测评。

典型工作任务五　汉十高铁沿线旅游

任务引入

湖北最美高铁倾尽所能保护风景名胜区和水源

汉十高铁，串起古隆中、黄家湾、谷城汉江国家湿地公园、丹江口水库、武当山等诸多风景名胜区和保护区，被誉为“湖北最美高铁”。从设计之初到施工建设，为了保护世界文化遗产武当山古建筑群和南水北调中线核心水源区，选择了最为复杂的南线方案，13 km 隧道下穿武当山，在汉江湿地采取全线高架，不在水中设墩，完整保护生态保育区，工程造价增加了 3 亿元。随之而来的是，高难度的施工作业和复杂的地质条件，建设者们巧妙借助科技手段，让高铁建设和生态保护达到协调统一。

（信息来源：荆楚网，2018-5-28）

请思考：

如何将环境保护与高铁建设有效结合呢？

知识准备

一、汉十高铁线概况

汉十高铁是连接湖北省武汉市至十堰市的高速铁路，也是“八纵八横”高速铁路网络中中部与西部地区之间的便捷联系通道。汉十高铁为双线高速铁路，设计行车速度为250～350 km/h，于2019年11月29日正式开通运营。它自汉口站引出，设孝感东、云梦东、安陆西、随州南、随县、枣阳、襄阳东、谷城北、丹江口南、武当山西、十堰北等车站，线路如图4-19所示。全线共设大中型桥梁233座，隧道46座，桥隧总长274 km，桥隧比达到68.65%。通车后，十堰、襄阳等鄂西北沿线地区一跃成为国家高铁网络中的节点城市。

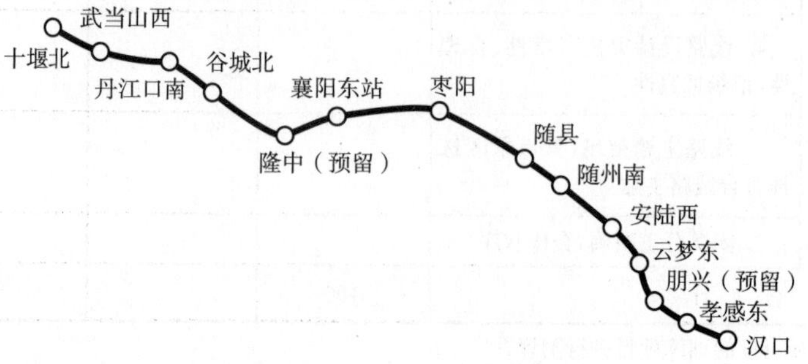

图4-19　汉十高铁线路图

汉十高铁沿线历史文化名城、国家级风景名胜区和著名旅游景点主要包括：襄阳市、随州市；襄阳古隆中风景区、武当山风景区；襄阳古城、丹江口水库风景区等。

二、沿线旅游名城

(一)襄　　阳

襄阳市位于湖北省西北部，处于汉江中游平原腹地。襄阳自古有“南船北马、七省通衢”之称，历代为南北通商和文化交流的通道，是鄂、豫、渝、陕四省毗邻地区的交通枢纽。襄阳、焦柳、汉丹铁路三条干线在襄阳交汇，形成了沟通中南与西部、西北的大型铁路枢纽，使襄阳成为全国铁路“八纵八横”网络中的枢纽之一。襄北铁路编组站是全国13个特大编组站之一。市区有五个火车站：襄阳站(一等站)、襄阳东站(二等站)、襄阳北站(特等编组站)、襄阳南站(四等站)、襄阳东津站(特等站)。

襄阳属北亚热带季风型大陆气候过渡区，具有四季分明，气候温和，光照充足，热量丰富，降雨适中，雨热同季等特点，为农业生产提供优越的气候条件。襄阳市主要农作物有小麦、水稻、玉米、大麦、大豆、芝麻、油菜、棉花、花生、药材、烟叶等。襄阳市是湖北省第二大粮仓，以小麦最为著名，是全省最大的小麦产区，全国十大夏粮产区之一。

襄阳有国家历史文化名城、中国优秀旅游城市的称号，是一座有着2 800多年建城史的文化名城。

1. 襄阳古城

襄阳古城在襄阳市区汉水南岸，城垣东、西、北三面环水，南面傍山，形势险要，自古易守难攻。襄阳城被历代兵家所看重，是中国最完整的一座古代城池防御建筑。襄阳城总长为7 322 m，城垣上设置垛堞4 000多个，护城河最宽处250 m，襄阳城为保存最完整的十大古城之一，自古就有“铁打的襄阳”“华夏第一城池”之说。襄阳城垣不仅以它的高大著称，而且四面建有六座城门（即大北门、小北门、长门、东门、西门和南门），每座城门外又建有瓮城，城门上又建有城楼，使古城垣更显雄伟，如图4-20所示。

图4-20 襄阳古城

襄阳城始建于汉代，开始只是土墙，宋代的时候，改为砖墙。经历了北宋、南宋直至明清的无数年月，经过多次的修整完善，终于形成了现在的规模。眼下的城墙大致呈长方形，周长8 km，墙高8 m，宽10～15 m。虽然经过多次的水淹火焚，但它屡坏屡修，完好程度国内少见。而环绕在城墙四周的护城河，也是经过了从窄到宽，从短到长的不断发展。天下护城河，以襄阳护城河宽度为最。据史料记载，早在宋代，它的平均宽度就超过了180 m，最宽处达到300余米，是北京、西安护城河平均宽度的8～10倍，为中国最宽的护城河。

2. 古隆中风景区

襄阳古隆中风景区是国家4A级风景名胜区，距襄阳市区13 km，总面积209 km^2，已有1 700多年的历史。诸葛亮17岁至27岁在此隐居躬耕。刘备“三顾茅庐”和“隆中对”的千古佳话就发生在这里。

隆中风景区（如图4-21所示）有着丰富的人文景观和优美的自然环境，明代就形成了“隆中十景”，即草庐亭、躬耕田、三顾堂、小虹桥、六角井、武侯祠、半月溪、老龙洞、梁父岩、抱膝石，新中国成立后又先后修建或新建了隆中书院、诸葛草庐、吟啸山庄、铜鼓台、长廊、观星台、棋盘石、琴台、孔雀寨、猴山等众多景点。

其中武侯祠是隆中传统十景之一，为隆中的主要建筑，坐落在隆山的东山梁上，是供奉诸葛亮的祠宇，整个建筑群雄伟壮观。祠内诸葛亮、刘备、关羽、张飞及蜀汉政权中功勋显赫的文武大臣塑像栩栩如生，可谓是“山中有遗貌，矫矫龙之姿”。

(二)十　堰

十堰，简称“堰”，别称“车城”，地处秦巴山区腹地，汉江中上游。它在中国“雄鸡”形版图中

图 4-21　隆中风景区

正处于“鸡心”部位，历史上曾有“南船北马、川陕咽喉、四省通衢”之称。十堰交通便捷，襄渝铁路横贯东西，运十铁路、土宜铁路、西武高铁、郑渝高铁在十堰新火车站共轨。209、316 国道纵横连接东西南北，高速公路直达武汉、西安、郑州、重庆，人来人往四面八方。

十堰因车而建、因车而兴，是驰名中外“东风车”的故乡，是全国闻名的“汽车城”。全市拥有 500 多家整车及零部件生产企业，拥有近千亿元的制造业存量资产和年产 50 万辆汽车的生产能力。

十堰市是一个山城，是“中国优秀旅游城市”，有着“仙山”“秀水”“汽车城”的美誉，其中“仙山”为我国道教四大名山之一的武当山，有“亘古无双胜境，天下第一仙山”的美誉；“秀水”为南水北调中线工程水源地、亚洲第一大人工淡水湖、“亚洲天池”之称的丹江口水库；“汽车城”则指十堰曾是新中国成立后第二汽车制造厂所在地，被称为“东方底特律”。

1. 武当山

武当山，又名太和山，位于湖北省十堰市境内，景区总面积 312 km^2。武当山是我国著名的道教圣地、太极拳的发祥地、国家重点风景名胜区、全国十大避暑胜地，1994 年武当山古建筑群被列入“世界文化遗产名录”。武当山属自然景观和人文景观完美结合的山岳型风景名胜区，以其绚丽多姿的自然景观、规模宏大的古建筑群、源远流长的道教文化、博大精深的武当武术著称于世。

武当山最有名的景点是金殿，俗称“金顶”(如图 4-22 所示)，在武当山主峰天柱峰的顶端，始建于明永乐年间，是中国现存最大的铜铸建筑物。金殿面阔、进深各三间，是铜铸烫金、仿木构建筑，重檐叠脊，翼角飞翘，殿脊装饰有仙人禽兽，造型生动逼真。殿内神像、几案、供器都是铜铸的，中供奉着真武帝君，着袍衬铠，披发跣足，丰姿魁伟，侧立有金童、玉女，拘谨恭顺，素雅俊逸，“水火”二将，列立两厢，威严勇猛，是全山铜铸造像艺术精华所在。

紫霄宫是武当山保存最完好的一座宫殿，其主体建筑至今已 590 余年。紫霄大殿是其中正殿，是全山最大、现存最完整的明代木结构建筑，坐落在三层饰栏丹墀崇台之上，巧妙利用地形落差，更显其雄伟壮观，气势轩然。大殿为九脊重檐歇山式顶，孔雀蓝琉璃瓦屋面。

图 4-22　武当山金殿

[阅读资料 4-4]

武当山大力建设文化旅游康养高地

武当山是世界文化遗产、中国著名的道教圣地、国家重点风景名胜区，拥有绚丽多姿的自然风景、规模宏大的古建筑群、源远流长的道教文化、博大精深的武当武术。其境内动植物资源达 3 681 种，仅药用植物便有 2 518 种之多，素有“天然药库”之称。当前，武当山特区正以“全域旅游”为主线，以项目建设为支撑，围绕“国际旅游胜地、东方康养之都、民族文化中心”总定位，推进“完善新区、改造老区、建设湖区、提升景区”的四区战略，努力建设文化旅游康养重地、东方国际休闲养生旅游目的地。

（信息来源：中国新闻网，2019-04-08）

2. 丹江口水库

丹江口水库库区主要位于湖北省丹江口市，域跨鄂豫两省。丹江口水库是中国南水北调中线工程的水源地。水库总面积 846 km^2，被称为汉江的天然水位调节器，有“亚洲天池”之美誉，如图 4-23 所示。水库来水 90％源于汉江，10％来源于汉江支流——丹江。一期工程年均可向河南、河北、天津、北京等四省市的 20 多座城市调水 95 亿 m^3，有效缓解了我国北方水资源严重短缺局面。

图 4-23　丹江口大坝

丹江口大坝工程水工建筑物由混凝土坝、电站厂房、升船机提升系统及上游 30 km 的两座引水渠道组成。周恩来曾经称赞丹江口大坝为全国唯一“五利俱全”的水利工程。库区水面最宽处在李官桥一带，东西宽为 20 多千米；最窄处在关防滩一带，两岸夹峙不足 300 m，库区水位最深处在湖北与河南之间台子下的省界江心，深达 80 余米。

任务训练

一、场景设计

（一）实训目的

熟悉湖北省襄阳市、十堰市的旅游资源。

（二）实训内容

1. 搜集武当山文化景区相关信息，分析景区资源特色。

2. 设计“武当山”主题线路。线路主题可以自拟，如“道教文化游”“武当访古游”“建筑科普游”等。

二、训练步骤

（一）实训前准备

组内合理分工，充分发挥每一位组员的兴趣特长，从信息搜索、材料整理、文案制作、美工排版、讲解汇报等多方面开展训练任务。学生复习课堂讲授的内容，提前预习训练项目。

（二）实　　训

1. 学生上交“武当山”主题线路设计方案。

2. 分组汇报交流主题游线路设计方案。

3. 教师总结并评分、评价。

效果评价

“武当山旅游”线路设计训练评分表

姓　　名		地　点		时　间	
实训项目	实训考查要点	分值	小组评分	教师评分	最终得分
“武当山旅游”线路设计训练	1. 信息收集途径丰富、方法科学				
	2. 文案制作精良、图文并茂				
	3. 组员汇报语言表达熟练、清晰，文辞优美				
	4. 线路设计突出科学性、合理性、市场适宜性				
	5. 线路主题突出，景点景区选择符合线路主题				

续上表

姓　名		地　点		时　间	
实训项目	实训考查要点	分值	小组评分	教师评分	最终得分
“武当山旅游”线路设计训练	6. 团队分工明确，合作有序				
合　计		100			

注：该表可根据实际设计的训练项目进行测评。

华中旅游区其他旅游名胜地

复习思考题

1. 华中旅游区有哪些独具特色的优势旅游资源？

2. 介绍“湘西文化”，举例介绍其代表性旅游资源。

3. 请介绍以下景区：少林寺、嵩岳寺塔、嵩阳书院、白马寺、龙门石窟等。

4. 请介绍以下景区：黄鹤楼公园、东湖风景区、黄陂木兰文化生态旅游区、岳麓山名胜区、岳麓书院、马王堆汉墓等。

5. 请介绍以下景区：炎帝陵景区、韶山—毛泽东故居等。

6. 请介绍以下景区：三峡大坝旅游区、三峡人家风景区、清江画廊度假风景区、屈原故里文化旅游区等。

7. 请介绍以下景区：隆中风景区、武当山风景区等。

8. 请介绍以下景区：清明上河园、开封府、芒砀山汉文化旅游景区、殷墟、凤凰古城、武陵源—张家界风景区等。

项目五　华东旅游区

学习目标

1. 知识目标

● 了解华东大区的基本地理面貌

● 熟悉华东大区主要铁路干线

● 掌握华东旅游区的主要旅游资源

2. 能力目标

● 能设计华东旅游区的旅游线路

●能讲解华东旅游区的主要景区

●能预测华东旅游区的旅游发展趋势

3. 素质目标

●具有洞悉江南文化特色的能力

●具有延展区域旅游特色线路的能力

热点引入

据安徽省相关媒体报道，2019 年 5 月 8 日至 10 日，由安徽省文化和旅游厅联合黄山、池州、宣城、安庆等四市政府主办的“美好大皖南迎客长三角”2019 年皖南国际文化旅游示范区(核心区)推介会在上海、杭州、南京三地举办。精品旅游线路发布、地方特色文艺表演、免费门票派送……此次推介活动内容精彩纷呈，优惠力度空前。推介会上重点推出了皖南示范区(核心区)和皖南世界遗产之旅、皖南诗意美景之旅、古皖山水文化之旅、文房四宝探寻之旅等四条精品线路。黄梅戏、书法展演等特色文艺节目则展示了四市厚重的历史文化底蕴。此外，78 家 4A 级以上旅游景区主动参与，提供 7.5 万张、价值 550 万元的门票，面向长三角地区免费派送。安徽用自己的满满诚意，让大美皖南向长三角地区发出了“邀请函”。

安徽与苏浙沪地缘相近、人缘相亲、文化相通，交流合作源远流长，相互间是重要的客源市场。此次推介会的成功举办，将推进安徽与长三角地区在更大范围、更宽领域、更深层次的旅游合作。

(信息来源：腾讯网，2019.5.9)

请思考：

1. 安徽为何要主动融入长三角地区一体化的合作发展？

2. 区位和交通的优势对安徽与长三角地区旅游合作起到了怎样的作用？

华东地区，位于中国东部，自北向南包括山东省、江苏省、安徽省、上海市、浙江省、江西省、福建省和台湾地区。

华东地区地形以丘陵、盆地、平原为主，主要山峰有泰山、黄山、九华山、武夷山、台湾山脉等。武夷山脉绵亘于闽赣边境，海拔 1 000 m～1 500 m，山脉呈东北—西南走向，是福建的天然屏障。台湾山脉是由一系列近南北走向的山脉组成，包括阿里山、玉山、雪山、中央山脉和海岸山脉，海拔 3 000 m 以上的山峰很多，最高峰是玉山，海拔 3 997 m。

华东地区属亚热带湿润性季风气候和温带季风气候，气候以淮河为分界线，淮河以北为温带季风气候，以南为亚热带季风气候，雨量集中于夏季，冬季北部常有大雪，通常集中在江苏省和安徽省的中北部地区以及山东省境内。

华东地区水资源丰富，华东水系有黄河、淮河、长江、钱塘江四大水系，京杭大运河贯通四大水系。中国五大淡水湖其中有四个位于华东地区，分别是江西省的鄱阳湖、江苏省的太湖和洪泽湖，以及安徽省的巢湖。

华东地区是少数民族散居的地区，56 个民族齐全，根据第六次全国人口普查统计，华东地区有少数民族约 360 万人。华东地区拥有四大菜系中的两大菜系——鲁菜和淮扬菜。

华东地区自然环境条件优越，物产资源丰富，商品生产发达，工业门类齐全，是中国综合技术水平最高的经济区。轻工、机械、电子工业在全国占主导地位。铁路、水运、公路、航运四通八达，是中国经济文化最发达的地区之一。

截至 2019 年 12 月，华东旅游区共拥有 47 座国家历史文化名城、62 个国家级自然保护区和 89 家 5A 景区，其中，5A 级景区数量约占全国总数的 1/3。

典型工作任务一　济青高铁沿线旅游

任务引入

“高铁开通后，青岛的邮轮旅游业大有可为。”青岛邮轮旅游发展联盟秘书长欣喜地表示，目前青岛的邮轮旅客有 70%～80% 来自青岛及周边，而同样是邮轮母港城市的厦门，外地游客占比达到 50% 以上。这说明，只要能缩短第一站的交通问题，作为旅游城市的青岛，在邮轮旅游业上优势太大了。青岛本身就是旅游城市，对游客来说有很强的吸引力。同时，青岛有区位优势，到目的地港口更近。比如北区的天津港，邮轮驶入公海需要 10 h，而从青岛出发的邮轮只需要 2 h 到公海，也就是说，游客从青岛坐邮轮出发，比从天津港节约一个白天的时间，同样六天五晚的行程，在邮轮目的地就可以多玩一些时间。据了解，济青高铁开通后，从青岛前往北京的时间将压缩至 3.5 h 左右，到北京、徐州、石家庄等地的时间将大为缩短。一般邮轮都是下午上船，这样一来，省内城市的游客当天抵达青岛邮轮母港就能上船，京沪等华北地区的游客当天抵达并上船也能实现。

（信息来源：青岛早报，2018-12-28）

请思考：

铁路和水运，两个不同的运输方式是如何在青岛形成互补促进的格局的？

知识准备

一、济青线概况

济青高铁，是中国山东省境内一条连接济南市与青岛市的高速铁路，线路呈东西走向，为中国“八纵八横”高速铁路网青银通道的东端部分。济青高速铁路于 2015 年 8 月 11 日动工建设，于 2018 年 12 月 26 日正式运营。该铁路西起济南东站、东至红岛站，全长 307.9 km，共有济南东、章丘北、邹平、淄博北、临淄北、青州市北、潍坊北、高密北、胶州北、青岛机场、红岛等 11 座车站，线路如图 5-1 所示。

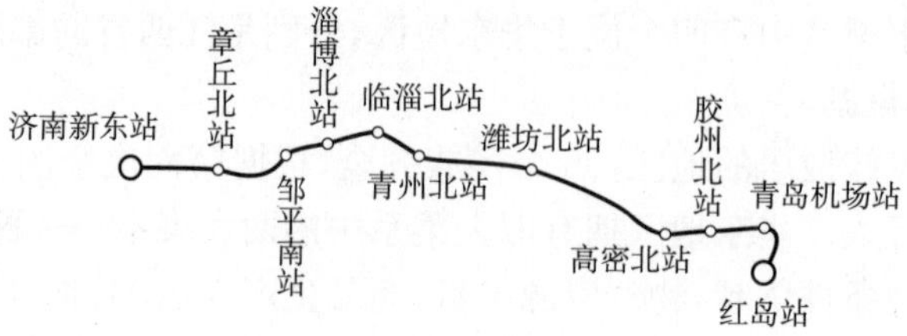

图 5-1 济青线线路图

济青高速铁路的建成通车为山东半岛新增一条高效便捷的大运力快速铁路通道，同时与胶济铁路在济南至青岛间形成“三线并行”的铁路交通运输格局。此外，线路进一步优化了区域高铁路网的结构，方便了沿线群众出行，对密切山东半岛与北京、上海、石家庄、太原等地的人员往来和经贸交流，促进区域经济社会发展等具有重要意义。

济青高铁沿线历史文化名城、国家级风景名胜区和著名旅游景点主要包括：济南、青岛、青州；天下第一泉景区、崂山景区、青州古城景区；淄博的周村、后李遗址、姜太公祠、东周殉马坑、潍坊的沂山风景区、高密的莫言旧居以及红高粱影视基地、胶州的三里河文化遗址等。

二、沿线旅游城市

(一)济　南

济南，简称“济”，别称“泉城”，是山东省省会和全国十五个副省级城市之一，环渤海地区南翼的中心城市，山东省的政治、文化、教育、交通和科技中心。济南市是济南局集团有限公司的驻地，济南枢纽为济南局集团有限公司最大的铁路中心枢纽。

济南北连首都经济圈，南接长三角经济圈，东西连通山东半岛与华中地区，是环渤海经济区和京沪经济轴上的重要交汇点，环渤海地区和黄河中下游地区中心城市之一。济南已成功举办亚洲杯、全运会、中国国际园林花卉博览会、中国艺术节等多项国际和国家级盛会。

济南地形地质构造独特。济南处在山东省的心脏地带，鲁中南低山丘陵与鲁西北冲积平原，正好把它夹在中间，为一平缓的单斜构造，高差达 500 多米，市区的地势自然也就随之南高北低，这种南高北低的地势，利于地表水和地下水向城区汇集。

济南的地方特产有章丘大葱、龙山小米、明水香稻等。济南刺绣，亦称鲁绣，是中国刺绣史上记载最早的绣种之一。生产于现济南市章丘区龙山区域的龙山黑陶是龙山文化最重要的一个特征。济南还盛产长清茶，它是中国纬度最高的产茶区之一。

济南因境内泉水众多，拥有“七十二名泉”，被称为“泉城”，是拥有“山、泉、湖、河、城”风貌的旅游城市，是国家历史文化名城，首批中国优秀旅游城市，史前文化——龙山文化的发祥地之一。

1. 千佛山

千佛山，古称历山，因为古史称舜在历山耕田的缘故，又曾名舜山和舜耕山。隋开皇年间(581—600 年)，因佛教盛行，随山势雕刻了数千佛像，故称千佛山。

千佛山是泰山的余脉，海拔 285 m，占地 166.1 hm^2，距济南市中心 2.5 km，位于山东省济南市中心南部，与趵突泉、大明湖并称济南三大名胜，是国家 4A 级旅游景区。

千佛山上的石佛雕刻集中在兴国寺后的千佛崖上。兴国寺又名千佛山寺，始建于唐代，后经历代增建，规模渐大。千佛崖上有隋代石佛 60 余尊，年代悠久，具有很高的艺术价值。

沿着盘道西路登山，途中有一唐槐亭，亭旁古槐一株，相传唐朝名将秦琼曾拴马于此。半山腰有一彩绘牌坊，即“齐烟九点”坊。登上一览亭，凭栏北望，近处大明湖如镜，远处黄河如带，泉城景色一览无遗。

2. 大明湖

大明湖是济南繁华都市中一处难得的天然湖泊，与趵突泉、千佛山并称为济南三大名胜，素有“泉城明珠”的美誉。大明湖历史悠久，早在北魏年间，著名地理学家郦道元所著《水经注·济水注》中便有记载：“泺水北流为大明湖，西即大明寺，寺东、北两面则湖。”文中所指大明湖位置在今五龙潭一带，而现今大明湖一带水域则名“历水陂”，位于济南市中心偏东北处。

大明湖由济南众多泉水汇流而成，湖面 58 hm^2，公园面积 103.4 hm^2，平均水深 2 m 左右，最深处达 4.5 m。早在唐宋时期，大明湖就以其撼人心弦的美景而闻名四海。“蛇不见，蛙不鸣，久雨不涨，久旱不涸”为大明湖的四大怪。

大明湖水色澄碧，堤柳夹岸，莲荷叠翠，亭榭点缀其间，南面千佛山倒映湖中，形成一幅天然画卷，沿湖的亭台楼阁，水榭长廊参差有致，湖的南面有清宣统年间模仿江南园林建造的遐园，如图 5-2 所示。遐园内曲桥流水，幽径回廊，假山亭台，十分雅致，被称为“济南第一庭园”。湖边假山上建有浩然亭，登临其上，可以一览大明湖的景色。湖对面北岸高台上有元代建的北极阁。清代书法家铁保留下的“四面荷花三面柳，一城山色半城湖”的名句，绘声绘色地道出了大明湖的绝佳之处。

图 5-2 大明湖

3. 趵突泉

趵突泉位于山东省济南市历下区，南靠千佛山，东临泉城广场，北望大明湖、五龙潭。趵突泉面积达158亩(1 m^2=0.001 5亩),是以泉为主的国家5A级旅游景区特色园林、国家首批重点公园。

趵突泉位居济南七十二名泉之首,被誉为“天下第一泉”,也是最早见于古代文献的济南名泉。趵突泉是公园内的主景,泉池东西长30 m,南北宽20 m,泉分三股涌出平地,泉水澄澈清冽。泉的四周有大块砌石,环以扶栏,可凭栏俯视池内三泉喷涌的奇景。

在趵突泉附近,散布着金线泉、漱玉泉、洗钵泉、柳絮泉、皇华泉、杜康泉、白龙泉等30多个名泉,构成了趵突泉泉群。

趵突泉水从地下石灰岩溶洞中涌出,其最大涌量达到24万 m^3/d,出露标高可达26.49米。水清澈见底,水质清醇甘洌,含菌量极低,经化验符合国家饮用水标准。泉水一年四季恒定在18 ℃左右,严冬水面上水气袅袅,像一层薄薄的烟雾,一边是泉池幽深,波光粼粼,一边是楼阁彩绘,雕梁画栋构成了一幅奇妙的人间仙境,当地人称之为“云蒸雾润”。

趵突泉水清澈透明,味道甘美,是十分理想的饮用水。相传乾隆皇帝下江南,出京时带的是北京玉泉水,到济南品尝了趵突泉水后,便立即改带趵突泉水,并封趵突泉为“天下第一泉”。

(二)青　　岛

青岛,简称“青”,山东省地级市,计划单列市、副省级市,是国务院批复确定的国家沿海重要中心城市、国际性港口城市,也是山东省经济中心、滨海度假旅游城市、国家重要的现代海洋产业发展先行区、东北亚国际航运枢纽、海上体育运动基地,一带一路新亚欧大陆桥经济走廊主要节点城市和海上合作战略支点。

青岛港是沿黄河流域和环太平洋西岸重要的国际贸易口岸和海上运输枢纽,与世界130多个国家和地区的450多个港口有贸易往来,青岛港客运站是旅客水路进入青岛的主要通道之一。青岛拥有青岛流亭国际机场,年旅客吞吐量超过2 300万人次;青岛胶东国际机场已于2020年上半年竣工。连接青岛和济南的运输大动脉胶济铁路是中国第一条正式通车运行的铁路客运专线。

青岛地处山东半岛东南部沿海,胶东半岛东部;濒临黄海,隔海与朝鲜半岛相望,东北与烟台毗邻,西与潍坊相连,西南与日照接壤。

青岛为海滨丘陵城市,地势东高西低,南北两侧隆起,中间低凹。青岛海区港湾众多,岸线曲折,滩涂广阔,水质肥沃,是多种水生物繁衍生息的场所。青岛老鹳草、青岛薹草、胶州卫矛、青岛百合是青岛特有的四大珍稀植物。

1. 崂山

崂山,古代又曾称牢山、劳山、鳌山等,位于青岛市东部的崂山区,是山东半岛的主要山脉,最高峰崂顶海拔1 133 m。崂山耸立在黄海之滨,古语云:“泰山虽云高,不如东海崂。”山海相连、山光海色是其特色。崂山是全国唯一在海边拔地崛起的山脉,有“海上第一名山”之称。传说秦始皇、汉武帝都曾来此求仙。这座道教名山,以聊斋中的《崂山道士》名闻天下。山上有“九宫八观七十二庵”,全山有上千名道士。

崂山是道教名山。自春秋战国至秦汉时期,就有方士、巫师在崂山餐霞修炼,唐、宋两代崂山道教肇兴,元、明两代达到鼎盛,至清代不衰。崂山道教由于王重阳所创全真派的入统,开创了全新的局面。全真道北七真涉足崂山,邱处机三次来崂山说法阐教,影响深远。嗣后,北七真在崂山各创宗派,争建道观,至明代达到鼎盛时期,遂有“九宫八观七十二庵”之繁荣,使崂山成为道教全真天下第二丛林。

2. 中山公园

中山公园是国内著名的综合性公园。公园三面环山，南向大海。东傍太平山，与青岛植物园相接，北靠青岛动物园、青岛榉林公园，西依百花苑近百种林木与公园的四时花木连为一体，树海茫茫。园内林木繁茂，枝叶葳蕤，是青岛市区植被景观最有特色的风景区。

中山公园始建于 20 世纪初，1898 年，德国强占胶州湾、威逼清政府租借青岛后，先后于 1902 年和 1905 年将该村全部土地收购，废村拆房，辟为植物试验场。建林木园地约 100 万 m^2，果木园地约 4 万 m^2，集中各地的花草树木 170 多种、23 万株。其中最富特色的是从日本移植的 2 万株樱花，形成了此园特有的景色，并逐渐成为以树林、果园、花木为主的公园，后取名为“森林公园”。

新中国成立后，青岛市政府对公园进一步规划建设，使公园景观日臻完美。走进公园大门，正对的是著名的樱花路。樱花路直通动物园内，成为中山公园的主干道。路两侧上万株旬，樱花重重叠叠，形成了美丽的樱花长廊。至 5 月上旬淡粉色的单瓣樱花和浅红色的重瓣樱花堆满树枝，非常迷人。

樱花路东侧以林木、果园为主，有各种各样的常绿乔木、落叶乔木。雪松树形优美、青翠挺拔，是这里重要的观赏树木。中山公园的雪松采用种子繁育获得成功后，青岛的雪松到处安家落户，在全国多地均有繁衍。雪松因雌雄异株，花开时间相错半月，雄花谢过，雌花方开，枝条密、长势壮、树形好、繁育快。由此，青岛成为重要的雪松繁育基地。

3. 黄岛金沙滩

黄岛金沙滩旅游度假区位于山东省青岛市经济技术开发区内。金沙滩水清滩平，沙细如粉，沙质为金黄色，所以得到了金沙滩这个名字。金沙滩海面有一石蛙，头东尾西，随潮起潮落若隐若现，称为“隐身石蛙”。清代诗云：“岛屿婉蜒傍海限，沧茫万倾水天开，潮声如吼摇山岳，疑是将军拥众来。”

金沙滩全长 3 500 多米，宽约 300 m，呈月牙形东西伸展，是我国沙质最细、面积最大、景色最美的沙滩之一。自然环境优美，滨海木栈道、景观长廊、凉亭、水车、渔船等一系列精致的木质小品与大海、沙滩融为一体，展现出一幅优美的海滨画卷。2007 年，中国电影表演艺术学会“学会奖”——金凤凰奖永久落户青岛凤凰岛，一座由 2008 年北京奥运会吉祥物“福娃”设计者、著名艺术大师韩美林先生设计的金凤凰大型雕塑“祥凤和云”也矗立于沙滩岸边成为景区的标志性建筑。“金沙滩头平，遥望天水涌。冲浪水盈盈，踏歌万里行”。诗人在《金沙滩》诗赋中，描写了金沙滩海水浴场的美丽动人的画面。金沙滩有三宝，海参，鲍鱼和螃蟹。金沙滩三宝营养价值高，个头大而味美。

任务训练

一、场景设计

(一)实训目的

锻炼学生资源调查与分析能力。

(二)实训内容

1. 搜集山东省著名滨海城市的旅游资源信息，分析区域资源特色。

2. 分组查阅信息、整理材料，编写《山东滨海城市旅游资源档案》。《山东滨海城市旅游资源档案》的主要内容包括：区域概况、主要滨海城市介绍、城市旅游景区介绍、推荐游览线路等。

二、训练步骤

(一)实训前准备

提前预习训练项目，组内合理分工，充分发挥每一位组员的兴趣特长，从信息搜索、材料整理、文案制作、美工排版、讲解汇报等多方面开展训练任务。

(二)实　训

1. 学生上交《山东滨海城市旅游资源档案》。
2. 分组汇报交流档案内容。
3. 教师总结并评分、评价。

效果评价

资源档案制作训练评分表

姓　名		地　点		时　间	
实训项目	实训考查要点	分值	小组评分	教师评分	最终得分
资源档案制作训练	1. 信息收集途径丰富、方法科学				
	2. 文案制作精良、图文并茂				
	3. 组员汇报语言表达熟练、清晰，文辞优美				
	4. 档案内容突出科学性、系统性、资源评价适宜性				
	5. 滨海城市的选择应全面，城市间对比应突出不同的旅游特色				
	6. 团队分工明确，合作有序				
合　计		100			

注：该表可根据实际设计的训练项目进行测评。

典型工作任务二　沪宁城际沿线旅游

任务引入

草长莺飞二月天，拂堤杨柳醉春烟。进入春季，拥有各类美景的长三角地区处处洋溢着春的气息，正是赏美景愉悦身心的大好时机。长三角区域铁路密布，高铁成网，乘高铁快旅慢游等城际旅游新概念也越来越多被游客接受。记者从中国铁路上海局集团有限公司获悉，长三角铁路春游运输于 3 月 16 日启动，沪宁间动车组公交化开行，全天近 480 趟高铁动车往返。京沪高铁、沪宁城际将古都南京与魔都上海完美连接，沿线串起镇江、常州、无锡、苏州等富含江南特色的城市，日常全天有 220 余对动车组列车往返于“古都”与“魔都”间，最快运行时间仅需 1 h 2 min。本周末，上海、南京间再增开列车 33 趟，90 趟列车重联运行。

（信息来源：网易新闻，2019-3-17）

请思考：

沪宁城际是中国开行频率和效益最高的高铁之一，它为何能保持高密度、公交化的运行模式？

知识准备

一、沪宁线概况

沪宁城际高速铁路，又称为沪宁高铁、沪宁城际等。它是一条连接上海市与江苏省南京市的城际铁路，是长江三角洲地区城际客运铁路线网的主骨架。沪宁城际铁路于 2008 年 7 月 1 日动工建设；2010 年 7 月 1 日，全线正式通车。全线由南京站至上海站，线路如图 5-3 所示，全长 301 km，设有 21 个车站，设计的最高时速 350 km/h。

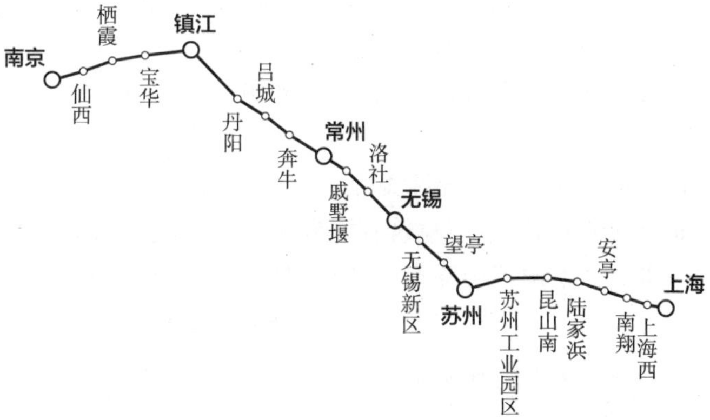

图 5-3　沪宁线线路图

沪宁城际铁路贯穿中国城市群密集、生产力发达、经济增长强劲、极具发展活力的长三角核心区域，使上海、南京以及苏州、无锡、常州、镇江等城市形成“同城效应”，成为助推长三角现代化建设的强大引擎。在中国国寸土寸金、经济总量最大、人口最为稠密的长三角区域，沪宁城际铁路的建成运营，对于加快转变经济发展方式，实现经济社会全面协调可持续发展，必将产生重要而深远的影响。

沪宁城际沿线历史文化名城、国家级风景名胜区和著名旅游景点主要包括：南京、无锡、苏州、镇江、常州、上海；中山陵、明孝陵、总统府、秦淮河、太湖鼋头渚风景区、灵山大佛、无锡影视基地、惠山古镇、苏州园林、周庄古镇、同里古镇、三山风景区、茅山景区、环球恐龙城景区、天目湖景区、上海野生动物园、东方明珠电视塔；牛首山文化园、南禅寺、虎丘山风景名胜区、寒山寺、上海外滩、豫园、人民广场、中共一大会址、中共二大会址等。

二、沿线旅游城市

(一)南　京

南京，简称“宁”，古称金陵、建康，是江苏省会、副省级市，国务院批复确定的中国东部地区重要的中心城市、全国重要的科研教育基地和综合交通枢纽。

南京地处中国东部，濒江近海，是长江下游重要的国际航运物流中心，也是东部沿海经济带与长江经济带战略交汇的重要节点城市。

南京是国家重要的铁路枢纽，连接华北、华东和华中铁路交通的主枢纽，国家东部地区铁路交通枢纽中心，是国家“八纵八横”铁路格局中南北、东西干线的重要交汇点。沪宁城际、京沪高铁、宁杭高铁、沪汉蓉高铁等多条高铁干线在此交汇。

南京是首批国家历史文化名城，有着 7 000 多年文明史、近 2 600 年建城史和近 500 年的建都史，有“六朝古都”“十朝都会”之称。

南京的工艺品种类繁多，比较具有代表性的有南京云锦、金陵金箔、南京剪纸、金陵竹刻等。南京著名的民歌《茉莉花》源自南京六合民间传唱百年的《鲜花调》，在国内外具有极高的知名度，在世界广为传颂，是中国文化的代表元素之一。

1. 中山陵

中山陵位于南京紫金山南麓钟山风景区内，是中国近代伟大的民主革命先行者孙中山先生的陵寝及其附属纪念建筑群，面积 8 万余平方米。中山陵自 1926 年春动工，至 1929 年夏建成，2006 年列为首批国家重点风景名胜区和国家 5A 级旅游景区，2016 年入选“首批中国 20 世纪建筑遗产”名录。

中山陵(如图 5-4 所示)前临平川，背拥青嶂，东毗灵谷寺，西邻明孝陵，整个建筑群依山势而建，由南往北沿中轴线逐渐升高，主要建筑有博爱坊、墓道、陵门、石阶、碑亭、祭堂和墓室等，排列在一条中轴线上，体现了中国传统建筑的风格，从空中往下看，像一座平卧在绿绒毯上的“自由钟”。融汇中国古代与西方建筑之精华，庄严简朴，别创新格。

图 5-4　中山陵

中山陵各建筑在形体组合、色彩运用、材料表现和细部处理上均取得极好的效果，音乐台、光华亭、流徽榭、仰止亭、藏经楼、行健亭、永丰社、永慕庐、中山书院等建筑众星捧月般环绕在陵墓周围，构成中山陵景区的主要景观，色调和谐统一更增强了庄严的气氛，既有深刻的含意，又有宏伟的气势，且均为建筑名家之杰作，有着极高的艺术价值，被誉为“中国近代建筑史上第一陵”。

2. 总统府

南京总统府建筑群占地面积约为5万余平方米，至今已有600多年的历史。其历史可追溯到明初的归德侯府和汉王府，清代被辟为江宁织造署、两江总督署等，清康熙、乾隆南巡均以此为行宫。太平天国定都天京（今南京）后，在此基础上扩建为天王府。1912年1月1日，孙中山在此宣誓就职中华民国临时大总统，辟为大总统府，后来又为南京国民政府总统府。1949年4月23日，中国人民解放军解放南京，24日凌晨攻占总统府，南京解放。

总统府自近代以来，多次成为中国政治军事的中枢、重大事件的策源地，中国一系列重大事件或在这里发生，或与这里密切相关，一些重要人物都在此活动过。它是中国近代建筑遗存中规模最大、保存最完整的建筑群，也是南京民国建筑的主要代表之一，中国近代历史的重要遗址，现已辟为中国近代史遗址博物馆。总统府是全国重点文物保护单位，国家4A级旅游景区。

3. 明孝陵

明孝陵是明太祖朱元璋与其皇后的合葬陵墓。因皇后马氏谥号“孝慈高皇后”，又因奉行孝治天下，故名“孝陵”。明孝陵位于南京紫金山南麓独龙阜玩珠峰下，东毗中山陵，南临梅花山，其占地面积达170余m^2，是中国规模最大的帝王陵寝之一。

明孝陵始建于明洪武十四年（1381年），至明永乐三年（1405年）建成，先后调用军工10万，历时达25年。承唐宋帝陵“依山为陵”旧制，又创方坟为圜丘新制。将人文与自然和谐统一，达到天人合一的完美高度，成为中国传统建筑艺术文化与环境美学相结合的优秀典范。

明孝陵作为中国明皇陵之首，代表了明初建筑和石刻艺术的最高成就（如图5-5所示），直接影响明清两代500余年20多座帝王陵寝的形制，依历史进程分布于北京、湖北、辽宁、河北等地的明清皇家陵寝，均按南京明孝陵的规制和模式营建，在中国帝陵发展史上有着特殊的地位，故而有“明清皇家第一陵”的美誉。

图5-5　明孝陵石像路

2006年12月，被列为首批国家重点风景名胜区和首批国家5A级旅游景区。

4. 夫子庙秦淮风光带

秦淮河是长江的一条支流，也是南京的母亲河。这里素为“六朝烟月之区，金粉荟萃之所”。千百年来，秦淮河哺育着古城南京，是南京古老文明的摇篮，而这里也逐渐成为金陵城的繁华地带，而内秦淮河从东水头至西水关全长 4.2 km 的沿河两岸，历史上许多富商大贾、豪门权贵聚居于淮水两岸，繁华昌盛，金粉楼台，鳞次栉比。

六朝时代，南京夫子庙地区已相当繁华。乌衣巷、朱雀街、桃叶渡等处，都是当时高门大族所居。在明代，夫子庙作为国子监科举考场，考生云集，因此这里集中了许多服务行业，有酒楼、茶馆、小吃等也应运而生。古人有诗曰“桨声灯影连十里，歌女花船戏浊波”，说的就是当时秦淮河上的繁华景象。

新中国成立以来，原国家旅游局和南京市人民政府对重点开发秦淮风光带进行了修缮、整修和复建，恢复了明末清初江南街市商肆风貌，秦淮河又再度成为我国著名的游览胜地。经过修复的秦淮河风光带，以夫子庙为中心，包括瞻园、夫子庙、白鹭洲、中华门，以及从桃叶渡至镇淮桥一带的秦淮水上游船和沿河楼阁景观，集古迹、园林、画舫、市街、楼阁和民俗民风于一体，还有诱人的秦淮夜市和金陵灯会、民俗名胜、地方风味小吃等，使中外游客为之陶醉。2010年，南京夫子庙—秦淮河风光带景区晋升为国家 5A 级旅游景区。

(二)无　锡

无锡，简称“锡”，古称新吴、梁溪、金匮，被誉为“太湖明珠”。无锡位于江苏省南部，地处长江三角洲平原。北倚长江，南滨太湖，京杭大运河从无锡穿过。

无锡是国家历史文化名城。江南文明的发源地之一，有文字记载的历史可追溯到商朝末年。前 11 世纪末，公亶父长子泰伯为让位于三弟季历，偕二弟仲雍，东奔江南，定居梅里(今无锡梅村)，筑城立国，自号“勾吴”。今无锡有泰伯殿堂。

无锡市境内以平原为主，星散分布着低山、残丘。南部为水网平原；北部为高沙平原；中部为低地辟成的水网圩田；西南部地势较高，为宜兴的低山和丘陵地区。最高峰为惠山三茅峰，海拔 328.98 m。无锡市属北亚热带湿润季风气候区，四季分明，热量充足，降水丰沛，雨热同季。具有南北农业皆宜的特点，作物种类繁多。自古就是鱼米之乡，素有布码头、丝都、米市之称。

无锡是中国民族工业和乡镇工业的摇篮，是苏南模式的发祥地。无锡文化属吴越文化，无锡人属江浙民系，使用吴语。

1. 灵山大佛

灵山大佛位于江苏省无锡市滨湖区马山国家风景名胜区的山水之间，是国家 5A 级旅游景区无锡市灵山景区的重要组成部分之一，佛体坐落于无锡马山秦履峰南侧，1997 年 11 月 15 日落成开光。

矗立在小灵山南麓的灵山大佛，包括莲花座在内通高为 88 m，相当于一幢 30 余层楼房的高度，比“山是一尊佛，佛是一座山”的四川乐山大佛还要高出 17 m，是中国第二高的巨型佛像，如图 5-6 所示。如果加上三层座基，总高度达 101.5 m。灵山大佛双目垂视，眼神睿智慈祥。不论游客靠近或走远，似乎都在大佛眼神的关切之中；并且随着人的靠近或远离，眼睛仿佛在微微开合，靠得愈近，眼睛就睁得愈开；嘴角似笑而未笑，欲言而未语，诸多嘱咐即将出口，使人倍感亲切，引发种种遐想。

灵山大佛的塑造，依据佛经如来三十二形象的记载完成。大佛慈颜微笑，广视众生，右手“施无畏印”代表除却痛苦，左手“施与愿印”代表给予快乐，均为祝福之相，整个佛像形态庄严圆满，安详凝重而细致，显现佛陀慈悲的法相。

灵山大佛是无锡的城市标志之一，对社会文化和经济发展具有重大意义。

图 5-6　灵山大佛

2. 鼋头渚

鼋头渚，是横卧无锡太湖西北岸的一个半岛，因巨石突入湖中形状酷似神龟昂首而得名，鼋头渚始建于 1916 年，现面积达 539 hm^2。

萧梁时，此地建有“广福庵”，为“南朝四百八十寺，多少楼台烟雨中”的一处。

明代以前，鼋头渚已为人们所向往。茂林修竹、悬崖峭壁、摩崖石刻、同太湖水辉映成趣，被认为是无锡境内的“桃花源”。明代，东林党首领高攀龙在此留下了“鼋头渚边濯足”的遗迹。始建于 1918 年的鼋头渚公园，曾是蒋介石的私家园林，堪称“无锡第一胜景”，形成鼋头渚风景区的雏形。

新中国成立后，政府将这里原有的园林、别墅合并为“鼋头渚公园”。1982 年开始进行了大规模的扩建，面积从原来的 480 亩（1 m^2＝0.001 5 亩），扩大到 1 950 亩（1 m^2＝0.001 5 亩），统称“具区胜境”。园内有十大景区（鼋渚春涛、万浪卷雪、芦湾消夏、湖山真意、鹿顶迎晖、充山隐秀、藕花深处、十里芳径、中犊晨雾、三山映碧），鼋渚春涛景区是整个园林的精华所在，如图 5-7 所示。

图 5-7　鼋头渚景区风景

2012 年 10 月 26 日，鼋头渚晋升为国家 5A 级风景区。

3. 无锡影视城

无锡影视城，又称中央电视台无锡影视基地，位于江苏省无锡市滨湖区山水西路，始建于 1987 年，是以影视拍摄服务为主，兼具观光旅游、文化娱乐、休闲度假等功能的综合性旅游区。

无锡影视城占地面积 100 万 m^2，水域面积 200 万 m^2，是以三国、唐宋时期文化为背景的仿古建筑群，主要景点由三国城、水浒城、唐城、欧洲城、大宅门等多余处影视拍摄景观组成，另外还有老北京四合院、老上海一条街等明清风格的建筑景观。

无锡影视城为国家 5A 级旅游景区。在无锡影视城取景的有电视剧《西游记》《三国演义》《水浒传》等作品。

(三)苏　州

苏州，古称吴，简称为苏，又称姑苏、平江等，是国家历史文化名城和风景旅游城市，国家高新技术产业基地，长江三角洲城市群重要的中心城市之一，有“人间天堂”的美誉。

苏州位于江苏省东南部，长江三角洲中部，东临上海，南接嘉兴，西抱太湖，北依长江。古城境内河港交错，湖荡密布，最著名的湖泊有位于西隅的太湖；城市中间有阳澄湖、金鸡湖、独墅湖等，长江及京杭运河贯穿市区之北。由于苏州城内河道纵横，也称为水都、水城、水乡，十三世纪的《马可·波罗游记》将苏州赞誉为东方威尼斯。苏州古城被法国启蒙思想家孟德斯鸠称赞为“鬼斧神工”。

苏州是中国首批 24 座国家历史文化名城之一，有近 2 500 年历史，是吴文化的发祥地。苏州人多属江浙民系，使用吴语。苏州园林是中国私家园林的代表，被联合国教科文组织列为世界文化遗产。中国大运河苏州段入选世界遗产名录。

苏州四季分明，雨量充沛，种植水稻、小麦、油菜。盛产棉花、蚕桑、林果。苏州本地特产有碧螺春茶叶、阳澄湖大闸蟹等。苏绣是“中国四大名绣”之首。

1. 拙政园

拙政园，位于江苏省苏州市，始建于明正德初年(16 世纪初)，是江南古典园林的代表作品。拙政园与北京颐和园、承德避暑山庄、苏州留园一起被誉为中国四大名园。

拙政园位于苏州城东北隅(东北街 178 号)，截至 2014 年，仍是苏州存在的最大的古典园林，占地 78 亩(约合 5.2 hm^2)。全园以水为中心，山水萦绕，厅榭精美，花木繁茂，具有浓郁的江南水乡特色。花园分为东、中、西三部分，东花园开阔疏朗，中花园是全园精华所在，西花园建筑精美，各具特色。园南为住宅区，体现典型江南地区传统民居多进的格局，如图 5-8 所示。园南还建有苏州园林博物馆，是国内唯一的园林专题博物馆。

图 5-8　拙政园

东部原称“归田园居”，是因为明崇祯四年(公元 1631 年)园东部归侍郎王心一而得名。面积约 31 亩(1 m^2=0.001 5 亩)，因归园早已荒芜，全部为新建，布局以平冈远山、松林草坪、竹坞曲水为主。配以山池亭榭，仍保持疏朗明快的风格，主要建筑有兰雪堂、芙蓉榭、天泉亭、缀云峰等，均为移建。

中部是拙政园的主景区，为精华所在，面积约 18.5 亩（$1\ m^2=0.001\ 5$ 亩），其总体布局以水池为中心，亭台楼榭皆临水而建，有的亭榭则直出水中，具有江南水乡的特色。这里池广树茂，景色自然，临水布置了形体不一、高低错落的建筑，主次分明。总的格局仍保持明代园林浑厚、质朴、疏朗的艺术风格。

西部原为“补园”，面积约 12.5 亩（$1\ m^2=0.001\ 5$ 亩），其水面迂回，布局紧凑，依山傍水建以亭阁。因被大加改建，所以乾隆后形成的工巧、造作的艺术的风格占了上风，但水石部分同中部景区仍较接近，而起伏、曲折、凌波而过的水廊、溪涧则是苏州园林造园艺术的佳作。西部主要建筑为靠近住宅一侧的三十六鸳鸯馆，是当时园主人宴请宾客和听曲的场所，厅内陈设考究。另一主要建筑“与谁同坐轩”乃为扇亭，扇面两侧实墙上开着两个扇形空窗，一个对着“倒影楼”，另一个对着“三十六鸳鸯馆”，而后面的窗中又正好映入山上的笠亭，而笠亭的顶盖又恰好配成一个完整的扇子。

2. 周庄

周庄古镇是世界文化遗产预选地、首批国家 5A 级旅游景区，位于苏州城东南，位于昆山、吴江、上海三地交界处。

周庄古镇四面环水，因河成镇，依水成街，以街为市。井字形的河道上完好保存着 14 座建于元、明、清各代的古石桥。枕河而居的原住民有 800 多户，大多数民居的家中依旧保存着明清时期的建筑风貌。

周庄的主要景点有双桥，又叫作钥匙桥，它由一座石拱桥——世德桥和一座石梁桥——永安桥组成。世德桥长 16 m，宽 3 m，跨度 5.9 m；永安桥长 13.3 m，宽 2.4 m，跨度 3.5 m。双桥中，石拱桥横跨南北市河，桥东端有石阶引桥，伸入街巷；石梁桥平架在银子浜口，桥洞仅能容小船通过，桥栏由麻条石建成。

明代江南巨富沈万三家族也与周庄有着不解之缘，坐落在周庄的沈厅就是由沈万三后裔沈本仁建于清乾隆七年（1742 年），占地 2 900 多平方米，坐东朝西，七进五门楼，共有大小房屋 100 余间。相传江南巨富沈万三家招待贵宾必有蹄髈，所谓“家有筵席，必有酥蹄”，因此得名“万三蹄”，经数百年的流传，已经成为周庄人过年过节、婚宴中的主菜，意为团圆，亦是招待宾客的上乘菜肴。

除了沈厅之外，还有一建筑名曰“张厅”。它是江南民居中比较典型的前厅后堂格局，是周庄保存比较完整的明代建筑。整个张厅占地面积 1 800 多平方米，大小房间 60 余间，前后分为六进，还有一个私家后花园。

周庄古镇的茶文化历史悠久，历来有吃“阿婆茶”、喝“喜茶”“春茶”“满月茶”等习俗，名目繁多，被称为“江南茶道”。周庄传统民间曲“艺丝弦宣卷”有 200 余年的历史。

3. 虎丘山风景名胜区

虎丘山风景名胜区位于苏州古城西北角的虎丘山风景名胜区，有 2 500 多年的悠久历史，有“吴中第一名胜”“吴中第一山”的美誉，宋代大诗人苏东坡写下“尝言过姑苏不游虎丘，不谒闾丘，乃二欠事”的千古名言。现为国家 5A 级旅游景区。

虎丘，原名海涌山，据《史记》记载，吴王阖闾葬于此，传说葬后三日有“白虎蹲其上”，故名虎丘。又一说为“丘如蹲虎”，以形为名。虎丘山高仅 30 多米，却有“江左丘壑之表”的风范，绝岩耸壑，气象万千，并有三绝九宜十八景之胜，其中最为著名的是云岩寺塔和剑池，如图 5-9 所示。

图 5-9　虎丘景区风景

云岩寺塔，是中国第一斜塔，世界第二斜塔，也是古老苏州的象征，也称“虎丘塔”，它建于五代后周显德六年(公元 959 年)，建成于宋建隆二年辛酉(公元 961 年)，至今已经有 1 000 多年的历史。这座塔七层八面，塔高 47.7 m，塔向东北偏北方向倾斜，它的塔顶偏离中心 2.34 m，最大倾角是 3°59′，虎丘塔也被称为“中国的比萨斜塔”。这座塔是江南现存时代最早，规模宏大，结构精巧的一座佛塔。斜而不倒的造型更显得它的珍贵，由于在全国仅存此例，因此该塔无论在建筑科学，造型艺术、历史研究等各方面都具有独特的重要地位。

除了云岩寺塔，虎丘的另一个著名景点非剑池莫属了。称它为剑池，一是因为如果从池子上面看，这池宛若一把平铺的剑；另一原因是传说当年为吴王阖闾殉葬有扁诸、鱼肠宝剑三千把，故得名。传说吴王阖闾墓的开口处就在这里，剑池可以说是虎丘最为神秘的地方。从千人石上朝北看，“别有洞天”圆洞门旁刻有“虎丘剑池”4 个大字，浑厚遒劲，原为唐代大书法家颜真卿独子颜頵所书。

(四)上　　海

上海市，简称“沪”，是中国共产党的诞生地，是中华人民共和国省级行政区、直辖市，国家历史文化名城，国际经济、金融、贸易、航运、科技创新中心。

上海位于中国华东地区，地处长江入海口，东隔东中国海与日本九州岛相望，南濒杭州湾，北、西与江苏、浙江两省相接。上海地处太平洋西岸，亚洲大陆东岸，长江三角洲前缘，中国南北弧形海岸线中部，位于长江三角洲冲积平原，平均海拔高度 4 m。

上海已形成由铁路、水路、公路、航空、轨道等 5 种运输方式组成的，具有超大规模的综合交通运输网络。上海港是中国最大的枢纽港之一。上海拥有上海虹桥国际机场和上海浦东国际机场两座国际机场。浦东机场的国际旅客吞吐量位居国内机场首位，2016 年 12 月 12 日，上海浦东与虹桥机场年旅客吞吐量突破 1 亿人次，上海继伦敦、纽约、东京、亚特兰大之后，成为全球第 5 个航空旅客跨入亿级“俱乐部”的城市。

上海是上海局集团有限公司所在地，亦是全国主要的铁路枢纽。上海有三大承担旅客运输的车站——上海站、上海南站和上海虹桥站，是京沪高铁、沪宁城际高铁、沪杭高铁、沪昆高铁的起(终)点。上海虹桥综合交通枢纽全球范围首开高铁与机场融合之先河，将铁路与机场实现了“无缝”连接。

上海地铁于 20 世纪 90 年代初正式营运，是中国大陆地区继北京、天津地铁建成通车后建造的第三个城市轨道交通系统。截至 2019 年末，上海已拥有包括地铁、轻轨、磁悬浮等轨道交通线路共 16 条，营业里程 700 余公里，居全国第一位。

上海的文化节日丰富，上海电视节是中国创办最早的国际电视节，于 1986 年创立。上海国际电影节创办于 1993 年，是国际九大 A 类电影节之一，最高奖项为“金爵奖”。

1. 中共一大会址

中国共产党第一次全国代表大会会址，简称中共一大会址，会址位于上海市兴业路 76 号（原望志路 106 号）。这里是中国共产党的诞生地，是一幢沿街砖木结构一底一楼旧式石库门住宅建筑，坐北朝南。

1920 年秋，中共一大会址房屋建成后不久，李汉俊（上海共产主义小组发起人之一）及其兄李书城（同盟会发起人之一）租用望志路 106 号、108 号为寓所，将两幢房屋的内墙打通，成为一家，人称“李公馆”。

1921 年 7 月 23 日，来自各地中国共产党早期组织的代表李达、李汉俊、张国焘、刘仁静、毛泽东、何叔衡、董必武、陈潭秋、王尽美、邓恩铭、陈公博、周佛海，还有包惠僧及共产国际代表马林等秘密汇聚在上海法租界的贝勒路树德里 3 号（今兴业路 76 号会址），举行了中国共产党第一次全国代表大会。

新中国成立后，为迎接建党 30 周年，1950 年 9 月，中共上海市委根据中央的指示，寻找中共一大会址。经多方勘查，李达、董必武、包惠僧和李书城夫人等多位历史当事人、见证人现场踏勘，确认兴业路 76 为中共一大会址。

中共一大会址在 1952 年后成为纪念馆，如图 5-10 所示。纪念馆一层是观众服务设施，设有门厅、多功能学术报告厅和贵宾厅。二层为《中国共产党创建历史文物陈列》展览厅。纪念馆的藏品主要是鸦片战争以来至社会主义革命和建设各个历史时期的文献、实物、报刊、书籍和照片。较为珍贵的文物有：五卅烈士墓残碑，汪寿华、郑覆他、王孝和、李白等烈士的日记、遗书和遗物，解放战争时期欢送上海人民呼吁和平入京请愿代表团大会场景照片，上海学生抗议驻华美军暴行联合会宣言，新中国成立初上海市人民政府第一枚印章和第一块木牌以及在龙华国民党警备司令部附近发掘出来的 24 烈士遗物、《共产党宣言》中文全译本、太平天国干王洪仁玕著《资政新篇》、秋瑾烈士遗墨《光复军军制稿》、李大钊使用过的英文打字机等。1961 年被国务院列为第一批全国重点文物保护单位。

图 5-10　上海中共一大会址

2. 东方明珠广播电视塔

东方明珠广播电视塔是上海的标志性文化景观之一，位于浦东新区陆家嘴，塔高约 468 m。该建筑于 1991 年 7 月兴建，1995 年 5 月投入使用，承担上海 6 套无线电视发射业务，地区覆盖半径 80 km。

东方明珠广播电视塔是国家首批 5A 级旅游景区，塔内有太空舱、旋转餐厅、上海城市历史发展陈列馆等景观和设施，1995 年被列入上海十大新景观之一。

东方明珠广播电视塔是多筒结构，主干是 3 根直径 9 m，高 287 m 的空心擎天大柱，大柱间有 6 m 高的横梁联结；在 93 m 标高处，由 3 根直径 7 m 的斜柱支撑着，斜柱与地面呈 60°交角。空心筒体加斜撑的结构方案，使电视塔的塔体具有良好的抗震、抗风性能。

东方明珠广播电视塔有一空中旋转餐厅，餐厅坐落于东方明珠塔 267 m 上球体，营业面积为 1 500 m^2，可同时容纳 350 位游客用餐。

东方明珠广播电视塔是浦东开发开放后第一个重点工程，建成后 10 年内就举办了近 100 次世界级重要会议和 300 多场大型活动，已经成为上海对外宣传的重要窗口。2007 年 8 月，东方明珠广播电视塔被评为“国家 5A 级旅游景区”。

3. 上海野生动物园

上海野生动物园位于浦东新区南六公路 178 号，是由上海市人民政府和原国家林业局合作建设的中国首座国家级野生动物园，占地 153 hm^2，距上海市中心 35 km，于 1995 年 11 月 18 日正式对外开放。

上海野生动物园是集野生动物饲养、展览、繁育保护、科普教育与休闲娱乐为一体的主题公园，园区居住着来自国内外的珍稀野生动物 200 余种，上万余只，园区分为车入区和步行区两大参观区域。

步行区可以观赏到大熊猫、非洲象、亚洲象、长颈鹿、黑猩猩、长臂猿、狐猴、火烈鸟、朱鹮等众多珍稀野生动物，更有诸多特色的动物行为展示和互动体验呈现。

车入区为动物散放养展示形式，保持着“人在‘笼’中，动物自由”的展览模式，给动物更多的自由空间，身临其境地感受一群群斑马、羚羊、角马、犀牛等食草动物簇拥在一起悠闲觅食；又能领略猎豹、东北虎、非洲狮、熊、狼等大型猛兽“部落”展现野性雄姿。

2007 年 5 月 8 日，上海野生动物园经原国家旅游局正式批准为国家 5A 级旅游景区。

任务训练

一、场景设计

(一)实训目的

熟悉华东地区的地理环境与旅游资源特征。

(二)实训内容

1. 搜集华东地区自然、人文旅游资源信息，分析区域旅游资源特色；
2. 设计“最美华东游”主题线路。线路主题可以自拟，如“美食游”“园林游”“亲子游”等。

二、训练步骤

(一)实训前准备

提前预习训练项目，组内合理分工，充分发挥每一位组员的兴趣特长，从信息搜索、材料整理、文案制作、美工排版、讲解汇报等多方面开展训练任务。学生复习课堂讲授的内容。

(二)实　　训

1. 学生上交“最美华东游”主题线路设计方案。
2. 分组汇报交流主题游线路设计方案。
3. 教师总结并评分、评价。

效果评价

“最美华东游”线路设计训练评分表

姓　　名		地　点		时　间	
实训项目	实训考查要点	分值	小组评分	教师评分	最终得分
“最美华东游”线路设计训练	1. 信息收集途径丰富、方法科学				
	2. 文案制作精良、图文并茂				
	3. 组员汇报语言表达熟练、清晰，文辞优美				
	4. 线路设计突出科学性、合理性、市场适宜性				
	5. 线路主题突出，景点景区选择符合线路主题				
	6. 团队分工明确，合作有序				
合　　计		100			

注：该表可根据实际设计的训练项目进行测评。

典型工作任务三　宁杭高铁沿线旅游

任务引入

宁杭高铁7月1日开通运营，上海、南京、杭州三座长三角核心城市终于构建成一个铁轨上的黄金三角。地缘相近的南京和杭州，自古以来犹如江南大地上一对双生姊妹，但她们的“牵手”之路却足足走了100多年。多年来，南北方向的南京、杭州之间的铁路运输，需要向东绕个弯，经上海才能到达。虽然“姗姗来迟”，但长三角终于成为完整的铁三角，而这将促使各种资源重新配置、调整和优化，带动长三角及周边地区产业结构重组和经济持续发展。

（来源：新华社南京，2013年6月）

请思考：

宁杭高铁的开通对长三角及周边地区的经济发展有何影响？

知识准备

一、宁杭线概况

宁杭高速铁路,简称宁杭高铁,是一条连接江苏省南京市和浙江省杭州市的高速铁路,是《中长期铁路网规划》中"长三角"城际客运系统的重要组成部分。宁杭高速铁路于2009年4月开工建设;2013年7月1日,正式开通运营。宁杭高速铁路由南京南站至杭州东站,线路如图5-11所示,全长256 km,设11站,设计速度350 km/h。

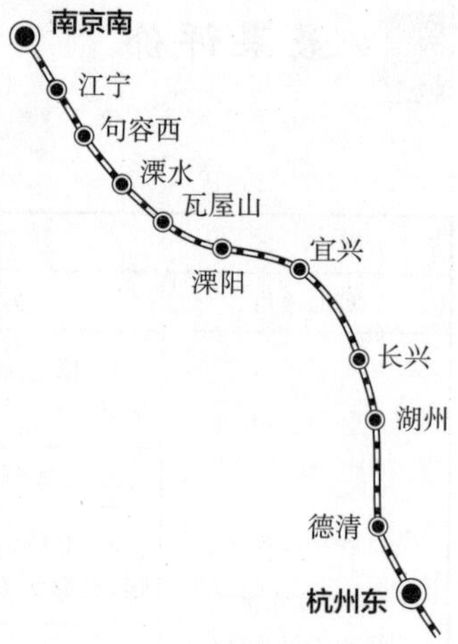

图5-11　宁杭线线路图

宁杭高速铁路纵贯江苏、浙江两省,开通运营后,大大缩短了宁、杭间的列车运行时间。杭州东至南京南间最快运行时间70 min,比原来缩短近一半时间。线路途经的江宁、句容、溧阳、宜兴、长兴、湖州、德清等县级市经济发达,风景秀丽。它的开通运营标志着"长三角"地区高铁网络初步形成,对于加快"长三角"地区城镇化和一体化步伐具有重要意义。

宁杭高铁沿线历史文化名城、国家级风景名胜区和著名旅游景点主要包括:南京市、宜兴市、湖州市、杭州市;句容茅山、溧阳天目湖、湖州南浔古镇;句客宝华山、溧阳瓦屋山、宜兴竹海风景区、龙背山森林公园、湖州莫干山等。

二、沿线旅游名城

(一)句　　容

句容地处苏南,是江苏省镇江市代管的县级市,东连镇江,西接南京,是南京的东南门户,素有"南京新东郊、金陵御花园"之美誉,是长江三角洲一座集港口、工业、商贸、旅游为一体的新兴城市。

句容市区位优势明显,基础设施完善,水陆空立体交通格局已经形成。沪宁高铁、宁杭高铁、沪宁沿江城际高铁在此交汇。

句容境内气候温和,山水秀丽,人文荟萃,古迹众多,有道家"第一福地、第八洞天"——茅山,"律宗第一名山"——宝华山等名胜景点。

句容是中国百强县(市),中国优秀旅游城市,还是著名的中国草莓之乡,每逢草莓上市季节,外地游客纷纷驱车前往句容,采摘草莓,与家人亲朋共度一段美好春光。

1. 茅山

茅山是中国道教名山,是道教上清派的发源地,被道家称为"上清宗坛",有"第一福地,第八洞天"之美誉。同时茅山也是中国六大山区抗日根据地之一。

茅山有"九峰、十九泉、二十六洞、二十八池"的胜景,峰峦叠嶂,云雾缭绕,气候宜人。主峰大茅峰似绿色苍龙之首,也是茅山的最高峰,海拔372.5 m。山上奇岩怪石林立密集,大小溶洞深幽迂回，灵泉圣池星罗棋布，曲涧溪流纵横交织，绿树蔽山，青竹繁茂，物华天宝，如图 5-12 所示。

图 5-12　茅山

茅山道教源远流长。东晋兴宁二年(364 年)，杨羲、许谧制作了《上清大洞真经》，在茅山创立了别具江南特色的教派——茅山上清派；南朝齐梁著名道士陶弘景隐居茅山 40 余年，为茅山上清派的主要传承者。唐宋年代茅山道教达到了鼎盛时期，宫、观、殿、宇等道教建筑多达 300 余座、5 000 余间，道士数千人，有“三宫、五观、七十二茅庵”之说。茅山道教，在中国道教史上享有很高的声望和地位。

茅山，更是神圣的革命圣地。1938 年 6 月，陈毅、粟裕、张鼎丞率领国民革命军陆军新编第四军第一、二支队和先遣支队进入茅山地区，广泛发动群众，开展抗日游击战，创建敌后抗日根据地，成为全国六大山地抗日根据地之一。

2. 宝华山

宝华山国家森林公园位于江苏省句容市西北部，西与南京钟山、栖霞山绵延相连，是宁镇山脉的第二高峰。宝华山原名花山，因春天黄花漫山而得名，后因南北朝梁代高僧宝志来此结庵讲经，遂易名宝华山。

宝华山森林公园素有“林麓之美，峰峦之秀，洞壑之深，烟霞之胜”四大奇景。森林覆盖率达 92%，古木参天，绿草茸茸。山上珍稀树木繁多，椴树、银杏、紫兰等树种成长良好。

宝华山(如图 5-13 所示)亦是我国重要的佛教名山。山中隆昌寺已历尽 1 500 余年沧桑，是国内最大的传戒道场。因此，宝华山被称为“律宗第一名山”，寺内还有始建于明代万历年间的无梁殿。

(二)溧　　阳

溧阳，位于江苏省西南部，属江苏省常州市代管的县级市。地处长江三角洲，与苏、浙、皖三省接壤，是宁杭生态经济带上的重要副中心城市和示范区。

溧阳有耕地面积 112 万亩($1\ m^2=0.001\ 5$ 亩)，林地 32.8 万亩($1\ m^2=0.001\ 5$ 亩)，河流和湖泊 42.6 万亩($1\ m^2=0.001\ 5$ 亩)。物产丰富，是著名的“鱼米之乡”“丝绸之乡”“茶叶之乡”，经济连续多年名列全国百强县(市)。溧阳文化属吴越文化，溧阳人属江浙民系，使用吴语。溧阳盛产稻、麦、油、茶、蚕茧、螃蟹、板栗、西瓜、毛竹等。

2016 年 11 月，溧阳被国家旅游局评为第二批国家全域旅游示范区，2018 年 12 月，入选第二批国家生态文明建设示范市县。

图 5-13　宝华山

1. 瓦屋山

溧阳瓦屋山紧邻宁杭高速溧阳北（上兴镇）道口，距溧阳市区约 40 km。

瓦屋山自然风景区包括十数座大小山峰，植被密布，泉涌溪流。瓦屋山自然风景区有三座主峰，分别为丫髻山、瓦屋山、马山，三者山势相连，以海拔 410 m 的丫髻山为靠背，瓦屋山、马山为左右扶手，组成一张硕大的"太师椅"，面对着碧波荡漾的上杆湖。

据史料记载，瓦屋山与安徽的九华山在宗教史上具有密切的关系，佛事交流十分频繁。1994 年以来，众信士香客自筹巨资在海拔 352 m 高的瓦屋山头，兴修了宝藏禅寺。

明代文学家汤显祖有诗"瓦屋如云青作花，华阳绛气屋青蛇，中开百尺仙人掌，摇漾金光落紫霞"，描绘了瓦屋山的秀美。

2. 天目湖

天目湖位于溧阳以南 8 km 处，为一东西窄、南北长的深水湖，南部水深约 4～5 m，北部水深约 10～14 m。因属天目山余脉，故名"天目湖"。天目湖的周围，现存许多历史文化遗址：以伍子胥名"员"命名的伍员山，东汉文学家蔡邕读书台，太白楼，报恩禅寺，唐代名刹龙兴寺旧址等。

天目湖全区拥有 300 km^2 的生态保护区，区内坐落着沙河、大溪两座国家级大型水库。

天目湖地区物产丰富，特色产品有："沙河桂茗"绿茶、"乌龙茶""珍珠栗""桂圆栗""砂锅鱼头"等。

（三）宜　　兴

宜兴市，简称宜，位于江苏南部，太湖西岸，是江苏省无锡市下辖的县级市。

宜兴是紫砂壶的原产地，拥有石灰岩溶洞 80 多个，茶园 3 500 余公顷，竹海纵横八百里。素有"陶的古都，洞的世界，茶的绿洲，竹的海洋"之称。

宜兴是中国综合实力最强的县级市之一，在经济、文化、商贸、会展、服务业和城市建设等领域成就显著。2017 年 11 月，宜兴获评全国文明城市。此外，宜兴还是第二批国家全域旅游示范区城市。

1. 龙背山森林公园

龙背山森林公园位于宜兴城区南侧，占地 550 km^2，公园于 2000 年着手建设，现有文峰塔、历史名人馆、科教名人馆、艺术名人馆等一大批景点。

园内丘陵起伏，植被茂密。草坪达到上万平方米，绿意盎然。桂花园、杜鹃园、蔷薇园镶嵌于青松翠竹间，而岩碧飞瀑，砚池碧波和茂林修竹，使游客流连忘返。

龙背山森林公园是沪宁杭地区最大的城区生态公园，每年接待国内外游客数十万人。

2. 宜兴竹海风景区

宜兴竹海位于江苏省宜兴市区西南 31 km 的湖㳇镇境内，是国家 4A 级旅游区、国家风景名胜区。

此处位于亚热带季风气候区，气候温和湿润，雨量充沛，四季分明，春、夏、秋、冬各季都有独到之处。由于景区竹子覆盖率极高，故温度适宜，夏秋季格外清爽宜人。

宜兴竹海风景区山水相依，主要景点为玉女峰和镜湖。

玉女峰坐落在江苏、浙江和安徽交界处，海拔 611.5 m，是八百里宜南山区的最高峰。在山顶最高处，极目四望，山峦沉郁而秀朗，清风徐来，三省一览无遗，大有指点江山的气势。

在竹海中，两山夹峙之间，山涧水和天然雨水汇集成了小小的“镜湖”，面积 3 万 m^2，最深处 10 m。湖水终年清冽，竹在水中长，水在竹间流，镜湖与绵延的竹海相映。

(四)湖　　州

湖州市是浙江省下辖地级市，环杭州湾大湾区核心城市，地处浙江省北部，东邻嘉兴，南接杭州，西依天目山，北濒太湖，与无锡、苏州隔湖相望，是环太湖地区因湖而得名的城市。

湖州是一座具有 2 300 多年历史的江南古城，建制始于战国，有众多的自然景观和历史人文景观，如莫干山、南浔古镇等。

湖州是国家历史文化名城、国家森林城市、国家园林城市、国家卫生城市，主要土特产品有双渎雪藕、太湖百合等，同时也是近代湖商的发源地。

说到湖州，不得不提莫干山。坐落在浙江省湖州市德清县境内的莫干山，为天目山的分支，挺拔峻峭，秀丽多姿。

春秋末年，吴王阖闾派干将、莫邪在此铸成举世无双的雌雄双剑，以他俩的姓来命名此山，故称“莫干山”，山上翠竹满坡，气候凉爽宜人，素有“清凉世界”之称，清代开始已成为我国四大避暑胜地之一。

莫干山山峦连绵起伏，风景秀丽多姿，景区面积达 43 km^2，它虽不及泰山之雄伟、华山之险峻，却以绿荫如海的修竹、清澈不竭的山泉、星罗棋布的别墅、四季各异的迷人风光称秀于江南，享有“江南第一山”之美誉，如图 5-14 所示。

图 5-14　莫干山风景区

莫干山的竹，以其品种之多、品位之高、覆盖面积之大列于全国之首、世界之最。其所特有的“黄金嵌碧玉”“碧玉嵌黄金”两类珍贵竹种以其独特的花纹倾倒无数游客。莫干山的“泉”也是一胜，山内飞瀑流泉多达百道，可谓峰峰有水、步步皆泉。更令人惊异的是，山里隐藏着数百栋精致的别墅。二百多幢别墅形象丰富、无一雷同。欧、美、日、俄等十多个国家建筑风格的住宅府邸形式复制品在此聚集，使莫干山有着“世界建筑博物馆”的美称。

任务训练

一、场景设计

(一)实训目的

熟悉江南地区的地域文化及旅游资源特色。

(二)实训内容

1. 搜集江南地区乡村地域的自然、人文旅游资源信息，分析现有旅游线路的特色。
2. 设计“江南乡村游”主题线路。线路主题可以自拟，如“美食游”“亲子休闲游”“茶文化游”等。

二、训练步骤

(一)实训前准备

提前预习训练项目，组内合理分工，充分发挥每一位组员的兴趣特长，从信息搜索、材料整理、文案制作、美工排版、讲解汇报等多方面开展训练任务。

(二)实　训

1. 学生上交“最美杭州游”主题线路设计方案。
2. 分组汇报交流主题游线路设计方案。
3. 教师总结并评分、评价。

效果评价

“江南乡村游”线路设计训练评分表

姓　名		地　点		时　间	
实训项目	实训考查要点	分值	小组评分	教师评分	最终得分
“江南乡村游”线路设计	1. 信息收集途径丰富、方法科学				
	2. 文案制作精良、图文并茂				
	3. 组员汇报语言表达熟练、清晰，文辞优美				
	4. 线路设计突出科学性、合理性、市场适宜性				

续上表

姓　　名		地　点		时　间	
实训项目	实训考查要点	分值	小组评分	教师评分	最终得分
“江南乡村游”线路设计	5. 线路主题突出，景点景区选择符合线路主题				
	6. 团队分工明确，合作有序				
合　　计		100			

注：该表可根据实际设计的训练项目进行测评。

典型工作任务四　合福高铁沿线旅游

任务引入

合福高铁于 2015 年 6 月通车，这是沟通安徽到福建沿海地区的一条客运通道。合福高铁穿越了安徽、江西、福建三省之地，全长 852 km，沿途一共 22 个站点，时速 350 km，从合肥到福州也只需要 3 h 就够了。合福高铁会经过安徽有名的黄山、江西婺源、三清山、福建南靖土楼、武夷山等风景名胜区，每年这些地方都会吸引大量游客前去游玩，而且高铁开通运营后，将大大增强区域铁路运输能力，带动沿线旅游资源开发。

（信息来源：搜狐网，2020-7-17）

请思考：

合福高铁沿线站点拥有众多的风景名胜，建设这样一条高铁线路连接赣皖闽，对于三省的社会经济发展分别有什么意义？

知识准备

一、合福线概况

合福高铁是连接合肥至福州的双线电气化铁路，是我国《中长期铁路规划网》中北京至福州的高铁重要组成部分，也是沟通华中与华南地区的一条大能力客运通道。该线路自合肥南站引出，经安徽巢湖、铜陵、绩溪、黄山，江西婺源、上饶，福建武夷山、建瓯、南平、古田、闽清，沿闽江北侧引入福州枢纽福州站，线路如图 5-15 所示。合福高铁全长 833 km，2015 年 06 月 28 日全线正式通车。

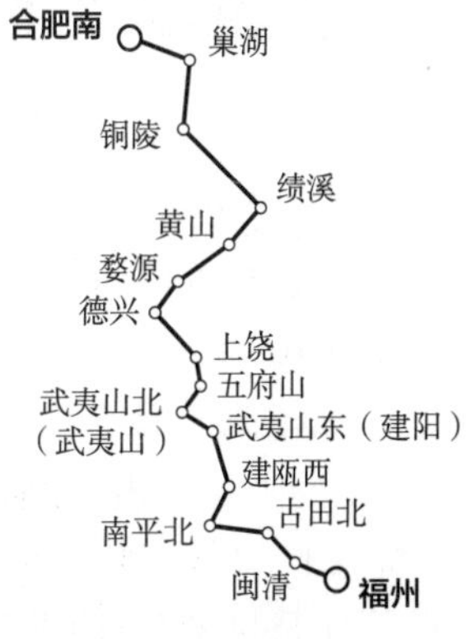

图 5-15　合福高铁线路图

合福高铁沿线历史文化名城、国家级风景名胜区和著名旅游景点主要包括：安徽歙县、绩溪县、福州；合肥三河古镇、婺源江湾景区、三清山景区、南平武夷山、福州三坊七巷；包公孝肃祠、林则徐纪念馆、鼓山风景区等。

二、沿线旅游名城

(一)合　　肥

合肥,简称庐或合,古称庐州、庐阳,是安徽省省会。“一带一路”和长江经济带战略双节点城市,国家重要的科研教育基地,现代制造业基地和综合交通枢纽,合肥都市圈中心城市,皖江城市带核心城市。

合肥是一座具有 2 000 多年历史的古城,因东淝河与南淝河均发源于该地而得名。合肥素有“三国故地,包拯家乡”之称。秦置合肥县,隋至明清时,合肥一直是庐州府治所,故又称“庐州”又名“庐阳”,境内名胜古迹众多。合肥诞生了周瑜、包拯、李鸿章等一批历史名人。

合肥对外交通便捷,境内铁路、公路、航空、水运交通发达,形成四通八达的立体化交通网络,是全国性的综合交通枢纽。合肥是中国重要的铁路交通节点城市之一,境内有沪汉蓉高铁、合福高铁、京九高铁、合杭高铁、合郑高铁、合蚌连高铁等多条高速铁路线穿越,形成了高速铁路“米”字形网络。

合肥菜又称庐州菜,是徽菜的五大代表菜之一,合肥菜代表菜品有臭干炒千张、庐州烤鸭、包公鱼、逍遥鸡等。合肥是庐剧的发源地,庐剧旧称“倒七戏”,俗称“小戏”“祷祭戏”,是安徽省地方戏主要剧种之一,流行于安徽境内皖中、皖西、沿江的大片地区和江南的部分地区。

1. 三河古镇

三河古镇(如图 5-16 所示),古名鹊渚、鹊尾(渚)、鹊岸,是中国历史文化名镇,国家 5A 级旅游景区,古镇总面积 2.9 km^2,位于安徽省合肥市肥西县南端,地处肥西、庐江、舒城交界处。

图 5-16　三河古镇

三河古镇原是巢湖中的高洲,因泥沙淤积,渐成陆地。南北朝后期称三汊河,明、清置三河镇。丰乐河、杭埠河、小南河在此汇合,成“口”字形布局环抱古镇,是以三河古镇得名。古镇以古巷、古街、古桥、古城墙、古庙、古炮台、古民宅、古茶楼闻名,主要景点有刘同兴隆庄、董寅初纪念馆、杨振宁旧居、望月桥等。

刘同兴隆庄为明清时期一家著名的商家,主要经营米、布、盐等。整座刘同兴隆庄为五进八厢三十二间房屋。临街是一幢二层木楼,二进为走马转心楼,后三进都是平房。第三进是敞厅,用于接待来客;四进是香屋,用于祭祀祖先;五进是居住宿舍,建筑面积约有 700 m^2。

董寅初纪念馆集中展示著名的爱国侨领和社会活动家董寅初先生不平凡的生平,主要分为六个展厅:一厅人杰地灵,二厅家世渊源,三厅书香一脉,四厅抗日救国,五厅实业救国,六厅代代领导结情深。

著名物理学家、华人首位诺贝尔奖获得者杨振宁 1922 年 10 月出生于合肥四古巷，抗战期间，杨振宁随母亲来到三河，居住于此地。杨振宁旧居位于三河古镇南街的一古巷内，这里是杨振宁在国内的唯一旧居地。

古镇内有一望月阁，高 37 m，为 7 层古塔。望月阁旁有望月桥，它是一拱形踏步石桥，全桥用厚青条石铺成，栏杆为青石浮雕栏杆。望月桥与依水而建的望月阁相映成趣。

2. 包公孝肃祠

包公孝肃祠，简称“包公祠”，位于安徽省合肥市环城南路东段的一个土墩上，是包河公园的主体古建筑群。“孝肃”二字，是宋仁宗在包公死后赐给他的谥号，以评价肯定包公的忠孝一生。

包公祠为白墙青瓦构筑的封闭式三合院组成。主建筑是包公亭堂，端坐包拯高大塑像，壁嵌黑石包公刻像，威严不阿，表现了“铁面无私”的黑脸包公的凛然正气。亭堂西面配以曲榭长廊；东面有一六角龙井亭耸立，内有古井，号“廉泉”。1981 年公布为省级文物保护单位。

在包公祠内有一块引人注意的刻石，是 1973 年 4 月从合肥市东郊大兴集包拯墓中清理出来的“宋枢密副使赠礼部尚书孝肃包公墓铭”刻石，这块墓志刻石较《宋史・包拯传》更为详细地叙述了包拯的一生，可以起到补史的作用，极为珍贵。

3. 逍遥津

逍遥津位于安徽省合肥市庐阳区寿春路 16 号，古为淝水上的津渡，又名“窦家池”“豆叶池”“斗鸭池”。

逍遥津占地 31.3 hm^2，其中水面 11.2 hm^2，平面呈扇形，根据水系又自然地分为东西两园。逍遥湖约占全园面积的四成。湖面尚有三岛，犹以北岛为最，南岛的面积最小。伴岛而建的是标志性建筑——逍遥阁，采用多层重檐的仿古建筑结构，暗古铜色廊柱、灰黑色仿古门窗。二层窗外有横梁式回廊环绕，顶层挑檐下横置匾额上有黑底金字“吴魏遗踪”，而一层进口处的立式牌匾上写着“逍遥阁”。

逍遥津是三国时期著名的古战场，是全国重点文物保护单位，合肥市开园时间最长、历史最悠久的景区。

(二)上　　饶

上饶，为江西省地级市，古称饶州、信州。上饶扼赣、浙、闽、皖四省要冲，成为“江西东大门”，历来享有“富饶之洲”“信美之郡”的美誉。

上饶位于江西省东北部，赣浙闽皖四省交界处，东邻浙江省衢州市，北与九江市、景德镇市接壤，南依武夷山脉毗邻福建省南平市，西南与鹰潭市和抚州市为邻，西滨鄱阳湖与省会南昌市相望。

上饶市地貌以丘陵为主，北东南三面环山，西面为中国第一大淡水湖鄱阳湖。山脉呈不同高度之带状分布于信江两侧，自北而南依次为鄣公山、怀玉山和武夷山，呈倒山字形排列。境内水系发达，河流众多，大部分属鄱阳湖水系。信江、饶河是上饶市的主要河流，纵贯上饶市，汇入鄱阳湖后经湖口注入长江。

上饶拥有美丽乡村婺源；世界自然遗产三清山、世界自然遗产弋阳龟峰；还有灵山，云碧峰国家森林公园，以及中国第一个自然保护区——“鄱阳湖候鸟保护区”等。

2016 年，上饶市入选首批“国家全域旅游示范区”创建单位。2018 年度被评为“中国国家旅游最佳生态旅游目的地”。

1. 婺源

婺源，今属江西省上饶市下辖县，是古徽州一府六县之一，位于江西东北部，与皖、浙两省交界，土地面积 2 967 km^2，其中有林地 378 万亩（1 m^2 = 0. 001 5 亩），耕地 32 万亩（1 m^2 = 0. 001 5亩），素有“八分半山一分田，半分水路和庄园”之称。

婺源代表文化是徽文化，素有“书乡”“茶乡”之称，是全国著名的文化与生态旅游县，被外界誉为“中国最美的乡村”。2017 年 9 月，荣获“中国天然氧吧”称号。2018 年 12 月 12 日，被命名为第二批“绿水青山就是金山银山”实践创新基地。

江湾景区是婺源的璀璨明珠，是国家 5A 级景区。自唐以来，江湾便是婺源通往皖、浙、赣三省的交通要塞，为婺源东大门。这里山水环绕、风光旖旎、文风鼎盛、群贤辈出。村中至今还保存着三省堂、敦崇堂、培心堂、滕家老屋等一大批徽派古建筑和江永纪念、南关亭、东和门、徒戎桥、水坝井等景点，古村古风古韵，极具历史价值和观赏价值。

篁岭景区地处婺源石耳山脉，面积 15 km^2，周边千亩梯田簇拥。阳春三月，婺源篁岭山间油菜花全面盛开，千亩梯田油菜花同时绽放，漫山遍野。独特的梯田地势与白墙黛瓦的徽派建筑群交相辉映，秀气而瑰丽，俨然一幅乡村田园画卷。每逢佳节，从 300 m 的高空栈道和 1 km 的索道俯瞰整个油菜花海，浪漫心爽，如图 5-17 所示。

图 5-17　婺源古镇风景

婺源有一峡谷，位于江湾镇前段村石门山，故称为石门山峡谷。峡谷内随峰而转，溪水绕路而行；浅滩奇石林立，深潭怪鱼藏底。峡谷绿树成荫，清凉幽静，负氧离子含量高，是名副其实的天然氧吧。

2. 三清山

三清山风景名胜区位于江西省上饶市东北部，因玉京、玉虚、玉华“三峰峻拔，如道教三清列坐其巅”故名。内有南清园、西海岸、三清宫、梯云岭、玉京峰、阳光海岸、玉灵观、三洞口、冰玉洞、石鼓岭十大景区。

三清山主峰玉京峰海拔 1 819. 9 m，是江西第五高峰和怀玉山脉的最高峰，也是信江的源头。

三清山主体南北长 12. 2 km，东西宽 6. 3 km，平面呈荷叶形，由东南向西北倾斜，属花岗岩构造侵蚀为主的中山地形。山势是东、南、西三面陡峻，北面稍缓。从山脚至山顶，水平距离 5 km，海拔由 200 m 陡增至 1 816 m。

三清山里不同成因的花岗岩微地貌密集分布，如图 5-18 所示，展示了世界上已知花岗岩地貌中分布最密集、形态最多样的峰林，包括 2 300 多种高等植物、1 700 多种野生动物，构成了东亚最具生物多样性的环境。

图 5-18　三清山风景区

八卦布局的三清宫古建筑群，被国务院文物考证专家组评价为“中国古代道教建筑的露天博物馆”。

三清山风景名胜区是国家重点风景名胜区、国家 5A 级旅游景区、世界自然遗产、世界地质公园。世界遗产大会认为，三清山风景名胜区在一个相对较小的区域内展示了独特花岗岩石柱与山峰，丰富的花岗岩造型石与多种植被、远近变化的景观及震撼人心的气候奇观相结合，创造了世界上独一无二的景观美学效果，呈现了引人入胜的自然美。

(三)南　　平

南平，福建省地级市，地处福建省北部，武夷山脉北段东南侧，位于闽、浙、赣三省交界处，俗称“闽北”。南平境内山峰耸峙，低山广布，河谷与山间小盆地错落其间，具有中国南方典型的“八山一水一分田”特征，形成以丘陵、山地为主的地貌，属中亚热带季风湿润气候，局部山区为中亚热带山地气候，素有“福建粮仓”“南方林海”“中国竹乡”之称。

南平是闽越文化、朱子文化、武夷茶道文化、齐天大圣文化、太极文化的发源地，被誉为“闽邦邹鲁”和“道南理窟”；曾涌现出 2 000 多位进士和 19 位宰相；拥有一级至三级旅游资源实体 180 多处，武夷山更是南平的龙头旅游资源。

武夷山(如图 5-19 所示)位于江西与福建西北部两省交界处，武夷山脉北段东南麓总面 999.75 km^2，属典型的丹霞地貌，是首批国家级重点风景名胜区之一，也是全国仅有的 4 个“世界自然与文化遗产地”之一。

图 5-19　武夷山风景区

武夷山自然保护区，是地球同纬度地区保护最好、物种最丰富的生态系统。这里保存了世界同纬度带最完整、最典型、面积最大的中亚热带原生性森林生态系统，包括常绿阔叶林带、针叶阔叶过渡带、温性针叶林带、中山草甸、中山苔藓矮曲林带等 5 个植被带，分布着南方铁杉、小叶黄杨、武夷玉山竹等珍稀植物群落，有 20 多种珍稀濒危种列入《中国植物红皮书》。

武夷山独特和优越的自然环境吸引了历代高人雅士、文臣武将在山中或游览、隐居、著述、授徒。文人雅士的驻足在九曲溪两岸留下众多的文化遗存：有高悬崖壁数千年不朽的架壑船棺 18 处；有朱熹、游酢、熊禾、蔡元定等鸿儒大雅的书院遗址 35 处；有堪称中国古书法艺术宝库的历代摩崖石刻 450 多方，其中有古代官府和乡民保护武夷山水和动植物的禁令 13 方；有僧道的宫观寺庙及遗址 60 余处。

武夷山是三教名山。自秦汉以来，武夷山就为羽流禅家栖息之地，留下了不少宫观、道院和庵堂故址。武夷山还曾是儒家学者倡道讲学之地。

(四)福　　州

福州，别称榕城，简称福、榕，位于福建省东部、闽江下游及沿海地区，是福建省省会，福建省的政治、文化、交通中心，海峡西岸经济区中心城市之一。

福州是南昌局集团有限公司管内重要枢纽，已有至温州温福铁路、至厦门福厦铁路、西接鹰厦铁路，经过福州还有向莆高速铁路、杭深铁路、合福高铁。

福州是首批 14 个对外开放的沿海港口城市之一，海上丝绸之路门户以及中国(福建)自由贸易试验区三片区之一；福州也是近代中国最早开放的五个通商口岸之一，福州马尾是中国近代海军的摇篮，中国船政文化的发祥地。

宋代时福州已普遍栽培茉莉，现在为福州的市花，其产量和质量都居中国之首。闽菜世界闻名，福州菜是闽菜的代表，福州五大代表菜是：佛跳墙、鸡汤汆海蚌、淡糟香螺片、荔枝肉、醉糟鸡，当地的风味小吃有鱼丸、拌面、肉燕、虾酥、蛎饼、光饼、鼎边糊、春卷、炒粉、福州线面等数十余种。

1. 林则徐纪念馆

福州市林则徐纪念馆(又称“林则徐祠堂”)，位于福建省福州市南后街澳门路，是中国历史人物纪念馆。为纪念清代民族英雄林则徐而建。馆址原为林则徐专祠，创建于清光绪三十一年(1905)，占地面积约 3 000 m^2，内有仪门厅、御碑亭、树德堂、南北花厅、曲尺楼、竹柏轩等主要建筑物，具有江南园林风格。

2. 三坊七巷

三坊七巷是国家 5A 级旅游景区，是福州老城区经历了新中国成立后的拆迁建设后仅存下来的一部分。三坊七巷起于晋，完善于唐五代，至明清鼎盛，古老的坊巷格局至今基本保留完整，是中国都市仅存的一块“里坊制度活化石”，坊巷内保存有 200 余座古建筑，是一座不可多得的“明清建筑博物馆”。

三坊七巷占地约 40 hm^2，由三个坊、七条巷和一条中轴街肆组成，分别是衣锦坊、文儒坊、光禄坊，杨桥巷、郎官巷、塔巷、黄巷、安民巷、宫巷、吉庇巷和南后街，因此自古就被称为“三坊七巷”。街区内坊巷纵横，石板铺地，白墙瓦屋，曲线山墙、布局严谨；不少还缀以亭、台、楼、阁、花草、假山，融人文、自然景观于一体。

三坊七巷因地灵而人杰，这里一直是“闽都名人的聚居地”，林则徐、沈葆桢、严复、陈宝琛、林觉民、林旭、冰心、林纾等大量对当时社会乃至中国近现代进程有着重要影响的人物皆出自于此，这块地方也成了福州的骄傲。

任务训练

一、场景设计

（一）实训目的

熟悉安徽、江西、福建三省的主要旅游资源特色。

（二）实训内容

1. 搜集华东地区自然、人文旅游资源信息，分析区域资源特色及旅游市场热点需求。
2. 设计“新华东游”主题线路。将安徽、江西、福建纳入大华东范围，线路主题可以自拟。

二、训练步骤

（一）实训前准备

提前预习训练项目，组内合理分工，充分发挥每一位组员的兴趣特长，从信息搜索、材料整理、文案制作、美工排版、讲解汇报等多方面开展训练任务。

（二）实　训

1. 学生上交“新华东游”主题线路设计方案。
2. 分组汇报交流主题游线路设计方案。
3. 教师总结并评分、评价。

效果评价

“新华东游”线路设计训练评分表

姓　名		地　点		时　间	
实训项目	实训考查要点	分值	小组评分	教师评分	最终得分
“新华东游”线路设计	1. 信息收集途径丰富、方法科学				
	2. 文案制作精良、图文并茂				
	3. 组员汇报语言表达熟练、清晰，文辞优美				
	4. 线路设计突出科学性、合理性、市场适宜性				
	5. 线路主题突出，景点景区选择符合线路主题				
	6. 团队分工明确，合作有序				
合　计		100			

注：该表可根据实际设计的训练项目进行测评。

典型工作任务五　杭深铁路沿线旅游

任务引入

深圳迫切需要第二条杭深高铁

当前，杭深铁路(杭福深高速铁路)已经形成，即由杭州途经宁波、温州、福州、泉州、厦门、潮州、汕尾等沿海经济发达城市至深圳，该线为沿海地区经济互动发展创造了良好条件。但自沿海线往里的广大内陆腹地，离沿海线普遍在 200 km 以上，最远 500 km，没有高铁通道的布局与带动。

有关建议认为，这片腹地涵盖浙西北、闽北和粤东北广大经济欠发达地区、生态旅游区、革命老区，这片区域长期以来承接发达地区经济和产业辐射较弱，恰恰缺少一条杭深高铁近海内陆线的串联与带动，特别需要通过高铁通道的打造，致力将“绿水青山”转化为“金山银山”。

(信息来源：南方都市报，2018-03-14)

请思考：

杭深铁路是我国“八纵八横”高铁布局的重要部分，它对沿海地区综合交通运输体系和带动区域经济发展有何意义？

知识准备

一、杭深铁路概况

杭深铁路，又称杭深线或东南沿海铁路，是由杭州东站出发，沿中国东南海岸线南下，途经宁波、温州、台州、福州、厦门等地，到达深圳北站，线路如图 5-20 所示，全长约 1 464 km。其组成部分包括：

杭甬高速铁路(杭州-宁波)，2013 年 7 月 1 日通车。

甬台铁路(宁波-台州-温州)，2009 年 9 月 28 日通车。

温福铁路(温州-福州)，2009 年 9 月 28 日通车。

福厦铁路(福州-厦门)，2010 年 4 月 26 日通车。

厦深铁路(厦门-深圳)，2013 年 12 月 28 日通车。

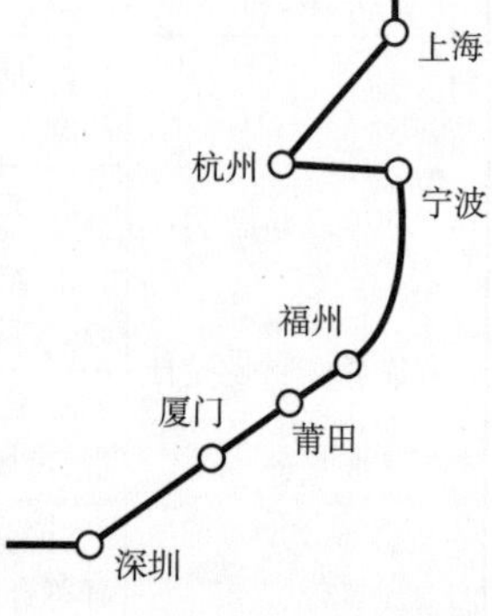

图 5-20　杭福深铁路线路图

杭深铁路连接长江、珠江三角洲和东南沿海地区。这些地区经济发达、人口密集、商贸往来频繁，动车组列车开通后，缓解了地区交通运输压力，促进了沿线城市的快速发展。杭深铁路的建成通车，促使长三角、珠三角紧密连接，缩短了东部、东南沿海城市间的时空距离，对助力沿海经济加速发展发挥了重要作用。

杭深铁路沿线历史文化名城、国家级风景名胜区和著名旅游景点主要包括：杭州、绍兴、宁波、温州、福州、泉州、漳州；西湖、西溪湿地、千岛湖、鲁迅故居、奉化溪口、天一阁、雁荡山、清源山、鼓浪屿、永定土楼、南靖土楼；钱塘江、沈园、南麂岛、崇武古城、洛阳桥、马銮湾、云岩洞、故里炮台等。

二、沿线旅游名城

（一）杭　州

杭州，简称“杭”，位于中国东南沿海、浙江省北部、钱塘江下游、京杭大运河南端，是浙江省省会、副省级市、也是浙江全省经济、文化、科教中心，长江三角洲中心城市之一。

杭州自秦朝设县治以来已有 2 200 多年的历史，曾是吴越国和南宋的都城。因风景秀丽，素有“人间天堂”的美誉。杭州得益于京杭运河和通商口岸的便利，以及自身发达的丝绸和粮食产业，历史上曾是重要的商业集散中心。后来依托沪杭铁路等铁路线路的通车以及上海在进出口贸易方面的带动，轻工业发展迅速。21 世纪以来，随着阿里巴巴等高科技企业的带动，互联网经济成为杭州新的经济增长点。

杭州的高速铁路线路包括沪杭线、宁杭线、杭甬线、杭长线，2014 年 12 月 10 日，沪昆高铁杭州至南昌段正式开通运营，至此，沪昆高铁杭州至长沙段全线通车运营。杭州成为中国首座高铁“十字架”城市。

杭州物产丰富，素有“鱼米之乡”“丝绸之府”“人间天堂”之美誉。农作物、林木、畜禽种类繁多，种植林果、茶桑、花卉等品种 260 多个，杭州蚕桑、西湖龙井茶闻名全国。杭州人文古迹众多，西湖及其周边有大量的自然及人文景观遗迹，具代表性的有西湖文化、良渚文化、丝绸文化、茶文化。每年八月十八，中外游客纷至钱塘江边，欣赏举世奇观钱江潮。这些构成了独具魅力特色的杭州文化。

1. 西湖

西湖位于杭州市区西部，景区总面积 49 km^2，汇水面积为 21.22 km^2，湖面面积为 6.38 km^2。

西湖南、西、北三面环山，湖中白堤、苏堤、杨公堤、赵公堤将湖面分割成若干水面。西湖的湖体轮廓呈近椭圆形，湖底部较为平坦。湖泊天然地表水源是金沙涧、龙泓涧、赤山涧、长桥溪四条溪流。

西湖有 100 多处公园景点，有“西湖十景”“新西湖十景”之说，有 60 多处国家、省、市级重点文物保护单位和 20 多座博物馆，主要景点有断桥、雷峰塔、钱王祠、净慈寺、苏小小墓等。

断桥位于北里湖和外西湖的分水点上，一端跨着北山路，另一端接通白堤。据说，早在唐朝断桥就已经建成，宋代称保佑桥，元代称段家桥。断桥之名得于唐朝，一说孤山之路到此而断，故名；一说段家桥简称段桥，谐音为断桥，桥的东北有碑亭，内立“断桥残雪”碑。

雷峰塔位于西湖南岸夕照山的雷峰上，又名皇妃塔、西关砖塔。该塔初建于 977 年，是吴越忠懿王钱弘俶为供奉佛螺髻发舍利而建。因塔成之时恰逢北宋追谥钱弘俶逝去不久的夫人孙氏为“皇妃”，所以命名为“皇妃塔”。后来，因其所在的山峰叫“雷峰”逐渐被人们称为“雷峰塔”。

苏堤位于西湖西侧，南起南屏山麓，北到栖霞岭下，全长近 3 km，是北宋诗人苏东坡任杭州知州时，疏浚西湖，利用挖出的葑泥构筑而成。后人为了纪念苏东坡治理西湖命名为苏堤，沿堤建有映波、锁澜、望山、压堤、东浦、跨虹等 6 座单孔石拱桥。

2007 年，杭州市西湖风景名胜区被评为“国家 5A 级旅游景区”。2011 年 6 月 24 日，“杭州西湖文化景观”正式列入《世界遗产名录》。

2. 钱塘江

钱塘江，古称浙，全名“浙江”，又名“折江”“之江”“罗刹江”，一般浙江富阳段称为富春江，浙江下游杭州段称为钱塘江。钱塘江最早见名于《山海经》，因流经古钱塘县(今杭州)而得名，是吴越文化的主要发源地之一。

钱塘江是浙江省最大河流，是宋代两浙路的命名来源，也是明初浙江省成立时的省名来源。以北源新安江起算，河长 588.73 km；以南源衢江上游马金溪起算，河长 522.22 km。自源头起，流经今安徽省南部和浙江省，流域面积 55 058 km^2，经杭州湾注入东海。

钱塘江河口呈巨大的喇叭形，外口大、内口小。杭州湾口南北两岸相距约 100 km，至澉浦缩小到 20 km，再上至海宁盐官，仅为 2.5 km。钱塘江河道自澉浦起，河床急剧抬高，致使河床容量突然变小，大量潮水涌入变浅的河道，使潮头受阻，而后面的潮水又急速推进，出现水面壅高，甚至翻滚掺气，形成天下奇观“钱江潮”。钱塘江潮被誉为“天下第一潮”，是世界一大自然奇观，每年农历八月十八，钱江涌潮最大。海潮来时，声如雷鸣，排山倒海，蔚为壮观。钱江潮的最佳观潮地点在海宁市的盐官镇。

3. 西溪国家湿地公园

西溪国家湿地公园(如图 5-21 所示)坐落于浙江省杭州市区西部，离杭州主城区武林门只有 6 km，距西湖仅 5 km。园内总面积约为 11.5 km^2，分为东部湿地生态保护培育区、中部湿地生态旅游休闲区和西部湿地生态景观封育区。

西溪国家湿地公园是一个集城市湿地、农耕湿地、文化湿地于一体的国家湿地公园。西溪湿地河流总长 100 多千米，约 70%的面积为河港、池塘、湖漾、沼泽等水域，其间水道如巷、河汊如网，鱼塘栉比、诸岛棋布。陆地绿化率在 85%以上，土壤主要有红壤、岩性土和水稻土 3 个土类，其中以红壤和水稻土分布最为广泛。

图 5-21　西溪湿地风景区

2009 年 11 月 03 日，西溪国家湿地公园被列入国际重要湿地名录。2012 年 1 月 10 日，被评为国家 5A 级旅游景区。

4. 千岛湖

千岛湖，即新安江水库，位于浙江省杭州市淳安县境内，小部分连接杭州市建德市西北，是为建新安江水电站拦蓄新安江上游而成的人工湖，1960 年建成。

水库坝高 105 m，长 462 m；水库长约 150 km，最宽处达 10 余千米；最深处达 100 余米，在正常水位情况下，面积约 580 km^2，蓄水量可达 178 亿 m^3。在最高水位时拥有 1 078 座大于

0.25 km^2 的陆桥岛屿，并以 2 km^2 以下的小岛为主，岛屿面积共 409 km^2，故而得名“千岛湖”。

千岛湖水在中国大江大湖中位居优质水之首，为国家一级水体，不经任何处理即达饮用水标准，被誉为“天下第一秀水”。

千岛湖共有植物 1 700 多种，动物昆虫 2 000 余种，湖中岛屿森林覆盖率超过 80%，内淡水鱼有 87 种，年捕鱼量达 4 000 多吨。有“鱼跃千岛湖”“水下金字塔”等奇特景观。千岛湖风景区植物种类非常丰富，其中属国家重点保护的树种有 20 种。

(二)绍　　兴

绍兴，浙江省地级市，位于浙江省中北部、杭州湾南岸，是具有江南水乡特色的文化和生态旅游城市、长三角城市群重要城市、环杭州湾大湾区核心城市。东连宁波市，南临台州市和金华市，西接杭州市，北隔钱塘江与嘉兴市相望。

绍兴已有 2 500 多年建城史，是首批国家历史文化名城、联合国人居奖城市，中国优秀旅游城市，国家森林城市，中国民营经济最具活力城市，也是著名的水乡、桥乡、酒乡、书法之乡、名士之乡。绍兴素称“文物之邦、鱼米之乡”。著名的文化古迹有兰亭、禹陵、鲁迅故里、沈园、柯岩、蔡元培故居等，其中鲁迅故里和沈园为国家 5A 级旅游景区。

1. 鲁迅故里

鲁迅故里，位于浙江省绍兴市鲁迅中路，占地 50 hm^2，总投资 10 亿元，是原汁原味解读鲁迅作品、品味鲁迅笔下风物、感受鲁迅当年生活情境的真实场所，是绍兴市区保存最完好、最具文化内涵、水乡古城经典风貌和独具江南风情的历史街区。

鲁迅故里由鲁迅纪念馆演化而来，如今已初具规模，不仅再现了鲁迅当年生活的故居、祖居、三味书屋、百草园的原貌，还可看到鲁迅祖居从未对外开放的西厢房和近期恢复的周家新台门、寿家台门、土谷祠、鲁迅笔下风情园等一批与鲁迅有关的古宅古迹，是立体解读中国近代文豪鲁迅先生的场所，是浙江绍兴的“镇城之宝”。

2. 沈园

沈园位于绍兴市越城区春波弄，又名“沈氏园”，是宋代著名园林，至今已有 800 多年的历史。沈园初为南宋时一位沈姓富商的私家花园，始建于宋代，初成时规模很大，占地 70 余亩（1 m^2=0.001 5 亩）之多。园内亭台楼阁，小桥流水，分为古迹区、东苑和南苑三大部分，有孤鹤亭、半壁亭、双桂堂、八咏楼、宋井、射圃、问梅槛、钗头凤碑、琴台和广耜斋等景观。是绍兴历代众多古典园林中唯一保存至今的宋式园林。陆游曾在此留下著名诗篇《钗头凤》。

(三)宁　　波

宁波，简称甬，副省级市、计划单列市，世界第三大港口城市，长三角南翼经济中心，国家历史文化名城，曾连续五次蝉联全国文明城市。

宁波地处东南沿海，位于中国大陆海岸线中段，长江三角洲南翼，东有舟山群岛为天然屏障，北濒杭州湾，西接绍兴市的嵊州、新昌、上虞，南临三门湾，并与台州的三门、天台相连。

宁波人文积淀丰厚，历史文化悠久，属于典型的江南水乡兼海港城市，是中国大运河南端出海口、“海上丝绸之路”东方始发港，其中最具宁波代表性的宁波港被国际港航界权威杂志——英国《集装箱国际》评为“世界五佳港口”。

宁波菜以海鲜名闻内外，向以蒸、烤、炖制海鲜见长，别具特色，轻形式，重实味，鲜咸相兼，美味可口。被称为东方的《罗密欧与朱丽叶》的梁山伯与祝英台的故事诞生于宁波，现宁波西乡有梁祝合葬墓及梁山伯庙。梁祝的故事以电影、戏剧、曲艺等各种艺术形式流传，并传播到世界各地。现宁波有“若要夫妻同到老，梁山伯庙到一到”的谚语。

宁波拥有众多文化古迹，除了著名的溪口镇外，西靠四明山，东临东海，独特的地理位置赋予了宁波独特的自然风光，此外自然风光还有松兰山、九峰山、九龙湖、五龙潭、南溪温泉、野鹤湫旅游风景区、浙东大峡谷等。

1. 溪口镇

溪口镇是浙江省宁波市奉化区所辖建制镇，首批全国特色景观旅游名镇。溪口镇为蒋介石的出生地及蒋氏父子的故里，“中华民国”时期一度成为国民政府指挥中心。溪口镇位于宁波市西南 20 km，东靠武岭，南濒剡溪，北临雪窦山，水绕山环，景色秀丽。旅游景区总观赏面积 140 km^2，主要景点有雪窦山、蒋氏故居。雪窦山风景区是首批国家 5A 级旅游景区，标志性景点包括千丈岩、雪窦寺、三隐潭、徐凫岩、妙高台以及全球最高的铜质坐姿弥勒佛造像。位于雪窦山心的雪窦寺，创于晋、兴于唐、盛于宋，至今已有 1 700 余年历史，千百年来，香火旺盛，高僧辈出，是弥勒佛的根本道场。

2. 天一阁

天一阁位于浙江省宁波市海曙区，建于明朝中期，由当时退隐的明朝兵部右侍郎范钦主持建造，占地面积 2.6 万 m^2，范钦根据郑玄所著《易经注》中的“天一生水……地六承之”之语，将新藏书楼命名为“天一阁”，并在建筑格局中采纳“天一地六”的格局，楼外筑水池以防火，“以水制火”。天一阁距今已有 400 多年的历史，是中国藏书文化的代表之作。

天一阁现藏各类古籍近 30 万卷，其中珍椠善本 8 万卷，尤以明代地方志和科举录最为珍贵，是中国现存最早的私家藏书楼，也是亚洲现有最古老的图书馆和世界最早的三大家族图书馆之一。

(四)温　　州

温州，简称“温”或“瓯”，浙江省地级市，是国家历史文化名城，东南沿海重要的商贸城市，浙江省区域中心城市之一。温州文化属瓯越文化，温州人属江浙民系，使用吴语，温州话被评为中国最难懂方言之一。温州是中国数学家的摇篮、中国南戏的故乡、中国海鲜鸡蛋之乡，温州人被国人称之为“东方犹太人”。2018 年 12 月，温州入选 2018 中国大陆最佳地级城市 30 强。

温州历史悠久，有丰富的文化遗存，拥有乐清黄杨木雕、细纹刻纸、温州鼓词、泰顺的药发木偶、永嘉昆曲等国家级非物质文化遗产。

温州居民，自古喜食海鲜。生食海鲜，最具特色的是吃江蟹、牡蛎肉，现仍是温州的风味菜肴。此外，炒粉干、灯盏糕、猪油糕、双炊糕等也是温州特色小吃。

1. 雁荡山

雁荡山主体位于浙江省温州市东北部海滨，小部在台州市温岭南境。雁荡山是亚洲大陆边缘巨型火山带中白垩纪火山的典型代表，也是流纹岩浆喷发的大型破火山。雁荡山古负盛名，是国务院公布的首批国家级重点风景名胜区，总面积 450 km^2，主峰百岗尖海拔 1 150 m，灵峰、灵岩、大龙湫为全山风景中心。雁荡有三绝：“大龙湫飞瀑，灵岩飞渡，灵峰夜景”。大龙湫瀑布高达 190 m，直泻龙潭，如图 5-22 所示。2004 年雁荡山被命名为国家地质公园，2005 年初被命名为世界地质公园。雁荡山始开发于南北朝，兴于唐，盛于宋。因山顶有湖，芦苇茂密，结草为荡，南归秋雁多宿于此，故名雁荡。素有“寰中绝胜”“海上名山”之誉，史称“东南第一山”。

2. 楠溪江

楠溪江风景名胜区位于永嘉县境内，是国务院公布的国家级重点风景名胜区。楠溪江干流全长 145 km，江流蜿蜒曲折，两岸绿林葱郁，呈典型河谷地貌景观。风景区沿江分布，有台湾水青冈、银杏、华西枫杨等多种国家重点保护珍贵树种。大若岩山麓江滨村寨风貌独特，保存有宋代以来的亭台楼阁、庙观祠殿牌楼等古建筑。

3. 南麂岛

南麂岛位于温州以东海域，属平阳县管辖，是中国建立的第一个海岛海域生态系自然保护区，由 23 个海岛、14 个暗礁、55 个明礁组成，总面积 20 106 km^2，海域面积 19 071 hm^2。南麂岛区内贝藻类丰富，是中国海域的重要贝藻类基因库，有海洋贝类 403 种，约占全国贝类总数的 20%；海洋藻类 174 种，约占全国藻类总数的 20%。

图 5-22　雁荡山大龙湫

4. 江心屿

江心屿公园位于瓯江中游，现有面积 1 070 亩（1 m^2＝0.001 5 亩），是中国四大名胜孤屿之一，历来被称为“瓯江蓬莱”。历代著名诗人谢灵运、李白、杜甫、孟浩然、韩愈、陆游、文天祥等都曾相继留迹江心屿。千百年来无数文人墨客、历代名贤留有叹咏江心屿著名诗章近 800 篇。东西双塔凌空，映衬江心寺，别具匠心。屿中名胜古迹众多，如宋文信国公祠、浩然楼、谢公亭、澄鲜阁及博物馆、革命烈士纪念馆、工人疗养院均系省市级文保建筑。

（五）泉　州

泉州，福建省东南沿海地级市，简称泉、鲤，别名鲤城、刺桐城，北承福州，南接厦门，东望台湾岛，属亚热带海洋性季风气候，气候条件优越。泉州是著名侨乡。在台湾，有 44.8% 的汉族人（约 900 万人）祖籍泉州。

泉州历史悠久，经济开发早在周秦时期就已开始。宋元时期，泉州一度成为世界第一大港。泉州是联合国唯一认定的海上丝绸之路起点，列入国家“一带一路”倡议的 21 世纪海上丝绸之路先行区。

泉州民居建筑自成一派天然风韵。有三开间或五开间红砖白石双坡曲燕尾脊的汉式古大厝，有“手巾寮”的纵向住宅，有骑楼式的商住合一的建筑，还有与山村环境十分协调的“吊脚楼”（木楼），他们就地取材，十分简朴，却独具风格。还有一种是外围护有高大坚固防御墙体，适应大家族集居特殊形式的土楼建筑中西合璧的住宅称“洋楼、番仔楼”。

1. 清源山

清源山地处福建省东南部，晋江下游东北岸，三面与泉州市接壤。因山上泉眼诸多别称“泉山”，因山高入云也称“齐云山”，因位于城市北郊又称“北山”，因山上有三峰亦称“三台山”。清源山是国家重点风景区，5A 级景区，泉州十八景之首。由清源山、九日山、灵山圣墓三大片区组成，总面积 62 km^2。清源山属花岗岩地貌的山地丘陵，地势起伏、岩石突兀，主峰海拔 498 m。

自古以来，清源山国家重点风景区就以 36 洞天、18 胜景闻名于世，其中尤以老君岩、千手岩、弥陀岩、碧霄岩、瑞象岩、虎乳泉、南台岩、清源洞、赐恩岩等为胜。老君造像被列为全国重点保护文物，是中国道教石刻中独一无二的艺术瑰宝。石像高 5.63 m，厚 6.85 m，宽 8.01 m 席地面积 55 m^2。由于它是中国现存最大、雕技最绝、年代最久的道教石雕造像，因此文史界人士戏称之为“老子天下第一”倒也名副其实。

2. 崇武古城

崇武古城坐落于泉州市惠安县东南海滨的突出部、泉州湾和湄州湾之间、惠安县境东南 24 km 的崇武半岛南端，濒临台湾海峡，是 1 387 年（明洪武二十年）江夏侯周德兴经略海防时为抵御倭寇所建，是中国现存最完整的丁字形石砌古城，是明政府为抗击倭患，在万里海疆修筑的 60 多座卫所城堡中仍保存完好的一座。同时，惠安海岸半月湾、青山湾、净峰惠女湾竞秀争艳，被国家地理杂志评选为“中国八大最美海岸线”之一。

崇武古城是一处集滨海风光、历史文物、民俗风情、雕刻艺术于一体的国家 4A 级旅游景区和全国重点文物保护单位，被誉为“天然影棚”“南方北戴河”。崇武古城是中国仅存的一座比较完好的明代石头城，也是中国海防史上一个比较完整的史迹。

3. 洛阳桥

泉州洛阳桥（如图 5-23 所示），原名叫作“万安桥”，位于泉州市东郊的洛阳江入海口，距离泉州市区 5 km，是著名的跨海梁式大石桥，素有“海内第一桥”之誉。它与北京的卢沟桥，河北的赵州桥，广东的广济桥并称为我国古代四大名桥。北宋泉州太守蔡襄主持建桥工程。从皇祐五年（公元 1053 年）至嘉祐四年（公元 1059 年），前后历六年之久，耗白银 1 400 万两，建成了这座跨江接海的大石桥，至今已有 900 多年历史。

图 5-23　洛阳桥

洛阳桥堪称世界造桥史上的一颗明珠，其造桥的筏形基础建造方式对中国乃至世界造桥科学都是一个伟大的贡献。种蛎固基法也是世界上第一个把生物学应用于桥梁工程的先例。浮运架梁法利用海潮涨落的高低位置，架设桥面大石板，显示了我们先民建桥的非凡才智。船形桥墩也颇具特色，有利于分水。我国著名桥梁专家茅以升曾称赞说：“洛阳桥是福建桥梁的状元。”

洛阳桥原长 1 200 m，宽 5 m，桥墩 46 座，两侧有 500 个石雕扶栏，28 尊石狮，兼有 7 亭 9 塔点缀其间，武士造像分立两端，桥的南北两侧种植松树 700 棵。桥上现存亭 2 座，石将军 2 尊，石塔 5 座。碑亭有“西川甘露”碑刻和清道光间石刻“天下第一桥”横额。世人称洛阳桥有“三绝”，一是工程艰苦浩大；二是《万安桥记》简洁；三是碑石、碑字艺术精雕。

（六）漳　州

漳州位于福建省最南端，西北多山，东南临海，地势从西北向东南倾斜。

漳州是海峡西岸城市之一，有“田园都市，生态之城”的美誉，生态竞争力位居福建前列，为国家闽南文化生态保护区。漳州也是鹰厦铁路、厦深铁路、龙厦铁路、福厦高铁交汇的重要枢纽地区。

漳州素有“花果之城”“鱼米之乡”的美称，境内拥有万亩“荔枝海”、万亩香蕉园、万亩水仙花基地。盛产“五大名花”：水仙花、茶花、兰花、红梅、蜡梅；“十大名果”：芦柑、荔枝、香蕉、龙眼、柚子、菠萝、枇杷、杨梅、桃、番石榴；水仙花、片仔癀牌片仔癀和八宝印泥被誉为“漳州三宝”。木偶雕刻、珍贝漆画、九龙壁玉雕等旅游工艺品深受中外游客的喜爱。

1. 南靖土楼

南靖土楼，又称为福建土楼，南靖土楼遍布漳州市南靖、华安、平和、诏安、云霄、漳浦等县山区，以历史悠久、数量众多、规模宏大、造型奇异、风格独特而闻名于世，被誉为“神话般的山区建筑”。2008 年 7 月福建土楼被正式列入《世界遗产名录》。

地处南靖县书洋镇的云水谣古镇，是个历史悠久的古老村落，村中幽深古道、百年老榕、神奇土楼，还有灵山碧水，无不给人以世外桃源的感觉。南靖县长教风景区拥有世界文化遗产和贵楼、怀远楼、千年古榕树群、一条百年老街、千年古道。

2. 马銮湾

马銮湾位于漳州东山岛东部，距铜陵镇 2 km。沿东山岛东南沿岸有南门湾、屿南湾、马銮湾、金銮湾、乌礁湾、澳角湾、宫前湾七个海湾。它们呈月牙形，首尾相接，绵延 30 多 km。洁白的沙滩背靠着葱茏的林带，环抱着清澈的海水，是天然的海滨浴场。湾内小岛星罗棋布与浩瀚的大海交相辉映，构成一处天蓝、水碧、沙白、林绿、海湾美、岛礁奇的海滨旅游度假胜地。经专家鉴定，在这七个月牙形海湾中，马銮湾是独特的、最好的海滨浴场。这里沙滩坡度平缓，长 2 500 m，宽 60 m。沙滩洁白细软，粗不扎脚，可谓一马平川。这里空气清新，沿岸清脆葱茏的林带，形成海滨绿韵观光带。

(七)厦　门

厦门，隶属于福建省，别称鹭岛，简称厦、鹭，副省级城市、经济特区，东南沿海重要的中心城市、港口及风景旅游城市。厦门位于福建省东南端，东与大小金门岛、南与龙海市隔海相望，陆地与南安市、安溪县、长泰县、龙海市接壤。厦门由厦门本岛、离岛鼓浪屿、西岸海沧半岛、北岸集美半岛、东岸翔安半岛、大小嶝岛、内陆同安、九龙江等组成，陆地面积 1 699.39 km^2，海域面积 390 多平方千米。厦门通行闽南方言，是闽南地区的主要城市，与漳州、泉州并称厦漳泉闽南金三角经济区。

1980 年批复设立经济特区，厦门先后获批国家综合配套改革试验区(即“新特区”)，自由贸易试验区，国家海洋经济发展示范区，厦门已成为两岸新兴产业和现代服务业合作示范区、东南国际航运中心、两岸区域性金融服务中心和两岸贸易中心，逐渐成为现代化国际性港口风景旅游城市，拥有世界文化遗产、第一批国家 5A 级旅游景区——鼓浪屿。

地方上使用闽南方言之厦门话，闽南方言是全国八大方言之一。厦门市入选国务院国家级非物质文化遗产保护项目名录的有南音、高甲戏、歌仔戏、答嘴鼓、漆线雕、童谣(闽南童谣)、讲古、民间信俗(保生大帝信俗)、中秋博饼、民间信俗(闽台送王船)、抬阁(海沧蜈蚣阁)、闽南传统民居营造技艺。以厦门菜为代表之一的闽菜位列中国八大菜系，特色小吃有：面线糊、沙茶面、土笋冻、海蛎煎、炸五香、花生汤、烧肉粽等。

1. 鼓浪屿

鼓浪屿原名“圆沙洲”，别名“圆洲仔”，南宋时期命“五龙屿”，明朝改称“鼓浪屿”。岛西南方海滩上有一块 2 m 多高、中有洞穴的礁石，每当涨潮水涌，浪击礁石，声似擂鼓，人们称“鼓浪石”，鼓浪屿因此而得名。鼓浪屿街道短小，纵横交错，是厦门最大的一个屿，与厦门岛上的厦门世茂海峡大厦、厦门大学等隔海相望。

鼓浪屿全岛的绿地覆盖率超过 40%，植物种群丰富，各种乔木、灌木、藤木、地被植物共 90 余科，1 000 余种。代表景点有：日光岩、菽庄花园、皓月园、毓园、鼓浪石、鼓浪屿钢琴博物馆、郑成功纪念馆、海底世界、天然海滨浴场、海天堂构等。

鼓浪屿风景名胜区是国家 5A 级旅游景区、全国重点文物保护单位，2017 年 7 月 8 日，“鼓浪屿：国际历史社区”被列入《世界遗产名录》，成为中国第 52 项世界遗产项目。

2. 环岛路

环岛路，是环绕福建省厦门市厦门岛的城市干道，跨越厦门市的思明区和湖里区两个区级行政区，全长 43 km，现主要有两个路段——环岛东路－环岛南路。从厦门大学到前埔的一段海岸，长约 9 km，被称为“黄金海岸线”，是大家最钟情的区域之一。

环岛路也是厦门马拉松赛的主赛道，被国际誉为世界最美的马拉松赛道。路间的绿化镶嵌有《鼓浪屿之波》的乐谱，路旁有马拉松塑像，路旁红色道路的部分只限行人通行。

环岛路的建设一直奉行“临海见海，把最美的沙滩留给百姓”的宗旨，有的依山傍海，有的凌海架桥，有的穿石钻洞，建设起点高，标准严，充分体现了亚热带风光特色。通过近 47 万 m^2 的绿化、建筑小品等充分体现亚热带风光、厦门特色，形成了一条集旅游观光和休闲娱乐为一体的滨海走廊。展现在人们眼前的是一幅蓝天、大海、沙滩、绿地和四季花开不断的美好图画。

3. 胡里山炮台

胡里山炮台位于中国福建省厦门市厦门岛东南海岬突出部，毗邻厦门大学园区，三面环海，景区系国家级文物保护单位、全国 4A 级旅游景区。

胡里山炮台始建于清光绪十七年(公元 1891 年)，竣工于清光绪二十二年(公元 1896 年)，总面积 7 万多平方米，城堡面积 2.2 万 m^2，分为战坪区、兵营区和后山区，炮台结构为半地堡式、半城垣式，具有欧洲风格，又有我国明清时期的建筑神韵，历史上被称为“八闽门户、天南锁钥”。

炮台地理位置重要，向东可支援白石头炮台，提前将敌舰拦阻在厦门水道之外；正(南)面和对岸的屿仔尾炮台隔海相对，互为犄角，炮火交叉可封锁阻击厦门航道之敌舰；向西可追击进入厦门港的敌舰，守住厦门港；向北可支援陆军阵营等，因此被称为厦门的“天南锁钥”。景区年均接待中外游客达上百万人次，成了厦门旅游城市的名片和窗口，是厦门市重要的旅游景点、国防教育基地及爱国主义教育基地。

任务训练

一、场景设计

(一)实训目的

熟悉东南地区的旅游资源类型及特色。

(二)实训内容

1. 分析东南区域文化特色及旅游资源特色，搜集相关信息。

2. 设计“最美东南游”主题线路。线路主题可以自拟，如“美食游”“山水游”“民俗游”等。

二、训练步骤

（一）实训前准备

提前预习训练项目，组内合理分工，充分发挥每一位组员的兴趣特长，从信息搜索、材料整理、文案制作、美工排版、讲解汇报等多方面开展训练任务。

（二）实　训

1. 学生上交“最美东南游”主题线路设计方案。
2. 分组汇报交流主题游线路设计方案。
3. 教师总结并评分、评价。

效果评价

“最美东南游”线路设计训练评分表

姓　名		地　点		时　间	
实训项目	实训考查要点	分值	小组评分	教师评分	最终得分
“最美东南游”线路设计	1. 信息收集途径丰富、方法科学				
	2. 文案制作精良、图文并茂				
	3. 组员汇报语言表达熟练、清晰，文辞优美				
	4. 线路设计突出科学性、合理性、市场适宜性				
	5. 线路主题突出，景点景区选择符合线路主题				
	6. 团队分工明确，合作有序				
合　计		100			

注：该表可根据实际设计的训练项目进行测评。

典型工作任务六　昌九城际沿线旅游

任务引入

2017 年，南昌实现了高铁“十”字形格局，而随着京九高铁、昌福高铁等高铁的建成运营，将形成“米”字形高铁路网。值得一提的是，以昌九、九景衢、合福、沪昆等高铁线路组成的“环鄱阳湖高铁”已经形成，这对建设以英雄城南昌为龙头的“环鄱阳湖城市群”起到巨大推进作用。随着京广线的全线贯通，京九高铁线“昌吉赣”段将于年底开通运营，北上南下的时间将进一步缩短，以南昌市为中心，构建覆盖全省设区市的“1.5 至 2 小时交通圈”，以及辐射粤、闽、湘、浙、沪、皖、鄂等周边省市的“4小时生活圈”已悄然形成。

（信息来源：中国江西网，2019-08-21）

请思考：

高铁线路为江西省南昌市与周边省、市构建出新的都市圈、城市群，从都市圈的角度考虑该区域的旅游资源该如何进行统筹规划？

知识准备

一、昌九线概况

昌九城际铁路是中国江西省境内一条连接南昌市和九江市的城际铁路，呈南北走向，为京九铁路的扩能部分之一。该铁路于2007年11月28日动工建设，2010年9月20日竣工运营。

昌九城际铁路南起南昌站、南昌西站，北至九江站；线路全长135 km，共有7座车站，如图5-24所示。

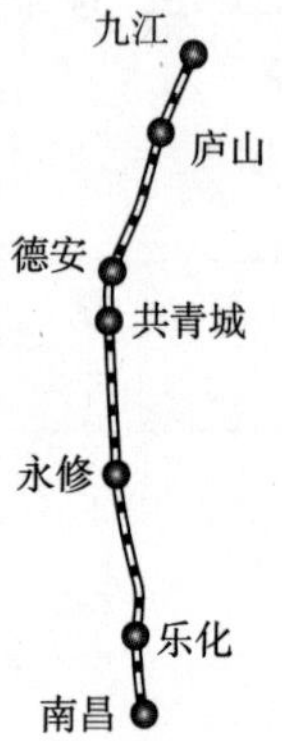

图5-24　昌九线线路图

昌九城际铁路贯穿环鄱阳湖生态经济区核心地带，促进赣北区域内密切的人文交流、经济联系；线路采用高速动车组与普速列车混跑模式，极大缓解了京九铁路昌九段的运输压力、释放京九铁路的货物运能。昌九城际铁路的建成通车，促使南昌与九江两市形成“1小时经济圈”，缩短了南昌至武汉两个省会中心城市间的时空距离以及两地群众的心理距离；对提升昌九工业走廊工业化和城镇化水平、推动江西环鄱阳湖生态经济区建设、促进赣鄂两省乃至整个中国中东部地区经济社会的互动、融合与发展都具有重大深远的意义。

昌九城际沿线历史文化名城、国家级风景名胜区和著名旅游景点主要包括：南昌市，滕王阁、庐山，八一起义纪念馆、鄱阳湖、白鹿洞书院等。

二、沿线旅游名城

（一）南　　昌

南昌，简称“洪”或“昌”，古称豫章、洪都。南昌因“昌大南疆、南方昌盛”而得名，是江西省的政治、经济、文化、科教和交通中心。

南昌地处江西省中部偏北，赣江、抚河下游，鄱阳湖西南岸，自古就有“襟三江而带五湖、控蛮荆而引瓯越”之称，是中国唯一一个毗邻长江三角洲、珠江三角洲和海峡西岸经济区的省会中心城市。

南昌历史悠久，初唐四杰王勃在《滕王阁序》中称其为“物华天宝、人杰地灵”之地，南唐时期南昌府称为“南都”。南昌更是著名的革命英雄城市，1927年，南昌八一起义，在此诞生了中国共产党第一支独立领导的人民军队，被誉为军旗升起的地方。新中国成立后，在南昌制造了新中国的第一架飞机、第一批海防导弹、第一辆摩托车和拖拉机，是中国重要的制造中心。

南昌铁路交通发达，拥有3个中国大型特等车站：南昌西站（高铁客运站）和南昌火车站、南昌东火车站（高铁站，建设中），京九铁路、沪昆高铁、昌九城际铁路、昌福铁路（向莆铁路）交汇于此，未来，昌赣高铁（京港通道组成部分）、昌景黄高铁也会途径南昌。此外，南昌南郊向塘站有 98 股道，为全国第二大铁路货运编组站。

南昌赣菜口味以鲜辣为主，南昌特色小吃主要有：油炸小品、白糖糕、糖画、豫章酥鸭、李渡酒、鄱阳湖银鱼、石头街麻花等。南昌是首批国家历史文化名城，东城区有京东、瑶湖水上娱乐区，南城区有青云谱“八大山人”纪念馆文化游览区，西城区有梅岭、梦山度假、宗教旅游区、南昌万达国际旅游文化度假中心，北城区有鄱阳湖、南矶山、象山候鸟观赏区。

1. 滕王阁

滕王阁，位于江西省南昌市西北部沿江路赣江东岸，始建于唐永徽四年（公元 653 年），因初唐诗人王勃诗句“落霞与孤鹜齐飞，秋水共长天一色”而流芳后世。

唐贞观十三年（公元 639 年），唐高祖李渊第二十二子、唐太宗李世民之弟李元婴被封于山东滕州，为滕王。他于滕州筑一阁楼名曰“滕王阁”（已被毁）。唐显庆四年（公元 659 年），滕王李元婴调任江南洪州（今江西南昌）都督，因其思念故地滕州，修筑了著名的“滕王阁”。滕王阁因王勃的《滕王阁序》为后人熟知，成为永恒的经典。

滕王阁主体建筑净高 57.5 m，建筑面积 13 000 m^2，其下部为象征古城墙的 12 m 高台座，分为两级，如图 5-25 所示。台座以上的主阁取“明三暗七”格式，即从外面看是三层带回廊建筑，而内部却有七层，就是三个明层，三个暗层，加屋顶中的设备层。正脊鸱吻为仿宋特制，高达 3.5 m，勾头、滴水均特制瓦当，勾头为“滕阁秋风”四字，而滴水为“孤鹜”图案。台座之下，有南北相通的两个瓢形人工湖，北湖之上建有九曲风雨桥。

图 5-25　滕王阁

滕王阁与湖北武汉黄鹤楼、湖南岳阳楼并称为“江南三大名楼”。2018 年 10 月 29 日，南昌滕王阁旅游区被文化和旅游部批准为国家 5A 级旅游景区。

2. 鄱阳湖

鄱阳湖，古称彭蠡、彭蠡泽、彭泽，位于江西省北部，地处九江、南昌、上饶三市，是中国第一大淡水湖，也是仅次于青海湖的中国第二大湖。

鄱阳湖，是长江中下游主要支流之一，也是长江流域的一个过水性、吞吐型、季节性重要湖泊。湖区面积，在平水位（14 m～15 m）时湖水面积为 3 150 km，在高水位（20 m）时为 4 125 km 以上，但低水位（12 m）时仅 500 km。

鄱阳湖主要由赣江、修河、信江、饶河、抚河等水源供给，自南向北在九江市湖口县石钟山附近汇入长江。它在调节长江水位、涵养水源、改善当地气候和维护周围地区生态平衡等方面都起着巨大的作用。

阳湖及其周围的青山湖、象湖、军山湖等数十个大小湖泊湖水温暖，水草丰美，有利于水生生物繁殖。产鱼类 100 余种，以鲤鱼为主，其次为青鱼、草鱼、鲢鱼、鳙鱼，贝、螺产量也较丰。滨湖平原盛产水稻、黄麻、大豆、小麦，是江西省主要农业区。1992 年，鄱阳湖被列入“世界重要湿地名录”，主要保护对象为珍稀候鸟及湿地生态系统。

3. 八一起义纪念馆

南昌八一起义纪念馆（如图 5-26 所示）位于江西省南昌市西湖区中山路，是为了纪念南昌起义而设立的专题纪念馆，成立于 1956 年，1959 年 10 月 1 日正式对外开放。

图 5-26　南昌起义纪念馆

1927 年 8 月 1 日，中国共产党领导部分国民革命军在江西省南昌市举行武装起义，打响了武装反抗国民党反动派的第一枪，揭开了中国共产党独立领导武装斗争和创建革命军队的序幕。

南昌八一起义纪念馆基本陈列陈展面积达 4 400 多平方米。陈展各类图片、图表逾 500 幅，文物展品 400 余件（套），艺术品数十件；展览空间分为两层，一层为主要展览区域，二层主要为专题展区和多媒体互动展区；展览以“伟大的开端”为主题，以“强军之路”为主线，展示了自八一南昌起义开始，中国人民解放军从小到大，由弱到强的光辉历程。

南昌八一起义纪念馆是全国文明单位、国家一级博物馆、国家 4A 级旅游景区，也是全国红色旅游工作先进集体和全国首批“爱国主义教育示范基地”。

（二）九　江

九江，简称“浔”，古称浔阳、柴桑、江州，为江西省地级市，位于江西省最北部，长江中下游南岸，鄱阳湖北畔，赣、鄂、皖、湘四省交界处，是一座有着 2 200 多年历史的文化名城，历代为都、郡、州、府治地，有“江西北大门”之称。

九江是座靠水的港口名城，水资源十分丰富，长江过境长度 151 km，年流量 8 900 亿 m^2，直入长江的河流流域面积 3 904 km^2，是中国首批 5 个沿江对外开放城市之一，也是江西唯一的国际贸易口岸城市。

九江人文深厚、风景秀丽，素有“江派浔阳郡、分明似画图”之美称，有世界文化景观遗产、中华十大名山“庐山”，佛教净土宗发源地“东林寺”，中国四大书院之一的“白鹿洞书院”等风景名胜古迹。

九江的交通位置十分重要。中国最大、最长的东西向水上大通道——长江和中国最长、现代化程度最高的南北向陆上运输大通道——京九铁路，在九江市区交汇，九江成为承东启西、引南接北的金十字交汇点。

九江市地处赣、皖、鄂、湘四省相接之处，依江偎湖，物产丰富。九江菜是赣菜的重要组成部分之一，讲究辣、烂、脆、嫩，长久以来形成了自己的特色。

1. 庐山

庐山，又名匡山、匡庐，位于江西省九江市庐山市境内。东偎婺源、鄱阳湖，南靠滕王阁，西邻京九铁路，北枕长江，长约 25 km，宽约 10 km，主峰汉阳峰，海拔 1 474 m。

庐山的地貌景观较为特殊，是一种多成因复合地貌景观，依次由断块山构造地貌景观、冰蚀地貌景观、流水地貌景观叠加而成。以雄、奇、险、秀闻名于世的庐山，素有“匡庐奇秀甲天下”之美誉。庐山的主要景点有锦绣谷、三叠泉、含鄱口、庐山美庐、三宝树、庐山会议旧址和芦林湖等。

庐山山顶端因处高空地带，加上江环湖绕，湿润气流在前进中受到山地阻挡，易于兴云作雨。全年平均降雨量 1 917 mm，年平均有雨日达 168 d；庐山云雾也较多，全年平均有雾日达 192 d。变化莫测的庐山云雾，给庐山增添了妙景。

庐山自古命名的山峰便有 171 座，群峰间散布冈岭 26 座，壑谷 20 条，岩洞 16 个，怪石 22 处。水流在河谷发育裂点，形成许多急流与瀑布，瀑布 22 处，溪涧 18 条，湖潭 14 处。数量众多景观壮美的瀑布，为庐山一奇，最为著名的是三叠泉瀑布，落差达 155 m，大诗人李白诗曰“飞流直下三千尺，疑是银河落九天”，如图 5-27 所示。

图 5-27　庐山风景区

庐山有着丰富的野生动物和珍稀动物。庐山之麓的鄱阳湖还有世界著名的候鸟保护区；珍稀动物金钱豹分布于山麓山顶。庐山昆虫有 2 000 余种，其中多稀珍品种和新种。

庐山是世界文化遗产、世界地质公园、国家重点风景名胜区、国家 5A 级旅游景区。

2. 白鹿洞书院

白鹿洞书院位于江西省九江市庐山五老峰南麓，是世界文化景观，与湖南长沙的岳麓书院、河南商丘的应天书院、河南登封的嵩阳书院，合称为“中国四大书院”。后又与江西吉安的白鹭洲书院、江西铅山的鹅湖书院、江西南昌的豫章书院，并称为“江西四大书院”。

白鹿洞书院始建于南唐升元年间(公元 940 年)，是中国首间完备的书院。南唐时建成“庐山国学”(又称“白鹿国学”)，为中国历史上唯一的由中央政府于京城之外设立的国学；宋代理学家朱熹出任知南康军(今江西省九江市庐山市)知县时，重建书院，亲自讲学，确定了书院的办学规条和宗旨，并奏请赐额及御书，名声大振，成为宋末至清初数百年中国一个重要文化摇篮，是中国教育文化的重要发祥地之一。朱熹制定的《白鹿洞书院揭示》，又称《白鹿洞书院教规》，记载了其办学的模式，为后世效仿，并传至日本、韩国及东南亚一带，誉享海外。

白鹿洞书院坐北朝南，为几进几出的大四合院建筑，布局相当考究；从建筑材质结构看，书院建筑多为石木或砖木结构，屋顶均为人字形硬山顶。礼圣殿、朱子祠、御书阁、明伦堂坐落在楼阁庭院。

新中国成立后，白鹿洞书院得到很好的保护和利用，各级政府先后拨巨款进行三次大的维修，再度兴盛。1959 年列为省级文物保护单位，1988 年列为全国重点文物保护单位。

任务训练

一、场景设计

(一)实训目的

熟悉古建筑类人文旅游资源的特点。

(二)实训内容

1. 搜集三大名楼文化景区的相关信息，分析古建筑资源特色。

2. 制作“江南名楼”名片，名片的主要内容包括：江南名楼的历史、建筑风格、地域文化、名人典故等信息。

二、训练步骤

(一)实训前准备

提前预习训练项目，组内合理分工，充分发挥每一位组员的兴趣特长，从信息搜索、材料整理、文案制作、美工排版、讲解汇报等多方面开展训练任务。

(二)实　　训

1. 学生上交“江南名楼”名片。

2. 分组汇报交流。

3. 教师总结并评分、评价。

效果评价

名片档案制作训练评分表

姓　名		地　点		时　间	
实训项目	实训考查要点	分值	小组评分	教师评分	最终得分
名片档案制作	1. 信息收集途径丰富、方法科学				
	2. 文案制作精良、图文并茂				
	3. 组员汇报语言表达熟练、清晰，文辞优美				

续上表

姓　　名		地　点		时　间	
名片档案制作	4. 资料整理应突出科学性、特色性、系统性性				
	5. 针对江南名楼的资源特色，提出旅游开发建议				
	6. 团队分工明确，合作有序				
合　　计		100			

注：该表可根据实际设计的训练项目进行测评。

典型工作任务七　杭黄高铁沿线旅游

任务引入

2018年底，杭黄铁路开通在即，杭州千岛湖景区向全球游客发出邀请，自开通之日起30 d内，乘坐杭黄高铁可免票游千岛湖，淳安等地景点同步推出等幅优惠。而这条线路的另一端黄山市也推出了旅游激励措施，黄山市旅委主任表示，优惠政策的实施范围包括上海、杭州、南京等11个城市，具体为：黄山风景区从黄杭高铁正式开通之日起半个月内，实行挂牌门票价格半价优惠。市内的其他A级景区，从黄杭高铁正式开通之日起至2019年2月28日实行挂牌门票价格半价优惠。

（信息来源：黄山新闻联播，2018-12-2）

请思考：

伴随杭黄高铁的开通，沿线旅游城市加强合作和推广力度，会对该线路的客流造成什么影响，为什么要这么做？

知识准备

一、杭黄线概况

2018年12月25日8：34，D9551次列车从杭州东站驶出，这标志着始建于2014年的杭黄高铁正式开通运营，作为杭州至江西南昌高速铁路的组成部分的杭黄高铁，东起浙江省杭州市，终至安徽省黄山市，全长265 km，全线共有杭州南、富阳、桐庐、建德、千岛湖、三阳、绩溪北、歙县北、黄山北9座车站，线路如图5-28所示。

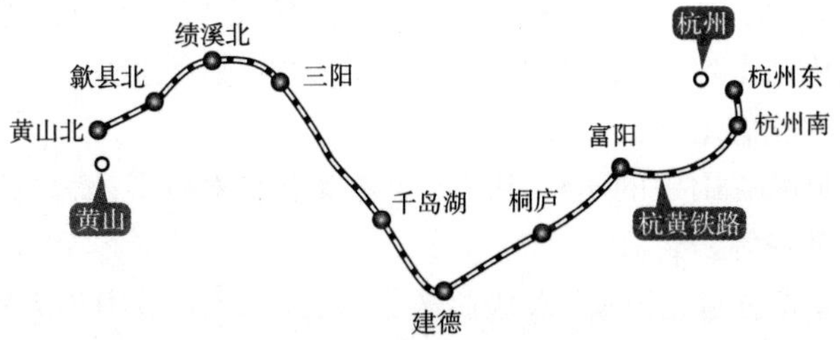

图5-28　杭黄高铁线路图

被誉为“黄金旅游线路”的杭黄高铁是一条穿越秀美山水的风景线，自“人间天堂”杭州出发，途经建德、桐庐、千岛湖、绩溪、富春江等众多风景名胜，最后到达“人间仙境”黄山。沿线共有7个国家5A级、50多个国家4A级旅游景区。自杭州出发，最快仅需1 h26 min即可到达黄山。

杭黄高铁沿线历史文化名城、国家级风景名胜区和著名旅游景点主要包括：杭州、绩溪县、歙县；绩溪龙川景区、黄山景区、西递宏村、古徽州文化旅游区；徽杭古道、棠樾古牌坊、新安江山水画廊等。

二、沿线旅游城市

(一)绩　　溪

绩溪县位于安徽省南部，隶属于宣城市管辖。绩溪是徽州六县之一，也是徽州文化的发源地之一。

绩溪位于皖南山区，地处黄山山脉和西天目山山脉结合带，长江水系与钱塘江水系分水岭，东与临安区交界，北与宁国市、旌德县毗连，西与旌德县、黄山市黄山区及歙县接壤，南与歙县相邻。

绩溪县森林覆盖率达76.5%，是联合国绿色产业示范区、国家级生态示范县。2019年3月，被列为第一批革命文物保护利用片区分县名单。

绩溪县有龙川景区、徽杭古道景区、千年仁里景区、鄣山大峡谷等景点。

1. 龙川景区

绩溪龙川景区位于皖南绩溪县龙川村，是胡姓聚族而居拥有千年历史的古村落。

龙川位于四面环山的一个小盆地里，地形地貌以中低山、丘陵为主，四周环山，最高峰龙须山海拔1 048 m。村落地形如靠岸之船，东耸龙须山，紧依登源河，南有龙川东流，西偎凤冠秀峰，北峙崇山峻岭。

龙川旅游风景区人文景观与自然景观相结合，有被称作江南第一祠的胡氏宗祠，素有“木雕艺术博物馆”和“民族艺术殿堂”之美称，奕世尚书坊是明代正宗石雕牌楼，为徽派石雕之最。众多的文物古迹和历史建筑沿着龙川水街两岸分布，水街长约500 m，河岸由青石和花岗岩石砌成，河岸陡直。

2. 徽杭古道

徽杭古道，起于安徽省绩溪县伏岭镇，止于浙江省杭州市临安区清凉峰镇浙基田村，全长20余千米，在杭徽公路通车前，是徽州人尤其是绩溪人通往沪、杭的捷径，比绕道昱岭关近50余千米。

徽杭古道始建于唐，是中国继“丝绸之路”“茶马古道”之后的第三条著名古道，是古时徽商和浙商互通贸易的重要通道，在历史上曾经产生过巨大的政治、经济、文化作用，同时，也是一条集自然风光及神秘文化的走廊。

徽杭古道沿途可见峡谷山中的溪水、瀑布，主要景点有岩口亭、磨盘石、将军石、顺帆石、白玉滩、江南第一关、佛掌峰等。

2011年，徽杭古道成功创建国家4A级旅游景区；2013年，被中华人民共和国国务院公布为第七批全国重点文物保护单位。

(二)黄　　山

黄山,安徽省地级市,古称新安、歙州、徽州,地处皖浙赣三省交界处,被称为"三省通衢",1987年,以境内山岳"黄山"之名设立地级市。

黄山市地处皖南山区,属中亚热带北缘、常绿阔叶林、红壤黄壤地带,地形以山地为主,境内最高峰莲花峰海拔1 860 m;属亚热带季风湿润气候区,主要特点是四季分明,春秋短,夏冬长,热量丰富。

黄山古称徽州,既是徽商故里,又是徽文化的重要发祥地,新安画派、新安医学、徽派建筑、徽州四雕、徽派盆景等影响深远,徽剧是京剧的前身,徽菜是中国八大菜系之一。

1. 黄山

黄山位于安徽省南部黄山市境内,有72峰,莲花峰、光明顶、天都峰并称三大黄山主峰。黄山是安徽旅游的标志,明朝旅行家徐霞客登临黄山时赞叹:"薄海内外之名山,无如徽之黄山。登黄山,天下无山,观止矣!"被后人引申为"五岳归来不看山,黄山归来不看岳"。

黄山原名"黟山",因峰岩青黑,遥望苍黛而名。后因传说轩辕黄帝曾在此炼丹,故改名为"黄山"。黄山代表景观有"四绝三瀑",四绝为奇松、怪石、云海、温泉,如图5-29所示;三瀑为人字瀑、百丈泉、九龙瀑。黄山迎客松是安徽人民热情友好的象征,承载着拥抱世界的东方礼仪文化。

图5-29　黄山风景区

莲花峰,是黄山风景区境内第一高峰,海拔1 864.8 m,位于登山步道玉屏楼到鳌鱼峰之间。莲花峰峻峭高耸,气势雄伟。因主峰突兀,小峰簇拥,俨若新莲初开,仰天怒放,故名"莲花峰"。登峰起步缓坡称"莲梗",中间穿过四个石洞,古人称"莲孔"。洞穴陡立,游人叠级而上,如在莲孔中穿行,恰似"倾曲作蚁旋出花萼中"。沿途风光奇绝,峰壁间有"真好造化""非人间也""名不虚传""天海奇观"等摩崖题刻。

光明顶位于黄山中部,海拔1 860 m,为黄山第二高峰,明代普门和尚曾在顶上创建大悲院,现在其遗址上建有黄山气象站。因为这里高旷开阔,日光照射久长,故名光明顶。由于地势平坦,所以是黄山看日出、观云海的最佳地点之一。

天都峰位于黄山东南,海拔1 810 m,古称"群仙所都",意为天上都会,故取名"天都峰"。天都峰,峰体拔地摩天,险峭峻奇,是黄山群峰之中最为雄伟壮观,最为奇险的山峰,其雄伟博大之气势,虽然高度不及莲花峰和光明顶,但卓立地表,在黄山群峰中,最为雄伟壮丽。天都峰是鸟瞰黄山壮丽全景的理想之处,峰内有仙人把洞门、鲫鱼背、天桥、百丈云梯、松鼠跳天都、天上玉屏、童子拜观音、金鸡叫天门、二僧朝佛等景点。

黄山是世界文化与自然双重遗产，世界地质公园，国家 5A 级旅游景区，国家级风景名胜区。

2. 皖南古村落

皖南古村落位于安徽省黟县东，以西递村、宏村为代表。西递、宏村古民居村落位于中国东部安徽省黟县境内的黄山风景区。

西递村面积近 13 hm^2，已有 950 多年的历史，现有 14 世纪到 19 世纪的祠堂 3 幢、牌楼 1 座，古民居 224 幢。西递村至今完好地保存着典型的明清古村落风格，有“活的古民居博物馆”之称。主要建筑有明万历六年(1578 年)建的青石牌坊，清康熙三十年(1691 年)建的大夫第，庭院园林代表桃李园、祠堂代表敬爱堂等。

宏村始建于公元 1131 年，现存明、清古建筑 137 幢。是中国封建社会后期文化的典型代表——徽州文化的载体，集中体现了工艺精湛的徽派民居特色。宏村的建筑主要是住宅和私家园林，建筑组群比较完整。各类建筑都注重雕饰，木雕、砖雕和石雕等细腻精美，具有极高的艺术价值。村内街巷大都傍水而建，民居也都围绕着月沼布局，如图 5-30 所示。比较典型的建筑有南湖书院、乐叙堂、承志堂、德义堂、松鹤堂、碧园等。

图 5-30　皖南古村落

2000 年联合国教科文组织将中国皖南古村落西递村、宏村列入“世界文化遗产名录”。2001 年，皖南古村落成为第五批全国重点文物保护单位之一。2011 年，皖南古村落被评为国家 5A 级旅游景区。

任务训练

一、场景设计

(一)实训目的

熟悉徽商历史文化及旅游资源的特色。

(二)实训内容

1. 搜集皖南地区徽商文化旅游资源的相关信息，包括：地域分布、历史发展、经济贡献、古民居建筑特色、人文旅游资源特色等。

2. 围绕徽商文化如“徽派建筑”“徽商教育”“皖南村落”等，开展资源调查。撰写《徽商文化旅游资源调查报告》。

二、训练步骤

(一)实训前准备

1. 提前预习训练项目，组内合理分工，充分发挥每一位组员的兴趣特长，从信息搜索、材料整理、文案制作、美工排版、讲解汇报等多方面开展训练任务。

(二)实　训

1. 学生上交“徽商文化旅游资源调查报告”。
2. 分组汇报交流调查报告。
3. 教师总结并评分、评价。

效果评价

徽商文化旅游资源调查训练评分表

姓　名		地　点		时　间	
实训项目	实训考查要点	分值	小组评分	教师评分	最终得分
徽商文化旅游资源调查	1. 信息收集途径丰富、方法科学				
	2. 文案制作精良、图文并茂				
	3. 组员汇报语言表达熟练、清晰，文辞优美				
	4. 调查报告突出科学性、合理性、系统性				
	5. 能够较为全面的调查“徽商文化”旅游资源				
	6. 团队分工明确，合作有序				
合　计			100		

注：该表可根据实际设计的训练项目进行测评。

华东旅游区其他旅游名胜地

复习思考题

1. 华东旅游区有哪些独具特色的优势旅游资源？
2. 简要介绍十大“江南水乡”，并说明江南水乡的风景特点。
3. 举例分析江南古典园林的建筑风格与艺术价值。

4. 举例分析茶文化的旅游开发价值。
5. 简要介绍以下景区：曲阜三孔、崂山、泰山。
6. 简要介绍以下景区：楚王陵、瘦西湖、夫子庙风光带、鼋头渚、上海野生动物园。
7. 简要介绍以下景区：黄山、宏村。
8. 简要介绍以下景区：鲁迅故居、雁荡山。

项目六　华南旅游区

学习目标

1. 知识目标

- 了解华南大区的基本地理面貌
- 熟悉华南大区主要铁路干线
- 掌握华南旅游区的主要旅游资源

2. 能力目标

- 能设计华南旅游区的旅游线路
- 能讲解华南旅游区的主要景区
- 能预测华南旅游区的旅游发展趋势

3. 素质目标

- 具有洞悉旅游民俗文化的能力
- 具有延展区域旅游特色线路的能力

热点引入

广西把抖音引入旅游营销吸引游客拍摄分享“美丽广西”

今年以来，广西旅游部门“抢吃螃蟹”，把新媒体抖音引入旅游营销，率先在全国打造旅游抖音矩阵，取得了明显成效。作为一款音乐创意短视频社交软件，抖音诞生之后即风靡网络，目前其月活跃用户数已超过5亿。广西旅游发展委员会抢抓机遇，主动占领移动端宣传阵地，提前布局旅游宣传营新销渠道。经过精心发动与组织，8月1日，广西旅游抖音矩阵上线运营，自治区、市、县（区）三级旅游部门集体入驻政务抖音号，目前广西旅游部门的入驻抖音账号达101个。旅游部门通过抖音把广西旅游“吃住行游购娱”各要素展示给广大游客，让游客能够了解最美的广西，正式开启了广西旅游新媒体营销的新局面。

广西各级旅游部门高度重视抖音新媒体的旅游宣传，安排专人管理运营抖音账号，组建专门的抖音制作队伍，建立抖音宣传营销管理制度，坚持定期发布高质量短视频。自运营以来，广西旅游抖音矩阵所发布的旅游短视频播放总量达到1.5亿次，先后诞生了一批明星政务抖音号，涌现了众多深受网友喜爱的短视频，带火了当地的旅游。

目前广西“秀美龙州”抖音总阅读量超过1 300万次。据不完全统计，受益于抖音的宣传，短短15天，龙州就吸引了10多万名游客前往龙州起义纪念园景区、小连城景区、左江景区、秘境弄岗、白雪屯古村落观光旅游。“天峨旅游”抖音号更是靠一条龙滩水电站泄洪出现彩虹奇妙场景的视频获得2.9万网友的点赞，单条浏览量更是高达125万，有超过1.3万的网友参与了评论，目前去龙滩水电站“观虹”的游客络绎不绝，地处广西贵州交界的天峨县旅游成了游客关注热点。

（信息来源：中新网广西新闻，2018-8-21）

请思考：

1. 广西旅游部门成功吸引游客的策略有哪些？

2. 除了抖音短视频，还有哪些新媒体可以运用到旅游产业的推广中去？

华南旅游区位于我国最南部，包括南岭以南、武夷山以东的福建、广东、广西壮族自治区，海南和台湾两个岛屿，以及香港和澳门两个特别行政区。此外，还包括南海群岛。

华南旅游区由山地、丘陵、台地、平原等地貌构成，两广丘陵地区背靠南岭、面向东海与南海，山地起伏、海岸曲折，谷底、平原、河川纵横分布，还有许多河流冲积平原，如珠江三角洲平原、潮汕平原、浔江平原等。广东的丹霞地貌、优质海滩和珊瑚礁、广西的喀斯特地貌都是十分重要的地貌旅游资源。海南岛的地貌四周低平、中间高耸，五指山脉位于海南岛中部，主峰海拔1 867 m，是海南岛的最高峰。

华南旅游区海岸线漫长、曲折，有许多优良的港湾。岛屿众多，不仅有大陆岛，而且有海洋岛、火山岛和珊瑚岛。海南岛的海岸带景观分布在长达1 500 km的海岸线上，自海口至三亚有60余处海滨浴场，红树林、珊瑚礁地貌景观丰富，温泉分布广泛。南海诸岛由东沙群岛、西沙群岛、中沙群岛和南沙群岛等四组群岛组成，岛屿多属珊瑚礁岛类型。蓝天、大海、椰子林和礁岛组成南海独特的热带海洋风光。

华南旅游区水系发达，水网密度大，汛期长，含沙量小、流量大，水力资源丰富。珠江是华南地区最大的河流。珠江，又名粤江，是西江、东江、北江三条河流的总称，是我国第二大河，境内第三长河流。珠江年径流量仅次于长江，约为黄河年径流量的7倍，淮河的10倍。珠江发源于云贵高原乌蒙山系马雄山，流经中国中西部六省区及越南北部，在下游从八个入海口注入南海。珠江流域旅游资源丰富，著名的黄果树瀑布、桂林山水都在珠江流域。珠江水系发达，支流众多，全年均可通航。

华南旅游区位于我国纬度最低的地区，约有2/5的陆地处于太阳的直射范围内，东临太平洋，南临南海，西南距印度洋不远，受东南亚季风环流的控制，形成典型的热带、南亚热带季风气候。长夏无冬，秋去春来，季节交替不明显，是华南气候一大特点。

华南旅游区是多民族聚居的区域。广东省汉族人口占绝大多数，同时也是56个民族齐全的省。汉族民系主要有广府民系、客家民系和闽南民系；少数民族主要包括黎族、苗族、瑶族、壮族、回族、满族、畲族等。广西以壮族为主体，也是全国少数民族人口最多的省（区）。境内居住着壮族、汉族、瑶族、苗族、侗族、仡佬族、毛南族、京族、仫佬族、水族等世居民族。海南省以汉族、黎族、苗族为世居民族，分散于全省各地。

华南旅游区不仅拥有丰富的自然旅游资源，其人文旅游资源也具有鲜明的地域文化色彩，如客家文化、潮汕文化、闽南文化等，并称为岭南文化。侨乡文化发达，少数民族众多，民族风情不一。民居建筑独具特色，多姿多彩，如客家围屋和土楼、闽南民居、海南民居等。

截至2019年12月，华南旅游区共拥有13座国家历史文化名城、48个国家级自然保护区和27家5A景区。

典型工作任务一　广深港高铁沿线旅游

任务引入

广深港高铁推旅游专列，60分钟可达广州长隆度假区

5月12日，广深港高铁全线通车后的首个母亲节，广州长隆旅游度假区与港铁公司合作，联同四家香港旅行社，推出母亲节专列。1 000名香港游客从香港高铁西九龙站出发直达广州南站，再乘坐长隆旅游大巴无缝接驳，全程用时仅60 min抵达广州长隆旅游度假区，开启2天1晚的“母亲节之旅”。香港永安旅行社表示，首个“长隆度假区＆高铁”母亲节专列受到香港游客欢迎。产品上线不到3 h即全部售罄，不得不追加班次以满足需求，此次千名游客共承包了2列12节车厢。

长隆集团副总裁表示，接下来，长隆集团将与港铁以及香港旅游业界寻求进一步合作，推出不同主题的旅游专列以及更多定制旅游产品，为港人乃至粤港澳大湾区市民提供更优质的旅游体验，推动大湾区的融合和发展。

（信息来源：中新网，2019-5-12）

请思考：

多种交通形式对区域旅游发展的意义体现在哪里？

知识准备

一、广深港线概况

广深港高速铁路，简称广深港高铁，是中国华南地区连接广州市、东莞市、深圳市和香港特别行政区之间的高速铁路，线路呈西北至东南走向，为中国“八纵八横”高速铁路网京哈—京港澳通道的南端部分，是京广高速铁路的延伸线，联络广州铁路枢纽和深圳铁路枢纽，线路如图6-1所示。广深港高速铁路广深段于2005年12月18日动工建设，2011年12月26日通车运营；香港段于2010年1月27日动工建设，于2018年9月23日通车运营。

图6-1　广深港线线路图

广深港高铁的修建激活了整个高铁网络，广深港高铁通过广州南站可实现与武广高铁、广珠城际等高铁、城际铁路的无缝换乘，为北方乘高铁南下的旅客前往香港提供极大的便利，也为广珠城际沿线的珠三角城市居民前往香港提供了快捷的轨道交通方式。广深港高铁的意义不仅在于通往香港的交通方式，而是使得这些城市与广州南站相连接，从而纳入了全国高铁网络。该线路建成通车之后，对增强内地与香港间的经济协作和人员往来发挥着重要作用。

广深港高铁沿线国家级风景名胜区和著名旅游景点主要包括：广州的白云山风景区、长隆旅游度假区；深圳的观澜湖休闲旅游区、华侨城旅游度假区；香港的迪士尼乐园、太平山、维多利亚港等。

二、沿线旅游名城（地区）

(一)广　州

广州，简称穗，别称羊城、花城，是广东省省会。广州地处广东省中南部，珠江三角洲北缘，濒临南海，邻近香港、澳门，是中国通往世界的南大门，是粤港澳大湾区、泛珠江三角洲经济区的中心城市以及“一带一路”的枢纽城市。

京广铁路是中国南北铁路的主干线，此外，还有广州至茂名的铁路“广茂铁路”干线、广州至汕头的“广梅汕铁路”干线，这两条铁路沟通了广东省东西的交通。广州建有广州火车站、广州火车东站以及广州南站，广州白云国际机场是华南地区最大的进出口岸和重要的交通枢纽。广州已开通并运营12条地铁线路以及广佛线、APM线地铁。广州是国家中心城市，是国际商贸中心，也是国际综合交通枢纽。

广州话，是中国南方地区的重要方言之一。广州方言又称“广府话”“白话”，属粤语广府片，是粤语的代表方言，通行于以广州为中心的珠江三角洲、粤中、粤西及粤北部分地区以及广西东南部。

广州是中国十大美食之都，民间有“食在广州”的美誉。广州菜是粤菜的主体和代表，用料广博，选料精细，技艺精良，清而不淡，鲜而不俗，嫩而不生，油而不腻。口味上以清、鲜、嫩、滑、爽、香、脆为主，追求原料的本味、清鲜味，既符合广东的气候特点，又符合现代营养学的要求，是一种科学的饮食文化。广州著名的菜点有：白切鸡、烧鹅、烤乳猪、红烧乳鸽、蜜汁叉烧、上汤焗龙虾、清蒸石斑鱼、白灼虾、干炒牛河、广东早茶等。广州人喜欢饮茶，品茶之外还要吃点心。广州特色小吃有萝卜牛腩、牛杂、云吞面、及第粥、艇仔粥、布拉肠粉、猪肠粉、荷叶包饭、钵仔糕、鸡仔饼等。广州饮食业由“四园”为代表，分别为东园酒家、南园酒家、西园酒家和北园酒家，再辅以诸如广州酒家、泮溪酒家、莲香楼、陶陶居等有上百年历史的老字号。

广州旅游资源丰富，其中以花城广场、广州塔、白云山、长隆旅游度假区、珠江夜游、陈家祠、宝墨园、沙面、圣心大教堂、岭南印象园、沙湾古镇、越秀公园、南越王博物馆、中山纪念堂、黄埔军校、南沙湿地公园、海珠湖国家湿地公园、从化温泉等景点最为盛名。

1. 白云山风景区

白云山风景区，是新“羊城八景”之首、国家5A级景区和国家重点风景名胜区。它位于广州市的东北部，为南粤名山之一，自古就有“羊城第一秀”之称。白云山，山体相当宽阔，由30多座山峰组成，为广东最高峰九连山的支脉。面积28 km^2，主峰摩星岭高382 m，峰峦重叠，溪涧纵横，登高可俯览全市，遥望珠江。每当雨后天晴或暮春时节，山间白云缭绕，蔚为奇观，白云山之名由此得来。

广州白云山风景名胜区是大庾岭支脉九连山的末梢，有山峰三十多个，总面积

20.98 km^2,主峰摩星岭,海拔 382 m。白云山山脉连绵不断,以其起伏的线条,丰富的层次,构成自然风景的美丽轮廓。白云山三面面向平原,极适合登高远眺,可览广州全城与珠江三角洲浩瀚平原,是旅游避暑之胜地。白云山东、西、南三面均为广阔的珠江三角洲平原,三个方向的平原暖湿气流被吹到白云山便会沿坡上升,与山上的冷空气相遇,易结为云。每当雨过天晴,拂晓薄暮之际,时有白云郁而起,诸峰常为白云覆盖,历久不散,远远望去,森森烟霞,半壁皆素,故称白云山,如"蒲涧濂泉""白云晚望""景泰僧归"等,均被列入古代"羊城八景"。

2. 广州市长隆旅游度假区

长隆旅游度假区位于广东省广州市番禺区汉溪大道东与长隆地铁大道交汇处,创立于 1989 年,总占地面积 1 万亩(1 m^2=0.001 5 亩),集旅游景区、酒店餐饮、娱乐休闲于一体,拥有长隆欢乐世界、长隆国际大马戏、长隆水上乐园、长隆野生动物世界、长隆飞鸟乐园和长隆酒店等多家主题公园及酒店,是中国拥有主题公园数量众多和超大规模的综合性主题旅游度假区,先后被评为"文化产业示范基地""科普教育基地",是中国首批国家 5A 级景区,年接待游客连续多年超过千万人次,位居世界主题景区前列,成为中国在世界旅游业的标杆。

(二)深　圳

深圳,简称"深",别称"鹏城",是中国四大一线城市之一。深圳地处广东南部,珠江口东岸,与香港一水之隔。

深圳建有深圳站、深圳北站、深圳西站、深圳东站,宝安国际机场是全国区域性枢纽机场,是我国境内集海、陆、空、铁联运为一体的现代化大型国际空港。深圳地处珠江三角洲前沿,是连接香港和中国内地的纽带和桥梁,在中国高新技术产业、金融服务、外贸出口、海洋运输、创意文化等多方面占有重要地位,在中国的制度创新、扩大开放等方面肩负着试验和示范的重要使命。已开通并运营 8 条地铁线路,深圳水陆空铁口岸俱全,是中国拥有口岸数量最多、出入境人员最多、车流量最大的口岸城市。

深圳本地方言主要分为西部和南部的宝安粤语、北部和东部的龙岗客语、东南部的粤客混合语(大鹏话)三大块。

深圳有丰富的海产、果类、禽类等地方特产,比较著名的有沙井鲜蚝、南山荔枝、西丽杧果、大鹏云雾茶、公明烧鹅、西乡基围虾、石岩沙梨、南澳鲍鱼、南澳海胆、坪山金龟桔、福永乌头鱼、松岗腊鸭、龙岗三黄鸡、光明乳鸽、南山甜桃等,其中以沙井鲜蚝、南山荔枝、西丽杧果最具代表性。

深圳是全球 10 大热门旅游目的地城市,主要旅游景点有世界之窗、欢乐谷、深圳红树林、东部华侨城、莲花山、梧桐山、大小梅沙、仙湖植物园、东门老街、大鹏湾、中英街、欢乐海岸等。

1. 世界之窗

世界之窗位于广东省深圳市深圳湾社区深南大道,是中国著名的缩微景区,以弘扬世界文化为宗旨,是一个把世界奇观、历史遗迹、古今名胜、民间歌舞表演融为一体的人造主题公园。

全园分为世界广场、亚洲区、美洲区、非洲区、大洋洲区、欧洲区、雕塑园和国际街 8 个主题区,分别展示了法国埃菲尔铁塔、巴黎凯旋门、意大利比萨斜塔、印度泰姬陵、埃及金字塔等一百多个世界著名的文化景观和建筑奇迹。公园中的各个景点都按不同比例仿建,精巧别致,惟妙惟肖。世界之窗的一个个景点都是一首首凝固的交响诗,那些异彩纷呈的民俗表演则是一幅幅活泼生动的风情画。

2. 大梅沙海滨公园

大梅沙海滨公园于1999年6月18日建成，是广东省5A级旅游景区，位于深圳特区的东部、风光旖旎的大鹏湾畔。这里三面环山，中间开阔平缓，一面临海，1 800 m的沙滩就镶嵌在这环碧艺海路之间。公园内一派生机勃勃的亚热带海滨风光，公园的中心是太阳广场和月亮广场，一条“阳光走廊”连接其间。大梅沙海滨公园作为深圳市委、市政府在1999年度为民办十件实事之一，免费向公众开放。

(三)香　　港

香港，简称“港”，全称为中华人民共和国香港特别行政区，位于中国南部、珠江口以东，西与中国澳门隔海相望，北与深圳市相邻，南临珠海市万山群岛，区域范围包括香港岛、九龙、新界和周围262个岛屿，陆地总面积1 106.66 km^2，海域面积1 648.69 km^2。

香港是一座高度繁荣的自由港和国际大都市，与纽约、伦敦并称为“纽伦港”，是全球第三大金融中心，重要的国际金融、贸易、航运中心和国际创新科技中心，也是全球最自由经济体和最具竞争力城市之一。

香港地理位置优越，对外交通优势明显。香港国际机场是世界最繁忙的货运枢纽，也是全球十大最繁忙客运机场之一。2018年香港机场的航空货运量位居世界第一，航空客运量位居世界第八。香港是亚洲重要的海上运输枢纽，2018年集装箱吞吐量位居全球第七。维多利亚港因港阔水深、四面抱拥，有利船只航行，是世界三大天然良港之一。红磡站连通京九铁路，西九龙站是广深港高速铁路的终点。港珠澳大桥跨越伶仃洋，连通粤港澳三地，2018年10月24日正式通车运营，为香港的交通再添优势。

香港旅游业发达。便捷的交通、温和的气候、美丽的海港风光、汇集全球美食、免税商品云集，赋予了这里“东方之珠”“美食天堂”和“购物天堂”的美誉。

1. 香港海洋公园

香港海洋公园(HongKong Ocean Park)位于香港港岛南区黄竹坑，占地超过91.5 hm^2，于1977年开园，是一座集海陆动物、机动游戏和大型表演于一身的世界级主题公园，也是全球最受欢迎、入场人次最高的主题公园。

公园依山而建，分为“高峰乐园”及“海滨乐园”两大主要景区，以登山缆车和海洋列车连接。公园三面环海，东濒深水湾，南临东博寮海峡，西接大树湾。公园建筑分布于南朗山上及黄竹坑谷地。两园间设有架空缆车，游客只需乘坐1.4 km的缆车，便可来往于两园之间，游览完整的公园景区。在缆车内可观赏深水湾、浅水湾海景。公园包括海洋天地、集古村、绿野花园、雀鸟天堂、山上机动城、急流天地、水上乐园、儿童王国等八区。公园内海洋馆是世界最大的水族馆之一。

2. 太平山顶

太平山顶是香港最高点，海拔554 m，位于香港岛西北部，一直是香港的地理标志。它又称维多利亚峰或扯旗山，是港岛最负盛名的豪华高级住宅区，也是香港最著名的游览胜地之一。在这里，可以俯瞰香港及维多利亚港的景色。太平山顶还是观赏香港美妙夜景的最佳去处，其中又以缆车总站附近古色古香的狮子亭和空旷怡人的山顶公园为最佳观赏位置。每当夜幕降临之际，站在太平山上眺望港岛和九龙，宛如镶嵌在维多利亚港湾的两颗明珠，交相辉映。太平山以其得天独厚的地理环境和人文景观，成为人们到香港的必游之地。

3. 维多利亚港

维多利亚港是位于香港岛和九龙半岛之间的海港，也是亚洲第一、世界第三大海港。由于港阔水深，为天然良港，香港亦因而有“东方之珠”“世界三大天然良港”及“世界三大夜景”之美誉。入夜后灯火辉映，每晚 8:00 都会上演的大型灯光会演“幻彩咏香江”，是香港举行烟花会演的主要场地。

任务训练

一、场景设计

(一)实训目的

掌握游客旅游信息搜集及分析方法。

(二)实训内容

1. 针对广州长隆旅游度假区，设计一份游客调查问卷；
2. 问卷内容可以自拟，但要反映出该旅游景点现存的问题和改进方向。

二、训练步骤

(一)实训前准备

组内合理分工，充分发挥每一位组员的兴趣特长，从信息搜索、材料整理、文案制作、美工排版、讲解汇报等多方面开展训练任务。学生复习课堂讲授的内容，提前预习训练项目。

(二)实　训

1. 学生上交“广州长隆旅游景区调查问卷”设计方案。
2. 分组汇报交流问卷设计方案。
3. 教师总结并评分、评价。

效果评价

调查问卷设计训练评分表

姓　名		地　点		时　间	
实训项目	实训考查要点	分值	小组评分	教师评分	最终得分
调查问卷设计	1. 信息收集途径丰富、方法科学				
	2. 问卷制作精良、图文并茂				
	3. 组员汇报语言表达熟练、清晰，文辞优美				
	4. 问卷设计突出科学性、合理性、市场适宜性				

续上表

姓　名		地　点		时　间	
实训项目	实训考查要点	分值	小组评分	教师评分	最终得分
调查问卷设计	5. 调查内容主题突出，景点景区选择符合实际情况				
	6. 团队分工明确，合作有序				
合　计		100			

注：该表可根据实际设计的训练项目进行测评。

典型工作任务二　南广线高铁沿线旅游

任务引入

南广高铁沿线旅游推广不足，景点略显冷清

一边是红火的贵广高铁游，一边则是冷清的南广高铁游。造成这种局面还是与各地的推广有关。实际上，距离贵广开通还有一个月时，贵州、广西桂林、三江、贺州便开始积极推广，贵州旅游局还与广州的几家大型旅行社展开联合推广，除了现场进行贵州省旅游高铁产品签售活动外，还推出各种优惠措施。

相较贵州旅游的推广力度，南广沿线城市的推广略逊几筹。记者从广州市内多家旅行社了解到，和贵州不同，南宁等南广沿线城市旅游主管部门并未来穗联合推广，关于梧州、南宁等地的旅游优惠信息亦没有出现。"有没有投放推广经费这点很重要。"一位旅行社业者表示。如今旅行社不断增强与旅游目的地的黏度，拓宽合作推广的模式，旅行社是否帮忙推广该线路或是目的地，和对方投放的推广费用有着直接关系。

事实上，在出游信息越来越透明的当下，自由行市场份额在迅速增长，依靠旅行社赚吆喝，不再是唯一的营销方式。就南广沿线的城市而言更是如此，在高铁开通让出行便捷度提升的同时，改善配套设施，做好配套服务，搭建旅游信息平台，尝试通过自媒体营销或是和自由行专业网络进行合作，进行整体营销，比仅仅依靠旅行社渠道来得更全面，且更具实效。

（信息来源：南方日报网，2015-1-8）

请思考：

南广沿线旅游推广不给力的原因有哪些？如何改善？

知识准备

一、南广线概况

南广线东起广东省广州，西至广西壮族自治区南宁，是一条连接广西壮族自治区与广东省的区际快速铁路、国家级客货干线铁路；线路呈东西走向，如图 6-2 所示，为中国华南地区铁路通道的主干部分之一，是联系两广的交通大动脉、最便捷的快速通道。南广铁路于 2008 年 11 月 9 日动工建设，于 2014 年 12 月 26 日全线开通运营。

作为两广间首条直通直联的高铁线路，南广铁路将进一步促进桂粤两省区的经贸合作和旅游交流，带动广西壮族自治区融入粤港澳“大珠三角”经济圈，对于完善广西综合交通体系，促进广西融入泛珠三角区域合作，推动广西科学发展、和谐发展、跨越发展，把广西打造成为国际区域经济合作新高地、中国沿海经济发展新一极，具有重大而深远的意义。

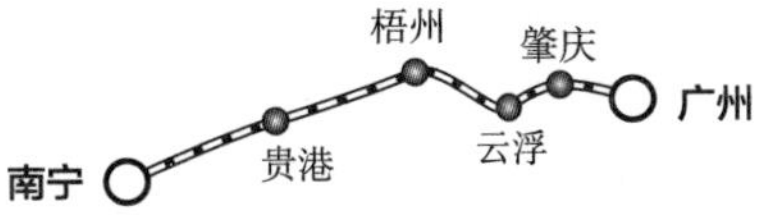

图 6-2　南广线线路图

南广高铁沿线历史文化名城、国家级风景名胜区和著名旅游景点主要包括：肇庆市、佛山市，南宁青秀山公园，佛山西樵山景区、长鹿旅游休博园、肇庆星湖风景区、鼎湖山、七星岩，伊岭岩风景区、大明山风景区、顺德清晖园等。

二、沿线旅游名城

（一）南　宁

南宁，简称“邕”，别称绿城、邕城。南宁市位于广西壮族自治区南部偏西，总面积22 112 km^2，是广西壮族自治区首府及广西政治、经济、文化中心，也是北部湾城市群核心城市、中国面向东盟十国国际大通道、内陆开放型经济高带、西南出海综合交通枢纽城市。

南宁是中国大西南出海通道的重要枢纽，铁路有南昆、湘桂、黔桂等，公路有 210、322、324、325 等国道及广昆、南北、南桂等高速公路。南宁是西南地区重要的铁路枢纽，北与全国各干线相连接，向东可达湛江、广州，向南可达钦州、防城、北海，西南可至越南河内。南宁吴圩国际机场于 1962 年 11 月正式建成通航，为 4E 级军民合用国际机场，是广西壮族自治区第一大航空枢纽、面向东盟的门户枢纽机场。

南宁市地形是以邕江广大河谷为中心的盆地形态，盆地向东开口，南、北、西三面均为山地围绕。属湿润的亚热带季风气候，夏长冬短，干湿季节分明。这里一年四季绿树成荫，繁花似锦，物产丰富。“草经冬而不枯，花非春而常放”之说也是名副其实。优良的地域环境与气候使得南宁物产丰富，尤其盛产水果。壮锦是壮族的一种瑰丽工艺品，与湘绣、蜀锦齐名，驰名中外。南宁的著名小吃有：老友面、八仙粉、干捞粉、卷筒粉、八宝饭、柠檬鸭等。

南宁建制于东晋大兴元年(公元 318 年)，至今已有 1 700 年历史，是一座历史悠久的文化古城，同时也是一个以壮族为主的多民族聚居城市。南宁的民俗节日活动主要有：五月初五赛龙舟(扒龙船)、三月三抢花炮、踩高跷踢足球、狮子上金山、抢糍粑、打磨秋等。

南宁拥有 4A 级旅游景区 24 个，5A 级旅游景区 1 个，其中包括：青秀山风景区、伊岭岩风景区、大明山风景区、良凤江国家森林公园、龙虎山风景名胜区、九龙瀑布群国家森林公园等。

1. 青秀山风景区

青秀山风景区位于南宁市区往东南约 9 km 处的邕江江畔，景区由青山岭、凤凰岭等 18 座大小岭组成，这里也被誉为“南宁市的巨肺”，如图 6-3 所示。

青秀山旅游风景区是集旅游观光、休闲娱乐、文化交流、科研科普为一体的著名风景旅游区，拥有迁地保护和园林造景完美结合的经典之园——千年苏铁园，独具热带雨林特色的生态园林景观——雨林大观，全国最大的自然生态兰花专类园——兰园，富有民族特色的壮锦广场、青秀山友谊长廊，汇聚东盟各国国花、国树和南宁友好城市代表性雕塑的东盟友谊园，具有历史文化的状元泉、董泉、明代风格的龙象塔以及具有鲜明亚热带风光特色的棕榈园、芳香色

图 6-3 青秀山风景区

艳的香花园、桃花岛等知名景点，还拥有佛教名刹——观音禅寺、水月庵以及别具异国风情的中泰友谊园等 50 多个景点。

青秀山旅游风景区 1989 年被评为自治区级风景名胜区，1997 年被评为南宁市“十佳旅游景点”，2014 年 11 月被评为国家 5A 级旅游景区，是“广西十佳景区”之一。每年春季，青秀山风景区都会举办桃花艺术节，还会举行规模盛大、喜气洋洋的青秀山新春庙会。在庙会上还会举办踩高跷踢足球、狮子上金山、板鞋舞等壮族民俗活动。

青秀山顶上耸立的宝塔叫龙象塔，俗称青山塔，它是青秀山的象征，始建于明万历年间，共有九层，高 60 m，塔基直径 12 m，有 207 级旋梯，为广西最高的塔，如图 6-4 所示。与满山青翠的树木相映的是山腰上天池和瑶池这两个巨大的人工湖，池水映塔，塔影入池，是南宁“十大景观”之一。

2. 伊岭岩风景区

伊岭岩风景区被誉为大自然艺术宝库，是南宁的著名风景区，位于武鸣双桥镇伊岭村，距南宁市区仅 18 km。伊岭岩是一座典型的喀斯特岩溶洞，素有“地下宫殿”之美称。伊岭岩又名“敢宫”(壮语)，意为宫殿一样美丽的岩洞。伊岭岩位于梁满山腹中，整个岩洞状若海螺，面积 2 400 m^2，游程 1 100 m。洞分三层，游道曲折迂回，处处石笋重重，柱幔叠叠，峡窍盘错，扑朔迷离。有的地方像一个拱隆大厅，可容上千人；有的地方如夹缝小巷，仅容一人通过。伊岭岩洞深 45 m，一百多个景点。洞内石笋、石柱、石幔、石花自成形象，惟妙惟肖，在洞中游览，宛如置身仙境，美不胜收。

3. 大明山风景区

大明山风景区为国家级自然保护区。大明山位于广西武鸣区东北部，距县城 50 km，以“雨后明空晴翠”而得名，山体属弧形山脉，西北—东南走向，绵延长 150 km，东西宽约 25 km。山脊线平均海拔 1 200 m，主峰龙头山海拔 1 760 m，为桂中南最高峰，气势雄伟壮观。大明山是北回归线上的绿色明珠，动植物资源丰富，分布有原始森林、多种珍稀生物、特有物种及古老的地层，含氧量极高，是原生态氧吧，也是一个巨大的自然生物宝库。大明山风景秀丽，“春之岚，夏之瀑，秋之云，冬之雪”是大明山四季景观的缩写。大明山长年云雾缭绕，被称为“广西庐山”。

(二)肇　　庆

肇庆，古称“端州”，珠江三角洲城市之一、粤港澳大湾区重要节点城市之一，是国家级历史文化名城，有中国砚都之称。肇庆位于广东省中西部，西江干流中下游，东部和东南部与佛山市、江门市接壤，西南与云浮市相连，西及西北与广西壮族自治区梧州市和贺州市交界，北部和东北部与清远市相邻。

肇庆没有机场，肇庆东站是肇庆最主要的高铁站。南广高铁、广佛肇城际铁路、贵广铁路、三茂铁路(广州至湛江)等途经肇庆。

肇庆市主要流行粤方言和客家方言，全市总人口90%以上使用粤方言，但各地又有地方色彩，在语意、词汇等方面存在差异。

肇庆的餐饮主要以粤菜为主，兼有糅合南北风味，中西风格，集菜肴、点心，小食于一身的地方风味。主要的地方特色有：西江河鲜、广宁笋宴、高要区大湾镇麦溪鲤、文庆鲤、鼎湖上素、肇庆裹蒸、封开杏花鸡、四会仙螺、四会茶油鸡、德庆竹篙粉等。

肇庆的牙雕、玉雕、竹编和工艺扇具有浓厚的民族风格和地方特色。剑花、蛋花、肇实、首乌、紫贝天葵是名优特产；清蒸文庆鲤、清蒸麦溪鲤是特色名菜，肇庆独有；此外还有肇庆裹蒸粽、怀集燕窝等。

肇庆是中国优秀旅游城市，星湖、西江小三峡、德庆盘龙峡、封开白石岩、封开千层峰、大斑石、怀集燕岩、广宁竹海、四会贞山、鼎湖砚洲岛各具特色，星湖最负盛名。唐以来的七星岩摩崖石刻被誉为“千年诗廊”，与宋城墙、梅庵、德庆学宫、悦城龙母祖庙同为国家重点文物保护单位。

1. 鼎湖山国家级自然保护区

鼎湖山国家级自然保护区是我国成立最早的自然保护区。它位于广东省肇庆市鼎湖区，东距广州86 km，南临西江3 km，西离肇庆18 km，北与九龙湖相邻。

鼎湖山国家级自然保护区蕴藏有丰富的动植物资源，被生物学家称为“物种宝库”和“基因储存库”。全区1 155公顷的面积内生长着约占华南地区植物种类四分之一的高等植物。由于受副热带高压控制的影响，整个北回归线上下的纬度带干旱少雨，2/3以上的陆地属于沙漠、半沙漠或干旱草原，只在同纬度带的印度、中印半岛和我国因受太平洋季风的影响，湿润多雨，分布有森林，因此在“沙漠带”上出现绿洲。然而其他地方的森林数量少且森林残缺不全，唯独鼎湖山国家级自然保护区内有近400年记录历史的地带性原始森林——南亚热带季风常绿阔叶林和其他多种森林类型保存完好，鼎湖山国家级自然保护区与丹霞山、罗浮山、西樵山合称为广东省四大名山。是“北回归线上的绿宝石”。

2. 七星岩景区

七星岩位于广东省肇庆市，景区总面积达8.23 km^2，七星岩以喀斯特熔岩地貌的岩峰、湖泊景观为主要特色，七座排列如北斗七星的石灰岩岩峰巧布在面积达6.3 km^2的湖面上，20余千米长的湖堤把湖面分割成五大湖，风光旖旎。被誉为“人间仙境”“岭南第一奇观”。景区内的摩崖石刻是岭南地区保存得最多最集中的摩崖石刻群，主要有水月岩云、星岩春晓、天柱摘星、星岩烟雨、玉屏叠翠、千年诗廊、水中林趣、卧佛含丹、仙鹤呈祥、石洞古庙等景点。

叶剑英元帅于一九六一年四月游览七星岩期间曾写七绝一首：“借得西湖水一环，更移阳朔七堆山；堤边添上丝丝柳，画幅长留天地间。”七星岩旖旎多姿，集“桂林之同，杭州之水”于一地，自古以来就有“峰险、石异、洞奇、庙古”之说，重点游览区有“五湖、六岗、七岩、八洞”，可供观赏之景点达80余处。

(三)佛　山

佛山，又称“禅城”，广东省地级市，珠江三角洲城市之一、粤港澳大湾区重要节点城市，佛山位于广东省中部，地处珠三角腹地，毗邻港澳，东接广州，南邻中山。佛山是国家级历史文化名城，其市区历史上是中国天下四聚、四大名镇之一，有陶艺之乡、武术之乡、粤剧之乡之称，是中国龙舟龙狮文化名城，粤剧的发源地。

佛山市主要讲粤语，客方言仅通行于三水、高明、南海部分区域。南海绝大多数居民使用粤语，顺德基本属于纯粤语区，三水以粤语为主，客家话通行于部分乡村。

佛山是珠江三角洲的“美食之乡”，粤菜发源地之一。这里土地肥沃，水网交错，物华天竞，“海陆空”物产颇丰。佛山有许多小吃，如佛山扎蹄、佛山公芝麻饼、大良野鸡卷、大良硼砂、大良姜汁撞奶、炸牛奶、双皮奶、小凤饼、南海鱼生、大福饼、九江煎堆、三水狗仔鸭、水晶饺、甘笋蒸饼、西樵大饼、佛山九层糕、石湾鱼腩、佛山柱侯酱、蚕蛹、白糖棉花糕、应记云吞面等。

佛山人根据不同的地方的特产与口味，创制了许多风格各异的美食菜点。佛山的柱侯食品，顺德的“凤城炒卖”，声名远播。佛山的许多小吃，如佛山盲公饼、大良蹦砂、扎蹄、大良野鸡卷、炸牛奶、蹦沙、南海鱼生、大福饼、九江煎堆等皆名闻遐迩。

佛山有全国重点文物保护单位 4 处，省级文物保护单位 44 处，佛山祖庙、西樵山、南风古灶、清晖园、皂幕山、南国桃园、陈村花卉世界、三水荷花世界被评为“佛山新八景”，其中，佛山祖庙融古代陶瓷、木雕、铸造、建筑艺术于一体，被誉为“东方艺术之宫”；西樵山是国家级风景名胜区，有“南粤名山数二樵”之美誉。

1. 西樵山风景名胜区

西樵山位于广东省佛山市南海区的西南部，是广东四大名山之一，西樵山地处珠江三角洲的中心，主峰大科峰海拔 344 m。西樵山风景资源丰富，有 72 座奇峰，36 个岩洞，232 眼清泉，28 处飞瀑、东西 2 天湖，更有众多名胜古迹和湖、泉、涧、岩、壁、潭、台点缀其间。

西樵山林深苔厚，郁郁葱葱，洞壁岩缝，储水丰富，古人赞之为“谁信匡庐千嶂瀑，移来一半在西樵”。今人称之是“绿色水库”“固体水库”。正是因为西樵山有如此高品位的自然旅游资源，国务院、原国家林业局才相继授予它“国家级风景名胜区”和“国家森林公园”国家 5A 级旅游区的评定。岭南名山西樵山，是源远流长的百越文化发祥地和千古文化名山，更是岭南文化的杰出代表。西樵山充分体现了岭南文化兼收并蓄、多元包容、与时俱进的特质。

2. 顺德清晖园

顺德清晖园位于广东省佛山市顺德区大良镇清晖路，故址原为明末状元黄士俊所建的黄氏花园，现存建筑主要建于清嘉庆年间。园内处处体现主人移山水之中，尽赏曲径荷风之构想，得灵感于南朝名诗人谢灵运的名句：“昏旦变气候，山水含清晖”，因而取名“清晖”。园林经龙氏数代龙应时、龙廷槐、龙元任、龙景灿、龙渚惠等五代人多次修建，逐渐形成了格局完整而又富有特色的岭南园林。清晖园与佛山梁园、番禺余荫园、东莞可园并称为岭南四大园林，是岭南园林的代表作，为省级文物保护单位。

清晖园全园构筑精巧，布局紧凑，建筑艺术颇高，蔚为壮观，建筑物形式轻巧灵活，雅读朴素，庭园空间主次分明，结构清晰，利用碧水、绿树、古墙、漏窗、石山、小桥、曲廊等与亭台楼阁交互融合，集我国古代建筑、园林、雕刻、诗书、灰雕等艺术于一身。清晖园的文物有李兆洛、李文田、何绍基等大家的书法。清晖园布局以大园包小园，没有着力营造假山，其为山之道，即在于远借。因三面环山，只要稍筑台阁，即可登高借远处山麓。而园内林木森郁，与远处山麓之青黛一脉相承，与山景浑然一体。

任务训练

一、场景设计

(一)实训目的

熟悉岭南地域环境及旅游资源的特色。

(二)实训内容

1. 搜集岭南地区自然、人文旅游资源信息,分析旅游资源特色。

2. 设计“岭南休闲游”主题线路。线路主题可以自拟,如“美食游”“访古游”“园林探访游”等。

二、训练步骤

(一)实训前准备

组内合理分工,充分发挥每一位组员的兴趣特长,从信息搜索、材料整理、文案制作、美工排版、讲解汇报等多方面开展训练任务。学生复习课堂讲授的内容,提前预习训练项目。

(二)实训

1. 学生上交“岭南休闲游”主题线路设计方案。

2. 分组汇报交流主题游线路设计方案。

3. 教师总结并评分、评价。

效果评价

“岭南休闲游”线路设计训练评分表

姓　　名		地　点		时　间	
实训项目	实训考查要点	分　值	小组评分	教师评分	最终得分
“岭南休闲游”线路设计	1. 信息收集途径丰富、方法科学				
	2. 文案制作精良、图文并茂				
	3. 组员汇报语言表达熟练、清晰,文辞优美				
	4.线路设计突出科学性、合理性、市场适宜性				
	5. 线路主题突出,景点景区选择符合线路主题				
	6. 团队分工明确,合作有序				
合　　计		100			

注:该表可根据实际设计的训练项目进行测评。

典型工作任务三　海南环岛高铁沿线旅游

任务引入

海南黎苗少数民族地区旅游扶贫“摘穷帽”，乡村振兴显成效

今年以来，海南两个黎苗少数民族国家级贫困县退出贫困序列。其中保亭黎族苗族自治县依托热带雨林、温泉、黎苗风情等资源禀赋，实施“旅游＋村委会＋农户”等旅游扶贫模式，带动贫困户吃上旅游致富饭。

日前，记者走访海南保亭槟榔谷景区了解到，景区将贫困户纳入发展规划，通过土地租用、农产品收购、精准扶贫商铺等形式，帮助其增加各项收入，摘掉穷帽。海南槟榔谷黎苗文化旅游区位于海南省保亭县与三亚市交界的甘什岭自然保护区内，距三亚市区约 18 km。景区创建于 1998 年 1 月 18 日，是海南省六个国家 5A 级景区之一，也是全国首家民族文化 5A 级旅游景区。海南槟榔谷黎苗文化旅游发展有限公司总经理介绍，景区推行“景区＋农户”“农民＋员工”的发展模式，因地制宜，依托旅游资源，带动当地村民就近就业、引导发展生产和在景区出售农副产品等，助力脱贫攻坚。

未来，槟榔谷景区将从民宿、农业休闲观光、民间手工艺、农产品销售等多渠道开拓新的就业路子，结合周边黎苗族土特产及手工艺品以开办商铺，创建产销一体的产业链，通过创建黎族民宿合作社，进一步在美丽乡村旅游方向上发力，让更多游客接触到黎族文化，也带动更多当地群众走上致富路。

（信息来源：中新网，2019-5-21）

请思考：

根据以上材料，结合实际谈谈如何将旅游和扶贫相结合？

知识准备

一、海南环岛线概况

海南环岛铁路是中国海南省境内的高速铁路，线路呈环形状，如图 6-5 所示，为中国“八纵八横”高速铁路网包(银)海通道的南端部分，也是沿海通道的组成部分。

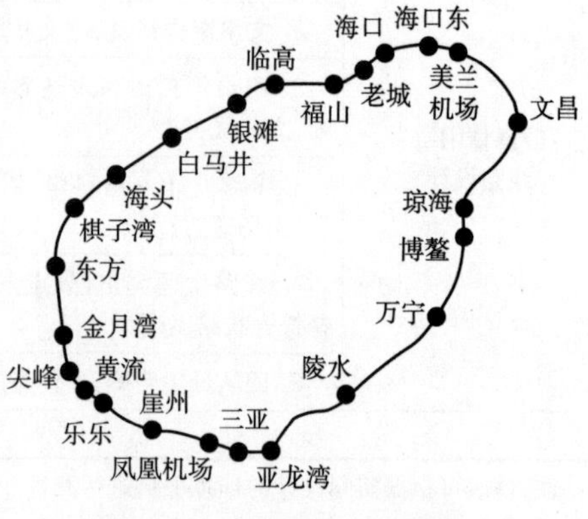

图 6-5　海南环岛线线路图

海南环岛铁路分期分段建设，东环段于 2007 年 9 月 29 日动工建设，于 2010 年 12 月30 日竣工运营；西环段于 2012 年 9 月 28 日开工建设，于 2015 年 12 月30 日竣工运营，即海南环岛铁路全线建成通车。截至 2015 年，海南环岛铁路北起海口站、南至三亚站，环线全长 653 km，共有 25 座客货车站，列车最高运营速度 200 km/h。海南环岛铁路全线贯通可进一步完善海南快速铁路网结构，极大方便沿线群众出行，对加快形成海岛“三小时经济圈”、推进海南国际旅游岛建设以及促进当地经济社会发展具有重要意义。

海南环岛高铁沿线国家级风景名胜区和著名旅游景点主要包括：呀诺达雨林文化旅游区、分界洲岛旅游区、海南槟榔谷黎苗文化旅游区、三亚市南山文化旅游区、三亚南天大小洞天旅游区、亚龙湾、蜈支洲岛旅游区等。

二、沿线旅游名城

(一)海　口

海口，别称“椰城”，海南省省会，国家“一带一路”倡议支点城市，地处海南岛北部，东邻文昌，西接澄迈，南毗定安，北濒琼州海峡，是海南省政治、经济、科技、文化中心和最大的交通枢纽。海口市的常住人口中，有汉族、黎族、苗族、回族、满族、瑶族、蒙古族、朝鲜族、土家族、布依族、傣族、侗族、壮族等 48 个民族。

2018 年，美兰机场旅客吞吐量达到 2 412.36 万人次，吞吐量排名位居全国第 17 位。海口有海口站、海口东站两个火车站，除了粤海铁路、环岛铁路，还设置了城际快线，构筑围绕主城区的半小时轨道通勤圈。

海口市本地居民使用的汉语方言为海南话，由于海南岛特殊的地理位置，使得海南话受外界语言干预较少，让大量古汉语元素得以完整保存，可谓是“古汉语的活化石”。

2007 年 3 月，国务院将海口市列为国家历史文化名城。海口市非物质文化遗产已拥有 7 个国家级、10 个省级、2 个市级共 19 个项目。海口市特产包括珍珠、黎锦、椰雕、珊瑚盆景、蝶画等。

海口石山火山群国家地址公园位于距离海口市区 20 km 的秀英区西部的石山镇，属地堑—裂谷型基性火山活动地质遗迹，是距今一万年至一百万年间火山爆发形成的，是中国 4A 级景区，国家地质公园。

该公园拥有的火山群，是世界罕见的第四纪火山群，也是我国为数不多的全新世火山喷发活动的休眠火山群之一。公园占地面积 108 km^2，有 40 多座火山锥，几乎齐备了各种火山的形态，最具代表性的是马鞍岭火山，火山口深 90 m，是世界上最完整的死火山口之一。30 多条熔岩隧道，最长的可达 2 000 多米，以仙人洞、卧龙洞、火龙洞最为壮观。仙人洞洞中有洞，曲径通幽，全场 1 200 m；火龙洞洞内熔岩千姿百态；卧龙洞宽阔平坦，可同时容纳一万多人。

(二)三　亚

三亚市，简称崖，别称鹿城，位于海南岛的最南端。三亚东邻陵水县，西接乐东县，北毗保亭县，南临南海。三亚市陆地总面积 1 919.58 km^2，海域总面积 6 000 km^2。

三亚凤凰国际机场位于三亚市以西 26 km 处，是中国国内的运输大机场之一。三亚站是中国铁路广州局集团有限公司管辖的二等站，为粤海铁路、海南东环铁路、海南西环铁路的始发、终到站。

三亚是具有热带海滨风景特色的国际旅游城市，又被称为“东方夏威夷”。2018 年 12 月，三亚入选 2018 中国最佳旅游目的地城市第 15 名。三亚旅游资源以热带海滨风光为主要景色，旅游资源种类多，集自然风光、珍稀动物、民族风情、文化古迹和热带海岛城市风貌为一体，具有典型的热带海岛风光。三亚的旅游景点包括：亚龙湾、蜈支洲岛、天涯海角、大东海、海棠湾、崖州湾、鹿回头等。

1. 亚龙湾

亚龙湾是三亚市东郊的一处优质热带海滨风景区，距离市中心区约 10 km。海湾以野猪岛为中心，南有东洲岛、西洲岛，西面有东排、西排，可开展多种水上运动。

亚龙湾气候温和、风景如画，集现代旅游五大要素——海洋、沙滩、阳光、绿色、新鲜空气于一体，这里有蓝蓝的天空、明媚温暖的阳光、清新湿润的空气、连绵起伏的青山、千姿百态的岩石、原始幽静的红树林、波平浪静的海湾、清澈透明的海水，洁白细腻的沙滩以及五彩缤纷的海底景观等。8 km 长的海岸线上椰影婆娑。如今，亚龙湾已经美名远扬，并成为国内外知名的旅游品牌。

2. 蜈支洲岛

蜈支洲岛坐落于三亚市北部的海棠湾内、距三亚林旺镇后海村 2.7 km 的海面上，北与南湾猴岛遥遥相对，南邻亚龙湾。全岛呈不规则蝴蝶状，岛东、南、西三面漫山叠翠，85 科 2 700 多种原生植物郁郁葱葱，临海山石嶙峋陡峭，直插海底，惊涛拍岸，蔚为壮观。中部山林草地起伏逶迤，绿影婆娑。北部滩平浪静，沙质洁白细腻，恍若玉带天成。四周海域清澈透明，水域中盛产夜光螺、海参、龙虾、马鲛鱼、海胆、鲳鱼及五颜六色的热带鱼，南部水域海底有着保护很好的珊瑚礁，是为数不多的没有礁石或者鹅卵石混杂的海岛，是闻名的潜水基地。极目远眺，烟波浩渺，海天一色。

作为热带海岛游必选的海南旅游景点，蜈支洲岛集热带海岛旅游资源的丰富性和独特性于一体。岛上绮丽的自然风光，富有特色的各类度假别墅、木屋及酒吧、游泳池、海鲜餐厅等配套设施，和已开展的包括潜水、滑水、摩托艇、拖伞、香蕉船等 30 余项海上和潜水娱乐项目，给前来观光和度假的旅游者带来原始、静谧、浪漫的休闲体验。

任务训练

一、场景设计

(一)实训目的

熟悉海岛南的地域环境与旅游资源的特色。

(二)实训内容

1. 搜集海南岛旅游发展现状信息，挖掘旅游资源潜力。

2. 撰写“海南旅游资源档案”。重点搜集除传统知名景点之外的新兴旅游景点及旅游资源。

二、训练步骤

(一)实训前准备

组内合理分工，充分发挥每一位组员的兴趣特长，从信息搜索、材料整理、文案制作、美工排版、讲解汇报等多方面开展训练任务。学生复习课堂讲授的内容，提前预习训练项目。

(二)实　　训

1. 学生上交“海南旅游资源档案”。
2. 分组汇报交流档案内容。
3. 教师总结并评分、评价。

效果评价

资源档案制作训练评分表

姓　　名		地　点		时　间	
实训项目	实训考查要点	分　值	小组评分	教师评分	最终得分
资源档案制作	1. 信息收集途径丰富、方法科学				
	2. 文案制作精良、图文并茂				
	3. 组员汇报语言表达熟练、清晰，文辞优美				
	4. 资源档案突出科学性、合理性、市场导向性				
	5. 搜集新兴资源，突出文化旅游、农业旅游、全域旅游等				
	6. 团队分工明确，合作有序				
合　　计		100			

注：该表可根据实际设计的训练项目进行测评。

华南旅游区其他旅游名胜地

复习思考题

1. 华南旅游区有哪些独具特色的旅游资源？
2. 简要介绍以下景区：青秀山风景区、七星岩景区、西樵山风景名胜区、蜈支洲岛等。

项目七　西南旅游区

学习目标

1. 知识目标
● 了解西南大区的基本地理面貌
● 熟悉西南大区主要铁路干线
● 掌握西南旅游区的主要旅游资源
2. 能力目标
● 能设计西南旅游区的旅游线路
● 能讲解西南旅游区的主要景区
● 能预测西南旅游区的旅游发展趋势
3. 素质目标
● 具有洞悉旅游民俗文化的能力
● 具有延展区域旅游特色线路的能力

热点引入

云南民族村

云南民族村于2019年2月5日至2月10日，精心策划、打造了以“藏历新年迎吉祥，阿佤木鼓闹新春”为主题的春节黄金周大型节庆系列活动，为广大游客营造了喜庆祥和的节日氛围，让海内外游客们在民族村过了一个欢乐吉祥且独具民族特色的春节。此次节庆活动，以“藏历新年”为领衔，持续打造佤族传统“木鼓节”活动。在保持传统年俗的基础上，增加了许多民俗年味的活动元素，举行了内容丰富和展现少数民族民俗的特色活动，开展了“迎新法会、锅庄打跳、走村祈福、欢乐民歌、趣味游戏、木鼓巡游、打歌狂欢”等主题活动。此外，景区倾力打造的集云南15个特有少数民族音、舞、诗、画为一体的《高原的呼唤》为迎接春节的到来，每天特别加演一场，让广大游客有更多机会观赏了解云南独有少数民族的歌舞精髓。

“云南网”刊登文章，就云南春节假期旅游信息发布消息，云南民族村被誉为“全省累计接待人数前5位的景区”“全省接待量超过10万人的景区”“全省接待量达最大承载量的景区”。

（信息来源：昆明滇池国家旅游度假区管委会，2019-2-14）

请思考：

1. 云南民族村主题文化园成功打造的策略有哪些？
2. 民俗文化如何能为当地旅游发展增添色彩？

西南地区东临中南地区，北依西北地区，主要包括四川省、贵州省、云南省、西藏自治区、重庆市共五个省区市。西南旅游区是我国旅游资源最丰富、少数民族风情游最兴盛的地区之一。

西南地区主要包括四川盆地、云贵高原、青藏高原南部、两广丘陵西部等地形单元。四川盆地是中国四大盆地之一，囊括四川省中东部和重庆大部，自西向东分为成都平原、川中丘陵和川东平行岭谷。云贵高原为中国四大高原之一，包括贵州全境与云南省的中南部和中东部，大致以乌蒙山为界分为云南高原和贵州高原两部分，这里是世界上喀斯特地貌发育最典型地区之一。西南地区还包括青藏高原南部的高山地区，主要是西藏全境，四川北部、西部、西南部和云南省的西北部。

本区大江大河较多，中部和北部以长江流域的河流为主，南部和西部则分属珠江流域、元江流域、澜沧江流域、怒江流域等。藏北内流区还有众多的内流河汇入大小高原湖泊。本区的湖泊主要为高原湖泊，基本集中在三个区域：藏北高原湖泊区，包括西藏的阿里、那曲、日喀则的部分区域，代表湖泊为纳木错；滇中高原湖泊密集区，包括云南的中南部昆明以南的地区，主要代表湖泊为滇池、抚仙湖；滇西北高原湖泊分布区，包括大理以北的云南省内地区，主要代表湖泊有洱海、泸沽湖等。

本区气候类型由温暖湿润的海洋气候（四川盆地的特殊气候类型）到四季如春的高原季风气候（代表城市有昆明、大理等），再到亚热带高原季风湿润气候以及青藏高原独特的高原气候，形成了独特的植被分布格局。这里的动植物资源丰富，自然风景独具特色。云南被称为“植物王国”，“三江并流”所在的香格里拉是闻名世界的“人间天堂”，稻城亚丁被誉为“水蓝色星球上的最后一片净土”。

西南地区是中国少数民族最多的地区，有白族、傣族、水族、佤族、苗族、怒族、门巴族、彝族、土家族等 20 多个民族。淳朴的民风、独特的地域文化，如农耕、游牧、节庆、服饰、饮食、民居、语言文字、宗教信仰等，都成为别具特色的旅游资源。

截至 2019 年 12 月，西南旅游区共拥有 20 座国家历史文化名城、82 个国家级自然保护区和 41 家 5A 景区。

典型工作任务一　成渝高铁沿线旅游

任务引入

成渝高铁需要公交化运营

简阳市委书记在成都市十七届人大二次会议代表团会议及分组审议中建议加快推进成渝高铁公交化运营，加快构建东部新城的快速路。他说：“据我了解，成渝高铁全长 308 km，沪宁高铁是 301 km。每天成渝高铁从成都到重庆约 85 趟，重庆到成都约 83 趟，一共约 168 趟；而每天南京到上海是约 235 趟，上海到南京约 239 趟，共计约 474 趟。成渝高铁跑的车次约为沪宁高铁的 1/3。”他表示，成渝地区和长三角地区有很多相似之处，其中最大的相似之处就是人口密集。他建议，推进成渝高铁公交化运营，提高运营效率。

（信息来源：成都商报，2019-1-24）

请思考：

交通条件的改善对区域旅游发展有何影响呢？

知识准备

一、成渝线概况

成渝高铁是沪蓉快速客运通道及沿江高铁的重要组成部分，于 2010 年 3 月开工建设，2015 年 12 月 26 日开通运营。成渝高铁西起于成都东站，途经四川简阳、资阳、资中、内江、隆昌，重庆荣昌、大足、永川、璧山，止于重庆市区，线路如图 7-1 所示。成渝高铁全线里程 308.2 km，比 505 km 长的成渝铁路缩短了近 200 km，桥隧长度占线路全长的 65.8%。全线采用双线无砟轨道，设计时速 300 km/h。成渝高铁的运营，在成渝之间构建出 1 h 快速交通圈，大大提高了成渝之间旅客运输质量和能力，充分发挥成都、重庆两大国家中心城市的辐射作用，缩短了成渝经济带城市群之间的时空距离，并通过与重庆至利川、重庆至万州、重庆至贵阳等高速铁路和城际铁路相衔接，成为全国铁路快速客运网的重要组成部分。

图 7-1　成渝高铁线路图

成渝高铁沿线历史文化名城、国家级风景名胜区和著名旅游景点主要包括：成都市、都江堰市、重庆市；青城山—都江堰风景区、武隆喀斯特旅游区、云阳龙缸景区、金佛山、大足石刻；武侯祠、杜甫草堂、磁器口古镇等。

二、沿线旅游名城

（一）成　　都

成都是四川省省会，简称蓉，别称蓉城、锦城、芙蓉城、锦官城，位于四川盆地西北部，成渝、成昆、西成高速铁路的在此交汇。建有成都东站、成都站、成都南站、成都西站等铁路客运站，双流国际机场是我国西南地区重要的民航基地机场。市区内已开通运营 7 条地铁轨道交通线，及成灌快速铁路和有轨电车蓉 2 号线。成都是国务院确定的国家重要高新技术产业基地、商贸物流中心和综合交通枢纽，是西部地区重要的中心城市。

成都是一个多民族聚居的城市，除汉族外，其余55个少数民族在此均有分布，尤以藏族、回族、彝族、羌族、土家族为多。多数人讲西南官话，也有部分地区讲东北官话、客家语、湘语、羌语等。

成都地处成都平原腹地，境内地势平坦、河网纵横、物产丰富、农业发达，属亚热带季风性湿润气候，自古享有“天府之国”的美誉；这里的蜀绣、蜀锦久负盛名，自汉末三国时期就已驰名天下，是珍稀而名贵的丝织品。蜀锦织造技艺是国家级非物质文化遗产之一，因其历史悠久、工艺独特，更有中国四大名锦之首的美誉。川菜为我国四大菜系之一，菜式多样，麻辣著称。联合国教科文组织曾授予成都“世界美食之都”称号。著名菜品有：麻婆豆腐、回锅肉、鱼香肉丝、宫保鸡丁、口水鸡、青城山老腊肉、咸烧白、香水鱼、樟茶鸭、冒菜等；著名小吃有：担担面、龙抄手、钟水饺、赖汤圆、双流老妈兔头、夫妻肺片、韩包子、三大炮、甜水面、伤心凉粉、军屯锅盔、肥肠粉等。

1. 青城山—都江堰

青城山风景区位于成都市都江堰市西南，距成都市区68 km，处于都江堰水利工程西南10 km处。青城山是中国著名的历史名山和国家重点风景名胜区，国家5A级旅游景区，于2000年同都江堰共同作为一项世界文化遗产被列入世界遗产名录。这里背靠岷山雪岭，面向川西平原，群峰环绕起伏，林木茂密葱翠。主峰老君阁海拔1 260 m，在四川名山中与剑门之险、峨眉之秀、夔门之雄齐名，有“青城天下幽”之美誉。

青城山是中国著名的道教名山，中国道教的发源地之一，自东汉以来历经二千多年。东汉顺帝汉安二年(公元143年)，道教创始人“天师”张陵来到青城山，选中青城山的深幽涵碧，结茅传道，青城山遂成为道教的发祥地，被道教列为“第五洞天”，全山的道教宫观以天师洞为核心，包括建福宫、上清宫、祖师殿、圆明宫、老君阁、玉清宫、朝阳洞等，至今完好地保存有数十座道教宫观。

青城四绝：一绝“洞天贡茶”，宋时青城“紫背龙芽”“白背龙芽”就被列为贡品；二绝“白果炖鸡”，是青城山地区的传统名菜，汤汁浓白，鸡肉异常鲜美；三绝“青城泡菜”，俗称青城道家老泡菜；四绝“洞天乳酒”，以青城山所产的猕猴桃鲜果为原料，按道家传统工艺榨取果汁，再配以醪糟汁、冰糖水和少许曲酒酿造加工而成。

[阅读资料7-1]

“拜水都江堰，问道青城山”背后的故事

学者余秋雨曾于20世纪80年代造访都江堰。当时是在前往青城山途中，因就在近旁而乘便看一眼。没想到，都江堰却给他带来了无与伦比的震撼。游历后，他毅然写道：“看云看雾看日出各有胜地，要看水，万不可忘了都江堰。”“我以为，中国历史上最激动人心的工程不是长城，而是都江堰。”2002年，先生再次游览青城山，在诚青道人陪同下参观了天师洞道门古物文物以及古天师银杏树；研读了写有“一生二二生三三生万物”的天师洞大殿著名对联，探究“境由心生”一联的内涵；观赏历代文人题刻，拜谒乾元山天师洞……先生与都江堰、青城山有缘，于是下山后欣然写下“道家有道，上善若水，于是，此生有两事可为，曰：拜水都江堰，问道青城山”的题词，“都江堰是解读中华文明的钥匙”的单条，“大道至简，上善若水”的横幅。

(信息来源：上观新闻网，2017-09-14)

都江堰风景区是世界文化遗产，国家重点风景名胜区，国家5A级旅游景区，主要参观景点有：伏龙观、二王庙、安澜索桥、鱼嘴、飞沙堰、宝瓶口、离堆公园等。由都江堰而产生的具有强烈地域色彩的都江堰水文化十分丰富，包括水文学、水文物、水神学等，诸如“二王庙”“伏龙观”“观景台”等人文景观；改建鱼嘴挖掘出土的东汉李冰石像和“饮水思源”石刻；歌颂李冰父子降龙治水的民间传说和具有一定宗教神学色彩的祭祀活动，以及由此而产生的祭水、祭神、祭人的诗、词、书画的水文学等。

2.武侯祠

武侯祠（又名汉昭烈庙），位于四川省成都市武侯区，是我国唯一的一座君臣合祀祠庙和最负盛名的诸葛亮、刘备及蜀汉英雄纪念地，也是全国影响最大的三国遗迹博物馆。武侯祠是全国重点文物保护单位，国家4A级旅游景区，国家一级博物馆。

武侯祠现占地15万m^2，由三国历史遗迹区（文物区）、西区（三国文化体验区）以及锦里民俗区（锦里）三部分组成，享有“三国圣地”的美誉。文物区主要由惠陵、汉昭烈庙、武侯祠、三义庙等组成，主体建筑为武侯祠。园林区位于武侯祠西侧，原是民国时期四川省主席刘湘的墓园，区域内有石牌坊大门、三洞门、四方亭、荐馨堂、墓室等建筑，是西南地区唯一一座北方风格的陵园建筑群。锦里现为成都市著名步行商业街，仿古建筑，布局严谨有序，酒吧娱乐区、四川餐饮名小吃区、府第客栈区、特色旅游工艺品展销区错落有致。成都锦里与北京王府井、武汉江汉路、重庆解放碑、天津和平路等老牌知名街市齐名，被誉为“成都版清明上河图”。

3.杜甫草堂

坐落于浣花溪畔的杜甫草堂，是中国唐代大诗人杜甫流寓成都时的故居。杜甫先后在此居住近四年，创作诗歌240余首。唐末诗人韦庄寻得草堂遗址，重结茅屋，使之得以保存，宋元明清历代都有修葺扩建。

草堂占地面积近300亩（1 m^2＝0.001 5亩），仍完整保留着明弘治十三年（公元1500年）和清嘉庆十六年（公元1811年）修葺扩建时的建筑格局，建筑古朴典雅、园林清幽秀丽，是中国文学史上的一块圣地。1955年成立杜甫纪念馆，1985年更名为成都杜甫草堂博物馆，是首批全国重点文物保护单位，首批国家一级博物馆，全国古籍重点保护单位，国家4A级旅游景区，是中国规模最大、保存最完好、知名度最高且最具特色的杜甫行踪遗迹地，年游客量达百万余人次。

核心文物区内，照壁、正门、大廨、诗史堂、柴门、工部祠排列在一条中轴线上，两旁配以对称的回廊与其他附属建筑，显得既庄严肃穆又古朴典雅。工部祠东侧“少陵草堂”碑亭已成为杜甫草堂标志性景点和成都著名景观。工部祠后恢复重建的“茅屋故居”，重现了诗人故居的田园风貌；“杜诗书法木刻廊”颇具观赏价值，其杜诗绝唱、书法绝品、楠木绝材、刻工绝活有“四绝”之称。“唐代遗址”陈列馆极大地丰富了杜甫草堂的历史文化内涵，印证了杜甫当年对居住环境及生活情景的描写。

(二)重　庆

重庆市，简称“渝”，是中西部唯一的直辖市，是长江上游地区的经济、金融、科创、航运和商贸物流中心。重庆地形复杂，多山地，自古有“蜀道难”之说。重庆既以江城、山城著称，又以雾都、桥都扬名，以长江黄金水道、渝新欧国际铁路和江北国际机场为支撑，构建成为西南地区综合交通枢纽。重庆市的桥梁数量位列全国城市之首，被茅以升桥梁委员会于2005年认定为中国唯一的“桥都”。

巴渝文化起源于巴文化，它是巴族和巴国在历史发展中所形成的地域性文化。巴人一直生活在大山大川之间，大自然的熏陶、险恶的环境，练就一种顽强、坚韧和剽悍的性格，因此巴人以勇猛、善战而称。巴渝文化是长江上游最富有鲜明个性的民族文化之一，其文化代表有龙门阵、重庆方言、渝派川菜、川江号子等。

重庆曾是民国时期"国民政府"的陪都，国府西迁时，大批著名学者、教育家、文艺家来到重庆，如张大千、胡适、傅斯年、林语堂、钱穆、梁实秋、郭沫若、柳亚子、马寅初、陶行知、梁漱溟、徐悲鸿、老舍等，这里学府云集，重庆成了西南地区的文化教育中心，培育出大批优秀人才。

重庆饮食喜麻辣，以不拘一格使用各种材料创作新菜见长。重庆亦是火锅的发源地之一，2007 年荣获中国烹饪协会授予"中国火锅之都"称号。重庆代表菜肴有：重庆火锅、川菜、渝菜（重庆菜、渝派川菜）、水煮鱼、回锅肉、酸菜鱼、辣子鸡、泉水鸡、水煮肉片、老鸭汤、酸辣粉、鱼香肉丝、泡椒肥肠、粉蒸肉、烧白、重庆小面、重庆小吃等。

1. 武隆喀斯特旅游区

重庆武隆喀斯特世界自然遗产地是"中国喀斯特"世界自然遗产地的一部分，是峡谷喀斯特的典型代表。旅游区由芙蓉洞、天生三桥和后坪冲蚀型天坑三个喀斯特地貌景区组成，三个自然景观可称作"中国南方喀斯特三绝"。芙蓉洞拥有世界上绝大部分类型的钟乳石，由汽坑洞、摔人洞、卫江岭洞、水帘洞、芙蓉洞、四方洞等洞穴组成，其中以芙蓉洞为代表的横向洞穴，是游客的最佳去处。洞穴专家称这里是一座"洞穴科学博物馆"。天生三桥由天龙桥、青龙桥、黑龙桥三座天生石拱桥组成，石桥的跨度和距离峡谷底部均在百米以上，是亚洲最大的天生桥群。三座石桥将峡谷两岸的山体连在一起，形成了"三桥夹两坑"的奇特景观。石桥之间所夹的坑，也称为"天坑"，如图 7-2 所示，这里也是电影《满城尽带黄金甲》和《变形金刚 4》的取景地。后坪天坑最典型的为箐口天坑，箐口天坑形态美观，坑口呈椭圆形，最大和最小深度分别为 295.3 m、195.3 m，自坑口视之，绝壁陡直，天坑深不可测，奇险无比。

图 7-2　武隆天生三桥景观

2. 云阳龙缸国家地质公园

云阳龙缸风景区是国家 5A 级旅游景区、国家地质公园，被旅行者称为长江三峡最后的"香格里拉"，被户外爱好者誉为重庆版的"小华山"。云阳龙缸风景区位于重庆市云阳县境内东南隅，紧邻湖北利川市，集天坑、峡谷、溶洞、高山草场、森林、土家风情于一体，主要景点有龙缸天坑、云端廊桥、龙洞风光、龙窟峡、岐山草场、蕙草古长城、岐阳关古道遗址、盖下坝湖泊等，其中龙缸天坑深 335 m，居全国第三、世界第五，龙缸天坑的坑壁由峭壁拱成，倾斜幅度近 90°，这种直上直下的形态在世界上极为罕见，享有“天下第一缸”的美誉。云阳龙缸风景区建在海拔 1 010 m 高悬崖上的“云端廊桥”，以“天空之花”的花瓣作为造型，廊桥上可以 720°欣赏周边美景，其悬挑长度 26.68 m，廊桥距离地面高度 718 m，比美国科罗拉多大峡谷玻璃廊桥悬挑长度还长 5.34 m，是世界最长悬挑玻璃廊桥。

3. 金佛山

金佛山位于重庆市南川区境内，山体海拔 800～2 200 m，面积约 260 km^2，素为巴蜀四大名山胜景之一，古称“南方第一屏障”，以原始奇特的自然山峦、林壑为特色。金佛山景区内，林、泉、洞、庙集中，岗、岭、崖、壁、沟、涧、洞、石兼有，瀑、溪、泉众多。西坡景区以碧潭、幽谷、竹林、群峰、绝壁为胜；北坡山势奇秀险峻，可攀登古栈道，可寻幽古溶洞，亦可观赏云海。

4. 大足石刻

大足石刻位于重庆市大足区境内，为唐、五代、宋时所凿造，明、清两代亦续有开凿。除佛像和道教造像外，也有儒、佛、道同在一龛窟中的三教造像，而以佛教造像所占比例最大。大足石刻代表了公元 9—13 世纪世界石窟艺术的最高水平，是人类石窟艺术史上最后的丰碑，如图 7-3 所示。它从不同侧面展示了唐、宋时期中国石窟艺术风格的重大发展和变化，具有前期石窟不可替代的历史、艺术、科学价值，并以规模宏大、雕刻精美、题材多样、内涵丰富、保存完好而著称于世。1999 年 12 月，以宝顶山、北山、南山、石门山、石篆山“五山”为代表的大足石刻，被联合国教科文组织列入《世界遗产名录》。

图 7-3　大足石刻

任务训练

一、场景设计

(一)实训目的

熟悉成都旅游资源，设计主题线路；掌握旅游六大要素在旅游线路设计中的作用。

(二)实训内容

1. 搜集成都城市旅游资源信息，分析旅游资源特色。
2. 设计“最美成都游”主题线路。线路主题可以自拟，如“美食游”“访古游”“科普游”等。

二、训练步骤

(一)实训前准备

组内合理分工，充分发挥每一位组员的兴趣特长，从信息搜索、材料整理、文案制作、美工排版、讲解汇报等多方面开展训练任务。学生复习课堂讲授的内容，提前预习训练项目。

(二)实　训

1. 学生上交“最美成都游”主题线路设计方案。
2. 分组汇报交流主题游线路设计方案。
3. 教师总结并评分、评价。

效果评价

“最美成都游”线路设计训练评分表

姓　名		地　点		时　间	
实训项目	实训考查要点	分　值	小组评分	教师评分	最终得分
“最美成都旅游”线路设计	1. 信息收集途径丰富、方法科学				
	2. 文案制作精良、图文并茂				
	3. 组员汇报语言表达熟练、清晰，文辞优美				
“最美成都旅游”线路设计	4.线路设计突出科学性、合理性、市场适宜性				
	5. 线路主题突出，景点景区选择符合线路主题				
	6. 团队分工明确，合作有序				
合　计		100			

注：该表可根据实际设计的训练项目进行测评。

典型工作任务二　成贵高铁沿线旅游

任务引入

动车车窗拓宽，提供更好观光视野

2019 年 4 月 12 日上午 9:55，天府早报记者跟随 D5591 列车驶出成都东站，体验了即将开通的成贵高铁乐山至兴文段铁路。成贵铁路四川段全程耗时 2 h 28 min，从成都到宜宾只需要 1 h 55 min，比普速列车快了将近 4 个多小时。据了解，试运行乘坐的 CRH3A 型动车组，是成贵铁路(四川段)开通后的主力运行车型，最高运营时速 250 km，全列定编 613 人。与常规动车相比,CRH3A型动车组最大的改善在于车窗,全列车窗采用拓宽设计,为旅客提供更好的观光视野。车厢较其他型号动车有一定增宽,更大的空间使乘客乘坐起来更舒适。

(信息来源:光明网,2019-4-15)

请思考:

你了解我国动车组列车有哪些不同车型吗?

知识准备

一、成贵线概况

成贵高铁于2013年12月开工建设,2018年10月云贵段正式开始铺轨,2019年12月全线建成通车,全长约632 km,设计时速250 km/h,被称为“世界第一条山区高速铁路”。成贵高铁起于成都市,途经眉山市、乐山市、宜宾市、毕节市,止于贵阳市,线路如图7-4所示,是四川南向出川的第一条快速铁路通道。全线开通运营后,成都到贵阳实现3 h内通达。成贵高铁向东通过贵广高铁连接广州,向西通过兰成高铁抵达兰州,是“八纵八横”高铁网中兰广通道的重要组成部分。同时,通过西成高铁、沪昆高铁,形成四川乃至西南地区通往珠三角、长三角等沿海地区的快速大通道。

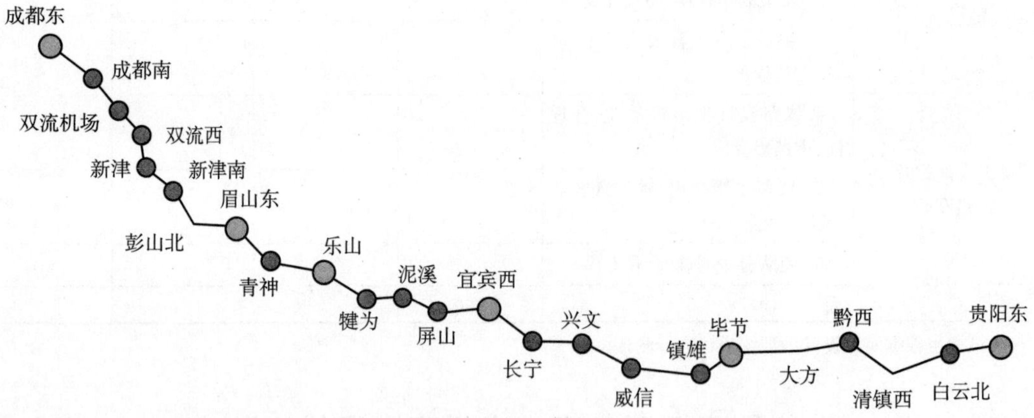

图7-4　成贵线线路图

成贵高铁沿线历史文化名城、国家级风景名胜区和著名旅游景点主要包括:乐山市、宜宾市,乐山大佛、峨眉山风景区,宜宾李庄古镇、蜀南竹海、兴文石海洞乡、毕节织金洞、草海自然保护区、百里杜鹃景区等。

二、沿线旅游名城

(一)乐　山

乐山市位于四川盆地的西南部,北与眉山接壤,东与自贡、宜宾毗邻,南与凉山相接,西与雅安连界,少数民族众多,以汉、彝、回、苗为世居民族。市境内河流密布,岷江、大渡河、青衣江和众多河流使得这里水资源丰沛;西南为峨眉山区,植物及野生动物种类繁多,属国家一级保护动物的有大熊猫、羚牛、雪豹、云豹、豹、虎、四川山鹧鸪、绿尾虹雉、白鲟等 9 种。

乐山有“食在四川,味在乐山”之美誉。乐山菜是我国四大菜系之一川菜的地方风味,其特点是选材丰富、口味相对清淡、味型多样。乐山的地方特色餐饮和小吃种类繁多,又因江河纵横,所以河鲜佳肴堪称一绝。著名菜肴有:豆腐脑、西坝豆腐、叶儿粑、烟熏鸭、白斩鸡、钵钵鸡、跷脚牛肉、嘉州鱼火锅等。

1. 乐山大佛

乐山大佛,又名凌云大佛,位于乐山市郊岷江东岸的凌云山凌云寺旁。此地为大渡河、青衣江和岷江三江汇流处,景区由凌云山、麻浩岩墓、乌尤山、巨型卧佛等组成,游览面积约 8 km^2。景区集聚了乐山山水人文景观的精华,属峨眉山国家级风景区范围,是国家 5A 级旅游景区,也是世界文化与自然双重遗产峨眉山—乐山大佛的组成部分。

依山开凿的大佛为弥勒佛坐像,是中国最大的一尊摩崖石刻造像,如图 7-5 所示。大佛开凿于唐代开元元年(713 年),完成于贞元十九年(803 年),历时约九十载。大佛体态匀称,神态肃穆,依山凿成,临江危坐。大佛通高 71 m,头宽 10 m,发髻 1 021 个,耳长 7 m,鼻长 5.6 m,眉长 5.6 m,眼长 3.3 m,肩宽 28 m,手指长 8.3 m,脚背宽 8.5 m,可围坐百人以上,被诗人誉为“山是一尊佛,佛是一座山”。

图 7-5　乐山大佛

[阅读资料 7-2]

据唐代韦皋《嘉州凌云大佛像记》和明代彭汝实《重修凌云寺记》等书记载,佛像开凿于唐玄宗开元初年(713 年),完成于唐德宗贞元十九年(803 年),历时达 90 年。一千多年来,乐山大佛阅尽多少人间春色,经历多少朝代更迭,依旧肃穆慈祥,心旌不摇。

乐山大佛开凿的发起人是海通和尚。海通是贵州人,离乡别家,来到乐山凌云山下当和尚。凌云山下乃三江汇聚之处,每当汛期,山洪暴发,洪水便似脱缰的野马,横冲直撞,常常毁坏农田,倾覆舟楫。

为了制服江水,海通和尚立志开凿一尊大佛来镇住水妖。首先便是资金问题。海通和尚为了筹集资金,四处化斋,积少成多,经过数年努力,终于解决了这个问题。开凿之日,万众瞩目,喜形于色,但地方官吏却趁机刁难,声称要收取建造和保护费,否则不让开工。海通和尚十分气愤,斩钉截铁地说:“你们可以拿走我的眼珠,但不能拿走佛财!”地方官吏面带嘲弄的神色说:“你要真给我们眼珠,我们就不要你的佛财!”海通和尚马上拿出尖刀,自剜其目,用盘接住,捧到官吏面前。地方官吏大吃一惊,吓得赶紧逃离现场。海通和尚忍住剧痛,一挥手,大佛立刻开凿。海通和尚死后,他的徒弟领着工匠继续修造,经过90年的努力,乐山大佛终于耸立在岷江、大渡河、青衣江汇流之处。

乐山大佛头与山齐,足踏大江,双手抚膝,通高70余米,头高约15 m,头顶上可置圆桌。耳长7 m,眼长3.3 m,耳朵中间可站两条大汉。肩宽28 m,可做篮球场。它的脚背上还可围坐百余人,是一尊真正的巨人。前几年,有游客发现乐山大佛背后的山像一尊睡佛,乐山大佛正好建在睡佛的心胸之处,寓意更加深刻。

(信息来源:乐山大佛官网)

2. 峨眉山

峨眉山位于四川省乐山市峨眉山市境内,是中国“四大佛教名山”之一。峨眉山是普贤菩萨的道场,宗教文化特别是佛教文化构成了峨眉山历史文化的主体,所有的建筑、造像、法器以及礼仪、音乐、绘画等都展示出宗教文化的浓郁气息。山上多古迹、寺庙,有报国寺、伏虎寺、洗象池、龙门洞、舍身崖、峨眉佛光等胜迹,被誉为“佛国天堂”。唐代大诗人李白则有“蜀国多仙山,峨眉邈难匹”的千古赞誉。

峨眉山风景秀丽,素有“峨眉天下秀”之称,由于其高度及地理位置的原因,从山脚到山顶十里不同天,一山有四季。日出、佛光、圣灯、云海(如图7-6所示)是峨眉山著名的四大奇观。山上的万佛顶最高,海拔3 099 m,高出峨眉平原2 700多米。峨眉山生物种类丰富,特有物种繁多,保存有完整的亚热带植被体系,有植物3 200多种,约占中国植物物种总数的1/10。峨眉山还是多种稀有动物的栖居地,动物种类达2 300多种。山路沿途有较多猴群,常结队向游人讨食,为该山一大特色。

图7-6 峨眉山云海

峨眉山—乐山大佛是世界文化与自然双重遗产,峨眉山古建筑群为全国重点文物保护单位,以峨眉山为主体的峨眉山景区为国家重点风景名胜区、国家5A级旅游景区。

(二)宜　宾

宜宾市为四川省地级市,素有“万里长江第一城”“中国酒都”“中国竹都”的美誉。宜宾市地处四川、云南、贵州三省结合部,金沙江、岷江、长江三江交汇处,全市地貌以中低山地和丘陵为主体，岭谷相间，平坝狭小零碎，自然概貌为“七山一水二分田”。市境东邻泸州市，南接云南昭通地区，西界凉山彝族自治州和乐山市，北靠自贡市。

宜宾是长江起点，宜宾码头有“六渡八帮”。丰富的水系与河流孕育了宜宾的大江文化。宜宾的大江文化涵盖了龙崇拜、敬“川主”、修塔镇水、码头民俗等。借助丰富的竹子资源，宜宾发展了竹雕工艺、竹美食。

1. 蜀南竹海

蜀南竹海位于四川宜宾地区长宁、江安县一带，总面积达七万多亩（1 m^2＝0. 001 5 亩），种植面积之广为国内罕见。这里的海拔高度 600～1 000 m，气温最低不低于 0 ℃，最高不超过 30 ℃，冬暖夏凉，十分宜人，一年四季都适于旅游。蜀南竹海空气清新，纯净，负离子含量较高，是我国一级环保旅游区。蜀南竹海集竹景、山水、溶洞、湖泊、瀑布于一体，兼有历史悠久的人文景观。

蜀南竹海可谓是“竹的海洋”，7 万余亩（1 m^2＝0. 001 5 亩）翠竹覆盖了 27 条峻岭、500 多座峰峦。这里生长着 15 属 58 种竹子，除盛产常见的楠竹、水竹、慈竹外，还有紫竹、罗汉竹、人面竹、鸳鸯竹等珍稀竹种。夏日一片葱茏，冬日一片银白，是国内外少有的大面积竹景，与恐龙、石林、悬棺并称川南四绝。这里也曾是奥斯卡获奖影片《卧虎藏龙》的拍摄取景地。

全竹宴是蜀山竹海景区的另一特色。竹海人把用竹做成的菜肴根据客人的爱好和时令季节的变幻拼成了“竹全席”或者“全竹宴”。100 多个菜品，每一道菜都与“竹”有关，以竹笋、竹荪蛋、竹荪菜、竹菌、竹海腊肉、竹筒豆花、竹筒竹、竹荪酒、竹泡菜等竹菜汇成的全竹宴可谓满桌皆是竹，无竹不成席。

2. 李庄古镇

李庄古镇位于宜宾东郊长江南岸，素有“万里长江第一古镇”之称。李庄距今已有 1 460 年建镇史，是长江边上的千年古镇，依长江繁衍生息，明清时为水运商贸之地，形成了“江导岷山，流通楚泽，峰排桂岭，秀流仙源”的自然景观。李庄古镇是国家 4A 级旅游景区，国家级历史文化名镇，国家级环境优美乡镇，有“东有江苏昆山的周庄，西有四川宜宾的李庄”之美誉。

李庄古镇文物古迹众多，人文景观荟萃，古建筑群规模宏大，布局严谨，比较完整地体现了明、清时期川南民居、庙宇、殿堂等建筑的特点。镇上酒肆茶楼，商店林立，繁华热闹。现仍保存明、清古镇的格局和风貌，石板街道，两旁多位清代建筑，风火山墙高耸，雕花门窗，古色古香。院落间有幽深的小巷。临江码头，有石板阶梯层层叠叠而上，通往大街，具有浓厚的川南地方民族特色。古建筑群中的木雕石刻做工精细，栩栩如生，有较高的艺术欣赏价值。

3. 石海洞乡

石海洞乡位于宜宾市兴文县石海镇，这里有典型的喀斯特地貌，是世界地质公园、国家级风景名胜区。公园内石灰岩广泛分布，特殊的地理位置、地质构造环境和气候环境条件形成了兴文式喀斯特地貌，是国内发现和研究天坑最早的地方，也是研究西南地区喀斯特地貌的典型地区之一。因全县石林、溶洞遍及十六个乡，故有“石海洞乡”之誉。整个景区分为石林、石海、溶洞三个部分，地表奇峰林立，地下溶洞纵横交错，上下相映，非常奇妙。

石海古苗寨是清初“川南苗王”之誉的兴文苗族老旧寨，属典型的干栏式建筑，素有“中国第一苗寨”之称。现于旧址复建的苗寨占地一万七千多平方米，按原有的功能、布局及造型设计，一坝一潭一廊楼，分寨门、排楼、太子殿、女儿楼、苗王宫、风雨廊、镇海楼以及龙吟潭，风格按廊庭式组合型园林总体布局，所有建筑全木结构，青石铺地，树皮盖顶，依山傍水，错落有致，充分体现出苗族人亲近自然，融于自然的理念和智慧。

(三)毕　节

毕节市位于贵州西北部，贵州金三角之一，乌蒙山腹地，川、滇、黔之锁钥，是乌江、北盘江、赤水河发源地，是一个多民族聚居、历史文化灿烂、资源富集、神奇秀美、三省通衢、红星闪耀的地方。毕节是川、滇、黔、渝结合部区域性中心城市，西南地区区域性重要综合交通枢纽，珠三角连接西南地区、长三角连接东盟地区的重要通道。

毕节是国家“西电东送”的重要能源基地，国家新型能源化工基地，国家新能源汽车高新技术产业化基地，国家生物医药产业基地，现代山地高效生态农业、新能源、新型建材、以大数据为核心的服务外包和呼叫中心等多种新兴产业的集聚地，全国唯一一个以“开发扶贫、生态建设”为主题的试验区。

毕节的风光景色旖旎，被誉为“洞天湖地、花海鹤乡、避暑天堂”；这里冬无严寒，夏无酷暑，四季分明，气候宜人，享有“中国竹荪之乡”“中国天麻之乡”“中国皱椒之乡”“中国核桃之乡”“中国南方马铃薯之乡”“天然药园”等美誉。这里还有丰富多彩的民族节日，“彝族火把节”“彝族年”“苗族跳花节”“布依族的六月六节”等。

1. 织金洞

织金洞地质公园于1980年被发现，2005年被《中国国家地理》专家委员会评选为中国6大旅游洞穴之首，2008年被评为国家4A级旅游景区，2015年被联合国教科文组织正式批准加入世界地质公园网络中心，成为世界地质公园大家庭新成员。织金洞位于织金县城东北23 km处，地处乌江源流之一的六冲河南岸。织金洞是一个多层次、多类型的溶洞，洞长6.6 km，最大跨度175 m，相对高差150多米，洞内一般高度均在60～100 m，总面积达70多万平方米。洞内遍布石笋、石柱、石芽、钟旗等四十多种堆积物，形成千姿百态的岩溶景观。洞道纵横交错，石峰四布，流水、间歇水塘、地下湖措置其间，规模宏大，形态万千，色彩纷呈，是织金洞景观的显著特色，被誉为“岩溶瑰宝”“溶洞奇观”。

2. 草海

草海，又名南海子、八仙海，地处海拔2 200 m的威宁县县城西南，水域面积46.5 km^2(约5个杭州西湖)，是一个完整、典型的湿地生态系统，是许多鸟类重要的越冬地和迁徙中转站。草海还是中国著名三高原湖泊(草海、滇池、青海湖)之一，也是贵州最大的高原淡水湖泊。这里是世界十大观鸟基地、中国Ⅰ级重要湿地、国家4A级旅游景区。

草海平均水深仅约2 m，水质清澈无污染，由于大量水生植物密布“海底”，从而形成了极为壮观的“水下草原”。这里四面青山环抱，林木茂密。湖中盛产鱼虾、蒲草等水生动植物，栖息着228种珍奇水鸟，每年冬季，成千上万只珍禽异鸟飞来这里越冬，如图7-7所示。草海素有“鸟的王国”之称，特别珍稀的鸟类有黑颈鹤、灰鹤、丹顶鹤、黄斑苇雉、黑翅长脚鹬和草鹭，还有大量的大雁和野鸭，是世界人禽共生、和谐相处的十大候鸟活动场地之一。草海的冬季是摄影观鸟的最好季节，每年冬天，成千上万只珍禽异鸟飞来这里越冬，场面十分壮观。

3. 百里杜鹃风景区

百里杜鹃风景区位于毕节试验区中部，天然原始林带呈环状分布，宽1.2～5.3 km，绵延50余千米，总面积125.8 km^2，故而得名。百里杜鹃风景区是国家5A级旅游景区、国家生态旅游示范区。公园内有马缨杜鹃、露珠杜鹃、团花杜鹃等41个品种，囊括了世界杜鹃花5个亚属的全部，被誉为“世界上最大的天然花园”，享有“地球彩带、杜鹃王国、养身福地、世界花园”之美誉。暮春3月下旬至5月，各种杜鹃花竞相怒放，漫山遍野，千姿百态，铺山盖岭，五彩缤纷。

公园内的杜鹃树有一树不同花之奇观，可在一棵树上开出不同颜色的花朵，达7种之多。还有树龄已过千年的杜鹃花王，花开季节繁花万朵，独树成春，是迄今为止地球上发现的最大杜鹃花树。百里杜鹃风景名胜区不仅是杜鹃花的海洋、杜鹃花的世界(如图7-8所示)，而且还是参天古树云集、山水林洞辉映、珍禽异兽栖息的原始森林旅游景区。境内有鸟类104种，兽类31种，其中不乏国家一级、二级珍稀保护动植物。

图7-7　草海

图7-8　百里杜鹃园

任务训练

一、场景设计

(一)实训目的

熟悉休闲游的特征，掌握休闲线路的设计方法。

(二)实训内容

1. 搜集乐山、峨眉山景区相关信息，分析景区资源特色。
2. 设计“乐山—峨眉游”主题线路。
3. 线路主题可以自拟，如“美食游”“宗教游”“科普游”等。

二、训练步骤

(一)实训前准备

组内合理分工，充分发挥每一位组员的兴趣特长，从信息搜索、材料整理、文案制作、美工排版、讲解汇报等多方面开展训练任务。学生复习课堂讲授的内容，提前预习训练项目。

(二)实　　训

1. 学生上交“乐山—峨眉游”主题线路设计方案。
2. 分组汇报交流主题游线路设计方案。
3. 教师总结并评分、评价。

效果评价

"乐山—峨眉游"线路设计训练评分表

姓　　名		地　点		时　间	
实训项目	实训考查要点	分　值	小组评分	教师评分	最终得分
"乐山—峨眉游"线路设计	1. 信息收集途径丰富、方法科学				
	2. 文案制作精良、图文并茂				
	3. 组员汇报语言表达熟练、清晰，文辞优美				
	4. 线路设计突出科学性、合理性、市场适宜性				
	5. 线路主题突出，景点景区选择符合线路主题				
	6. 团队分工明确，合作有序				
	合　　计	100			

注：该表可根据实际设计的训练项目进行测评。

典型工作任务三　渝贵快铁沿线旅游

任务引入

渝贵铁路再升级

2018年1月25日渝贵铁路开通，搭乘动车两小时到重庆，已经成为贵阳人的出行首选。2018年4月17日重庆日报报道：渝黔两省市签署合作框架协议，双方将共同争取国家发改委、中国铁路总公司，支持"十三五"时期启动重庆至贵阳高铁前期工作，力争早日开工。根据规划，渝贵高铁线路走向：重庆主城—贵阳。线路全长约345 km，重庆境内约115 km，速度目标值350 km/h。渝贵高速铁路形成重庆向南至贵阳、南宁、北部湾、广州方向的高速铁路通道，承担成渝、黔中、北部湾、珠三角等城市群贯通性的大通道客流，同时置换出渝贵铁路承担的部分大通道客流，释放川黔铁路货运能力。渝贵高铁建成通车后，重庆到贵州将由2 h缩短至1 h左右。

（信息来源：贵阳网，2018-4-16）

请思考：

渝贵高铁全面建成后，对重庆的交通格局产生怎样的影响呢？

知识准备

一、渝贵线概况

渝贵铁路，又名渝黔快速铁路，自重庆西站至贵阳北站。2012 年 11 月开工建设，2017 年 3 月贵州段轨道全部铺通，2018 年 1 月渝贵铁路正式投入运营。正线全长 345.4 km，其中重庆市境内 112 km，贵州境内 233 km，桥隧总长 264.29 km，约占线路长度的 77%，时速为 200 km/h。渝贵铁路自重庆市中梁山东侧的重庆西站引出，向南经綦江，进入贵州省遵义市桐梓县境内，经遵义市、息烽县接入贵阳北站，线路如图 7-9 所示。

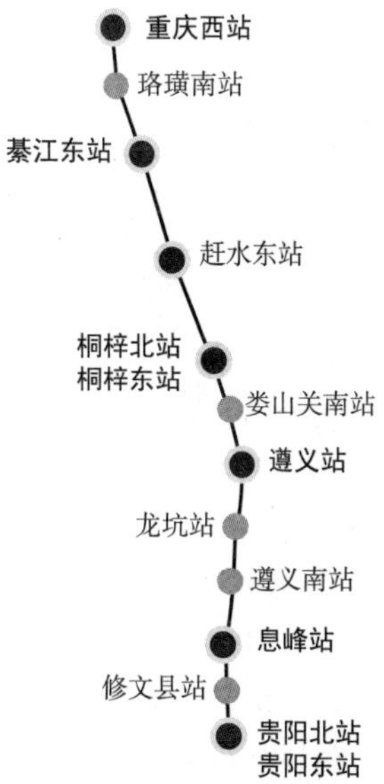

图 7-9　渝贵铁路线路图

渝贵铁路在重庆枢纽与兰渝铁路、成渝高铁连接，在贵阳枢纽和贵广高铁、沪昆高铁连接，成为西部通往华南珠三角地区的另一个重要的快速出海通道，是我国西北、西南至华南地区快速铁路通道的重要组成部分，与兰渝铁路、贵广高铁共同构成高标准、大能力、快速度的铁路通道，也是四川盆地南下快速出川的重要铁路通道。

渝贵快速铁路沿线的历史文化名城、著名旅游景点主要包括：重庆、遵义；赤水丹霞旅游区、海龙屯风景区、遵义会议会址、青岩古镇、甲秀楼、文昌阁、红枫湖风景区等。

二、沿线旅游名城

(一)遵　义

遵义，简称“遵”，位于贵州省北部，川渝黔三省市结合部中心城市，是国家全域旅游示范区。遵义南临贵阳市、毕节市，北倚重庆市，西接四川省泸州市，遵义市处于成渝—黔中经济区走廊的核心区和主廊道，黔渝合作的桥头堡、主阵地和先行区，是西南地区承接南北、连接东西、通江达海的重要交通枢纽。

遵义市处于云贵高原向湖南丘陵和四川盆地过渡的斜坡地带，地形起伏大，地貌类型复杂，主要包括三类地貌：熔蚀地貌区、熔蚀构造地貌区和侵蚀地貌区。全市最高处牛角寨是大娄山的最高峰，海拔 2 227 m。遵义市属亚热带季风气候，终年温凉湿润，冬无严寒，夏无酷暑，雨量充沛，日照充足。

遵义是首批国家历史文化名城，1935 年，中国共产党在遵义召开了著名的“遵义会议”，成了党的生死攸关的转折点，被称为“转折之城，会议之都”。遵义旅游区是大西南旅游的重要组成部分，是川渝黔金三角旅游区的重点景区，也是长江三峡国际旅游热点中生态旅游的理想之地。享有中国长寿之乡、中国厚朴之乡、中国金银花之乡、中国高品质绿茶产区、中国名茶之乡、中国吉他制造之乡等称号。

1. 赤水丹霞旅游区

赤水丹霞旅游区位于贵州省遵义市赤水市南部，地处四川盆地南缘，紧邻黔北大娄山北麓，总面积 36.3 km^2。赤水丹霞主要为高原峡谷型和山原峡谷型丹霞地貌景观，峡山谷间有数量众多的梯级马蹄形丹崖赤壁和瀑布群。这里有由赤壁、峡谷、瀑布、岩腔和大型崩塌巨石等发育齐全的丹霞景观，是中国青年期丹霞的典型代表；这里还有中国丹霞地貌上最大的赤水大瀑布（如图 7-10 所示），是中国最大的丹霞瀑布景观。赤水丹霞与湖南崀山、广东丹霞山、福建泰宁、江西龙虎山、浙江江郎山等 6 大著名丹霞地貌景区组合成为“中国丹霞”，于 2010 年经联合国世界遗产委员会审议通过加入“世界自然遗产名录”。

赤水丹霞旅游区由赤水大瀑布、佛光岩、燕子岩三大景区组成，是世界自然遗产赤水丹霞的核心景区、赤水国家重点风景名胜区的王牌景区，同时也是国家地质公园、国家森林公园、国家级自然保护区。

2. 海龙屯风景区

海龙屯是贵州首个且当前唯一的世界文化遗产，位于遵义市区西北 20 km 的龙岩山上，是一处宋明时期的“土司”城堡遗址。2015 年作为中国三大土司遗址之一，成功列入世界文化遗产。同年荣获“全球十大考古发现”，被考古专家誉为“中国的马丘比丘”。它的建造时间比马丘比丘还要早 200 年。海龙屯土司遗址融神秘的风水与军事防御体系于一体，是杨氏土司家族统治古播州长达 725 年的重要遗存，也是当今中国乃至亚洲保存完好的中世纪军事城堡遗址。

海龙屯占地 1.6 km^2，居群山之巅，北、东、南三面临湘江之源“白沙水”，四周仅是绝壁，仅东南面一条小道通往山顶，如图 7-11 所示。自下而上，铜柱关、铁柱关、飞虎关、飞龙关、朝天关、飞凤关六关依次屹立。屯后自西而东依次是后关、西关和万安关三关，各关之间有护墙相连，随山势绵延十余里。屯内老王宫、新王宫、总管厅、金库、军营、校场、火药库、绣花楼等遗址尚存。海龙屯土司遗址具有鲜明的黔北文化特色，见证了古代中国作为统一多民族国家，对西南多民族地区独特的管理智慧，为贵州省五大文化名片之一。

图 7-10　赤水丹霞景区美人瀑

图 7-11　海龙屯土司遗址

3. 遵义会议会址

遵义会议会址，位于遵义市红花岗区老城子尹路 96 号，会址房屋原为国民党军黔军第 25 军第二师师长柏辉章的私邸，建于 20 世纪三十年代初，建筑物由主楼和跨院两部分组成。整栋主楼道面阔 25.19 m，通进深 17.01 m，通高 12 m，占地面积 528 m^2，建筑面积 428.48 m^2。遵义会议会议室在二楼（一楼作战室的楼上），是一间长方形的房间，面积 27 m^2。遵义会议期间，红军总司令朱德、总政委周恩来、总参谋长刘伯承住二楼，彭德怀、杨尚昆、刘少奇、李卓然等住一楼，总司令部一局作战室设在一楼。跨院是黔北民居四合院风格的建筑，坐东向西，由东屋、北屋、南屋、西屋四部分组成，建筑面积 334 m^2。主楼和跨院之间伸出一船形的楼房，原是柏家制作酱料及收晒豆子的晒房，遵义会议期间是红军总司令部厨房。一局事务长姚国民、警卫班长潘开文等住厨房楼上。以上展室长期以来作为原状陈列，向观众开放。

[阅读资料 7-3]

遵义会议是 1935 年 1 月中共中央政治局在贵州遵义召开的独立自主地解决中国革命问题的一次极其重要的扩大会议，是在红军第五次反"围剿"失败和长征初期严重受挫的情况下，为了纠正博古"左"倾领导在军事指挥上的错误而召开的。这次会议是中国共产党第一次独立自主地运用马克思列宁主义基本原理解决问题的路线、方针政策的会议。这次会议初步确立了以毛泽东为代表的马克思主义的正确路线在中共中央的领导地位，挽救了党、挽救了红军、挽救了中国革命，是中国共产党历史上一个生死攸关的转折点。

（资料来源：趣历史，2018 年 10 月 2 日）

(二)贵　阳

贵阳市是贵州省省会，简称筑，有"林城"之美誉，因境内贵山之南而得名。贵阳是贵州省的政治、经济、文化、科教、交通中心和西南地区重要的交通、通信枢纽、工业基地及商贸旅游服务中心。贵阳是西南地区沟通珠三角、长三角的重要交通枢纽和区域性商贸物流中心之一，西南地区的铁路枢纽之一、西南地区公路航空、交通枢纽之一，为一类口岸城市，川黔、湘黔、黔桂、贵昆 4 条铁路在贵阳形成西南地区铁路十字交叉，贵广、长昆、渝黔、成贵、贵南等多条高速铁路陆续建成。

贵阳地处云贵高原黔中山原丘陵中部，长江与珠江分水岭地带。贵阳地貌属于以山地、丘陵为主的丘原盆地地区。贵阳市海拔高度在 1 100 m 左右，常年受西风带控制，属于亚热带湿润温和型气候，夏无酷暑，冬无严寒。贵阳市是一个多民族杂居的城市，汉族人口占大多数，布依族次之，苗族人口居贵阳第三位，除此之外，还有回族、侗族、彝族、壮族等 20 多个少数民族。贵阳的民族节日内容丰富，各具特色。有苗族的四月八，布依族的三月三、六月六，仡佬族吃新节等。

1. 青岩古镇

青岩古镇位于贵阳市花溪区，是贵阳市首个国家 5A 级旅游景区，是第二批中国历史文化名镇之一，始建于明洪武十一年（公元 1378 年），至今已有 600 多年的历史，人文历史底蕴深厚，地域特色颇具魅力。青岩古镇因明朝屯兵而建镇，以青色的岩石而得名，是一座因军事城防演化而来的山地兵城，素有贵阳"南大门"之称。青岩古镇作为军事要塞和所占的特殊地理位置，其后数百年，经多次修筑扩建，土城垣改为石砌城墙，街巷用石铺砌。四周城墙用巨石筑于悬崖上，有东、西、南、北四座城门。抗日战争期间，青岩城墙完好，四座城门依旧，偏僻安全，接纳了很多的"避难者"。八路军贵阳交通站在青岩建立安宣点，把许多革命干部家属疏散到这里来，周恩来的父亲、邓颖超的母亲、李克农和博古（秦邦宪）的家属都曾经在青岩住过。青岩古镇的民居建筑独具特色，明清两代所建九寺、八庙、八牌坊、五阁、三洞、二祠、一院、一宫、一楼组成的遍布全镇的古建筑群，与古道、石街、青瓦木屋交相辉映。

2. 甲秀楼

甲秀楼是贵阳的标志性建筑，建于明代万历年间，其名字取"科甲挺秀"之意。甲秀楼坐落于市区内南明河中的一块巨石上，是一座三层的木质阁楼，如图 7-12 所示。这座木楼高 22.9 m，共有三层，顶层题"甲秀楼"三字，可登楼俯瞰南明河岸风光。数百年来众多文人墨客在甲秀楼留下了赞美诗词，其中以清人刘玉山所撰206字长联最为脍炙人口，此联概括了山城贵阳的地理形势及历史变迁。

甲秀楼景区主要分为三部分，即浮玉桥、甲秀楼、翠微园。浮玉桥是一座纵跨南明河的石桥，由北向南将石木牌坊、涵碧亭、甲秀楼、翠微园串连一线。翠微园原名观音寺，现为一组将寺庙和园林结合为一体的古代建筑群，有亭台楼阁、假山、长廊，如今主要是当地人聊天和交流字画的去处。

图 7-12　甲秀楼

[阅读资料 7-4]

甲秀楼长联

“五百年稳占鳌矶，独撑天宇，让我一层更上，茫茫眼界拓开。看东枕衡湘，西襟滇诏，南屏粤峤，北带巴衢；迢逑关河，喜雄跨两游，支持那中原半壁。却好把猪拱箐扫，乌撒碉隳，鸡讲营编，龙番险扼，劳劳缔造，装构成笙歌闾，锦绣山川。漫云竹壤偏荒，难与神州争胜概。

数千仞高凌牛渡，永镇边隅，问谁双柱重镌，滚滚惊涛挽住。忆秦通僰道，汉置牂河，唐靖且兰，宋封罗甸；凄迷风雨，叹名流几辈，销磨了旧迹千秋。到不如成月唤狮冈，霞餐象岭，岗披凤峪，雾袭螺峰，款款登临，领略这金碧亭台，画图烟景。恍觉蓬州咫尺，频呼仙侣话游踪。”

此联的作者刘蕴良，字玉山，号我真。清道光二十四年(1844年)生于贵阳龙泉巷一个“翰林第”的书香人家，于同治戊辰年中进士，官至江西布政使。他学识渊博，才华出众，却性格孤傲，不愿同流合污。后因得罪上司，被参革职，“永不叙用”。在断绝仕途之后，他游历各地十余年，于光绪十五年(1889年)前后返回故里，以行医及授徒为业。这样的经历，使他对人生和世事的认知皆心有独到，胸中格局自然与众不同，能够写出如此气势的长联(长篇对联)也就不奇怪了。

(资料来源：中国对联网，2017年2月6日)

3. 文昌阁(如图7-13所示)

文昌阁坐落于贵阳市区老东门遗址，是一座三层宝塔形建筑，它始建于1609年，原为供奉道教神明文昌帝君之所。因国内阁楼建筑的角均为偶数等角，所以拥有九个角的文昌阁便成了独一无二，同时也是与甲秀楼齐名的古建筑。

图 7-13　文昌阁

文昌阁坐落于宽厚高大的东门月城上，建筑古朴而雄伟，阁楼两边设有配殿，前为联结配殿的斋房，平面布局成四合院形。阁内二、三层有楞木各9根，屋顶有9个角，以及柱54根、梁81根，均为9的倍数，古时的“9”通常代表最高权力和最高等级，设计者之匠心可见一斑。虽然如今文昌阁已不是道教之所，而是成了当地人的茶楼，但这座经典而特别的古建筑依然成了贵阳一景。

任务训练

一、场景设计

(一)实训目的

掌握旅游线路编排的能力,设计“贵阳休闲游”主体线路。

(二)实训内容

1. 搜集贵阳城市旅游信息,分析旅游资源特色。
2. 设计“贵阳休闲游”主题线路。
3. 线路主题可以自拟,如“美食游”“风光游”“古建筑游”等。

二、训练步骤

(一)实训前准备

组内合理分工,充分发挥每一位组员的兴趣特长,从信息搜索、材料整理、文案制作、美工排版、讲解汇报等多方面开展训练任务。学生复习课堂讲授的内容,提前预习训练项目。

(二)实　　训

1. 学生上交“贵阳休闲游”主题线路设计方案。
2. 分组汇报交流主题游线路设计方案。
3. 教师总结并评分、评价。

效果评价

“贵阳休闲游”线路设计训练评分表

姓　　名		地　点		时　间	
实训项目	实训考查要点	分　值	小组评分	教师评分	最终得分
“贵阳休闲游”线路设计	1. 信息收集途径丰富、方法科学				
	2. 文案制作精良、图文并茂				
	3. 组员汇报语言表达熟练、清晰,文辞优美				
	4. 线路设计突出科学性、合理性、市场适宜性				
	5. 线路主题突出,景点景区选择符合线路主题				
	6. 团队分工明确,合作有序				
合　　计		100			

注:该表可根据实际设计的训练项目进行测评。

典型工作任务四　贵昆高铁沿线旅游

任务引入

乘着贵昆高铁去看五彩斑斓的秋景

贵昆高铁(沪昆高铁最后一段的昆明到贵阳段)不仅缩短了两个城市间的穿行时间,还是一条站站都能拍风景大片的路线,尤其是,各地马上进入色彩斑斓的秋季。搭乘这班高铁,你将穿越金黄一片的草原、峡谷、田地、高山,开启梦幻的童话之旅！现在就来为你盘点沿线秋景观赏点。贵阳:红枫湖、香火岩、花溪黄金大道;安顺:黄果树瀑布、龙宫、天龙屯堡;关岭:花江大峡谷、滴水滩瀑布;盘州:妥乐村、乌蒙大草原;曲靖:九龙瀑布群、陆良彩色沙林;昆明:轿子雪山、翠湖公园、云南大学、昆明植物园;贵阳:红、黄交错的童话世界。

(信息来源:携程网,2018-9-9)

请思考:

高铁线的开通,会对地区周边自驾游出行产生怎样的影响呢?

知识准备

一、贵昆线概况

贵昆高铁是沪昆高速铁路的贵阳至昆明段,2016 年 12 月 28 日,沪昆高速铁路贵昆段正式开通运营,标志着沪昆高速铁路全线正式通车。贵阳到昆明段的贵昆高铁路线主要经过贵阳北、平坝南、安顺西、关岭、盘州、富源北、曲靖北、嵩明、昆明南等,全长 462 km,时速 300 km,全程 2.5 h。沪昆高铁贵昆段在西南地区最复杂的地质地貌上修建,沿线重峦叠嶂,桥隧总长占线路总长的近 80%,高速动车组平均不到 1 min 就要穿越一座桥梁隧道,仿佛在时空隧道里穿行。贵昆线的开通,不仅实现了“千里云贵半日还”,更让西南地区缩短了与华中、华东和华北经济发达地区的时空距离,旅客出行更为方便快捷,对于促进区域经济社会发展也具有重要作用。

贵昆高铁沿线的旅游名城、著名旅游景点主要包括:安顺、曲靖;黄果树风景区、龙宫风景区、夜郎洞风景区、格凸河风景区、天龙屯堡、陆良沙林风景区、九龙瀑布群、会泽大海草山风景区等。

二、沿线旅游名城

(一)安　顺

安顺市位于贵州省中西部,距省会贵阳 90 km。安顺东临贵阳,西靠六盘水,南连兴义市,北接毕节,是黔中经济区的重要城市。

安顺地处长江水系乌江流域和珠江水系北盘江流域的分水岭地带,境内河流纵横,落差大，平均海拔高度在 1 102～1 694 m 之间，具有山岳气候的典型特征，冬无严寒，夏无酷暑，气候温和宜人，属典型的高原型湿润亚热带季风气候，雨量充沛，年平均降雨量 1 360 mm。夏季的平均日照每天只有 4～5 h，而庐山、哈尔滨、承德等地达 7 h 左右。虽然地处云贵高原，但由于云多雨多，有效阻挡了太阳辐射及紫外线辐射。

安顺市是一个五方杂处、多民族杂居的城市。少数民族人口占全市总人口的近四成。因此，这里各类民族节庆活动丰富多彩，工艺商品琳琅满目。安顺蜡染已有两千多年的历史，分为苗族蜡染和布依族蜡染，以其蕴含的民族意识、图腾崇拜、历史文化意韵而成为享誉海内外的民间工艺，被称为“东方第一染”。屯堡花灯、苗族服饰、布依族服饰、木雕艺术、石雕艺术等也享誉国内。

由于地处中国华南喀斯特地貌中心，安顺位于喀斯特地貌发育最成熟、最典型、最集中的地带，这里江河峡谷纵横交错，峰丛石林、森林湖泊、暗河泉水星罗棋布，瀑布、地表溶洞密布，造就出黄果树瀑布、龙宫等著名景观。

1. 黄果树风景区

黄果树风景区是国家重点风景名胜区，5A 级景区。黄果树瀑布群是以著名的黄果树瀑布为中心的一个瀑布群体，由姿态各异的 10 余个地面瀑布和地下瀑布组成，集中分布在 450 km^2 区域内的贵州北盘江支流打邦河、白水河、灞陵河和王二河上。黄果树瀑布群形成于典型的亚热带岩溶地区，统称“岩溶瀑布”。

黄果树瀑布景区包括黄果树中心区、灞陵河景区、天星桥景区、天然盆景区、天星洞景区、水上石林区、关脚峡区。黄果树大瀑布因当地一种常见植物“黄果树”而得名，并以其雄奇壮阔的大瀑布、连环密布的瀑布群而闻名于海内外，享有“中华第一瀑”之盛誉，是贵州第一胜景，中国第一大瀑布，也是世界最阔大壮观的瀑布之一。黄果树大瀑布的主瀑高 67 m，瀑顶宽 83.3 m，如图 7-14 所示。周边分布着雄、奇、险、秀风格各异的大小 18 个瀑布。

2. 龙宫风景区

龙宫景区位于安顺市南郊，距安顺城区 27 km，距黄果树大瀑布 30 km，景区总面积 60 km^2，核心游览区面积约 18 km^2。景区集溶洞、峡谷、瀑布、峰林、绝壁、溪河、石林、漏斗、暗河等多种喀斯特地质地貌景观于一体，是喀斯特地貌形态展示最为集中全面的景区，被誉为“天下喀斯特，尽在龙宫”，如图 7-15 所示。

图 7-15　龙宫风景区

龙宫景区由龙潭秘境和通漩田园两大主题片区组成，拥有中国最长最美水溶洞（一、二进龙宫）、中国最大洞中佛堂（观音洞）、中国最大洞中岩溶瀑布（龙门飞瀑）、中国原子能机构测定的世界天然辐射剂量率最低的地方，世界最大的水旱溶洞集群，世界上最大单体汉字“龙”字田等得天独厚的自然资源，和以布依、苗族为主的多样民族文化等多种旅游资源；其丰富的喀斯特地质地貌，奇妙的自然景观，多彩的民族风情旷世稀有；独特的龙文化、淳朴的宗教信仰，清新的田园气息交相辉映，绘就一幅怡然自得的人间仙境画卷。

（二）曲　靖

曲靖位于云南省东部，处珠江源头，云南、贵州、广西三省区交界处，自古为内地入滇之重要门户，素有“滇黔锁钥”“云南咽喉”之称。

曲靖地处云贵高原中部滇东高原向黔西高原过渡地带的乌蒙山脉，西与滇中高原湖盆地区相嵌，东部逐步向贵州高原倾斜过渡，中部为长江、珠江两大水系分水岭地带，地势西北高，东南低，东南部具有典型的岩溶丘原景观。曲靖主要为亚热带高原季风气候，一般具有冬春光照条件较好，春温不稳，风高物燥，降水不均；夏无酷暑，降水集中，涝旱兼有，风和日丽；秋季降温快，阴雨多；冬暖冬干，寒潮降温的气候特点，具有“一山分四季，十里不同天”的立体气候。

曲靖拥有两项国家级非物质文化遗产：会泽斑铜工艺和宣威火腿制作技艺。每年举办罗平油菜花旅游节、陆良大型国际沙雕节、沾益珠江源旅游节、麒麟文化风情旅游节、宣威火腿文化美食节、会泽大海草山旅游节等。

1. 陆良沙林风景区

陆良彩色沙林风景区是国家4A级旅游风景区，距离曲靖市区18 km。该沙林由含矿物质的砂岩风化剥蚀而成，为层峦叠峰状；又因其以红、黄、白为主色调，杂以青、蓝、黑、灰色，加上季节、气候、日照及观赏角度的不同，产生绚丽多彩的色调，故名彩色沙林，是著名的地质旅游景观。陆良彩色沙林与路南石林、元谋土林并称“云南三林”。

景区面积6 km^2，与爨龙颜碑、终南山、五峰山相毗邻。它是地震冲击、岩浆喷射、地壳运动、风雨侵蚀逐步形成的千姿百态的地貌奇观，是七彩沙子凝聚起来的沙柱、沙峰、沙屏、沙皱的集合体。座座沙峰或独矗，或相连，参差有致，远看成林，近看成峰，高者达30余米。忽而盘旋直上，忽而陡然垂落，峰回路转，沿谷两壁呈现一簇簇屏、嶂、峰、崖，以及千姿百态的造型。

2. 九龙瀑布群

罗平九龙瀑布群，是国家4A级旅游景区，位于曲靖市罗平县城北22 km处。因发源于九龙河而得名。由于得天独厚的地质构造和水流的长期侵蚀，在此形成了十级高低宽窄不等、形态各异的瀑布群。瀑与瀑之间有无数的浅滩和深潭，各显丰姿，如图7-16所示。九龙瀑布群因其瀑布众多，景点密集而形成其独有的观赏特点，一年四季美景不断，素有“九龙十瀑，南国一绝”的美誉。其中最大的一级宽112 m，高56 m，气势恢宏，蔚为壮观，号称九龙第一瀑。

每年的农历二月二、三月三，分别是布依族的对歌节和泼水节。这天，男女老少来到河边互相唱山歌，观看划竹排比赛。方圆几十里的情窦初开的少男少女则要在以后的三天中，举行盛大的游山、对歌和交友活动，通过这些活动建立彼此的情爱关系。

3. 会泽大海草山

会泽大海草山位于曲靖市会泽县大海乡东南部，属乌蒙山系主峰段，海拔在3 570～4 017 m

之间，其最高峰牯牛寨（即绛云弄山）海拔 4 017.3 m，是乌蒙山系的最高峰，唐朝时南诏国王封为东岳。草山地势平缓，广阔无垠，近 20 万亩（1 m^2 = 0.001 5 亩）亚高山草甸，历来以草、花、云、雾、雪、光、水、峰等旖旎风光著称于世，素有“东方新西兰”之称，如图 7-17 所示。

图 7-16　九龙瀑布群

图 7-17　大海草山

大海草山土著居民是彝族，“大海”一词便出自彝语音译“达七摆”的口误，意为“台阶最高的地方”。当地民风淳朴，山民豪爽豁达、热情好客。这里的彝族居民在“石板房”中居住。石板房以当地天然石材塑造，青石为墙，石板为顶，省内外绝无仅有。

任务训练

一、场景设计

（一）实训目的

熟悉黔西南民俗旅游资源特色。

（二）实训内容

1. 搜集黔西南自然、民俗文化旅游信息，分析区域旅游资源特色。
2. 设计“黔西南风情游”主题线路。
3. 线路主题可以自拟，如“美食游”“风光游”“民族风情游”等。

二、训练步骤

（一）实训前准备

组内合理分工，充分发挥每一位组员的兴趣特长，从信息搜索、材料整理、文案制作、美工排版、讲解汇报等多方面开展训练任务。学生复习课堂讲授的内容，提前预习训练项目。

（二）实　训

1. 学生上交“黔西南风情游”主题线路设计方案。
2. 分组汇报交流主题游线路设计方案。
3. 教师总结并评分、评价。

效果评价

“黔西南风情游”线路设计训练评分表

姓　名		地　点		时　间	
实训项目	实训考查要点	分　值	小组评分	教师评分	最终得分
“黔西南风情游”线路设计	1. 信息收集途径丰富、方法科学				
	2. 文案制作精良、图文并茂				
	3. 组员汇报语言表达熟练、清晰，文辞优美				
	4.线路设计突出科学性、合理性、市场适宜性				
	5. 线路主题突出，景点景区选择符合线路主题				
	6. 团队分工明确，合作有序				
合　计		100			

注：该表可根据实际设计的训练项目进行测评。

典型工作任务五　南昆高铁沿线旅游

任务引入

南昆高铁将开通，沿途多个著名景点一次饱览

又一条最美高铁线——南昆高铁，本月底即将开通。该高铁线路将云南省昆明市、玉溪市、红河州、文山州，广西百色市、南宁市等城市旅游资源串联起来，云南石林、昆明滇池、抚仙湖，弥勒的红河梯田、普者黑、广南坝美，广西百色起义纪念馆、大石围天坑群、南宁青秀山等著名景点，以及沿途风景将可以一次饱览。届时，广州经南宁至昆明，乘坐高铁动车有望只需9 h可达，使云南、广西、广东三省区紧密相连。

不仅有美景，美食也不容错过。南宁以老友粉和粉饺及各种酸品、粥品、烤制品、小吃最为出名。百色小吃极具特色，有猪血肠、隆林黑粽、甜云吞、卷筒粉、五色糯米饭、炸馍、炒田螺等。文山有名的小吃有椒盐饼、火烧、温淘米线、油炸粑、扭磁粑、豆沙粑粑等，还有三七汽锅鸡、汤汁鲜甜、邑夯鸡等名菜。玉溪的米好，所以玉溪的米线好，当地代表美食小吃有酸汤米线、凉米线、鳝鱼米线，冰稀饭、木瓜水等，还有干黄鳝、蚂蚁卵等特色美食。红河特色菜有哈尼族名菜竹筒烧肉、蒙自过桥米线、开远小卷粉、汽锅鸡等。此外，红河的豆腐宴也很有特色。昆明美食有好吃又便宜的米线、饵块、稀豆粉、豆花饭，也有特色的汽锅鸡、野山菌、大酥牛肉、瓦片烤肉、酸笋老奶洋芋等。

（信息来源：羊城晚报，2016-12-13）

请思考：

如何利用南昆高铁线，设计沿线旅游产品呢？

知识准备

一、南昆线概况

南昆高铁，是联通西南与华南的重要铁路通道，也是西南地区出海的“黄金走廊”，自南宁站起，途经南宁西、金鸡、隆安东、平果、那何、田东北、田阳、百色、富宁、广南县、珠琳、普者黑、弥勒、石林西、阳宗，至昆明南站，线路如图 7-18 所示，全长 710 km，其中云南境内 434 km，运行时速为 250 km/h。南昆高铁于 2009 年 12 月 27 日开工，全线已于 2016 年 12 月 28 日开通运营。南昆高铁是云南省境内里程最长、标准最高、覆盖区县最多、投资规模最大的铁路项目。全线开通后，昆明至南宁仅需 4 h 即可抵达，昆明至广州 7 h 左右可到达，极大促进了西南与珠三角、环北部湾地区经济发展和沿线国土资源开发，带动民族经济发展。

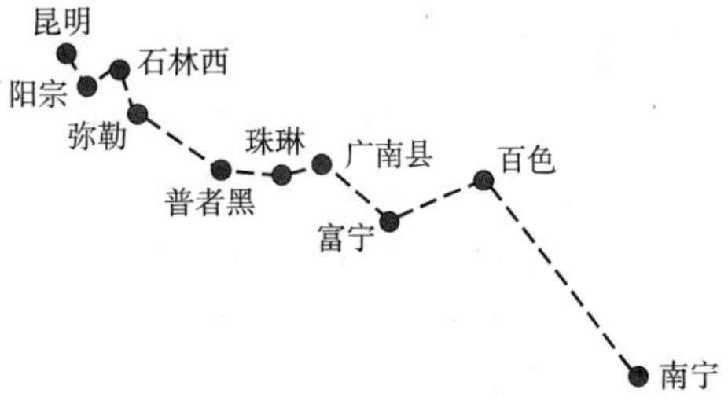

图 7-18　南昆线线路图

南昆高速铁路沿线的旅游名城、著名旅游景点主要包括：昆明、普者黑、百色；石林风景区、昆明世博园、百色起义纪念园、滇池风景区、普者黑景区、坝美村、乐业大石围天坑群、凌云茶山金字塔等。

二、沿线旅游名城

（一）昆　　明

昆明是云南省省会，位于中国西南云贵高原中部，南濒滇池，三面环山，地处滇池平原。昆明具有东连黔桂通沿海，北经川渝进中原的地理区位优势，是滇中城市群的核心圈，也是中国面向东南亚、南亚开放的门户城市。

昆明市域地处云贵高原，总体地势北部高，南部低，中部隆起，以湖盆岩溶高原地貌形态为主，红色山原地貌次之，大部分地区海拔在 1 500～2 800 m 之间。属亚热带—高原山地季风气候，受印度洋西南暖湿气流的影响，气候温和，夏无酷暑，冬无严寒，四季如春，气候宜人，年温差为全国最小，这样的气候特征在全球少有，鲜花常年开放，草木四季常青，是著名的“春城”“花城”。

昆明的物产丰富，鲜花、水果、食用菌种类繁多。地方特产主要有：小金沱茶叶、昆明牙雕、茶雕、蜡染、木雕、乌铜走银、锡工艺品及云烟、云子等。地方美食主要有：过桥米线、青头菌、云南臭豆腐、豆花米线、凉米线、罐罐臭豆腐、罐罐鸡、腌菜包、卤腐（腐乳）、松茸、

1. 石林风景区

昆明市石林风景区，又称云南石林，位于昆明石林彝族自治县境内，距离云南省会昆明 78 km。

石林是典型的喀斯特地貌，在相差不到 500 m 的高差上有着最丰富的喀斯特地貌类型：石牙、峰丛、溶丘、溶洞、溶蚀湖、瀑布、地下河，错落有致，洋洋洒洒，是典型的高原喀斯特生态系统和最丰富的立体全景图。石林也是一个集自然风光、民族风情、休闲度假、科学考察为一体的著名大型综合旅游区，是国家 5A 级风景区、世界地质公园、世界自然遗产。

石林景区包括西北的步哨山、中心的大石林和小石林、南面的万年灵芝和东面的李子园箐五个片区，面积约 12 km^2。深、幽、险、奇是石林景区的景观特征。大石林景区由密集的石峰组成，犹如一片石盆地。这里的石林直立突兀，线条顺畅，并呈淡淡的青灰色，最高大的独立岩柱高度超过 40 m。其中有“莲花峰”“剑峰池”“千钧一发”“极狭通人”“象距石台”“幽兰深谷”“凤凰梳翅”等典型景点，最著名的当数龙云题词“石林”之处的“石林胜境”，而“望峰亭”为欣赏“林海”的最佳处。

2. 昆明世博园

昆明世界园艺博览园(简称世博园)是 1999 年昆明世界园艺博览会会址，设在昆明东北郊的金殿风景名胜区，距昆明市区约 4 km。博览园占地面积约 218 公顷，植被覆盖率达 76.7%，其中有 120 公顷灌木丛茂密的缓坡，水面占 10%～15%。园区整体规划依山就势，集全国各省、区、市地方特色和 95 个国家风格的园林园艺品，庭院建筑和科技成就于一园，体现了“人与自然，和谐发展”的时代主题，为 5A 风景区。世博园汇集了世界各地园艺成果，含中国馆、国际馆、人与自然馆、科技馆、大温室等五大场馆，国内展区 34 个展园、国外展区 30 个展园，另有专题园、企业展区等诸多景观。

3. 滇池风景区

滇池，亦称昆明湖、昆明池、滇南泽、滇海。在昆明市西南，有盘龙江等河流注入，湖面海拔 1 886 m，面积 330 km^2，是云南省最大的淡水湖，也是中国第六大淡水湖，有高原明珠之称，平均水深 5 m，最深 8 m，湖水在西南海口泄出，称螳螂川，为长江上游干流金沙江支流普渡河上源。滇池风光秀丽，湖面烟波浩渺，十分壮阔，为国家级旅游度假区，占地面积 18 km^2。

(二)文 山 州

文山壮族苗族自治州是云南省下辖的民族自治州，位于云南省东南部，东与广西百色市接壤，南与越南社会主义共和国接界，西与红河哈尼族彝族自治州毗邻，北与曲靖市相连，被称为“滇东南之大门”。

文山州地处云贵高原东南部，地势西北高、东南低，山区和半山区占总土地面积的 97%，平均海拔在 1 000～1 800 m 之间，冬无严寒，夏无酷暑；雨量充沛，但分布不均——山地多、谷地少，夜雨多、白天少；干湿季分明，5～10 月为雨季，11 月至次年 4 月为干季；年温差小，日温差大，由于海拔高低悬殊，故有“山高一丈，大不一样”和“十里不同天”的立体气候特征。文山州因独特的地理气候环境而成为三七的原产地和主产地，产自文山的三七品质最为道地，是著名的“中国三七之乡”。

文山州有 11 个世居民族，各民族的节日文化和风俗丰富多彩，主要的民族节日有：壮族春节、苗族花山节、彝族火把节、瑶族盘王节等。文山代表性美食有：文山三七汽锅鸡、八宝贡米饭、花米饭、文山平坝荞酥、丘北特色烤猪蹄等。

1. 普者黑景区

普者黑景区位于云南省文山壮族苗族自治州丘北县境内，距县城 13 km，是国家级风景名胜区、国家5A级旅游景区。景区总面积388 km^2，核心景区165 km^2，属于滇东南岩溶区，是发育典型的喀斯特岩溶地貌，如图7-17所示。景区以“水上田园、湖泊峰林、彝家水乡、岩溶湿地、荷花世界、候鸟天堂”六大景观而著称。景区内有265个景点，各具千秋，312座孤峰星罗棋布，83个溶洞千姿百态，54个湖泊相连贯通，2万亩（1 m^2＝0.001 5亩）水面清澈透明，13 km大峡谷雄伟壮观，3 km茶马古道神秘古朴，还有4万亩（1 m^2＝0.001 5亩）高原喀斯特湿地。

普者黑喀斯特国家湿地公园是国家林业和草原局认定全国22处重点建设国家湿地公园之一，是云南省唯一入选的湿地公园。位于丘北县城以北3 km处，属于珠江水系，水源补给主要来自普者黑湖，经清水河和南盘江，最终汇入珠江。普者黑湿地拥有独特的自然景观和特殊的喀斯特湖泊湿地生态系统，这里生物多样性丰富，动、植物类型多样，还有国家珍稀濒危Ⅱ级保护植物3种，即海菜花、野菱、扇蕨；国家Ⅱ级重点保护动物9种，即黑翅鸢、(黑)鸢、雀鹰、松雀鹰、普通鵟、红隼、褐翅鸦鹃、领角鸮、黄喉貂。

2. 坝美村

坝美村位于云南文山州广南县北部八达乡和阿科乡交界处，村子四面环山，进出寨子以前主要靠村前村后两个天然的石灰熔岩水洞，村民们要摸着岩壁蹚水、撑竹筏、划独木舟、坐小船，经过800 m长的幽暗水洞进出村子。由于地处偏僻，交通不便，很难与外界交往，坝美村长时期与外世隔绝，处于封闭半闭状态，这里也被称为世外桃源。现在已经修筑了一条3.5 km长的进山公路以方便村民的生产生活。

坝美人世世代代以农耕为生，一层层依山而的吊脚楼里居住着百多户壮族人家。这里至今仍然保留着男耕女绢、鸡犬相闻、邻里和谐的田园牧歌情趣，他们现行的生产生活方式、风俗习惯、信仰崇拜等都较好地保存着壮族古老的传统文化特征。

(三)百　色

百色市位于广西壮族自治区西部，西与云南文山州相接，北与贵州兴义市毗邻，东与广西壮族自治区首府南宁紧连，南与越南接壤，是滇、黔、桂三地区的中心城市，是中国大西南通往太平洋地区出海通道的“黄金走廊”。百色为典型的山区地貌，山地约占地域总面积的95%。气候属亚热带季风气候，光热充沛，雨热同季，夏长冬短。

百色市拥有百色起义纪念公园等红色旅游资源，天坑、峡谷、原始森林等绿色资源，壮、汉、瑶、苗、彝、仡佬和回族七个民族的多彩风情资源等

1. 百色起义纪念园

百色起义纪念园组建于2008年，规划总面积3.3 km^2，景区核心区域面积约2 km^2，为国家4A级旅游景区，是全国12个红色旅游重点景区之一。代表性景点是百色起义纪念馆（如图7-20所示）、百色起义纪念碑、红七军军部旧址（俗称“老三篇”）和百色起义英雄雕塑园、邓小平手迹碑林和纪念馆中轴线景观（俗称“新三篇”）；另有一系列自然人文旅游资源，成为集悠久的历史文化、优美的自然景观与优良的革命传统于一体的、思想教育与旅游审美相融合的精品主题纪念园。

2. 乐业大石围天坑群

在桂西北的乐业县，方圆20 km范围内分布着28个天坑，是世界最大的天坑群，被誉为“世界天坑之都”，先后荣获世界地质公园、国际岩溶与洞穴探险科考基地、国家4A级景区、国家森林公园、中国青少年科学考察探险基地等称号，有“世界天坑博物馆”的美誉。

图 7-19　普者黑风景区

图 7-20　百色起义纪念馆

天坑群最具代表性的就是大石围天坑，它是世界三个超大天坑之一，是集独特奇绝地下溶洞、世界上最大的地下原始森林、奇异珍稀动植物于一体的巨型天坑。这里有气势宏伟的喀斯特漏斗地貌，山峦起伏的群山环抱，神奇各异的地下溶洞，还有国家一级保护植物桫椤，古老的短肠蕨类植物——绿色兰花，面积 500 多平方米的带刺方竹等珍稀植物，这里更是盲鱼、白色猫头鹰、透明虾、中华溪蟹、幽灵蜘蛛等珍稀动物的家园。

3. 凌云茶山金字塔

茶山"金字塔"景区由大大小小 50 余个茶峰组成，最高海拔 1 100 多米，茶园连片面积上万亩，被勤劳的凌云人一锄一锄地挖，一梯一梯地培，一行一行地种，形成一望无际的绿色山头。从高处往下看，犹如一座座绿色的"金字塔"。游览茶山，不仅可以领略到大自然的美景，还可以品赏茶艺文化。茶艺表演的整个过程有：鉴赏茶、备茶具、选清水、温壶洁具、洗茶、泡茶、分茶汤、选茶王、配茶后、敬茶仙、品尝茶等。茶山金字塔景区是集采茶、制茶、品茶、生态农业观光、旅游购物和休闲度假等为一体的综合性旅游景区，也是广西首批通过原国家旅游局评估验收的"全国农业旅游示范点"之一。

任务训练

一、场景设计

(一)实训目的

调查昆明旅游市场需求。

(二)实训内容

1. 搜集昆明城市旅游资源信息，分析旅游资源特色及现有旅游线路特色。
2. 设计"昆明休闲游"旅游线路。
3. 线路主题可以自拟，如"美食游""风光游""民俗游"等。

二、训练步骤

(一)实训前准备

组内合理分工，充分发挥每一位组员的兴趣特长，从信息搜索、材料整理、文案制作、美工排版、讲解汇报等多方面开展训练任务。学生复习课堂讲授的内容，提前预习训练项目。

(二)实　　训

1. 学生上交“昆明休闲游”主题线路设计方案。
2. 分组汇报交流主题游线路设计方案。
3. 教师总结并评分、评价。

效果评价

“昆明休闲游”线路设计训练评分表

姓　　名		地　点		时　间	
实训项目	实训考查要点	分　值	小组评分	教师评分	最终得分
“昆明休闲游”线路设计	1. 信息收集途径丰富、方法科学				
	2. 文案制作精良、图文并茂				
	3. 组员汇报语言表达熟练、清晰,文辞优美				
	4.线路设计突出科学性、合理性、市场适宜性				
	5. 线路主题突出,景点景区选择符合线路主题				
	6. 团队分工明确,合作有序				
合　　计		100			

注:该表可根据实际设计的训练项目进行测评。

典型工作任务六　青藏铁路沿线旅游

任务引入

国产高原机车正式承担格拉线牵引任务

中车大连机车车辆有限公司6月22日发布消息称,由该公司研制的HXN3型高原机车近日正式承担格拉线(拉萨至格尔木)每日往返12对客运列车的牵引任务。之前,格拉线牵引任务均由美国进口的NJ2型机车完成。

2014年8月,拉日铁路(拉萨至日喀则)开通时,国产火车头首登世界屋脊,选用的就是该款性能的机车。格拉线所处的地理环境比拉日线则更为苛刻,运输距离更长,最高海拔达5 072 m。据介绍,担当此次格拉线牵引任务的HXN3型高原机车,是由中车大连机车车辆有限公司根据中国高原地区特殊的地理环境研制的大功率交流传动内燃机车,最高时速120 km,额定功率3 100 kW,机车具有功率大、结构简单、可靠性高、维护工作量小的特点。为适应当地环境需求,该机车柴油机采用高原型增压器,当海拔和环境温度发生变化时，柴油机输出功率会自动修正。同时，机车可抵御紫外线强、空气稀薄、严寒缺氧、大坡道、桥隧多等诸多不利环境影响，满足青藏铁路苛刻的牵引要求。大连机车方面表示，国产高原机车担当青藏铁路格拉线旅客列车牵引任务，极大缓解了青藏铁路格拉线机车动力紧张局面，为下一阶段增开客货列车提供了机车动力保障，更为今后青藏铁路格拉段机车动力实现全面国产化积累了宝贵经验和技术资料。

（信息来源：西宁晚报，2018-6-23）

请思考：

青藏铁路的建设和营运，在哪些方面实现了铁路技术的突破？

知识准备

一、青藏线概况

青藏铁路，简称青藏线，是一条连接青海省西宁市至西藏自治区拉萨市的铁路，是中国新世纪四大工程之一，是通往西藏腹地的第一条铁路，也是世界上海拔最高、线路最长的高原铁路。青藏铁路分为两段，分别是西格线（西宁至格尔木）和格拉线（格尔木至拉萨），线路如图 7-21所示，全线于 2006 年 7 月 1 日建成通车。西格线于 2011 年 6 月完成并实现电气化运营，格拉线于 2017 年 9 月开始扩能改造工程。青藏线全长 1 956 km，其中西格线长 814 km，格拉线长 1 142 km，共设 85 个车站，设计的最高速度为 160 km/h（西格线）、100 km/h（格拉线）。

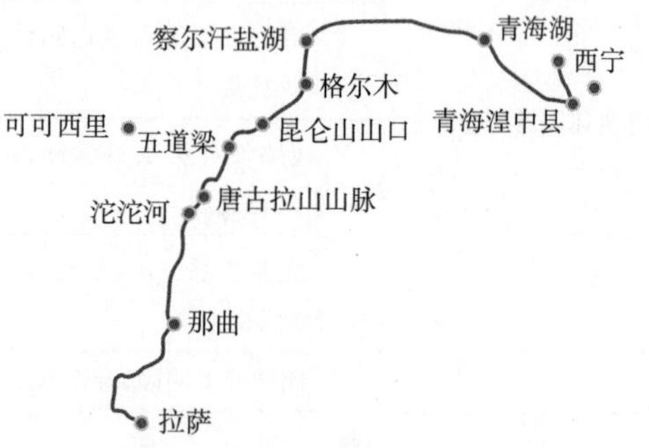

图 7-21　青藏线线路图

青藏铁路沿线的历史文化名城、国家级风景区和著名旅游景点主要包括：拉萨市、日喀则市、江孜县；西宁塔尔寺、拉萨布达拉宫、大昭寺、日喀则扎什伦布寺；东关清真寺、西宁野生动物园、那曲羌塘草原、当惹雍错、色林错、纳木错、珠穆朗玛峰自然保护区等。

二、沿线旅游名城

（一）西宁①

西宁，古称青唐城、西平郡、鄯州，取“西陲安宁”之意，是青海省省会城市，也是西北地区重要的中心城市。西宁市位于青海省东北部，青藏高原东北部，地处在湟水及三条支流的交汇处，是古“丝绸之路”南路和“唐蕃古道”的必经之地，自古就是西北交通要道和军事重地，素有“西海锁钥”“海藏咽喉”之称。

西宁呈东西向条带状，地势西南高，东北低，四周群山怀抱，南有南山，北有北山。市区海拔 2 261 m，属高原高山寒温性气候，夏季凉爽，气温低，有“中国夏都”之称。西宁是典型的移

① 西宁市为西北地区重要城市，因其是青藏铁路的重要枢纽城市，所以在“西南旅游区”青藏铁路沿线城市中介绍。

民城市，多民族聚集，多宗教并存，是青藏高原人口唯一超过百万的中心城市，移民人口达100万之多。

西宁是一个拥有悠久历史的高原古城，是中国黄河流域文化组成部分。西宁地处黄土高原和青藏高原结合部，是一个多民族城市，其文化艺术的发展具有浓郁的民族特色和地方特色。西宁的宗教文化旅游资源丰富，塔尔寺是中国藏传佛教格鲁派六大寺院之一，东关清真大寺是西北四大清真寺之一。黄南州的热贡艺术和湟中农民画也在国内外享有盛誉。

1.塔尔寺

塔尔寺创建于明初，得名于大金瓦寺内为纪念黄教创始人宗喀巴而建的大银塔，位于西宁市西南25 km处的湟中县城鲁沙尔镇，为国家5A级景区。塔尔寺是中国藏传佛教格鲁派（黄教）六大寺院之一，也是青海省首屈一指的名胜古迹和全国重点文物保护单位。

塔尔寺占地面积600余亩（1 m^2=0.001 5亩），佛殿经堂错落有致，宝塔林立，是一座完整的别具一格的藏语系佛教寺院，主要建筑包括大金瓦殿、小金瓦殿、弥勒佛殿、金刚依怙殿，文殊遍智殿、如来八塔等，还有显宗、密宗、医宗、时轮宗四大经院以及长寿殿、护法神殿、印经院、吉祥宫等。塔尔寺的建筑风格以藏式建筑为主，兼有汉式建筑特色。在青藏高原的平顶、厚墙、深窗之中错落呈现汉宫殿的歇山、攒尖、斗拱等建筑样式。

位于塔尔寺中心的菩提宝塔殿（俗称大金瓦殿）是塔尔寺的主建筑，如图7-22所示，分上、中、下三层，高19 m，周长84 m，面积达450余平方米。下层是条石砌成的基底，中间是三面藏式鞭麻墙围合、正面开五间的殿堂，上层为重檐歇山镏金铜瓦覆顶。

图7-22　塔尔寺大金瓦殿

塔尔寺僧众以研修显密经教为主，兼学医明工巧、历数天文，并从事刻版印经、刺绣、剪堆及塑绘佛像等技艺。其中酥油花、剪堆、壁画三者，是塔尔寺独特的艺术传统，向为美术界所称道。

［阅读资料7-5］

宗喀巴与塔尔寺

公元1357年，藏传佛教格鲁派创始人宗喀巴大师诞生在莲花山中，在他诞生后剪脐带滴血的地方长出一棵白旃檀树。他成年后便赴西藏学法，研习显密经论，并最终成为显密兼修的佛学大师。宗喀巴在学法期间，为了却母亲的思念之情，曾用自己的鼻血调和颜料，绘制了一幅自画像、一幅狮子吼佛像和一幅胜乐金刚中的如来佛像，托人捎给他的母亲。明洪武十二年（1379年），宗喀巴的母亲按儿子所示，以这株旃檀树和宗喀巴所寄狮子吼佛像为胎藏，在大师降生处砌石修建莲聚塔，是为塔尔寺最早的建筑。明嘉靖三十九年（1560年），禅师仁钦宗哲在塔旁修建静房，聚僧坐禅。17年后，再建弥勒佛殿一座，取名“衮本贤巴林”，藏语意为“十万佛身弥勒洲”，简称为“衮本”。因先有塔再建寺，所以将二者合而为一，称为塔尔寺。

（信息来源：中国国家地理网，2006-07）

2.东关清真寺

东关清真寺是西宁古城著名的建筑，位于西宁东关大街路南侧。初建于明洪武年间（1380年），历史上曾经多次遭到破坏，又不断修建，现为我国西北地区大清真寺之一，属省级文物保护单位。寺院占地面积1.2万m^2，建筑面积4 654 m^2，是一处规模宏大的建筑群。主要建筑包括：门楼、宣礼塔、礼拜大殿（不对游客开放）、阿訇和学员的宿舍、沐浴室、碑亭院等。该寺建筑雄伟壮观，礼拜大殿是全寺最大的建筑，占地千余平方米，砖木结构，雕梁彩檐，殿内宽敞、高大、明亮，可以同时容纳3 000多穆斯林进行礼拜。

清真寺是周边一带穆斯林们礼拜的场所，这里每天会进行五次礼拜，每次持续时间约15～20 min。东关清真大寺的礼拜往往人数众多，规模盛大，但是场面却十分的虔诚安静。每逢周五（主麻日）下午一时许，宣礼塔上传出悠扬的唤礼声，教徒们从四面八方涌入寺内做礼拜，宗教氛围浓厚，场面十分震撼。

3.西宁野生动物园

西宁野生动物园，又名青藏高原野生动物园，是青藏高原唯一的、海拔最高的大型综合野生动物园，是一处集野生动物观赏、保护、科研、繁育、科普教育为一体的国家4A级景区和国家级科普教育基地。野生动物园于2009年“五一”开园，位于西宁市城西区西山林场境内，占地面积900公顷，是一处风光优美的动物园。野生动物园主要有草食动物区、猛兽散养区、珍禽馆、海洋馆等，还设有动物散养区、动物圈养区、动物表演区、动物救护检疫区、科普教育区、餐饮游乐综合服务区等。园内圈养了200多种动物，虽然与其他城市的动物园相比数量并不多，但却拥有在其他城市难得一见的一些青藏高原的特有动物，其中包括国家一级保护动物：雪豹、大熊猫、藏野驴、白唇鹿、野牦牛、黑颈鹤、胡秃鹫、金雕等；国家二级保护动物：猞猁、荒漠猫、岩羊、血雉、藏马鸡等；还有高原精灵之称的藏羚羊、普氏原羚等。

（二）那　曲

那曲，曾名“黑河”，因怒江上游的那曲河流经境内而得名，“那曲”藏语意即黑色的河流。那曲东连昌都市，西接阿里地区，南与拉萨市、林芝市为邻，北同新疆维吾尔自治区及青海省接壤，主要民族为藏族。

那曲地处西藏北部，唐古拉山脉、念青唐古拉山脉和冈底斯山脉之间，平均海拔在4 100～5 500 m之间，属亚寒带气候区，高寒缺氧，气候干燥，多大风天气，日照强、日温差大，年平均气温为−3.3～−0.9 ℃。那曲市特色物产主要有虫草、贝母、雪莲花和克什米尔山羊绒。那曲还有一些历史悠久的特色民族活动。那曲赛马节全称是“那曲恰青赛马艺术节”，也称“羌塘赛马节”，藏语叫“达穷”，是藏北草原规模盛大的传统节日。据传，藏北赛马会从吐蕃赤松德赞时期一直延续到今。那曲锅庄舞姿矫健，动作挺拔，粗犷豪放，既展舞姿又重情绪表现，舞姿顺达自然，优美飘逸，不但体现了藏族人民纯朴善良、勤劳勇敢、热情奔放的民族性格，而且有一定的力度和奔跑跳跃变化动作，动作幅度大，具有明显的体育舞蹈训练价值和锻炼价值。

1.羌塘草原

藏北高原在藏语中被称为“羌塘”，这里被昆仑山脉、唐古拉山脉和冈底斯山脉环抱，是青藏高原里的一块盆地，包括几乎整个那曲市及阿里地区东北部；平均海拔 4 500 m 以上，面积约占西藏自治区的 2/3，世代生息着逐水草而居的藏族游牧民。还有多样的地貌：戈壁、草原、湖泊、山川和地热温泉，还有数不尽的神山圣湖。这里也是野生动植物的天堂，是高寒生态系统完好保存的地区。草原上不仅有远古岩画，也有古象雄国的遗址，英雄格萨尔王的足迹及故事遍布藏北，玛尼堆、经幡、古塔随处可见，著名的唐蕃古道贯穿南北。

羌塘高原湖泊众多，约占中国湖泊总面积的 1/4，湖泊分布的海拔高度也列于世界首位。著名的高原湖泊有纳木错、色林错、当惹雍错、扎日南木措等。

羌塘高原的土壤以高山草原与高山荒漠草原为主，是中国五大牧场之一。羌塘草原是有名的风窝窝。高原风力强，频度高，在黑(河)—阿(里)公路沿线的大风带，年均大于 17 m/s 的大风日数约 200 d。高原人编了顺口溜：一年一场风，从春刮到冬。

2. 当惹雍错

当惹雍错是西藏面积第四大湖，中国第二深湖，海拔 4 530 m，深度达 230 m，面积 836 km^2，位于那曲尼玛县境内，羌塘草原西部。湖滨平原广阔，是藏北的主要牧区。这里人迹罕至，偶尔在民间神话或传说中被提及。“当惹”是古象雄语，意为“湖”。当惹雍错地处古象雄王国遗址附近，是西藏雍仲本教最大的圣湖。这里是集自然保护区与自然景观于一体的高原湖泊型风景旅游区。

当惹雍错湖面形似一金刚杵，上圆中细下部长，四面群山环抱，南面的达果雪山山顶积雪终年不化。由于这里地形相对闭塞，形成了相对温暖湿润的小气候，可以种植青稞，这在藏北是极其罕见的。这里曾是象雄王朝的王宫所在地，是藏北象雄遗迹最集中的地区之一，是解读象雄文化之谜的一把钥匙和研究本教文化的重要场所。

3. 色林错

色林错，藏语意为“魔鬼湖”，是西藏第一大湖泊及中国第二大咸水湖，是青藏高原形成过程中产生一个构造湖，为大型深水湖。色林错地处西藏自治区申扎、班戈和尼玛 3 县交界处，位于冈底斯山北麓，湖面海拔 4 530 m，湖泊东西长 72 km，平均宽 20.9 km，其中东部最宽达 45 km，湖水面积 2 391 km^2。流域内有众多的河流和湖泊互相串通，组成一个封闭的内陆湖泊群，主要湖泊除色林错外，还有格仁错、吴如错、仁错贡玛等 23 个卫星小湖。每到夏季，湖边风光独特，湖中小岛上栖息着各种各样的候鸟。

色林错的湖泊面积一直在扩大，2014 年时面积超过纳木错，成为仅次于青海湖的我国第二大咸水湖。2017 年，居住在湖边的人们发现，色林错还在“长大”，周边一些草场被淹没，整体来看色林错在近 40 年里扩张逾四成。

(三)拉　萨

拉萨，简称“拉”，是西藏自治区的首府，具有高原和民族特色的国际旅游城市，是西藏的政治、经济、文化和科教中心，也是藏传佛教圣地。位于西藏高原的中部，海拔 3 650 m，地处雅鲁藏布江支流拉萨河中游河谷平原，拉萨河流经此，在南郊注入雅鲁藏布江。由于地处喜马拉雅山脉北侧，受下沉气流的影响，全年多晴朗天气，降雨稀少，冬无严寒，夏无酷暑，属高原温带半干旱季风气候，全年日照时间 3 000 h 以上，素有“日光城”的美誉。

拉萨的特色物产有虫草、藏刀、面具(藏语称“巴”)、木碗、唐卡等；拉萨的特色美食有酥油茶、糌粑、藏面、甘孜黄凉粉、青稞酒等。拉萨藏民的节庆主要有藏历新年、牛王会、传昭大法会(西藏最大的宗教节日)、酥油花灯节、萨噶达瓦节、沐浴节、雪顿节、赛马节、望果节等。

1. 布达拉宫

布达拉宫坐落于拉萨市中心的红山上，是世界上海拔最高的古代宫殿，也是集宫殿、城堡、陵塔和寺院于一体的宏伟建筑。藏语“布达拉”的意思是“观世音菩萨居住的地方”。布达拉宫始建于7世纪吐蕃王朝松赞干布当政时期。现在的宫殿是自17世纪以来，从原被毁的殿宇遗址上重新修建起来的。

布达拉宫占地面积40万平方米，建筑面积13万平方米，由红宫、白宫两大部分组成，红宫居中，白宫横贯两翼，红白相间，群楼重叠，如图7-33所示。宫殿由南山脚下奠基，依山叠砌，以山势自然状态，蜿蜒建至山顶。主楼红宫13层，高达115.7 m。外观具有宫殿与寺院的双重特点。

布达拉宫珍藏各类文物约7万余件，典籍6万余函卷(部)，成为名副其实的文物瑰宝，被誉为“世界屋脊的明珠”。1961年3月，国务院列其为首批全国重点文物保护单位；1994年12月，联合国教科文组织列其为世界文化遗产；2013年1月，国家旅游局将其列为国家5A级旅游景区。

2. 大昭寺

大昭寺，又名“祖拉康”“觉康”(藏语意为佛殿)，位于拉萨老城区中心，是一座藏传佛教寺院。大昭寺始建于公元647年，已有1 300多年的历史，是西藏重要的佛事活动中心。

大昭寺在建筑平面上，大多采用正方形的布局结构，佛殿居中，体现了佛教中曼陀罗坛城的宇宙理想模式。主殿经堂呈密闭式院落，楼高四层，中央是近110 m^2 的方形千佛廊院，如图7-24所示。这里是藏传佛教格鲁派举行传召大法会的主要场所。佛殿一层供奉着文成公主从大唐长安入藏时带去的释迦牟尼12岁等身像。

图7-23　布达拉宫

图7-24　大昭寺

2000年11月，大昭寺被联合国教科文组织批准为世界文化遗产，其评语说：“大昭寺是西藏现存最辉煌的吐蕃时期的建筑，也是西藏最早的土木结构建筑，并且开创了藏式平川式寺庙布局规式。”

3. 罗布林卡

“林卡”意为花园，罗布林卡始建于18世纪40年代，因是消暑理政之地，也被称为“夏宫”。之后历代多有扩建，于20世纪50年代形成现在的规模。罗布林卡占地36 hm^2，位于布达拉宫西南约2 km处，是一座自然风光与人工建筑巧妙结合的园林，集中体现了藏民族园林、建筑、绘画、雕塑等诸多艺术成就。

罗布林卡的建筑以藏式风格为主，兼有汉族建筑元素与样式，体现了汉藏文化的交融。罗布林卡现存馆藏文物约两万件，其中有不少历代皇帝的御赐之物，包括历代诏书、封印等，是研究元、明、清时期藏汉关系的珍贵文物。

4. 纳木错

纳木错位于西藏自治区中部，是西藏第二大湖泊，也是中国第三大的咸水湖。纳木错湖是念青唐古拉山西北侧大型断陷洼地中发育的构造湖泊，属内流湖。纳木错向南距拉萨市区约 200 km，地处拉萨市当雄县和那曲市班戈县之间，约有 60％的湖面在那曲班戈县内，40％的湖面在拉萨当雄县内。湖面海拔 4 718 m，形状近似长方形，东西长 70 多千米，南北宽 30 多千米，面积约 1 920 km^2。“纳木错”为藏语，蒙古语名称为“腾格里海”，都是“天湖”之意。

纳木错是西藏的“三大圣湖”之一，是古象雄佛法雍仲本教的第一神湖，也是著名的佛教圣地，每年都吸引着西藏当地和青海、四川、甘肃、云南的佛教教徒们跋涉千万里，完成艰辛的旅程，来转湖朝圣，洗涤心灵。

(四)日喀则市(拉日铁路)

日喀则市地处中国西南边陲、青藏高原西南部，西衔阿里地区、北靠那曲市、东邻拉萨市与山南市，外与尼泊尔、不丹、印度等国接壤，地处喜马拉雅山系中段与冈底斯念青唐古拉山系中段之间。南北地势较高，其间为藏南高原和雅鲁藏布江流域。

日喀则市境内有世界第一高峰——珠穆朗玛峰，世界最高的“悬湖”——长芝冰川湖，还有桑珠孜宗堡、江孜古堡两座高原古堡宫殿，以及扎什伦布寺、白居寺、萨迦寺等著名寺庙。日喀则喜马南麓六大名沟——亚东沟、陈塘沟、嘎玛沟、绒辖沟、樟木沟、吉隆沟，被称为西藏小江南或西藏江南。

1. 珠穆朗玛峰自然保护区

珠穆朗玛峰自然保护区位于西藏自治区的定日县、聂拉木县、吉隆县和定结县，总面积为 33 819 km^2。这里是国家级自然保护区，是以保护极高山生态系统、山地森林生态系统、灌丛草原生态系统，以及分布于其中的生物多样性为主，同时保护当地藏民族历史文化遗产等具有重大科学研究价值的综合性自然保护区。保护区里有著名的诸峰(珠峰、洛子峰、章子峰、卓奥友峰等)、珠峰大本营、五条沟(陈塘沟、嘎玛沟、绒辖沟、樟木沟、吉隆沟)。

珠穆朗玛峰国家级自然保护区由于喜马拉雅构造运动，形成了以高喜马拉雅结晶岩带和藏南分水岭为骨架，以高原湖盆、宽谷为基底，并含有河流、湖泊、冰川、冰缘、风沙等多种地貌类型的极其复杂的现代地表形态。喜马拉雅山脉的地貌形态在珠穆朗玛峰自然保护区内最具特色，它自西向东横贯珠穆朗玛峰国家自然保护区南缘。位于保护区的喜马拉雅山脉，是整个山脉的最高部分，该山脉 11 座 8 000 m 以上的高峰中就有 5 座分布于保护区。在保护区的诸多山峰中发育着许多规模巨大的大陆性冰川，这些冰川是保护区内河流、湖泊的源泉。

2. 扎什伦布寺

扎什伦布寺意为“吉祥须弥”，位于日喀则城西尼玛山脚下，与拉萨的“三大寺”甘丹寺、色拉寺、哲蚌寺以及青海的塔尔寺和甘肃的拉卜楞寺并列为格鲁派的“六大寺”。扎什伦布寺为全国重点文物保护单位、国家 5A 级旅游景区。

扎什伦布寺始建于1447年，由一世达赖喇嘛根敦珠巴主持兴建。四世班禅罗桑确吉进行了大规模的改扩建。之后，正式成为历代班禅的驻锡地。寺院周围筑有宫墙，宫墙沿山势蜿蜒迤逦，周长3 000多米。寺内有经堂57间，房屋3 600间，整个寺院依山坡而筑，背附高山，坐北向阳，殿宇依次递接，疏密均衡，布局对称。扎什伦布寺内的未来佛强巴铜佛像，是巨型雕塑行列中的珍品，也是西藏最大的铜塑佛像。每年的藏历八月二日，扎什伦布寺都要举行隆重的“斯姆庆姆”，即跳羌姆舞。扎什伦布寺羌姆已被列入国家级非物质文化遗产名录。

任务训练

一、场景设计

(一)实训目的

培养旅游线路科学编排的能力。

(二)实训内容

1. 搜集西藏地区旅游资源信息，分析景区资源特色。
2. 设计“西藏游”旅游线路。
3. 线路主题可以自拟，如“高原风光游”“宗教游”“民俗游”等。

二、训练步骤

(一)实训前准备

组内合理分工，充分发挥每一位组员的兴趣特长，从信息搜索、材料整理、文案制作、美工排版、讲解汇报等多方面开展训练任务。学生复习课堂讲授的内容，提前预习训练项目。

(二)实　　训

1. 学生上交“西藏游”线路设计方案。
2. 分组汇报交流主题游线路设计方案。
3. 教师总结并评分、评价。

效果评价

“西藏游”线路设计训练评分表

姓　名		地　点		时　间	
实训项目	实训考查要点	分　值	小组评分	教师评分	最终得分
“西藏游”线路设计	1. 信息收集途径丰富、方法科学				
	2. 文案制作精良、图文并茂				
	3. 组员汇报语言表达熟练、清晰，文辞优美				

续上表

姓　　名		地　点		时　间	
实训项目	实训考查要点	分　值	小组评分	教师评分	最终得分
“西藏游”线路设计	4.线路设计突出科学性、合理性、市场适宜性				
	5. 线路主题突出，景点景区选择符合线路主题				
	6. 团队分工明确，合作有序				
合　　计		100			

注：该表可根据实际设计的训练项目进行测评。

西南旅游区其他旅游名胜地

复习思考题

1. 西南旅游区有哪些独具特色的优势旅游资源？

2. 简要介绍“巴蜀文化”，并说明其特点。

3. 简要介绍“僰人文化”，以及其主要文化遗址景区。

4. 简要介绍西南旅游区的红色旅游资源。

5. 简要介绍西南旅游区的高原自然旅游资源。

6. 简要介绍西南旅游区的民族风情旅游资源。

7. 简要介绍以下景区：青城山—都江堰风景区、成都锦里、云阳龙缸、大足石刻等。

8. 简要介绍以下景区：乐山大佛、峨眉山风景区、李庄古镇、蜀南竹海、百里杜鹃风景区等。

9. 简要介绍以下景区：赤水丹霞旅游区、海龙屯风景区、四洞沟风景区、青岩古镇、甲秀楼等。

10. 简要介绍以下景区：黄果树风景区、龙宫风景区、陆良沙林风景区、九龙瀑布群、会泽大海草山风景区等。

11. 简要介绍以下景区：石林风景区、昆明世博园、百色起义纪念园、滇池风景区、云南民族村等。

12. 简要介绍以下景区：西宁塔尔寺、拉萨布达拉宫、大昭寺、日喀则扎什伦布寺、那曲羌塘草原、当惹雍错、色林错、纳木错、珠穆朗玛峰自然保护区等。

项目八　西北旅游区

学习目标

1. 知识目标

- 了解西北大区的基本地理面貌
- 熟悉西北大区主要铁路干线
- 掌握西北旅游区的主要旅游资源

2. 能力目标

- 能设计西北旅游区的旅游线路
- 能讲解西北旅游区的主要景区
- 能预测西北旅游区的旅游发展趋势

3. 素质目标

- 具有洞悉旅游历史文化的能力
- 具有延展区域旅游特色线路的能力

热点引入

西北五省区抱团打造“丝路旅游”国际品牌

日前，2018年中国西北旅游营销大会暨装备展在宁夏银川举办。丝绸之路是西北地区共有的国际级线路产品。近年来，陕西、甘肃、宁夏、青海、新疆西北五省区和新疆建设兵团乘国家推出“丝绸之路旅游年”强劲东风，加强合作，抱团发展，已联合举办多届西北旅游营销大会。为期三天的活动中，来自全国各地200多家旅游景区进行了展示和推介，全面推广旅游产品和旅游商品。“丝路名城主题日”期间，陕西省延安市、宝鸡市、神木市，甘肃省平凉市、庆阳市、武威市，青海省西宁市、玉树市，内蒙古鄂尔多斯市等城市做了城市旅游整体推介。旅游装备展展示了房车、滑翔伞等国内外先进旅游装备，此外还展示了休闲农业、葡萄酒、名特优产品、非遗精品新业态旅游线路产品等。

（信息来源：经济日报，2018-4-17）

请思考：

丝绸之路文化旅游品牌成功打造的策略有哪些？

西北地区东临华北地区，南依西南地区，主要包括陕西省、甘肃省、青海省、宁夏回族自治区、新疆维吾尔自治区五个省、自治区。西北地区深居我国西北部内陆，国际边境线漫长，旅游资源最丰富，是“丝绸之路经济带”的重点地区。

西北地区以高原、平原、盆地为主要地貌，包括黄土高原、青海高原、塔里木盆地、准格尔盆地、柴达木盆地、河西平原等地形单元。自然景观自东向西呈现耕地、草原、荒漠草原、荒漠、高原的地貌分布特点。黄土高原是中国四大高原之一，横跨晋、陕、内蒙古、宁、甘等省区，是地球上分布最集中且面积最大的黄土区。青海高原地处青藏高原东北部，是中国最著名的三大江河——黄河、长江、澜沧江的发源地，也是国内海拔最高、湿地面积最大且分布最为集中的地区之一。塔里木盆地是我国面积最大的内陆盆地，处于天山、昆仑山和阿尔金山之间，罗布泊是盆地的最低点；准格尔盆地是我国第二大内陆盆地，位于阿尔泰山与天山之间；柴达木盆地是我国第三大内陆盆地，位于青海省西北部，青藏高原东北部，盛产矿物资源，被称作“聚宝盆”。河西平原是甘肃西北部狭长堆积平原，位于祁连山以北，合黎山以南，长约 1 000 km，宽数千米至 200 km，自古以来就是富足之地、兵家重视之地。

西北地区高山、盆地较多，草原与畜牧业基地较多；灌溉农业主要集中在“塞外江南”——宁夏回族自治区的河套平原、甘肃省河西走廊、新疆维吾尔自治区高山山麓块绿洲；矿产资源丰富，煤、石油、天然气、稀土、铁、镍、黄金、盐、宝石等储量较大；交通地位重要，主要交通干线包括连霍高速、京藏高速、包兰高铁、徐兰高铁、兰新高铁。

本区深居内陆，加之高原、山地对湿润气流的阻挡，因此降水稀少，气候干旱，仅东南部少数地区为温带季风气候，其他的大部分地区为温带大陆性气候和高寒气候，冬季严寒而干燥，夏季高温且降水少。由于气候干旱，气温的日较差和年较差都很大，便形成了“早穿棉袄午穿纱，围着火炉吃西瓜”的独特生活写照。吐鲁番盆地为全国夏季最热的地区。托克逊为全国降水最少的地区。

西北地区是中国少数民族主要聚居地区之一，少数民族人口约占全国少数民族总人口的 1/3，主要少数民族有回族、维吾尔族、哈萨克族、藏族、蒙古族、俄罗斯族等。不同民族各自保留着独特的民族特色、传统文化和宗教信仰。西北地区独特的自然环境、多姿的民俗风情、悠久的历史文化、众多的名胜古迹，赋予了这里神奇的色彩和魅力，成为优秀的旅游资源。

截至 2019 年 12 月，西北旅游区共拥有 17 座国家历史文化名城、78 个国家级自然保护区和 35 家 5A 景区。

典型工作任务一　西宝—宝兰沿线旅游

任务引入

宝兰高铁助力“一带一路”，西北地区融入全国高铁网

中国首条贯穿丝绸之路经济带的宝兰高铁开通运营，这意味着打通中国高铁横贯东西的“最后一公里”，西北地区高铁全面融入全国高铁网。数据显示：宝兰高铁开通运营后，大大缩短了旅客乘车时间，过去从兰州去北京最快的列车开行 17 h；兰州到上海开行 23 h 25 min；兰州到广州开行 30 h 32 min。高铁开通后，兰州前往北京、上海、广州的最快时间分别是 9 h、10 h 32 min、12 h 21 min。

宝兰高铁地处黄土高原，地形复杂，全线建设众多的桥梁和隧道。桥梁和隧道的全长占线路全长的90%以上，是中国高铁线路桥隧比例比较高的线路。宝兰高铁贯穿西安、宝鸡、天水、兰州、西宁、乌鲁木齐等多个主要城市，可谓是新丝绸之路的高速通道，对加快西北地区与中东部地区的经贸合作、人文交流，促进丝绸之路经济带建设都具有十分重要的意义。据了解，宝鸡至兰州高速铁路是国家中长期铁路网规划"八纵八横"高速铁路主通道中陆桥通道的重要组成部分，是横贯我国西北地区与中、东部地区的铁路客运主通道。宝兰高铁与已开通运营的徐兰高铁西宝段、兰新高铁连通，将我国西北地区全面融入全国高速铁路网。

（信息来源：央广网，2017-7-9；搜狐财经网，2017-5-17）

请思考：

宝兰高铁的开通对西北地区旅游会产生怎样的影响？

知识准备

一、西宝—宝兰线概况

西宝线与宝兰线都是徐兰高速铁路的组成部分。徐兰高速铁路是连接江苏省徐州市与甘肃省兰州市的高速铁路，包括分段施工建设的四段高铁线，分别是：郑西线（郑州至西安线）、西宝线（西安至宝鸡线）、郑徐线（郑州至徐州线）、宝兰线（宝鸡至兰州线）。其中西宝线于2013年12月开通运营，设计时速为350 km/h；宝兰线于2017年9月开通运营，设计时速为250 km/h。西宝—宝兰线，东起西安北站，途经咸阳秦都站、杨陵南站、岐山站、宝鸡南站、东岔站、天水南站、秦安站、通渭站、定西北站、榆中站，西至兰州西站，线路如图8-1所示，全程共568 km。

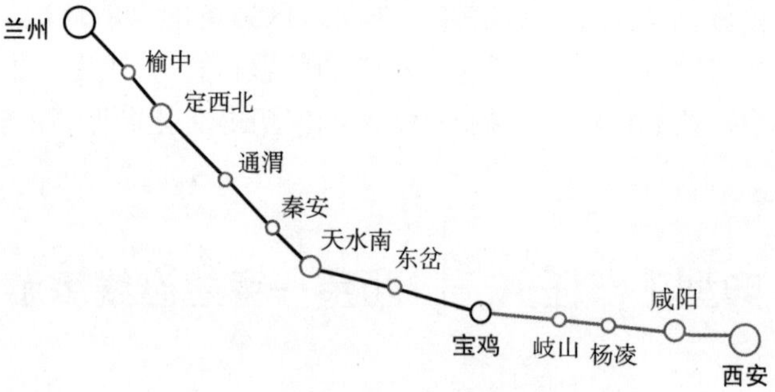

图8-1　西宝—宝兰线线路图

徐兰高速铁路是横贯中国西北地区与中、东部地区的铁路客运主通道，将中国西北地区全面融入全国高速铁路网。西宝—宝兰线则是徐兰高铁线覆盖西北地区的重要部分，被称为徐兰高铁线上的"金腰带"，在推动西部地区经济、旅游、文化发展，特别是在增进东西、中西部间的人流、物流、信息流等方面发挥了"交通利器"的重要作用。

沿线的历史文化名城、国家级风景名胜区和著名旅游景点主要包括：西安、咸阳、宝鸡、天水、兰州；秦始皇兵马俑博物馆、大雁塔、西安城墙、大唐芙蓉园、法门寺、太白山、麦积山风景名胜区、乾陵博物馆、石门山森林公园、张裕瑞那城堡酒庄、伏羲庙、黄河铁桥、吐鲁沟国家森林公园、青城古镇等。

二、沿线旅游名城

(一)西　　安

西安,古称长安、镐京,中国西部地区重要的中心城市,是国家重要的科研、教育、工业基地。西安地处关中平原中部,北濒渭河,南依秦岭,八水润长安。西安是一个多民族散杂而居的城市,除汉族之外,还有52个少数民族居住于此,其中以回族人口为少数民族人口之最多。

西安是中华文明和中华民族重要发祥地之一,历史上先后有十多个王朝在此建都,是世界四大古都之一,是中国历史上建都朝代最多、时间最长、影响力最大的都城之一。

西安是"一带一路"核心区,也是我国"八纵八横"高铁布局中的重要节点城市。高铁线路主要有:郑西高速铁路、西宝高速铁路、大西高速铁路、西成高速铁路等。

盛行于关中以及西北等地的秦腔又称乱弹,又叫"梆子腔",俗称"桄桄子",是中国戏曲四大声腔中最古老、最丰富、最庞大的声腔体系。流传于鄠邑区钟馗故里的傩舞跳钟馗,是中国戏曲舞蹈的活化石,傩是中医的鼻祖。2006年5月20日,秦腔被列入首批国家级非物质文化遗产名录。

1. 秦始皇陵兵马俑博物馆

秦始皇陵位于陕西省西安市以东30 km的骊山北麓,建于公元前246年至公元前208年。它南依骊山的层峦叠嶂之中,山林葱郁;北临逶迤曲转、似银蛇横卧的渭水之滨。高大的封冢在巍巍峰峦环抱之中与骊山浑然一体,景色优美,环境独秀。陵墓规模宏大,气势雄伟。陵园总面积为56.25 km^2。陵上封土原高约115 m,现仍高达76 m,陵园内有内外两重城垣,内城周长3 840 m,外城周长6 210 m。内外城郭有高8～10 m的城墙,今尚残留遗址。墓葬区在南,寝殿和便殿建筑群在北。

秦始皇兵马俑坑是秦始皇陵的陪葬坑,位于陵园东侧1 500 m处。坑内丛葬大量与真人真马等同大小的陶制彩绘兵马俑和当时实战使用的各种兵器,出土文物达万件之多。兵马俑陪葬坑坐西向东,三坑呈品字形排列。最早发现的是一号俑坑,呈长方形,东西长230 m,南北宽62 m,深约5 m,总面积14 260 m^2,四面有斜坡门道,左右两侧又各有一个兵马俑坑,现称二号坑和三号坑。在一号坑址上建成的拱形展厅,设立了"秦始皇陵兵马俑博物馆",向中外广大旅游者开放。

秦始皇陵兵马俑博物馆为全国重点文物保护单位,1987年被列入《世界遗产名录》,2007年被评为国家5A级旅游景区。

2. 大雁塔

唐永徽三年(652年),玄奘法师为供奉从天竺带回的佛像、舍利和梵文经典,在长安慈恩寺的西塔院建造了一座五层砖塔。最初五层,后经历代改建、修缮,今天所见七层塔身为明万历年间重修,通高64.5 m,底层边长25.5 m。和宝鸡的法门寺因塔建寺相反,大雁塔是因寺建塔。

大雁塔是砖仿木结构的四方形楼阁式塔,如图8-2所示。塔身各层壁面都用砖砌扁柱和阑额,柱的上部施有大斗,在每层四面的正中各开辟一个砖拱券门洞。塔内的平面也呈方形,各层均有楼板,设置扶梯,可盘旋而上至塔顶。一层二层多起方柱隔为九开间,三四层为七开间,五六七八层为五开间。塔上陈列有佛舍利子、佛足石刻、唐僧取经足迹石刻等。

大雁塔作为现存最早、规模最大的唐代四方楼阁式砖塔，是佛塔这种古印度佛寺的建筑形式随佛教传入中原地区，并融入华夏文化的典型物证。2014 年，第 38 届世界遗产委员会会议上，大雁塔作为“丝绸之路”长安—天山廊道路网中的一处遗址点，成功列入世界遗产名录。

图 8-2　大雁塔

3. 西安城墙

长安(今西安)是唐代都城，唐长安城东西宽 9 721 m，南北长 8 652 m，周长 36.74 km，总面积 84 km²，是中国古代面积最大的都城，也是当时世界上规模最大的城市。唐高宗在大兴城基础上修建唐城墙。明太祖依托原唐长安皇城拓建西安城墙，以原皇城西墙与南墙为基础，分别向北、向东延伸约四分之一，并增高加厚，建成现今可见之“西安明城墙”。

城墙包括护城河、吊桥、闸楼、箭楼、正楼、角楼、敌楼、女儿墙、垛口等一系列军事设施，墙高 12 m，顶宽 12～14 m，底宽 15～18 m，周长 13.74 km。城门有四：东长乐门、西安定门、南永宁门、北安远门。每门城楼三重：闸楼、箭楼、正楼。正楼高 32 m，长 40 余米，为歇山顶式，四角翘起，三层重檐，底层有回廊环绕，古色古香，巍峨壮观。从民国开始为方便出入古城区，先后新辟了多座城门，至今西安城墙已有城门 18 座。

4. 大唐芙蓉园

大唐芙蓉园位于唐都城大兴城外曲江地区，秦、隋时期为皇家宫苑，唐代时进行改建，扩大芙蓉池与曲江池水面，成为皇族、僧侣、平民汇聚盛游之地，也是首都长安城唯一的公共园林。2002 年，在原唐代芙蓉园遗址以北，仿照唐代皇家园林式样建造的，中国第一个全方位展示盛唐风貌的大型皇家园林式文化主题公园开工建设。2005 年，大唐芙蓉园景区建成对外开放。

大唐芙蓉园占地 1000 余亩(1 m²＝0.001 5 亩)，其中水域面积 300 亩(1 m²＝0.001 5 亩)。园内主要景点有：紫云楼、凤鸣九天剧院、御宴宫、唐市、芳林苑、仕女馆、彩霞亭、陆羽茶社、杏园、诗魂、唐诗峡、曲江流饮、旗亭、丽人行、桃花坞、茱萸台等。这些景点主要倚芙蓉湖而建，分布在芙蓉湖四周，紫云楼为整个景区的中心。

2011 年 1 月大唐芙蓉园被国家旅游局评为国家 5A 级旅游景区。

(二)咸　　阳

咸阳是中国首个封建王朝“秦帝国”的都城，位于陕西省八百里秦川腹地，渭水穿南，嵕山亘北，山水俱阳，故称咸阳。咸阳东邻省会西安，西北与甘肃接壤，身处华夏历史文化长河的发端，是秦汉文化的重要发祥地。境内古遗址数量众多，最具代表性的有秦咸阳城遗址、郑国渠首遗址、西汉甘泉宫遗址和沙河桥遗址等。古墓葬分布广泛，自西周至唐末，葬在咸阳境内的历代帝王共有 27 位，西汉 11 位皇帝中有 9 位葬于咸阳塬上，关中唐 18 陵有 9 座在咸阳，东西绵延百里，气势磅礴。

1. 乾陵博物馆

乾陵是唐高宗李治与中国历史上唯一的女皇帝武则天的合葬陵。陵地距古都西安 80 km。乾陵是唐代皇陵葬制的典范，按照“依山为陵”的葬制，寝宫修建于海拔1 047.9 m的梁山主峰之中。据《唐会要》记载，乾陵陵园“周八十里”，占地15万余亩($1\ m^2 = 0.001\ 5$亩)。整个陵园仿唐长安城格局营造，规模宏大，建筑雄伟富丽，堪称“历代诸皇陵之冠”。

陵园中轴线甬道上百余件大型石刻，堪称“盛唐石刻艺术的露天展览馆”。陵园东南有17座子孙儿女王公大臣陪葬墓。1960年以来，先后发掘了陪葬乾陵的永泰公主李仙蕙、章怀太子李贤、懿德太子李重润、中书令薛元超、右卫将军李瑾行等5座墓葬，出土三彩物俑、器皿、金银饰品、彩绘陶器等珍贵文物4 300多件，一百多幅绚丽多彩的墓室壁画和$1\ 500\ m^2$石椁线刻画，堪称唐代瑰丽的地下艺术画廊。

1978年在永泰公主墓院内建乾陵博物馆，该馆藏品主要是已发掘的5座陪葬墓出土文物4 000多件。乾陵博物馆成为人们领略盛唐社会经济文化繁荣昌盛的重要遗迹。

2. 石门山森林公园

石门山是子午岭南段余脉，主峰海拔1 885.3 m，为关中北部地区(渭北)的最高点，也是子午岭以及北山山系第一高峰。境内有1 200多种植物，其中列入国家级保护树种的有水曲柳、杜松等。有野生动物200多种，被列入国家重点保护对象的有22种，其中国家一级保护动物有金钱豹、黑鹳、白鹤、金雕、林麝5种，国家二级保护动物有豺、水獭、鸳鸯、灰鹤、大天鹅等17种，是渭北高原沟壑区最大的植物景观群落，被誉为“渭北的西双版纳”。

森林公园共分石门关、瓦房川、桃花川、赵家洞四大景区。园内群山环绕、起伏跌宕，莽莽林海、参差交错。石门山森林公园景色秀丽，设施齐全，是旅游观光、消夏避暑的好去处，被称为“西安咸阳的后花园”，现为国家4A级景区。

3. 张裕瑞那城堡酒庄

张裕瑞那城堡酒庄位于咸阳市渭城区渭城镇，由烟台张裕葡萄酿酒股份有限公司投资6亿元建成，占地1 100亩($1\ m^2 = 0.001\ 5$亩)酒庄，可年产高档葡萄酒3 000 t。酒庄采用意大利托斯卡纳式的建筑风格，建成一个集优质葡萄种植、高端葡萄酒生产销售、葡萄酒文化展示和旅游休闲“四位一体”的国际一流葡萄酒酒庄。

瑞那城堡酒庄现有旅游项目包括：城堡建筑、百亩鲜食葡萄采摘园、$15\ 000\ m^2$地下大酒窖、世界级葡萄酒科技展览馆、爱神雕塑广场、汉白玉love主题墙、趣味儿童乐园、4D巨幕影院、张裕故事、酿造传奇、红酒秘密、酒窖迷宫、艺术长廊、梦幻葡萄酒大学、DIY葡萄酒生产线、黑暗乘骑、葡萄酒商业街等。

瑞那城堡酒庄已成为集观光、餐饮、住宿、度假、研学于一体的旅游项目，为国家4A级景区。

(三)宝　　鸡

宝鸡地处陕、甘、宁、川四省(区)结合部，处于西安、兰州、银川、成都四个省会城市的中心位置。秦岭南屏，渭水中流，关陇西阻北横，渭北沃野平原。

宝鸡，是华夏始祖炎帝的诞生地，也是周秦王朝的发祥地，古称陈仓、雍城。唐至德二年(公元757年)，因市区东南鸡峰山有“石鸡啼鸣”之祥兆而改称宝鸡。以出土佛骨舍利而闻名于世的法门寺在盛唐时期已成为皇家寺院和世界佛教文化的中心。境内文物资源丰富，其中以青铜器为最多，现已陆续出土毛公鼎、大盂鼎等五万余件青铜器，被誉为“青铜器之乡”。

1. 法门寺

法门寺位于陕西省宝鸡市扶风县城北10 km处的法门镇，西距宝鸡市90 km，东距西安市

110 km，始建于东汉末年恒灵年间，距今约有 1 700 多年历史。法门寺因舍利而置塔，因塔而建寺，原名阿育王寺，供奉释迦牟尼佛指骨舍利。唐代诸帝笃信佛法，对舍利虔诚供养，寺院大小乘并弘，显密圆融，使法门寺成为皇家寺院及举世仰望的佛教圣地。佛塔被誉为“护国真身宝塔”。

法门寺地宫是迄今所见最大的塔下地宫。地宫出土了释迦牟尼佛指骨舍利、铜浮屠、八重宝函、银花双轮十二环锡杖等佛教至高宝物。法门寺珍宝馆拥有出土于法门寺地宫的两千多件大唐国宝重器，为世界寺庙之最。

2. 太白山国家森林公园

太白山国家森林公园，位于陕西省宝鸡市东南眉县境内，地处秦岭主峰太白山北麓。公园面积 2 949 hm^2，森林覆盖率 94.3%。公园海拔高度从 620 m 到 3 511 m，是中国海拔最高的国家森林公园。太白山国家森林公园包括 10 个景区，180 多个景点。由拔仙台环眺四周，角峰、槽谷、冰斗、冰坎、冰阶等第四纪冰川所特有的地貌是研究第四纪冰川最好的天然博物馆之一。

太白山国家森林公园以森林景观为主体，苍山奇峰为骨架，清溪碧潭为脉络，文物古迹点缀其间，构成了一幅动态美与静态美相协调、自然景观与人文景观浑然一体的生动画卷，是中国西部不可多得的自然风光旅游区，被誉为中国西部的一颗绿色明珠。太白山国家森林公园是国家 5A 级旅游景区、国际森林公园、国家水利风景区，同时还被评为“美丽中国十佳度假区”“中国最美生态旅游目的地”。

（四）天　　水

天水位于甘肃省东南部，毗邻关中平原，是关中平原城市群重要节点城市。天水曾名上邽、成纪、秦州，据传是伏羲和女娲诞生地，华夏文明的重要发祥地之一，素有“羲皇故里”之称。

天水历史悠久，是秦人、秦早期文化的发祥地，有 3 000 多年的文字记载史和 2 700 多年的建城史，公元前 688 年秦国在此设立了邽县和冀县，是中国历史上建城设县最早的地方。境内有国家和省、市级重点保护文物 169 处，其中世界文化遗产麦积山石窟，是中国四大石窟之一，被誉为“东方雕塑艺术陈列馆”。

1. 麦积山石窟

麦积山位于甘肃省天水市东南约 35 km 处，为典型的丹霞地貌，石质皆为紫褐色之水成岩，山势陡然起独峰，是秦岭山脉西端小陇山中的一座奇峰，海拔 1 742 m，但山高离地面只有 142 m，山的形状奇特，孤峰突起，犹如麦垛，因此人们称之为麦积山，如图 8-3 所示。麦积山石窟约自十六国后秦时期创建，历经西秦、北魏、西魏、北周、隋、唐、宋、元、明、清各代，历时 1 600 余年，都有不断开凿和修缮。

图 8-3　麦积山石窟

现存 221 座洞窟、10 632 身泥塑石雕、1 300 余平方米壁画，以其精美的泥塑艺术闻名世界，被誉为东方雕塑艺术陈列馆。由于麦积山山体为第三纪沙砾岩，石质结构松散，不易精雕细镂，故以泥塑居多。这里的泥塑大致可以分为突出墙面的高浮塑，完全离开墙面的圆塑，粘贴在墙面上的模制影塑和壁塑四类。

麦积山风景区由麦积山、仙人崖、石门、曲溪、街亭温泉五个子景区180多个景点组成，拥有丰富多样的生物类型和物种，被称为“陇上林泉之冠”。这也使得麦积山石窟成为我国四大石窟中风景最秀美的一处。

麦积山石窟已被列入世界文化遗产，是国家5A旅游景区、国家重点风景名胜区、国家森林公园、国家地质公园、全国重点文物保护单位。

2. 伏羲庙

伏羲庙位于甘肃省天水市秦州区西关伏羲路，中国西北地区著名古建筑群之一，原名太昊宫，俗称人宗庙，是我国规模最宏大、保存最完整的纪念上古“三皇”(伏羲、神农、轩辕)之一伏羲氏的明代建筑群。

伏羲庙坐北朝南，临街而建，院落重重相套，四进四院，宏阔幽深。庙内古建筑包括戏楼、牌坊、大门、仪门、先天殿、太极殿、钟楼、鼓楼、来鹤厅共10座，新建筑有朝房、碑廊、展览厅等6座，新旧建筑共计76间，整个建筑群包括牌坊、大门、仪门、先天殿、太极殿沿纵轴线依次排列，层层推进，庄严雄伟。

(五)兰　州

兰州，简称“兰”或“皋”，古称金城，是甘肃省省会，国务院批复确定的中国西北地区重要的工业基地和综合交通枢纽，西部地区重要的中心城市之一，丝绸之路经济带的重要节点城市。

兰州是古丝绸之路上的重镇，早在5 000年前人类就在这里繁衍生息；西汉设立县治，取“金城汤池”之意而称金城；隋初改置兰州总管府，始称兰州；自汉至唐、宋时期，随着丝绸之路的开通，出现了丝绸西去、天马东来的盛况，兰州逐渐成为丝绸之路重要的交通要道和商埠重镇，联系西域少数民族的重要都会和纽带，是黄河文化、丝路文化、中原文化与西域文化的重要交汇地。

兰州地处西北，位于中国大陆陆域版图的几何中心，是中国大西北铁路、公路、航空的综合交通枢纽，也是新亚欧大陆桥中国段五大中心城市之一，西部重要的区域商贸中心和现代物流基地，享有“丝路重镇”“黄河明珠”“西部夏宫”“水车之都”“瓜果名城”等美誉。

1. 黄河铁桥

黄河铁桥(如图8-4所示)位于兰州城北的白塔山下，金城关前，有“天下黄河第一桥”之称，是兰州市内一处标志性建筑。铁桥建成之前，这里设有浮桥横渡黄河。浮桥始建于明洪武年间，名叫镇远桥，今尚存建桥所用铁柱一根高达3 m，重约数吨，上有“洪武九年”字样。晚清时洋务运动的兴起，为建设黄河铁桥提供了历史契机。清光绪三十一年(公元1906年)，甘肃洋务总局彭英甲等与德商泰来洋行喀佑斯签订了修建黄河铁桥的合同。历时两年，铁桥的建造材料全部由德国运至兰州。经过德、美两国工程师和华洋工匠的共同努力，铁桥于宣统元年七月初四(1909年8月19日)竣工通行。

1928年，为纪念孙中山先生，由当时的甘肃省主席刘郁芬手书的“中山桥”匾额，被悬挂于铁桥南面的牌厦上，“第一桥”从此改名中山桥，沿用至今。

2. 吐鲁沟国家森林公园

吐鲁沟国家森林公园地处甘肃永登县连城林区腹地，距省会兰州市、青海省西宁市均为

图 8-4　黄河铁桥

160 km，属祁连山脉的东麓，总面积 5 848.4 hm^2。吐鲁沟国家森林公园海拔 1 998～3 165 m，受山地气候影响，降雨丰沛，沟内峰峦叠嶂，林木苍翠，曲径通幽，吐奇纳秀，成为一处毫无人工雕琢的原始自然风景区。

这里地貌奇特，风光秀丽，植被垂直分布极为明显，顶部是丰富的草场，辽阔的牧场，山腰林木矗立，山脚农田覆盖。园内地貌起伏剧烈，山势嶙峋，可充分欣赏自然风光，被誉为“神话般的绿色山谷”。

任务训练

一、场景设计

（一）实训目的

熟悉旅游产品六要素，掌握城市旅游线路的设计方法。

（二）实训内容

1. 搜集西安城市旅游资源信息，分析城市旅游特色及潜力。

2. 设计“最美西安游”主题线路。线路主题可以自拟，如“黄土风光游”“美食游”“历史古迹游”等。

二、训练步骤

（一）实训前准备

组内合理分工，充分发挥每一位组员的兴趣特长，从信息搜索、材料整理、文案制作、美工排版、讲解汇报等多方面开展训练任务。学生复习课堂讲授的内容，提前预习训练项目。

（二）实　训

1. 学生上交“最美西安游”主题线路设计方案。

2. 分组汇报交流主题游线路设计方案。

3. 教师总结并评分、评价。

效果评价

“最美西安游”线路设计训练评分表

姓　名		地　点		时　间	
实训项目	实训考查要点	分　值	小组评分	教师评分	最终得分
“最美西安游”线路设计	1. 信息收集途径丰富、方法科学				
	2. 文案制作精良、图文并茂				
	3. 组员汇报语言表达熟练、清晰，文辞优美				
	4. 线路设计突出科学性、合理性、市场适宜性				
	5. 线路主题突出，景点景区选择符合线路主题				
	6. 团队分工明确，合作有序				
合　计		100			

注：该表可根据实际设计的训练项目进行测评。

典型工作任务二　兰新高铁沿线旅游

任务引入

中国最美的8条高铁线路在此

密集的高铁线路可以带我们穿行祖国的海岛名山、俊秀峡谷，只要你出发，各种美景在路上毫无保留的铺展在面前。让我们一起出发，看一看祖国8大高铁线的沿途风光吧。

1. 京沪线。从北京开往上海的高铁线路，全长1 318 km，设有23个站点。沿途经过北京、天津、济南、南京、苏州、上海等旅游名城。

2. 京港线。从北京开往香港九龙的高铁线路，全长2 440 km，车站数达到50个，可以途径郑州拜访少林寺，在武汉登临黄鹤楼，还可以去广州喝早茶、夜游珠江。

3. 京哈线。从北京出发，途径河北省、辽宁省、吉林省，最后到达黑龙江哈尔滨市。大连的老虎滩海洋公园，哈尔滨的冰雪世界一定让你流连忘返。

4. 杭深线。起自杭州，终到深圳，是一条沿海高铁线路，途径杭州、绍兴、厦门、深圳，是一条串联年轻与文艺的线路。

5. 徐兰线。东起徐州，西至兰州，全长1 434 km，横跨江苏、安徽、河南、陕西、甘肃五个省区，是一条跨越众多历史古都古城的旅游线路。

6. 沪昆线。东起上海，西至昆明，全长2 252 km，是中国东西向线路里程最长、经过省份最多的高速铁路。十小时带你跨越杭州、长沙、贵阳、昆明。

7. 沪汉蓉线。从上海出发至成都的高速铁路，从魔都到蓉城，沿途有鸭血粉丝汤、武汉热干面、重庆火锅、成都串串等美食等着你！

8. 兰新线。从甘肃兰州驶向新疆乌鲁木齐，这是独一无二的高铁线，横跨大西北，一路看到荒凉无垠的黄土荒漠、神奇多彩的丹霞地貌、历史遗址的断壁残垣、新疆特有的人文风情。

（信息来源：新华网，2018-03-27）

请思考：

高铁线的开通改变了许多地区的交通格局，也影响着区域旅游发展，你能举个例子，讲一讲高铁线是如何带动区域旅游发展的吗？

知识准备

一、兰新线概况

兰新高速铁路是连接甘肃省兰州市与新疆维吾尔自治区乌鲁木齐市的高速铁路，是世界上一次性建成通车里程最长的高速铁路，也是亚欧大陆桥铁路通道的重要组成部分。兰新高速铁路东起甘肃省境内兰州西站，途径青海省西宁市，甘肃省张掖市、酒泉市、嘉峪关市，新疆维吾尔自治区哈密市、吐鲁番市，最终引入乌鲁木齐站，线路如图 8-5 所示。全长 1 775.8 km，于 2009 年 11 月 4 日开工，全线于 2014 年 12 月 26 日开通运营。兰新高速铁路与既有兰新铁路及陇海、包兰等铁路紧密衔接，形成辐射范围更广、服务人口更多的西部铁路运输网络。

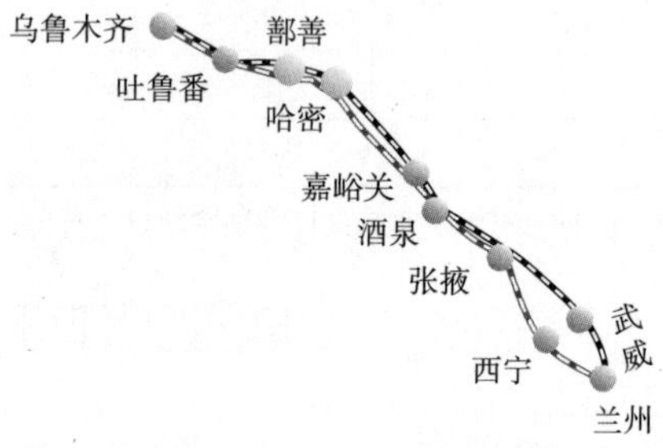

图 8-5　兰新高铁线路图

兰新高铁沿线的历史文化名城、国家级风景名胜区和著名旅游景点主要包括：张掖、敦煌、吐鲁番；张掖丹霞、鸣沙山—月牙泉、嘉峪关、天山大峡谷；西夏大佛寺、莫高窟、雅丹国家地质公园、中华孔雀苑、吐鲁番葡萄沟、高昌故城、交河故城、国际大巴扎、国际滑雪场等。

二、沿线旅游名城

（一）张　　掖

张掖位于甘肃省西北部，河西走廊中段，古称“甘州”，即甘肃省名“甘”字由来地，素有桑麻之地、鱼米之乡之美称。

张掖南枕祁连山，北依合黎山、龙首山，黑河贯穿全境，形成了特有的荒漠绿洲景象。境内地势平坦、土地肥沃、林茂粮丰、瓜果飘香。雪山、草原、碧水、沙漠相映成趣，既具有南国风韵，又具有塞上风情，所以有“不望祁连山顶雪，错将甘州当江南”这样的佳句。

张掖有着悠久的历史、灿烂的文化、优美的自然风光和独特的人文景观，自古就有塞上江南和金张掖之美誉。市内有大佛寺、木塔寺、土塔寺、西来寺、马蹄寺、镇远楼、山西会馆、民勤会馆、黑水国遗址等名胜古迹。

1. 西夏大佛寺

大佛寺景区位于甘肃省张掖城西南隅，因寺内有一尊大型卧佛像而得名，是历史文化名城金张掖的标志性建筑。它是全国现存唯一的西夏少数民族宗教殿堂，是当时陇西最著名的佛教寺院，拥有亚洲第一大室内泥塑卧佛，以及保存最完整的孤本般若金经而在佛教界以“三绝”闻名遐迩。

寺院始建于西夏永安元年（1098 年），占地约 23 000 m^2。史载西夏国师嵬咩在此掘出一翠瓦金砖覆盖的碧玉卧佛而初建大佛寺，现存建筑有大佛殿、藏经阁、土塔三处。大佛殿殿高 33 m，面阔 9 间，进深 7 间，规模宏大。殿宇巍峨壮观，斗拱交错有致、翘翼展张欲飞，曲线优美、雄浑威严；各类木雕图案、楹联篆刻，即使历经 900 多年，还依旧保留完整，颜色可辨。殿内有木胎泥塑佛像，长 35 m，肩宽 7.5 m，耳长 4 m，脚长 5 m，金装彩绘，形态逼真，视之若醒，呼之则寐。卧佛首足处塑大梵天、帝释天立像各一尊，女身云髻高挽，彩带飘扬；男像面目威严，峨冠博带。卧佛身后塑十大弟子，两侧廊房塑十八罗汉，殿内四壁为《西游记》和《山海经》壁画。

2. 张掖丹霞

张掖丹霞地貌是国内独有的丹霞地貌与彩色丘陵景观复合区。景观区主要包括冰沟丹霞风景区和七彩丹霞风景区两大景观区，两地间隔约 12 km。冰沟丹霞景区主要分布在张掖市肃南县康乐乡、白银乡地段，七彩丹霞景区主要分布在临泽县倪家营乡。

以肃南裕固族自治县白银乡为中心，海拔高度在 2 000～3 800 m 之间，东西长约 40 km，南北宽约 5～10 km，数以千计的悬崖山峦全部呈现出鲜艳的丹绝色和红褐色，相互映衬各显其神，展示出“色如渥丹，灿若明霞”的奇妙风采的丹霞地貌。张掖祁连山丹霞主要由红色砾石、砂岩和泥岩组成，有明显的干旱、半干旱气候的印迹，以交错层理、四壁陡峭、垂直节理、色彩斑斓而示奇，它是一个以自然风光为主的自然风景区，集广东丹霞的悬崖峭壁、峰林石柱的奇、险、美，还兼有新疆五彩城的色彩斑斓于一体。

(二)敦　　煌

敦煌位于河西走廊的最西端，地处甘肃、青海、新疆的交汇处，总面积 3.12 万 km^2。敦煌是丝绸之路的节点城市，以“敦煌石窟”“敦煌壁画”闻名天下，是世界遗产莫高窟和汉长城边陲玉门关、阳关的所在地。

敦煌境内东有三危山，南有鸣沙山，西面是沙漠与罗布泊相连，北面是戈壁，与天山余脉相接。绿洲面积 1 400 km^2，仅占总面积的 4.5%。

两关遗迹、千佛灵岩、危峰东峙、党水北流、月泉晓彻、古城晚眺、绣壤春耕、沙岭晴鸣，被称为“敦煌八景”。敦煌、平遥、凤凰古城、九寨沟、乌镇、丽江古城、婺源和新疆布尔津白哈巴村共同被评为蜜月必去中国最美的八个小镇。

1. 莫高窟

莫高窟始建于十六国时期前秦建元二年（366 年），起初名为“漠高窟”，意为“沙漠的高处”，后世因“漠”与“莫”通用，便改称为“莫高窟”。北魏、西魏、北周、隋、唐历代皆有开凿。丝绸之路繁盛时期正是莫高窟兴盛之时。

莫高窟开凿于敦煌城东南 25 km 的鸣沙山东麓的崖壁上，前临宕泉，东向祁连山支脉三危山，南北全长 1 680 m，现存历代营建的洞窟共 735 个，分布于高 15～30 m 高的断崖上，上下分布 1～4 层不等。莫高窟各窟均是洞窟建筑、彩塑、绘画三位一体的综合性艺术。敦煌石窟的建筑形式不仅有外来窟型，更有中国古建杰作，唐、宋时期木质结构窟檐保存完整。敦煌彩塑多为木架结构泥塑，彩塑形式丰富多彩，有圆塑、浮塑、影塑、善业塑等最高 34.5 m，最小仅 2 cm 左右(善业泥木石像)，题材之丰富和手艺之高超，堪称佛教彩塑博物馆。富丽多彩的敦煌壁画，绘画内容极为丰富，包括佛传画、建筑画、山水画、花卉图案、飞天佛像以及当时劳动人民进行生产的各种场面等；绘画技艺兼具伊朗、印度、希腊等国的古代艺术之长。

敦煌莫高窟与山西大同云冈石窟、河南洛阳龙门石窟、甘肃天水麦积山石窟并称为中国四大石窟。

2. 鸣沙山—月牙泉

鸣沙山位于敦煌市南郊 5 km 处，古代称神沙山、沙角山。鸣沙山，因沙动有声而得名。山有流沙积聚而成，东西长约 40 km，南北宽约 20 km，最高海拔 1 715 m。“沙岭晴鸣”为“敦煌八景”之一。沙漠或者沙丘中，由于各种气候和地理因素的影响，造成以石英为主的细沙粒，因风吹震动，沙滑落或相互运动，众多沙粒在气流中旋转，表面空洞造成“空竹”效应发生嗡嗡响声的地方称为鸣沙地。敦煌鸣沙山与宁夏中卫市的沙坡头、内蒙古达拉特旗的银肯塔拉响沙群和新疆巴里坤鸣沙山号称中国的四大鸣沙。

月牙泉被鸣沙山环抱，长约 150 m，宽约 50 m，因水面酷似一弯新月而得名，如图 8-6 所示。“月泉晓彻”为“敦煌八景”之一。月牙泉南北长近 100 m，东西宽约 25 m，泉水东深西浅，最深处约 5 m，弯曲如新月，因而得名，有“沙漠第一泉”之称。月牙泉有四奇：月牙之形千古如旧、恶境之地清流成泉、沙山之中不淹于沙、古潭老鱼食之不老。

3. 雅丹国家地质公园

敦煌雅丹国家地质公园，俗称敦煌雅丹魔鬼城，距离敦煌市区 168 km，位于玉门关西北边，景区分南北两区，东西长约 25 km，南北宽约 13 km。雅丹地貌是气候极端干旱区的代表性地貌类型，是约十万年以来风、水为主要营力侵蚀第四纪沉积物的结果。主要景观为规模宏大、气势磅礴的大型垄岗状、墙状和塔柱状等雅丹体，如图 8-7 所示，它们拟人似物，栩栩如生，成了我国西部名副其实的“魔鬼城”，与浩瀚无垠的戈壁、沙漠景观相辅相成。

图 8-6　鸣沙山—月牙泉

图 8-7　“魔鬼城”雅丹地貌

公园中的景观主要包括四类：雅丹景观、沙漠景观、戈壁景观、湿地景观。其中，雅丹地貌景观是公园的主体景观，也是重点保护的地质遗迹。“孔雀玉立”“比萨斜塔”“天外来客”等形态各异的景观活灵活现、栩栩如生。敦煌雅丹地貌发育规模宏大、类型齐全、观赏程度高，在国内外同类型的地貌景观类型中具有典型性和代表性。雅丹地貌也是研究我国干旱区环境变迁的重要对象，科研价值极高。

(三)嘉峪关市

嘉峪关市是甘肃省下辖的地级市，以市区明长城西端终点嘉峪关得名，位于甘肃省西北部，河西走廊中部，东临河西重镇酒泉市肃州区，东南距省会兰州直线距离 650 km；西连石油城酒泉玉门市，西北至新疆哈密 650 km；南倚祁连山与张掖市肃南裕固族自治县接壤；北枕黑山与酒泉市金塔县相连接，中部为酒泉绿洲西缘。

嘉峪关是古“丝绸之路”的交通要冲，又是秦朝万里长城的西端起点。在这里，2 000 多年前开辟的中国与西方经济文化交流的“丝绸古道”及历代兵家征战的“古战场”烽燧依稀可见。这里是中国丝路文化和长城文化的交汇点，素有“河西重镇”“边陲锁钥”之称。

1. 嘉峪关

嘉峪关所在地是河西走廊最西一处隘口(河西走廊继续向西延伸)，始建于明洪武五年(1372 年)，比山海关早建九年，是现存长城上的最大的关隘，也是中国规模最大的关隘。

嘉峪关由内城、外城、城壕三道防线成重叠并守之势，壁垒森严，与长城连为一体，形成五里一燧、十里一墩、三十里一堡，一百里一城的军事防御体系。

嘉峪关关城依山傍水，扼守南北宽约 15 km 的峡谷地带，该峡谷南部的讨赖河谷，又构成关防的天然屏障。嘉峪关附近烽燧、墩台纵横交错，关城东、西、南、北、东北各路共有墩台 66 座。嘉峪关地势天成，攻防兼备，与附近的长城、城台、城壕、烽燧等设施构成了严密的军事防御体系，又被誉为“天下第一雄关”。

嘉峪关是世界文化遗产、国家 5A 级旅游景区、全国重点文物保护单位、全国爱国主义教育示范基地。

2. 中华孔雀苑

中华孔雀苑位于嘉峪关市嘉黄公路南侧 50 m，为 4A 级主题公园、生态景区，西接“天下雄关”嘉峪关，毗邻悬壁长城，是国内最大的蓝孔雀主题公园。这座占地 20 多万平方米的高科技综合生态景区，集旅游观光、休闲度假、蓝孔雀种群繁育、规模养殖于一体，景区内设有大型生态孔雀观赏、甘肃特色文化餐饮、古味茶社、休闲居所、小剧场、艺术会所、红酒廊等 7 大休闲区域，成为游客休闲度假、亲近孔雀、品味美食、享受艺术的绝佳去处。

(四)吐 鲁 番

吐鲁番市是新疆维吾尔自治区辖地级市，位于自治区中部，是天山东部的一个东西横置的形如橄榄状的山间盆地，四面环山。

吐鲁番是古丝绸之路上的重镇，有 4 000 多年的文化积淀，曾经是西域政治、经济、文化的中心之一，已发现文化遗址 200 余处，出土了从史前到近代 4 万多件文物。从出土文物来看，吐鲁番至少使用过 18 种以上的古文字、25 种语言。大量的文物和史实证明，吐鲁番是世界上影响深远的中国文化、印度文化、希腊文化、伊斯兰文化四大文化体系和萨满教、祆教、佛教、道教、景教、摩尼教、伊斯兰教七大宗教的交融交汇点。

1. 高昌故城

高昌故城位于新疆维吾尔自治区火焰山南麓木头沟河三角洲、吐鲁番市东 40 多千米的三堡乡，总面积 200 万 m^2，是西汉至元明时期(公元前 1 世纪—公元 14 世纪)吐鲁番盆地中心城镇，历经西汉高昌壁、高昌郡、高昌国、唐代西州和高昌回鹘等时期，时间跨度长达 1 400 年左右。

高昌故城包括外城、内城和宫城(可汗堡)三重城，城址内分布有大量宗教建筑遗址和宫殿遗址。寺院建筑内有摩尼教壁画和佛教壁画、塑像等。城内遗物丰富，出土有不同文字的文书和经典。宫城在最北面，保留较好的外城西南和东南角保存 2 处寺院遗址。内城北部正中有 1 座不规则的方形宫城，俗称“可汗堡”。高昌故城在 13 世纪末的战乱中废弃，大部分建筑物消失无存。

2. 交河故城

交河故城位于吐鲁番市以西 13 km 的一座岛形台地上。因河水分流绕城下，故称交河，唐西域最高军政机构安西都护府最早就设在交河故城。9—14 世纪，由于战略位置重要，连年战火，交河城逐渐衰落。吐鲁番的干旱少雨，使故城保存得非常完整，建筑全部由夯土版筑而成，形制布局则与唐代长安城相仿。城内市井、官署、佛寺、佛塔、街巷，以及作坊、民居、演兵场、藏兵壕、寺院佛龛中的泥菩萨都还可以找到。

全城像一个层层设防的大堡垒，人行墙外，像处在深沟之中，无法窥知城垣内情况，而在墙内，则可居高临下，控制内外动向，城中布防，也是极为严密的。整座城市的大部分建筑物不论大小基本上是用“减地留墙”的方法，从高耸的台地表面向下挖出来的(如图 8-8所示)，使得整个城市就像一个庞大的古代雕塑，其建筑工艺之独特，不仅国内仅此一家，国外也罕见其例，体现出古代劳动者的聪明才智和巨大的创造力。

图 8-8　交河故城遗址模型图

交河故城与高昌故城作为中国、哈萨克斯坦和吉尔吉斯斯坦三国联合申遗的“丝绸之路：长安—天山廊道的路网”中的两处遗址点，于 2014 年被联合国教科文组织列入《世界遗产名录》。

3. 葡萄沟

葡萄沟位于新疆吐鲁番市区东北部，南北长约 8 km、东西宽约 2 km，是火焰山下的一处峡谷，沟谷狭长平缓。沟内有布依鲁克河流过，主要水源为高山融雪，因盛产葡萄而得名，是新疆吐鲁番市的旅游胜地，也是国家 5A 级景区。

新疆民谣说：“吐鲁番的葡萄哈密的瓜，库尔勒的香梨人人夸，叶城的石榴顶呱呱。”道出了新疆有名的四个水果之乡，吐鲁番居榜首。这里主要种植无核白葡萄，还有马奶子、红葡萄、喀什哈尔、日加干、琐琐等 13 个品种，其果实呈球形、卵形、椭圆形等，有的葡萄晶莹如珍珠，有的鲜艳似玛瑙，而有的绿若翡翠。尤其是这里生产的无核白葡萄，皮薄、肉嫩、多汁、味美，营养丰富，素有“珍珠”美称，其含糖量高达 20%～24%，超过美国加利福尼亚州的葡萄，居世界之冠。

(五)乌鲁木齐

乌鲁木齐，简称乌市，旧称迪化，是新疆维吾尔自治区的首府和政治、经济、文化、科教及交通中心。

乌鲁木齐地处北天山北麓，准噶尔盆地南部。地势起伏悬殊，山地面积广大，山地占总面积50%以上，三面环山，北部平原开阔，平原不及总面积的1/10。乌鲁木齐是世界上离海洋最远的城市，气温年、日较差很大，10月份昼夜温差加剧，当地民谣中有“早穿皮袄午穿纱，围着火炉吃西瓜”的说法。

乌鲁木齐是西北地区重要的铁路枢纽，新疆铁路的总枢纽。2014年11月16日，兰新高铁(乌鲁木齐南至哈密段)开通运营，标志着新疆正式进入高铁时代。

1. 天山大峡谷

天山大峡谷位于乌鲁木齐境内，距市区48 km。景区三面环山，平均海拔2 020 m，年平均气温4～6 ℃，是天山北坡最完整、最具观赏价值的原始雪岭云杉林。天山大峡谷囊括了除沙漠以外的新疆所有自然景观，景区包括天山坝休闲区、照壁山度假游乐区、加斯达坂观光区、天鹅湖自然风景区、牛牦湖林海松涛观光区、哈萨克民族风情园区、高山草原生态区、雪山冰川观光区等旅游区。2013年被授予“国家5A级旅游景区”称号。

2. 国际大巴扎

新疆国际大巴扎位于乌鲁木齐市天山区，于2003年6月26日落成，是世界规模最大的大巴扎(维吾尔语意为集市、农贸市场)，集伊斯兰文化、建筑、民族商贸、娱乐、餐饮于一体，是新疆旅游业产品的汇集地和展示中心，是“新疆之窗”“中亚之窗”和“世界之窗”。

国际大巴扎具有浓郁的伊斯兰建筑风格，2004年入选乌鲁木齐市“十佳建筑”。在涵盖建筑的功能性和时代感的基础上，重现了古丝绸之路的繁华，集中体现了浓郁西域民族特色和地域文化。

3. 国际滑雪场

丝绸之路国际滑雪场，距乌鲁木齐城南38 km，地处天山北坡逆温带生态谷地，海拔1 800～2 500 m，是冬季滑雪度假、夏季消暑旅游的理想选择。

丝绸之路国际滑雪场占地12 km^2，是国内三大滑雪场之一，可同时容纳一万人滑雪，建有初、中、高级雪道8条，并拥有西北地区唯一直达原始森林的专用滑雪及观光缆车3条。配有2条舒适魔毯的儿童和成人滑雪教学区，1 100 m的四人滑雪观光缆车直达2 280 m的山顶。同时建有6 000 m^2生态酒店、雪地飞碟欢乐园、单板公园、动力三角翼会员飞行体验基地，国际标准高山滑冰场、滑雪综合服务接待大厅、国际品牌雪具专卖店、1 200 m^2的休闲木平台阳光食街等滑雪配套服务设施。

任务训练

一、场景设计

(一)实训目的

熟悉文化旅游的特点，掌握文化旅游线路的设计方法。

(二)实训内容

1. 搜集古丝绸之路的地域、人文等相关信息，分析区域旅游资源特色。
2. 设计“丝绸之路旅游”主题线路。线路主题可以自拟，如“西域访古游”“丝路寻访游”

“丝路探秘游”等。

二、训练步骤

(一)实训前准备

组内合理分工,充分发挥每一位组员的兴趣特长,从信息搜索、材料整理、文案制作、美工排版、讲解汇报等多方面开展训练任务。学生复习课堂讲授的内容,提前预习训练项目。

(二)实　　训

1. 学生上交“丝绸之路旅游”主题线路设计方案。
2. 分组汇报交流主题游线路设计方案。
3. 教师总结并评分、评价。

效果评价

“丝绸之路旅游”线路设计训练评分表

姓　　名		地　点		时　间	
实训项目	实训考查要点	分　值	小组评分	教师评分	最终得分
“丝绸之路旅游”线路设计	1. 信息收集途径丰富、方法科学				
	2. 文案制作精良、图文并茂				
	3. 组员汇报语言表达熟练、清晰,文辞优美				
	4.线路设计突出科学性、合理性、市场适宜性				
	5. 线路主题突出,景点景区选择符合线路主题				
“丝绸之路旅游”线路设计	6. 团队分工明确,合作有序				
	合　计	100			

注:该表可根据实际设计的训练项目进行测评。

典型工作任务三　包西高铁沿线旅游

任务引入

延安迎来高铁时代

作为著名的红色旅游景点,延安正在规划一条从西安直达的高铁路线,那就是西延高铁。这条高铁全长 287 km,耗资 500 多亿元,设计时速 350 km,将于今年内正式开始动工,预计

2023年竣工通车。这条线路南起西安北至延安，途经陕西省多市，是陕西省内部重要的高铁线路。整条线路省会西安起横跨陕西省，形成了一条南北走向的客运干线。这条线路建成之后，一小时就可以从西安抵达延安，无论对于西安本地人来说还是对于前往陕西旅游的游客来说都是一个福音。西延高铁的建设，连通了这两大旅游城市，未来的潜力不可估量。其实不仅仅这两座城市，西延高铁沿线多个城市都有着独具特色的美食美景。可以说这整条线路就是一列旅游观光列车，凭借着沿线丰富的旅游资源，真正意义上的做到了一步一景，打造了一条黄金旅游路线。无论从哪一站下车，你都能感受到当地无与伦比的魅力，让人流连忘返。可以预见的是，这条高铁线路的建设必定不用考虑客流量不足的问题。有着西安与延安两大旅游城市坐镇，加上沿线令人垂涎欲滴的美食，相信无数人都会因为这条线路的美食美景而蜂拥而至，将大大促进西南以及延安乃至整个陕西北部的旅游业发展，整个陕西省都会因此而受益匪浅。

（信息来源：百度旅行网，2019-02-16）

请思考：

高铁线的开通会如何改变延安及周边地区的旅游交通格局，会对这些地区的旅游产生怎样的影响？

知识准备

一、包西线概况

包西（包头—西安）高速铁路北起包头市，沿既有包西铁路向南途经鄂尔多斯市、榆林市、延安市、铜川市、渭南市等，纵贯蒙陕两省二十余个县市。

包西高铁沿线的历史文化名城、国家级风景名胜区和著名旅游景点主要包括：延安、榆林；黄帝陵、延安革命博物馆、华山；宝塔山、镇北台、榆林古城、少华山森林公园等。

二、沿线旅游名城

（一）延　安

延安市位于陕西省北部，地处黄河中游，黄土高原的中南地区，西安以北 371 km。延安北连榆林，南接关中咸阳、铜川、渭南三市，东隔黄河与山西临汾、吕梁相望，西邻甘肃庆阳。城区处于宝塔山、清凉山、凤凰山三山鼎峙，延河、汾川河二水交汇之处，被誉为“三秦锁钥，五路襟喉”。

延安是中华民族重要的发祥地，是天下第一陵——中华民族始祖黄帝陵寝黄帝陵所在地，“三黄一圣”（黄帝陵、黄河壶口瀑布、黄土风情文化、革命圣地）享誉中外。延安更是中国革命圣地，是全国爱国主义、革命传统和延安精神三大教育基地。

延安特产有洛川苹果、延川红枣、延长酥梨、甘泉红小豆、安塞小米、吴起荞麦、黄陵面花、甘谷驿红薯、黄龙核桃、吴起羊肉等。

1. 黄帝陵

黄帝陵所在的桥山，位于陕西省延安市黄陵县城北约 1 km 处，是子午岭向东延伸的部分。子午岭南北而行，北为“子”，南为“午”，故称“子午岭”。桥山总面积 566.7 hm^2，山体浑厚，气势雄伟，沮水三面环流。山上林木茂密，计有古柏 81 600 多株，其中千年以上古柏 3 万多株，是中国最古老、覆盖面积最大、保存最完整的古柏群。

黄帝陵景区主要由轩辕庙和黄帝陵两大部分组成。轩辕庙在桥山山麓，而黄帝陵则在桥山之巅。黄帝陵古称“桥陵”，是历代帝王和名人祭祀黄帝的场所。历史上最早举行黄帝祭祀始于秦灵公三年（公元前 422 年），秦灵公“作吴阳上畤，专祭黄帝”。自汉武帝元封元年（公元前 110 年）亲率十八万大军祭祀黄帝陵以来，桥山一直是历代王朝举行国家大祭之地，保存着汉代至今的各类文物，现为国家 5A 级景区。

2. 宝塔山

宝塔山，古称丰林山，宋时改名为嘉岭山，现在人们又称宝塔山，位于延安城东南方，海拔 1 135.5 m，为周围群山之冠。宝塔山上视野开阔，林木茂盛，山林空气清新，凉爽宜人，是消夏避暑的好地方。宝塔建于唐代，高 44 m，共九层，登上塔顶，全城风貌可尽收眼底，如图 8-9 所示。它是历史名城延安的标志，是革命圣地的象征。在塔旁边有一口明代铸造的铁钟，中共中央在延安时，曾用它来报时和报警。此外山上还有长达260 m 的摩崖石刻群和碑林，石刻岸面整齐，岸石完整，是难得的石刻艺术。山上现已建成为宝塔山公园，林木葱郁，环境优美。山下还有历代遗留下来的摩崖刻字多处，范仲淹隶书的“嘉岭山”和“胸中自有数万甲兵”等题刻最著名。宝塔山融自然景观、人文景观、历史文物、革命旧址为一体，现为国家 4A 级景区。

图 8-9　宝塔山

3. 延安革命纪念馆

延安革命纪念馆位于陕西省延安市宝塔区西北延河东岸，距城 1 km 处。延安革命纪念馆始建于 1950 年 1 月，原馆址在南关交际处，是新中国成立后最早建立的革命纪念馆之一。1954 年迁往杨家岭中共中央原机关旧址，定名为“延安博物馆”。1955 年迁至城内凤凰山麓革命旧址院内，改名为“延安革命纪念馆”，1973 年 6 月迁往王家坪现址。展馆正门上方悬挂着红色匾牌，上有郭沫若 1971 年来延安参观时题写的馆名。

馆藏文物有 3.5 万多件，历史照片 5 500 多张，图书资料 1.2 万余册。其中，一、二级文物有 1 700 余件，延安时期出版发行的报纸杂志 100 余种。2008 年 3 月，被国家文物局评定为国家一级博物馆。

(二)榆　　林

榆林位于中国陕西省的最北部，黄土高原和毛乌素沙地交界处，是黄土高原与内蒙古高原的过渡区。榆林东临黄河与山西省隔河相望，西连宁夏、甘肃，南接延安，北与鄂尔多斯相连，系陕、甘、宁、内蒙古、晋五省区交界地，自古就是兵家必争之地。这里是陕西杂粮的主产区。能源矿产资源富集一地，被誉为“中国的科威特”，有世界七大煤田之一的神府煤田，有中国陆上探明的最大整装气田——陕甘宁气田。

1. 镇北台

镇北台位于榆林市北约 5 km 处红山上款贡城西南角，东隔款贡城与东梁相望，北越长城为东西梁，西隔 210 国道连老爷庙梁，南为沙窝。镇北台据险临下，控南北之咽喉，如巨锁扼边关要隘，为古长城沿线现存最大的要塞之一。台呈方形，共 4 层，高 30 余米。台基北长 82 m，南长 76 m，东、西各 64 m，占地面积 5 056 m^2，如图 8-10 所示。台之各层均青砖包砌，各层台顶外侧砖砌约 2 m 高的垛口，垛口上部设有瞭望口，各层垛口内四周相通。其第一层周围有屋宇环列，乃当年守台将卒营房，至今基座尚存。紧依台北下方建的一方形小砖城，名款贡城，是当年蒙汉官员接待洽谈及举行献纳贡品仪式的场所。

图 8-10　镇北台

2. 榆林古城

榆林地处河套之南黄土高原与草原的接壤区，是农耕民族防御蒙古游牧部族南侵而构筑工事的最佳位置。榆林古城建在长乐堡与保宁堡之中，左山右水，巍然雄镇。其城东依驼峰山，西临榆溪河，南带榆阳水，北镇红石峡，故明代列为九边重镇之一——延绥镇驻地。

古榆林不但是军事重地，也是边疆贸易的中心和汉族与西北少数民族文化交会和交流的地方。古榆林还是首都北京的安全战略屏障，榆林是全国唯一由皇帝钦定城墙高度可以超过北京的城市，榆林与北京是休戚与共的生态安全共同体。

城墙上建砖垛口 1 700 多个，据说有逻城 72 个，并在此置火炮。墙体用黄土夯筑，外侧包以青砖，城高三丈六尺，基宽五丈，顶宽三丈。城有五门，北为“广榆门”，东为“振武门”，大西门为“宣威门”，小西门为“斩东门”，南门为“镇远门”。各城门顶上均建有两层高城门楼，但今除南门尚存外，其他诸门及全部城楼皆毁。

(三)渭　　南

渭南市位于黄河中游，陕西省关中平原东部，东与山西运城、河南三门峡毗邻，西与西安、咸阳相接，南倚秦岭与商洛为界，北靠桥山与延安、铜川接壤。郑西、大西、西延三条高铁在此并站交汇。

渭南是中华民族的发祥地之一。中华民族称“华夏”即源于渭南：“华”即华山，“夏”指“夏阳”，由这里产生的文明即“华夏文明”，因此渭南也有“华夏之根”的称谓。渭南市是中国戏曲之乡和民俗之乡，华县皮影、华阴老腔、合阳提线木偶、同州梆子、富平阿宫腔、澄城尧头陶艺等 12 个项目被列入国家非物质文化遗产保护名录。

1. 华山

华山位于陕西省渭南市华阴市境内，东西长 15 km，南北宽 10 km，景域面积约 148 km^2，西距陕西省会西安 120 km。华山古称“西岳”，雅称“太华山”，为中国著名的五岳之一，中华文明的发祥地。中华之“华”，源于华山，由此，华山有了“华夏之根”之称。这一成果首先被孙中山所引用，创立“中华民国”。据清代国学大师章太炎和历代专家学者考证：华夏民族最初形成并居住于“华山之周”，名其国土曰华，其后人迹所至，遍及九州，华之名始广。

华山是道教主流全真派圣地，为“第四洞天”，也是民间广泛崇奉的神祇，即西岳华山君神。共有 72 个半悬空洞，道观 20 余座，其中玉泉院、都龙庙、东道院、镇岳宫被列为全国重点道教宫观，有陈抟、郝大通、贺元希等著名的道教高人。

华山素有“奇险天下第一山”之称。华山五峰分别是：东峰朝阳峰、南峰落雁峰、西峰莲花峰、北峰云台峰、中峰玉女峰。五峰中最高者为南峰(2 160.5 m)，高居五岳之冠，形如刀削，登临绝顶，古人有诗云“只有天在上，更无山与齐”。

2. 少华山森林公园

少华山森林公园位于陕西省渭南市华县城东南 7 km 处，坐落于秦岭北坡，北起峪口，南至秦岭分水岭，东到蟠龙山，潜龙寺，西括少华峰，总面积 6 300 hm^2，海拔高度在 600～2 000 m 之间，由潜龙寺、少华峰、红崖湖、石门峡、密林谷五大景区所组成。

少华山因与西岳华山峰势相连，遥遥相对，并称“二华”，但低于华山，因名其少华山，又名小华山。少华山自然景观独特，山下的小夫峪，以峪宽、水长、石奇、林茂、景多而见长。峪内池潭遍布、奇石林立，后山的石门、母子峡、石板河等可谓人间仙境，令人叫绝，是休闲避暑度假的理想胜地。潜龙寺景区的仰天大佛形态逼真、惟妙惟肖，被列入一级景观。潜龙寺院内的千年古树“柏抱槐”被称为一绝。

任务训练

一、场景设计

(一)实训目的

熟悉陕北地区旅游资源特点，掌握文化旅游线路设计方法。

(二)实训内容

1. 搜集陕北地区自然、文化旅游资源信息，分析区域资源特色。

2. 设计“陕北旅游”主题线路。线路主题可以自拟，如“陕北访古游”“陕北红色游”“陕北美食游”等。

二、训练步骤

(一)实训前准备

组内合理分工，充分发挥每一位组员的兴趣特长，从信息搜索、材料整理、文案制作、美工排版、讲解汇报等多方面开展训练任务。学生复习课堂讲授的内容，提前预习训练项目。

(二)实　　训

1. 学生上交“陕北旅游”主题线路设计方案。

2. 分组汇报交流主题游线路设计方案。
3. 教师总结并评分、评价。

效果评价

“陕北旅游”线路设计训练评分表

姓　　名		地　点		时　间	
实训项目	实训考查要点	分　值	小组评分	教师评分	最终得分
“陕北旅游”线路设计	1. 信息收集途径丰富、方法科学				
	2. 文案制作精良、图文并茂				
	3. 组员汇报语言表达熟练、清晰，文辞优美				
	4. 线路设计突出科学性、合理性、市场适宜性				
	5. 线路主题突出，景点景区选择符合线路主题				
	6. 团队分工明确，合作有序				
合　　计		100			

注：该表可根据实际设计的训练项目进行测评。

典型工作任务四　银兰高铁沿线旅游

任务引入

“宁夏首条高铁”银兰高铁今日正式开通

12 月 29 日上午 10:00 整，停靠在银川车站 1 站台的 C8201 次动车组，在一声长鸣中利箭般朝着中卫方向疾驰而去。至此，宁夏正式迈进“高铁时代”。银兰高铁银川至中卫南段是国家中长期铁路网规划中“八纵八横”高铁网京兰通道的重要组成部分，是连接宁夏沿黄河经济带的重要通道。这条高铁主要包括新建银西高铁银川至吴忠段和新建吴忠至中卫铁路，线路全长212 km，设计时速 250 km，全线设银川、河东机场、灵武北、吴忠、红寺堡北、中宁东、中卫南 7 个车站。银兰高铁银川至中卫南段开通运营，使沿黄河经济带上的银川、吴忠、中卫等城市纳入“1 小时经济圈”，对于提升宁夏在“一带一路”上的区位优势，促进全域旅游，构建宁夏内联外通、通边达海的黄金通道，助力宁夏脱贫攻坚将产生积极影响。同时，随着这条高铁的开通运营，银川站、河东机场站、灵武北站、吴忠站等 4 个车站均设立了“空铁服务岛”，同步开启空铁联运新模式。

（信息来源：澎湃新闻，2019—12—29）

请思考：

高铁线的开通会给宁夏的旅游业发展带来怎样的机遇？

知识准备

一、银兰线概况

银兰高铁是一条连接宁夏回族自治区银川市与甘肃省兰州市的高速铁路，是“八纵八横”高速铁路主通道之一“京兰通道”的重要组成部分。线路由银川至吴忠段(与银西高速铁路银吴段共线)、吴忠至中卫段(又称吴忠至中卫城际铁路)、中卫至兰州段(又称中兰高速铁路)组成。

银兰高铁沿线的国家级风景名胜区和著名旅游景点主要包括:沙坡头;青铜峡黄河大峡谷、中华黄河坛、盐池哈巴湖旅游区、金沙岛旅游区等。

二、沿线旅游名城

(一)吴　　忠

吴忠市位于宁夏回族自治区中部，北靠宁夏首府银川市，相距仅 60 km。吴忠市自古就是丝绸之路的重要通道，是新丝绸之路经济带重要的节点城市，也是新亚欧大陆桥沿线的区域性商贸城市。

吴忠市地势南高北低，南部为鄂尔多斯高原西部与黄土高原北部衔接地带，北部为黄河冲积平原，东部属鄂尔多斯台地，东北接毛乌素沙漠，东南部为黄土丘陵，群山环绕，沟壑纵横，属中温带干旱、半干旱气候地区。四季分明，降水集中，日照充分，温差较大。

吴忠市有汉族、回族、满族、蒙古族等 28 个民族，其中回族人口约占 53%，是我国回族人口比例最高的地级市。

1. 青铜峡黄河大峡谷

青铜峡黄河大峡谷位于青铜峡市青铜峡镇，距吴忠市区 20 km，为石灰岩和砂页岩构成的黄河峡谷类风景区。大峡谷长 10 多千米，宽 50～100 m，两侧的崖壁高 30 m 以上，具有典型粗犷雄浑的北方黄河特色，被誉为“黄河中上游第一峡谷”。站在黄河坛向下望去，黄河及滩地正好成一个太极阴阳八卦图，如图 8-11 所示。

图 8-11　青铜峡黄河大峡谷

2. 中华黄河坛

黄河坛长 999 m，宽 200 m，建筑面积 6.5 万 m^2，背靠贺兰山山脉，隔河屹立牛首山，左傍万里黄河臂弯，右依青铜峡峡口。“天下黄河富宁夏”，为了表达宁夏人民热爱黄河、敬畏黄河、感恩黄河的伟大情怀而建黄河坛。与青铜峡黄河大峡谷共同形成国家4A级景区。

3. 盐池哈巴湖旅游区

盐池哈巴湖旅游区位于盐池县中北部，地属盐(同)香(山)干旱草原荒漠区，南北长38 km，东西宽64 km，总面积16万hm^2，属花马寺国家森林公园的景区之一。哈巴湖自然保护区的植被在区系上属欧亚草原区，亚洲中部地区，中国黄土高原草原与内蒙古草原的过渡带。保护区具有独特的荒漠类型景观，有干旱山地、干草原，有大面积毛柳、沙柳、柠条群落，还有面积可观的湖泊、沙漠、森林、果园、绿洲及众多的文物古迹，现为国家4A级景区。

(二)中　　卫

中卫市，简称“卫”，位于宁夏回族自治区中西部，宁夏、内蒙古、甘肃三省(区)交汇处，是黄河中上游第一个自流灌溉市。中卫是西北地区第三大铁路交通枢纽，是新疆、河西走廊通往东部地区最便捷的高速陆路通道，也是承东启西、北拓南展的人流、物流、信息流集散中心。

中卫市地势西南高，东北低，市区平均海拔1 225 m，地貌类型分为黄河冲积平原、台地、沙漠、山地与丘陵五大类，属典型的温带大陆性季风气候，因受沙漠影响，日照充足，昼夜温差大。中卫市引黄灌区111万亩($1\ m^2=0.001\ 5$亩)，是西北地区重要的商品粮、水产品和设施蔬菜生产基地，被誉为“世界枸杞之都”“中国硒砂瓜之乡”，素有“塞上江南”“鱼米之米”的美誉。

1. 沙坡头旅游区

沙坡头位于中卫市区以西18 km的腾格里沙漠东南边缘，集大漠、黄河、高山、绿洲为一处，如图8-12所示。具西北风光之雄奇，兼江南景色之秀美。这里有中国最大的天然滑沙场，有横跨黄河的“天下黄河第一索”，有黄河文化代表古老水车，有黄河上最古老的运输工具羊皮筏子，有沙漠中难得一见的海市蜃楼，被旅游专家誉为世界垄断性旅游资源，是全球环保500佳、国家首批5A级旅游景区、中国十大最好玩的地方、中国最美丽的五大沙漠之一。

图8-12　沙坡头旅游区

2. 金沙岛旅游区

腾格里沙漠湿地—金沙岛旅游区位于中国第四大沙漠——腾格里沙漠东南缘，距市区6 km处，距沙坡头景区5 km。项目占地面积22 km^2，水域面积10 000亩($1\ m^2=0.001\ 5$亩)，是集沙漠、湿地、湖泊、长城等景观于一体，融合边塞文化、大漠文化、军屯文化的旅游度假景区，为国家4A景区。

任务训练

一、场景设计

(一)实训目的

掌握旅游线路设计的原则与方法。

(二)实训内容

1. 搜集宁夏回族自治区自然、文化旅游资源信息,分析区域资源特色。

2. 设计“宁夏黄河风光游”主题线路。线路主题可以自拟,如“访古游”“休闲游”“美食游”等。

二、训练步骤

(一)实训前准备

组内合理分工,充分发挥每一位组员的兴趣特长,从信息搜索、材料整理、文案制作、美工排版、讲解汇报等多方面开展训练任务。学生复习课堂讲授的内容,提前预习训练项目。

(二)实　训

1. 学生上交“宁夏黄河风光游”主题线路设计方案。

2. 分组汇报交流主题游线路设计方案。

3. 教师总结并评分、评价。

效果评价

“宁夏黄河风光游”线路设计训练评分表

姓　名		地　点		时　间	
实训项目	实训考查要点	分　值	小组评分	教师评分	最终得分
“宁夏黄河风光游”线路设计	1. 信息收集途径丰富,方法科学				
	2. 文案制作精良、图文并茂				
	3. 组员汇报语言表达熟练、清晰,文辞优美				
	4.线路设计突出科学性、合理性、市场适宜性				
“宁夏黄河风光游”线路设计	5. 线路主题突出,景点景区选择符合线路主题				
	6. 团队分工明确,合作有序				
	合　计	100			

注:该表可根据实际设计的训练项目进行测评。

西北旅游区其他旅游名胜地

复习思考题

1. 西北旅游区有哪些独具特色的优势旅游资源?

2. 简要介绍“丝绸之路”及其沿线重要城市。

3. 简要介绍回族、维吾尔族、哈萨克族的民族习俗。

4. 简要介绍西北旅游区的黄河流域旅游景区。

5. 介绍以下景区:秦始皇兵马俑博物馆、大雁塔、乾陵、法门寺、麦积山、青城古镇等。

6. 介绍以下景区:张掖丹霞、莫高窟、鸣沙山—月牙泉、嘉峪关、吐鲁番葡萄沟、高昌故城、交河故城等。

7. 简要介绍以下景区:宝塔山、延安革命博物馆、镇北台、榆林古城、华山等。

8. 简要介绍以下景区:青木川古镇、艾提尕尔清真寺、果子沟等。

国家历史文化名城名单　　国家级自然保护区　　5A级景区名单　　我国世界遗产名录

参考文献

[1] 刘文彬,宗霞. 铁路旅游地理[M]. 北京:中国铁道出版社,2004.
[2] 林众,刘斌,丁勇. 中华旅游通典:下[M]. 北京:社会科学文献出版社,2004.
[3] 李娟文. 中国旅游地理[M]. 大连:东北财经大学出版社,2011.
[4] 张锦华. 中国旅游地理[M]. 北京:高等教育出版社,2015.
[5] 李广成. 中国旅游地理[M]. 北京:中国铁道出版社,2016.
[6] 陈波,史国然. 中国旅游地理[M]. 北京:中国铁道出版社,2016.
[7] 王勇,吴洪亮. 中国旅游地理[M]. 大连:大连理工大学出版社,2018.
[8] 中华人民共和国国家旅游局. 畅游美丽中国[M]. 北京:中国旅游出版社,2013.
[9] 黄金山. 中国旅游景区资讯通鉴[M]. 北京:中国旅游出版社,2008.
[10] 福建省制图院. 中国历史文化名城旅游大全[M]. 福州:福建省地图出版社,2012.
[11] 王春梅. 中外旅游景点赏析[M]. 北京:中国财富出版社,2014.
[12] 张弘,张勇. 中国国家地理[M]. 呼和浩特:远方出版社,2006.
[13] 崔钟雷. 中国国家地理百科[M]. 哈尔滨:哈尔滨出版社,2009.
[14] 郭漫. 中国国家地理[M]. 北京:华夏出版社,2011.
[15] 小长假大旅行编辑部. 中国古城游[M]. 北京:中国铁道出版社,2013.
[16] 知路图书. 中国古镇游[M]. 长春:吉林科学技术出版社,2014.
[17] 中国自助游编写组. 中国自助游[M]. 北京:中国旅游出版社,2013.
[18] 吴忠军,龚锐. 中国民族旅游研究[M]. 北京:旅游教育出版社,2013.
[19] 中国风景名胜区协会. 中国风景名胜区游览手册[M]. 北京:中国建筑工业出版社,2013.
[20] 黄咏梅. 中国旅游资源概论[M]. 重庆:重庆大学出版社,2009.
[21] 朱桂凤. 中国人文旅游资源概论[M]. 北京:中国林业出版社,2009.
[22] 中国文化百科丛书编委会. 民族风情[M]. 北京:中国大百科丛书出版社,2013.